汉译世界学术名著丛书

语言的科学

詹姆斯·麦克吉尔弗雷访谈录

〔美〕诺姆·乔姆斯基 著

曹道根 胡朋志 译

商务印书馆
The Commercial Press

This is a first edition of the following title published by Cambridge University Press:

THE SCIENCE OF LANGUAGE
INTERVIEWS WITH JAMES MCGILVRAY
ISBN 978-1-107-60240-3

This first edition for the People's Republic of China (excluding Hong Kong, Macau and Taiwan) is published by arrangement with the Press Syndicate of the University of Cambridge, Cambridge, United Kingdom.

© Commercial Press, 2021

This first edition is authorized for sale in the People's Republic of China (excluding Hong Kong, Macau and Taiwan) only. Unauthorised export of this first edition is a violation of the Copyright Act. No part of this publication may be reproduced or distributed by any means, or stored in a database or retrieval system, without the prior written permission of Cambridge University Press and Commercial Press.

Copies of this book sold without a Cambridge University Press sticker on the cover are unauthorized and illegal.

本书封面贴有 Cambridge University Press 防伪标签，无标签者不得销售。

汉译世界学术名著丛书
出 版 说 明

我馆历来重视移译世界各国学术名著。从20世纪50年代起，更致力于翻译出版马克思主义诞生以前的古典学术著作，同时适当介绍当代具有定评的各派代表作品。我们确信只有用人类创造的全部知识财富来丰富自己的头脑，才能够建成现代化的社会主义社会。这些书籍所蕴藏的思想财富和学术价值，为学人所熟悉，毋需赘述。这些译本过去以单行本印行，难见系统，汇编为丛书，才能相得益彰，蔚为大观，既便于研读查考，又利于文化积累。为此，我们从1981年着手分辑刊行，至2018年年底已先后分十七辑印行名著750种。现继续编印第十八辑，到2019年年底出版至800种。今后在积累单本著作的基础上仍将陆续以名著版印行。希望海内外读书界、著译界给我们批评、建议，帮助我们把这套丛书出得更好。

商务印书馆编辑部
2019年7月

诺姆·乔姆斯基(Noam Chomsky)是我们这个时代最有影响力的思想家之一,可他的观点却常遭误解。在这个未曾发表过的访谈系列中,乔姆斯基挑战传统,对其有关语言、人类本质,以及政治的重要思想做了深入的探讨。在跟麦吉尔大学(McGill University)哲学教授詹姆斯·麦克吉尔弗雷(James McGilvray)的对话中,乔姆斯基论及众多话题——语言的本质、语言和心智哲学、道德及其普世性、科学和常识、语言的演变等。麦克吉尔弗雷广博的评论则可以方便不同类型的读者理解这个内容深刻的系列访谈。此书对语言和心智研究者而言,对任何想了解乔姆斯基思想的人而言,都是重要读物。

诺姆·乔姆斯基是麻省理工学院语言学和哲学系的学院教授(已退休)。

詹姆斯·麦克吉尔弗雷是蒙特利尔麦吉尔大学哲学教授。

目 录

前言 ······ ix

第一部分 语言和心智的科学

1 语言、功能、交际:语言和语言使用 ······ 3
2 语言的形式理论及其生物学转向;人类概念的区别性本质 ······ 18
3 表征和计算 ······ 36
4 再论人的概念 ······ 40
5 对语言研究的反思 ······ 45
6 参数、渠限化、天赋、普遍语法 ······ 50
7 发展进化、主宰/控制基因等 ······ 62
8 完美性和设计(2009年1月20日访谈) ······ 69
9 普遍语法和简单性 ······ 84
10 论一些科学家的智力疾病 ······ 93
11 语言在心智中的地位 ······ 99
12 乔姆斯基的知识贡献 ······ 110
13 简单性及其在乔姆斯基研究中的作用 ······ 116
14 乔姆斯基和尼尔森·古德曼 ······ 125

第二部分　人类本质及其研究

15　乔姆斯基论人类本质和人类理解……………………… 139
16　人类本质与进化：社会生物学与进化心理学思想……… 152
17　再论人类本质…………………………………………… 159
18　道德与普遍化…………………………………………… 166
19　乐观主义及其基础……………………………………… 173
20　语言、施动性、常识，以及科学………………………… 183
21　哲学家及其角色………………………………………… 191
22　理解之生物物理学限制………………………………… 195
23　认识论与生物局限……………………………………… 197
24　心智与行为研究及其不足……………………………… 204
25　语言学与政治…………………………………………… 226

附录一　I-概念、I-信念和 I-语言………………………… 227
附录二　"Function"的几个不同用法……………………… 233
附录三　论人类本质的特异性（以及人与其他动物之别）…… 263
附录四　乔姆斯基论自然科学……………………………… 273
附录五　概念和被误导的概念理论，缘何人的概念
　　　　是独特的………………………………………… 277
附录六　语义学：如何开展语义学研究…………………… 310
附录七　层级、结构、支配、成分统制等…………………… 350
附录八　差异、参数，以及渠限化…………………………… 360

附录九 简单性	366
附录十 休谟论缺失的蓝色色调及相关问题	373
附录十一 句法、语义、语用，非乔姆斯基的和乔姆斯基的	377
附录十二 概念"运行"的内在主义图景	384
评注	394
术语表	442
参考文献	461
索引	479
译后记	500

前　言

虽然本书可能会引起专业人士的兴趣,但它却是为普通读者而写的。书名《语言的科学》可能会令人生畏,但乔姆斯基(Noam Chomsky)教授在采访中的表述能够为所有人理解,并且——当读者们可能需要一些额外的信息或帮助,以便理解乔姆斯基为什么会采用这些非同寻常的观点时——我也为此提供了大量的解释。然而,可能仍有人会问:自己为什么要对语言的科学感兴趣,尤其是要对乔姆斯基的语言科学观感兴趣呢?

最近(2010年1月)由阿兰·阿尔达(Alan Alda)担任主演的美国公共电视台(PBS)系列节目"人类火花"(The Human Spark)探索了"是什么让现代人类如此独特"这一问题。毕竟,类人动物的存在已经有数百万年历史,但在进化史上唯有到了相对近期——据合理猜测,应该在五万到十万年之前——人类才开始展现出这些惊人的认知能力,并从此与黑猩猩以及其他"高等"猿类区分开来。我们建立非亲属社区,人们在社区中彼此可以没有直接的接触,也可以互不相识;我们拥有科学和数学,并且会不断地寻求最终的解释(有时需要借助于宗教形式);我们跨越时空去思考事物并且享受着虚构与幻想;我们组织并规划未来,这一点其他动物从来都无法企及;我们大胆猜想;我们绘画并运用其他形式的艺术媒介；我们创造并享受音乐；我们在相距甚远的事件之间发现联系，并为此求得可靠解释，推出良策；如此等等。PBS系列节目最终得出的结论是，语言的出现必定是解释人类这些非凡能力形成的最重要因素之一。

独立来看，这一结论也成立。要对远近不同的事物做出思考和推测，我们就必须构建数量无限的复杂思想，且这种思想不能受当前情境所限，并可涵盖任意的时间和场合。是语言赋予了我们这种能力。要想组织并构建涉及个体间相互合作的工作计划，我们就必须很好地规划未来，准备好各种偶然情况，分配好各种角色；同样是语言让我们做到了这一点。要想进行科学研究，我们就必须寻求基本解释，精确使用数学和量化手段；有理由相信语言至少赋予了我们计数的能力与方法。如此等等。虽然还不能确定，但音乐可能独立于语言。然而，无论音乐还是其他艺术形式都无法提供语言带来的认知效益，并且它们也无法像语言那样可以使这些效益惠及众生。一件艺术品表达了什么，语言是对此加以说明的默认方式。语言是基本的表达媒介，也是创造媒介。

所以，关注语言科学的理由之一便是，它可以告诉我们何为自然语言，是什么将其赋予了人类（而不是其他生物），如何解释语言的出现和人类惊人的认识能力的形成。

理解乔姆斯基在这一问题上的观点尤为重要。这不仅是因为他本人创立了现代语言科学，并且从此影响着众多持续为这一科学做出贡献的研究者们，同时还因为他和同道中人对语言有了新的发现（尤其是近些年），并且这些发现对于更广泛的研究主题，包括乔姆斯基在其著名的政治著述中讨论的主题和他虽不是广为人知但同样重要的哲学研究中的主题，都具有深远意义。在乔姆斯基看来，语言科学是客观的自然科学，它视语言为一种生物系统，由个体进化而来并通过基因遗传给后代。乔姆斯基对这类进化进程的描述与人们通常对复杂系统进化的渐变观完全不同，它有效解释了语言的形成。并且，承认语言是"自然之物"，语言按乔姆斯基描述的路径进化而成这一事实蕴含深远。

语言经演化而出现使得人类不同于其他物种，这一看法——或许就是这样的一种看法——暗含着在人类本质方面对"什么是人"的解释。果真如此的话，对于人类的独特性及其来源就会形成自然主义的解释，而非宗教的解释抑或只是臆测。要是能这样，再假定人的基本需求取决于人的本质，我们也许就能够从自然主义的角度去解释对人这样的生物而言，什么才是好的生活或生存形式。这一主题在本书讨论中有所涉及，但仅是试探性的。为生物合适的生活或生存形式寻找科学的依据，不管这样的研究是怎样地令人心动、前景诱人，但作为科学家的乔姆斯基（任何其他科学家也一样）不会愿意坚定不移地投身其中，因为他现在需要的是一个有关人类本质的好理论。而目前还没有这样的理论出现。可是，对人而言，什么样的生活或生存形式才是合适的这一问题又相当重要，至少，我们需要就此展开讨论，并尝试作答。

本书的核心部分是根据 2004 年我对诺姆·乔姆斯基所做的四次专访录音整理而成。2009 年 1 月我有机会就语言能力的完美性问题（乔姆斯基"最简方案"的主导论题）对他做了一次补充访谈。这次访谈的相关部分的文字内容放在了2004年那次访谈的文字内容当中。

乔姆斯基讨论的内容很少需要编辑。一般来说，只要删除访谈前后的部分交谈，去除一些口误，加入参考文献等就可以了。此类编辑在书中没有明示。如果我认为他的讨论在转录成文字时对普通读者而言可能需要做些澄清，我就会用方括号插入部分短语或词语。访谈中我的提问和讨论倒是需要多做些编辑。这些我也没有标出。

访谈是非正式的，更像是两个有着诸多共同认识的朋友之间的讨论，而不是正式的交谈；讨论中，我们希望对现在所谓的"生物语言学"做出探讨。因为访谈是非正式的，所以有时会在不同的主题之间跳跃，或者会在不同的语境下重复引入同一主题。考虑到有些读者对这些内容不熟悉或不够熟悉，因此希望把内容安排得更连贯一些，我在转录文字时对部分访谈内容重新做了安排，并围绕两个重要主题，即语言与心智的科学、人类本质研究，将全书的讨论分成了两个部分。每个部分中，我们再分多条线索，逐一展开统一连贯的论述；每一项具体讨论的内容均自成一章，并配有标题。我删除了一些重复的内容，但也有一些未被删除。保留下来的，我自认为很有必要，因为这样的话，一个曾经讨论过的话题就可以出现在一个新的话语环境之中；新语境能让我们看出这个话题和一个新问题之间存在什么样的关联。

我同时还尝试给读者们提供另一种形式的帮助。阅读本书的读者对语言和语言研究可能都有自己的想法，他们对语言学以及乔姆斯基对人类心智的看法也有不同程度的了解。有些读者在阅读时可能希望获得更多的指导，所以我在正文中的适当位置添加了不少"[C]"这样的标志，表明在书后附有独立的解释或评论。这些解释和评论也都标注了正文的页码。但如果评论和解释内容太多，我就会将其编入附录，并加上标题标示所涉及的问题。自始至终，我都在尽量地根据本书潜在阅读者千差万别的先行想法与理论背景来阐释和评论。乔姆斯基教授审核了我对正文的编辑和评论，并给出了很多建议，这使本书大为改进。对此，我深表感激。尤其值得一提的是，乔姆斯基教授还对我的解释和附录内容提出了改进建议。如果书中仍存错谬，由我一人负责。

同时，我也对近些年来和我就相关主题进行讨论和通信交流的其他人致以谢意。他们是保罗·皮埃特洛斯基(Paul Pietroski)、特耶·隆达尔(Terje Lohndal)、苏·德威尔(Sue Dwyer)、约翰·米克海尔(John Mikhail)、乔治·雷(Georges Rey)、安娜·玛利亚·迪索罗(Anna Maria diSciullo)、塞瑞克·鲍克斯(Cedric Boeckx)、罗伯·斯坦顿(Rob Stainton)、戴维·巴纳(David Barner)、马克·贝克(Mark Baker)、萨姆·爱普斯坦(Sam Epstein)、诺伯特·霍恩斯坦(Norbert Hornstein)、里拉·格莱特曼(Lila Gleitman)、劳拉·佩蒂特(Laura Petitto)、沃尔夫拉姆·辛曾(Wolfram Hinzen)、玛蒂亚斯·玛尔曼(Matthias Mahlmann)、丽莎·卓维斯(Lisa Travis)等。还有很多学生，我很想把他们的名字一一说出，可是太多了，没办法做到。我将这一切归功于他们并感谢他们。

感谢雅克林·弗任奇(Jacqueline French),她仔细阅读并认真编辑了文稿,同时纠正了很多错误;如此大量的工作着实令人生畏。我同时要感谢加拿大社会科学与人文研究委员会在本书准备期间给予的部分资金支持。

本书讨论的主题涉及内容广泛,包括人类本质、道德与普遍性、科学与常识、语言本质及其研究、进化与乔姆斯基的进化观。这其中占主导地位的是语言与心智科学的论题以及它们对人类本质和社会的启示。2004年的访谈是在乔姆斯基参加美国语言学会2004年度会议之后不久进行的。在那次会议上,乔姆斯基宣读了后来广为人知的"三个因素(Three Factors)"论文[该论文后来发表在《语言学探索》(*Linguistic Inquiry*)这一期刊上,参见乔姆斯基2005a]。这次讨论相当一部分是围绕该论文中的主题展开的(我在访谈之前就读过该论文的草稿了)。读者们可能也想读一下这篇文章。我同时推荐阅读马克·豪塞(Marc Hauser)、特康瑟·费切(Tecumseh Fitch)和乔姆斯基于2002年在《科学》杂志上发表的有关语言官能及其进化的论文。部分读者可能会发现后来见之于《语言学探索》上的这篇论文有关语言理论的技术讨论有些令人生畏,但一般的读者如果愿意深究的话,这篇论文的开头部分还是比较好懂的。不管怎样,我们所讨论的都是这篇论文容易读懂的部分中讲到的问题,还有这些问题的背景和启示。讨论中,我们避开了技术问题。当然,在澄清乔姆斯基如今依然不同凡响且饱受争议的语言与心智观时,在对这些观点的研究进行说明时,在解释这些观点对理解人类本质及其政治蕴含有何启示时,我们也会对一些至关重要的技术细节进行适当讨论。

除个别情况外,乔姆斯基有关技术问题的论述既能让一般读者理解,也不失专业性。本书中,我也尽量让自己的论述浅显易懂。我的目的是让一个并非专业人士的本科生也能明白我在说什么。读者可能会觉得奇怪,我在书中总是将乔姆斯基的观点与哲学家的观点、而不是(基于当前对生物语言学的强调)与语言学家或者生物学家的观点加以对比。这其中的主要原因在于乔姆斯基自己也常常这么做。他对当代心智哲学和语言哲学领域中所进行的大多数研究没有丝毫同情。他为何会对这些研究持这样的一种批评态度、他又是如何对这些研究做出批评的,说明此点有助于我们更深入地理解他的观点以及他对这些观点的论证。这同时也将他在语言与人类心智方面的研究同更普遍的哲学或其他相关领域的主题联系了起来,而后者可能存在于每个人的背景知识之中,是每个人都感兴趣的内容。

乔姆斯基自称为理性主义者,他将自己的观点与哲学和心理学(即对心智的研究)的悠久传统联系起来,这一传统不乏笛卡尔这样的哲学-科学家或哲学家,还有英国的剑桥柏拉图学派以及一些浪漫派人士(威廉·冯·洪堡特、A. W. 施莱格尔等)。按乔姆斯基的理解,理性主义是为研究人类心智,尤其是人类语言而提出的一套方法论——一种程序、策略和方法。这种方法论不是随意选择的结果,采用这种方法论是因为理性主义者相信它可以为构建心智和语言的自然科学提供最佳路径。关于心智和语言的科学虽然在研究主题上与物理学、化学不同,但和它们一样,也是自然科学。

　　理性主义者在研究语言与心智时总会重视两类情况，它们事关语言及其使用以及语言与其他人类心智能力在婴儿和儿童身上的发展过程。一类被称为"刺激贫乏"，这种情况适用于所有的认知领域，如视觉、听觉、面部识别与对象识别，等等。另一类情况只和语言有关，即"语言使用的创造性"。刺激贫乏在语言中的主要表现为：在语料有限并时常包含错误的情况下，儿童自行发展出语言，几乎或完全不需要培训，并且无论他们身处哪个语言社区，无论他们一般智力因素以及学习情况如何，这一语言发展过程几乎一致。基于这一事实，理性主义者认为有理由相信人类心智的结构及其"内容"必然在某种程度上是确定或天赋的。有机体的发育和生长有基因学、物理学、化学，以及计算等方面的限制。自大约一个半世纪以前始，这方面的证据就不断被发现，并且对这些限制因素如何影响有机体生长的科学研究也在不断进步。理性主义者们逐渐认为，解释心智发展的最佳路径就是设想构成心智的不同部分或不同"器官"按由人类基因或其他发展限制所规定的固定路线来生长或发展。也就是说，他们逐渐发现理解刺激贫乏条件下理性主义心智能力发展观的最好途径就是假设这些能力是天赋的，它们具备现在的形式是因为诸多生物、物理、计算限制对其发展施加了影响。这也就解释了为什么对语言及其生长的传统理性主义研究被称为"生物语言学"。

　　语言使用创造性方面的观察是说人类语言使用似乎无须前因（一个人可以不受身外情景或者内在心境所限而自由地思想或任

意表达),语言使用可以根据语境而生成数量无限的有结构的概念复合体(用句子表达的概念),但这些在某一场合说出的句子对于它们所"言说"的情景(话语情景或其他情景)而言几乎总是适宜的。传统理性主义者认为,这些情况表明人的思想、谋划和行动一定是自由的,这一点,当前的理性主义者也会赞同。但是,因为相信语言最好应该被理解为是心智/大脑中的生物器官所包含的计算系统,所以他们必须同时尝试解释人脑中这个先天既有的系统在具有明显的创造性且新颖、连贯的语言使用中是如何发挥作用的。为了解释这一点,他们设想核心的语言计算系统呈"模块化",并且自主运行,它可以"生成"数量无限且具备结构的话语方式、思考方式和理解方式。很可能,这就是人类认知能力灵活性的根源:人类大脑可以将任何数量的、具有结构的观念材料组合成新的结构形式,这些结构形式之间的差异清晰易辨。当代理性主义者虽然对语言计算系统的能力以及系统为使用者所提供的内容抱有这样的设想,但他们相信如何使用这些人类所特有的资源并非由计算系统决定。这样设定有很重要的喻示。这样设定便有理由认为人在如何使用语言这一方面是真正自由的,这样也就有理由认为,要想建立有关语言的自然科学,唯一可行的道路就是去关注一个人"语言器官"的本质、发展和运行,而不是去关注人的语言行动或行为中语言系统资源是如何使用的。正因为这一点,语言的科学是一个内在系统的科学——理性主义者是"内在主义者"。总之,当前的理性主义者与过去的理性主义者一样,都是心智和语言研究的科学家。他们都认真对待刺激贫乏和创造性这两类观察;他们对如何推进研究怀有相同的看法；他们既是天赋论者，也是内在主义者。

理性主义与经验主义相对，后者总是在语言等"高级认知能力"的研究中尽量减少对天赋性的关注，或者至少是对语言特有天赋性的关注；取而代之的是，经验主义者认为人类心智中的认知结构和"内容"大多来源于经验或者某种形式的一般"学习"机制。经验主义者反对先天论，他们坚持在心智研究中引入世界以及心智与世界的关系。与理性主义者不同的是，经验主义者相信语言科学应该是有关语言行为以及心智与大脑外在世界关系的科学。他们采用的假设以及他们在心智研究中采用的方法主导着当前心理学、哲学和相关"认知科学"的研究。对于他们来说，语言应该被视作一种人类发明，一种社会体制，儿童在其中通过训练习得了语言社区中人们的"语言使用规则"从而成为该社区的一员。他们同时认为语言获得过程一定是反天赋论的、外在主义的。

很明显，理性主义者与经验主义者的不同设想使他们在研究中关注完全不同的研究主题。对于将语言视为"自然对象"（采用乔姆斯基的术语）具有怎样的研究前景，他们在认识上也大相径庭。我在附录三中对理性主义与经验主义有更加细致的讨论。欲了解更多细节，可参阅乔姆斯基所著的《笛卡尔语言学》（尤其是 2009 年剑桥第三版，其中有我为此写的一篇介绍）和《剑桥乔姆斯基指南》(*The Cambridge Companion to Chomsky*, 2005) 中诺伯特·霍恩斯坦撰写的章节。需要提醒读者的是，"经验主义"并不必然蕴含"经验的"，就如同理性主义并不必然蕴含"非经验的"一样。

理性主义者的目标也是成为不逊于化学家或者生物学家式的"经验科学家"。事实也的确如此,乔姆斯基一直坚持认为,建立语言理论唯一可行的办法就是采用化学和物理学的研究方法,语言研究与其他自然科学研究的区别仅在于研究主题和试验手段不同。这一研究道路的适切性由其自身的成功得到了证明,具体表现是在以下方面都取得了很大进步——解释与描写充分性、明晰的形式化表述、简单性、客观性以及对其他科学的包容性(此处主要是生物学)等。部分具体讨论参看麦克吉尔弗雷(McGilvray)(即将出版)。

第一部分
语言和心智的科学

1 语言、功能、交际：语言和语言使用

JM①：我们先从一个有关语言本质和语言功能的问题开始。

很明显，语言是人类本质的中心所在：人类和非人类的区别可能正在于此。你认为语言具有生物性基础，因此是内在的；语言是基因组中的内置物，因此会在儿童正常的成长过程中自动出现。你还承认语言是一种非常有用的认知工具，作用甚多；人类和其他生物相比，因为有语言而具有不同寻常的认知优势。但是你不赞成语言发展、演化的原因在于其具有提升人类交际能力的功能这一观点。并且，你反对语言是某种社会创造物的观点，即语言是一种由我们合成所得、满足我们自身需求的社会机制，可以通过某种训练或社会性灌输代代相传。能否解释一下你为什么会持有这些观点？

NC②：首先，我们从功能这一概念说起。这并不是一个清晰的生物学概念或心理学概念。比如，如果我问你骨骼的功能是什么，你

---

① 【编注】即詹姆斯·麦克吉尔弗雷（James McGilvray）。
② 【编注】即诺姆·乔姆斯基（Noam Chomsky）。

说"骨骼能让我们直立、可以阻止我们摔倒",这不错;但说骨骼有储存钙或生产血细胞或其他任何它所具有的功能也没错。事实上,为什么会有骨骼?甚至为什么我们要挑骨骼来说?我们是设法从一个特定角度来看待一个生物体,我们通过理解其构成成分来达到对该生物体的充分认识。但这些构成成分做着各种各样的事情;它们有何功能要看你正好对什么感兴趣。人们确定某一系统特定功能的方式通常是随意的,主要看该系统通常是如何被使用的,或者是看它"最基本"的用途是什么,所以拿骨骼的例子来说,如果有别的什么东西也可以储存钙质,那么骨骼还会被用来保证躯体不散架,因此这就是它的功能。[C]

现在来看看语言。其典型用途是什么?嗯,很有可能其99.9%的用途都是内在于心智的。我们无时无刻不在跟自己言语。要做到不跟自己交谈需要强大的意志。自我交谈的时候,我们通常不使用完整的句子。很明显,我们一直在大脑中使用语言,不过,是以同时存在的碎片、片段等形式在使用。所以,如果我们以生物学家看待身体中的其他器官及其子系统的方式来看待语言——这样来考虑自我交谈时语言所有的功能——我们得到什么?我们和自己交谈的时候,实质是在做什么?多数时候,我们是在折磨自己(笑)。因此,我们可能认为自己正被他人琢磨,或者我们在问自己为什么此人要如此对待我,或者不管是什么情况。所以,我们可以说语言的功能就是自我折磨。那么,这显然不是我们的真意。

说语言用于交际完全正确。但我们做的一切都是用于交际。发型、举止、行走,等等。不用说,语言也用于交际。

事实上，只有非常小的一部分语言得到外化，即由我们之口说出，或者如果我们是在使用手语，就是用手完成的表达。但即使是这一部分语言通常也并非用于交际，如果按某种独立的意义来理解"交际"这个词的话。要是我们用"交际"来表示任何形式的互动，那好，外化的语言的确用于交际。但要是我们认为交际的概念是"意指"什么，比如说是传达信息等，那么只有非常小的一部分被外化的语言是真正用于交际。比如说在聚会上，虽然有大量的交谈，但真正意义上的交际微乎其微；人们只是在取乐，或与朋友聊天等。所以，绝大部分的语言都是内在的；外在的语言只有一小部分，外在的语言中真正用于交际的所占比例就更小。由于对功能的界定通常并不严格，所以说语言的功能是交际并没有多大意义。

一个需要我们将来去研究的有趣的话题是，我们的内部话语很可能是外部话语再经内化后产生的片段，真正的"内部话语"很可能并不能够为内省所用。当然，这些问题都能为我们探索语言开启门户；眼下，这样的门户尚未打开。

再从演化的角度来看看语言。也有动物的交际系统。每种动物，哪怕是蚂蚁也有一个交际系统。对动物的交际系统，我们有一些很有趣的比较研究。比如，马克·豪塞的那本有关交际演化的书。它实际上和演化没有多少关系；它是对不同种类的动物间的互动系统做了一个比较研究。这些互动系统看起来差不多就是交际系统。每个动物都拥有少量的向其他动物表达的方式。这其中，有些我们可以解读为"鹰来了，快跑！"什么的。而仔细观察，情况不过就是，有一些树叶在颤动，有一些声音从动物的口中发出。动物的另一些表达是自我确认，即"此处有我"什么的；还有一些表达是求偶时发出的鸣叫。但是动物的表达方式并没有多少。

有一种对动物叫声的分类,而人类语言在我看来无论如何也进入不了这样的分类。不管这些叫声是什么,它们明显就是一种基因编码行为,跟人类语言没有关系。这没有什么好诧异的;很明显,我们最近的、至今仍然存活的亲缘物种从演化的时间来看大约在一千万年前就和我们分道扬镳了,所以不要指望能找到什么和人类语言一样的东西。动物的确拥有交际系统,但它们似乎并没有什么称得上是语言的东西。看看人类语言。它从何而来?就化石上的记录来看,生理结构比较高级的原人在数万年前出现在非洲的一小块地方。而我们现在知道人类语言出现的时间最晚是在六万年前。我们所以能知道此点,是因为这个时间正好和人类开始从非洲迁移的时间相合。我们现在可以通过基因标记(genetic marking)等技术来精确追溯此点,而人们对这一点的看法也非常一致。人类自非洲的迁徙大致就始于那个时候,并且从进化的时间上来看进展很快。他们首先到达的一个地方是太平洋,即欧亚大陆的南部地区。最终他们来到澳大利亚的新几内亚等地方;在这里,就有了我们现在所说的"原始人",他们实际上和我们完全一样。他们和我们之间在认知上说不上有什么很显著的基因差异。要是他们和我们同在,他们就会跟我们一样,也会说英语;要是我们与他们同在,我们也会说他们的语言。众所周知,人类和原始人之间在语言方面实际上并没有什么明显的基因差别,在多数其他属性上也是如此。如果不考虑和其他物种相比,人类内部的基因差异则极为细小。我们对这样的差异非常关注,这无可厚非。但在若干年前,或许是六万年前,语言就出现了,并且就是现在的样子,并没有多少变化。那么,经历了多久才有了人类语言?我们现在可以看看化石记录,并无证据表明人类语言出现在那个时候之前。事实上,人类在六万到十万年前几乎还没有形成一套复杂的符号系统。这种情况在数十万年的过程中似乎一直都没有什么改观,直到后来突然爆发,并有了迅猛发展。大约在六七万年前,也可能早在十万年前,人类开始有了符号艺术、反映天文和气象的记号、复杂的社会结构等,这样的一种创造活力的迸发在演化史上不过就是一瞬间发生的事情——或许是十万年左右的时间,但在演化史上算不上什么。所以,在此之前似乎并无语言的迹象,而在此之后,语言似乎亦无所变。所以,如果考虑演化的时间因素,在人类的演化过程中,似乎突然发生过一次"大跃进",即基因上某种很小的致使大脑结构发生些许改变的变异。我们对生物学知之甚少,但我实在想不出还会有其他什么情况。所以,基因上一点很小的变化导致大脑内部重新"布线",从而使得人类具备了语言能力。而伴随语言能力,人类才有了心智理论——二阶心智理论之中的各种创造性选择[C];① 比如,我们知道有人可能正在设法让我们去思考别的什么人想要我们去思考的内容。很难想象没有语言的话,所有这一切如何进行;至少,没有语言,我们想不出还能有什么方法去完成这一切。这一切主要为思考、计划、释义等,都是内在

---

① 【补注】一阶心智理论是说某人可以对自己或别人的思想、信仰、推理等进行思考和评说,二阶心智理论则是说,甲可以去思考乙对乙想让甲去思考、相信或推理的内容所做的思考。(麦克吉尔弗雷,p.c.,即个人交流,全书同此)

"补注"是本书的乔姆斯基的访谈者,麦吉尔大学詹姆斯·麦克吉尔弗雷教授对本书译者曹道根在翻译过程中所请教的相关问题的交流和解答。

的东西。

那么,突变是发生在个体身上,而不是在群体之中。附带说一下,我们知道,这是一个很小的育种群,很明显是生活在非洲某个角落的一小群原人。在这个种群中,发生了某个很小的突变,带来了大跃进。突变只能是发生在单个的人身上;这个人发生了这样的事情、并将之传递给其后代。很明显,在极短的时间内,这样的变异就控制了该种群;因此,它一定具有某种选择性优势。但这是在极短的时间内,在一个很小的种群中完成的。那么,这是什么变异?最简单的假设——没有理由怀疑此点——就是我们有了合并(Merge)。我们可以实施一种认知操作,它能够让我们用已经构建好的心理物件或某种概念物来编造更大的心理物件。这就是合并。我们一旦拥有合并,就能获得无限多样的具有层级结构的表达式,还有思想。

在合并出现的时候,我们已经具有感觉-运动系统,它们的使用原来很可能极为有限。事实上,将思维外化[①]的想法很可能是后来才有的事。另一方面,我们当时也已经有了某些思维系统。不过,它们都还是初步的、有待发展的系统;我们在当时可能只是按"图"思物,或者是以其他什么方式。不管怎样,它们似乎都和动物的概念系统有别,这方面的原因在 17 和 18 世纪的时候已经得到充分讨论。很明显,合并出现之前,思维系统就已经产生。而一旦我们有了合并技术以及无限多样的层级结构表达式,使这些思

---

① 【译注】此处所说的"将思维外化"即言说和表达。
"译注"是本书译者曹道根就原文内容所补充的背景知识及相关说明。

维系统或乔姆斯基所谓的"概念-意向系统"得到应用，我们便突然能够以一种无人可及的方式去思考、计划、释义。倘若我们的后代也具备这种能力，他们便可以获得一种选择性优势。这样发展下来，如果某一天再生发出将思维外化的想法，那就会带来更多的优势。所以，就语言演化而言，情况就是如此，这是可以想象得到的。而我们主要用语言来进行内在思维这一情况之所以持续至今，原因是语言本来就是应此而生的。毕竟，从进化的角度来看，六七万年或者也可能是十万年的时间并不算太长；实际是转瞬即逝。所以，不论突变确切发生在何时，我们现在和过去在非洲的时候相比，相差无几。[C]我们所知道的，大概如此。

　　现在出现了不少更为复杂的理论，但都没有证实。比如，有一种很普遍的理论认为，因为某一次变异，我们就能够造出两个词的句子，这使我们获得了一种记忆优势，因为那样的话，我们就不需要再去储存、记忆那么多的词项。所以，这就形成选择性优势。接着通过变异，我们造出三个词的句子；再经过系列变异，我们造出五个词的句子等。最终，我们有了合并；合并具有无限性，我们的心智因此能够以无限多样的组合方式将有限的词项组合起来。可是，合并其实很可能就是所发生的第一步，它一开始可能和外化毫不相关。实际上，很难想象它和外化是相关的，因为它是首先发生在一个人身上而不是发生在一个群体或部落之中。因此，一定是合并带给此人一些优势，而这些优势又给其后代带来更多的优势。

　　JM：他们有了思维。按照这一想法，你有时候推想、认为——不确定该怎么说——伴随着合并，同时出现了自然数，出现了后继函数（successor function）。合并在极限情况下就是将一个成分与其自身组合,这可能就会有效形成后继函数。

NC:这是一个古老的问题。阿尔弗雷德·罗素·华莱士(Alfred Russell Wallace)对这个问题曾有关切。他知道数学能力不可能通过自然选择发展出来;这不可能,因为人人有之,且除了近现代时期的极少数人之外无人用之。很明显,它们来源于其他途径。那么,一个自然的想法就是它们是别的什么的衍生物。很可能和其他多数我们所谓的"人类才智"或理性一样,它们是语言之类的东西的衍生物。

碰巧的是,我们正好有一些非常简易的方法可以从合并获得算术。合并这个概念简单来说就是合"二"为"一",后者是前者构成的集合;这是最简单的形式。假定我们对其做出限制,即只取一样东西,比如"零",然后将其合并,则得到包含零的集合。再重复一次,则得到一个集合,包含一个包含零的集合。这就是后继函数。具体情况可能稍微复杂一点,但非常易懂。事实上,还可以通过其他几种方法来获得后继函数,但它们都是对合并做一些不太重要的复杂化处理,即对合并加以限制,然后说,如果一切按这种方式代入的话,就有了算术。有了后继函数,就有了其余的一切。

16 [C]

对此,有一些反对的意见。布里恩·巴特沃斯(Brian Butterworth)的一本书(2000)对语言能力和算术能力之间有相关性这一点就提出了不少异议。但其中的证据究竟能说明什么问题并不是很清楚。这些证据中有一部分在于分离说。往往会有神经功能方面的缺陷,这时,我们会丧失某种能力而保持另一种能力。

可是,这并不能说明什么问题,因为能力和行为表现并没有被区分开来。有可能这些神经障碍是必然和使用能力相关的。打个比方,阅读一种语言的时候可能存在分离的情况,但不会有人会因此认为大脑中有一个特定的阅读区域。实际情况则是在阅读时,存在一种特定的使用语言的方式,而这种使用方式可能会受到损伤;但语言能力仍然具备。对于算术能力而言,情况也可能如此。书中还谈到其他类型的分离,情况都是如此。总之,我们可以对它们做出各种各样的解释。事实上,情况可能是,不管语言是什么,它都是分布在大脑中的不同区域。因此,有可能它会被复制;结果我们可能会复制其中的一部分,并将其保存,而舍弃其余。总之,我们有着非常之多的可能性,所以,那样的证据并不能说明什么。所以,我们所剩下的就只能是推测,但当我们没有足够的证据时,我们就选择最为简单的解释。正好能够和我们所掌握的所有证据一致的、最为简单的解释就是算术只是语言的衍生物,它是通过对合并施加某种特定的限制而形成的。

事实上,更为现代的其他特定的合并限制也不是没有。比如所谓的"形式语言",例如……算术或编程系统等。它们有点像自然语言,但它们都问世不久,且是刻意所为。因此,我们知道它们和生物性的自然语言实质上不大相同。

看看是怎样不同。拿合并来说,它是所有自然语言的基本计算原则。单纯按逻辑学来讨论,我们可以取两项 X 和 Y,并构成含有 X 和 Y 的集合({X, Y}),这样存在两种可能性。一种是 X 异于 Y,另一种是两者没有差异。如果一切均通过合并构建,则 X 与 Y 无异的唯一途径是一个包含另一个。假定 Y 包含 X。那么,将 X 和 Y 合并,便得到集合{X, Y},其中, Y = [⋯X⋯]。实际上,这就是内部合并(Internal Merge):(X, Y) = {X, Y} = {X, [⋯X⋯]}。这其实就是转换(transformation)。所以事实上,这两种可能的合并就是取两项、将两项组合,或者是取一项、再提取该项中的一部分、然后将此部分贴在边界位置。后者即自然语言的异位(displacement)或移位(movement)属性,随时随处可见。直至最近,我都一直认为异位与合并或串接(concatenate)相比,是一种并不自然的语言瑕疵。但其实这个看法不对。如果将异位看作内部合并,则其出现是自动的,除非受到阻止。这也是为什么语言会利用这一手段来实现各种效果的原因;它可以"免费"使用。如此假设,我们会问,"这两种合并各有何用?"有关于此,我们看看语义接口,自然的那种。这里有很大的差别。外部合并主要用来构建论元结构。内部合并则主要为我们提供和语篇相关的信息,如焦点、话题、新信息等所有和语篇情景相关的东西。[C]那么,这种情况并不完美,但非常贴近事实,堪称真实;倘若我们真能弄清楚或者完全理解这种情况,我们会发现它其实也是一种完美的情况。

现在假定我们是在发明一种形式语言。它没有和语篇相关的属性。这样,我们只使用外部合并。我们对系统做一个限制,实际就是不要使用内部合并。那么,我们实际上所得到的只是论元结构。假如这些系统要产生辖域属性,它们就会以特定的方式来实现此点,这些方式恰好跟自然语言非常相似。那么,这是非常有趣的情况。所以,如果我们教学生量化逻辑,最简单的方法就是运用标准的量化理论;我们可以把变量置于公式的外部,使用括号等。

当然，我们非常清楚也有其他途径能做到此点，比如，运用无变量逻辑，这个理论经卡里（Curry 1930；Curry & Feys 1958）提出为人所知。

卡里的形式系统具有一切该有的属性，但教起来极为困难。要学会这个系统，需要先学会使用常用标注法的标准形式逻辑。我想没有人曾尝试去换一种做法，即先直接教授卡里的系统，教完后再去说明标准形式逻辑也同样能解决问题，这样做我想是极其困难的。但为什么会如此？毕竟，卡里的系统和标准系统在逻辑上是相等的。我想这其中的原因就是标准做法具有很多自然语言的属性。自然语言中，我们利用边界属性来表达辖域，这是通过内部合并实现的。形式语言并没有内部合并，但它们必须含有某种可以被理解为辖域的内容。所以，我们可以使用在自然语言中用到的方法，即将受限制的变量置于公式开头，等等。

可见，正因为我们拥有一个带合并操作的内在系统，上述的这些形式语言，很可能还有音乐以及许多其他东西才能自然地衍生出来。正因为被赋予这样一种能力，我们才可以在计划、释义以及思维等方面拥有极大的选择自由。这种能力也渐始馈入所有其他方面。我们很可能是在六七万年前有了这一场巨大的、非同寻常的文化革命。人之所在，这种能力都基本相同。在澳洲，可能有的民族并不具有算术能力，比如沃皮瑞族（Warlpiri）。但他们有着异常复杂的亲属体系；这些亲属体系正如肯·霍尔（Ken Hale）所指出的那样，有很多数学系统属性。所以，心智中似乎的确存在合并，致力于解决有趣的形式问题；没有算术，便有复杂的亲属体系。

JM：这至少表明自然科学建构的可能性也是伴随合并而

到来的。

NC：是的，合并一出现就有了这种可能性。关于这一点，我们现在开始有所发现；我们有古人记录自然事件的化石证据和考古证据，如月运周期什么的。那时人们便开始注意这个世界的运转并设法对其做出解读；这一点也体现在礼仪之中或其他方面。这种情况持续良久。

我们现在所说的科学即自然科学；它有清晰明确的形式理论，并假定它所描述的内容会被严肃对待，会被当"真"。这是最近才有的事，范围也非常狭窄。伽利略当时要设法让资助他的人，即那些达官贵人们相信，研究球体从一个没有摩擦力的斜面滚落这样的情况并非没有意义，但他为此有过一段很不好过的日子。"谁会关心那样的事情？这个世界上有的是有趣的事情。你对花的生长有什么见解？这是很有趣的事情，给我说说这个。"科学家伽利略对花的生长无话可说。相反，他必须设法让给他钱的人明白，研究一个他甚至无法完成的实验也不无意义。伽利略所描述的实验有一半都是思维实验；这些实验在他做描述的时候好像是可以完成的，但后来却被证实无法完成……不要把世界看得太复杂；通过人工设计，设法将其缩减至一小部分理想世界，从而可以对其做深入研究。产生这样的想法是科学巨大的进步；事实上，这只是最近期才有的事情。通过对理想世界的研究，我们或许还可以找到一些有助于我们理解其他事物的相关原则；我们可以将此看作纯科学，即和应用无关，旨在建立基本理论结构的科学。伽利略最终使一部分人相信有这样的一些规律，但人们仅需记住它们而已；在他那个时候，它们还只是被用作计算手段、提供构建事物的方法等。一直到了 20 世纪,理论物理学才被承认是一个合法的领域。比如,鲍尔茨曼(Boltzmann)终其一生要说服别人认真对待原子和分子的存在,而不是仅仅将其当作计算手段,但他没有成功。他的看法甚至遭到了像彭加勒(Poincaré)这样的大科学家——20 世纪最伟大的科学家之一——的嘲笑。嘲笑者们当时深受恩斯特·马赫(Ernst Mach)的影响:看不见、摸不着的东西就不必当真,它们只能是计算的手段。鲍尔茨曼最终自杀身亡,很明显,一部分原因就是当时他无法让人们真正相信他。极富讽刺意味的是,他是 1905年自杀的,而那一年爱因斯坦关于布朗运动的论文正好发表,人们因此才开始认真对待。但仍没有明显改观。

我一直对化学史很感兴趣。我是 20 世纪 20 年代出生的,因此发生在那个时候的事情还不算太久远;一直到那个年代,对于要认真看待原子或其他类似计算"手段"的想法,世界上主要的科学家还是会嗤之以鼻,这当中不乏曾获得过诺贝尔奖的化学家。原子等在他们看来不过就是计算实验结果的手段和方式。原子无法当真,因为它们缺乏物理解释;那个时候的确如此。那么,后来我们知道当时的物理学存在严重不足;在当时化学没有改变的情况下,我们只有从根本上改变物理学,才能将两者统一、合并。

但在那之后很久,甚至是在鲍林(Pauling)之后,化学对于许多人而言仍主要是一门描写科学。可以看看学生的理论化学课本。其中的内容并非要把化学表述成一个统一的学科;对于不同类型的情况,我们使用不同类型的理论模型来做解释。再看看专业杂志,比如《科学》或《自然》里的文章,其中大多数在很大程度上都是描写性的;只不过它们所描写的都是某一话题或某一方面的边缘性情况。倘若我们要走出最为核心的自然科学,并想要通过构建人工虚拟情景来理解世界,那么,这不是被视为离经叛道,就是被看作疯狂之举。语言学这边,要想获得资助,我们就会说"我要做语料库语言学"什么的,就是收集一大堆数据,再用计算机来对它做一番分析,然后期待着有可能会得到什么结果。这种情况几个世纪以前就为硬科学所淘汰。理论建构需要聚焦于一点,需要对情景做理想化处理,伽利略对此深信不疑。[C]

再者,在谈论科学研究能力的时候(科学研究是指最近期的那种研究实践),我们必须记住,这种能力不仅仅是新近的,也是非常有限的。比如,这个宇宙的组成成分中可能有90%的物质,即暗物质和暗能量是物理学家们所发现不了的;但科学家们不必因此以自杀谢罪。在最近的一期《科学》中,他们对其所发展的,迄今为止最为复杂的技术的失败做了报道;本来他们希望用这种技术去发现一些在他们看来是暗物质构成成分的粒子。这就是说,有90%的宇宙还没有被发现;所以,我们对宇宙中大约90%的物质并不了解。但这只是被看作物理学中的一个科学问题,而不是这个领域的终结。语言学这边,如果我们是在研究沃皮瑞语或其他什么语言,而其中50%的语料我们都不明白的话,那就意味着我们并不知道自己究竟在说些什么。

我们如何理解一个非常复杂的物体?对于复杂物体,我们哪怕是能理解其中的一个方面,也是很了不起的。所有的领域都大致如此。有一种动物交际系统,即蜜蜂的交际系统似乎错综复杂;我们可能会认为,我们可以根据自己对人类自然语言的了解来获得对它的了解。蜜蜂的交际系统极其微妙,而且我们知道,蜜蜂和人类在演化上没有关联。但看看蜜蜂的交际信号是很有趣的事,也非常令人不解。事实上,有成百上千种蜜蜂,如酿蜜蜂、无刺蜂等。交际系统在它们当中是分散的:有些蜂有,有些蜂无,有者则量异;有些蜂使用炫耀行为来交际,有些蜂采用振翅行为来交际……但所有的蜂种似乎都能很好地接受信息。所以,要明白蜜蜂交际系统的选择性优势似乎有点困难;而对于其本质,也几乎是一无所知。蜜蜂交际系统的演变也很复杂,但除了几篇零星的论文之外,几乎没有什么相关研究。其神经生理基础究竟怎样也完全不清楚。我过去一直在跟读一些有关蜜蜂科学的评述。有一些非常好的描述性研究,各种意想不到的事情也都有报道,但我们还是不能真正理解其基本的神经生理机制。蜜蜂交际系统的演化倒是一个很好的题目,因为我们有成百上千的蜂种,有很短的妊娠期等,因此,我们可以做任何我们想要做的实验;但是对这个题目的调查几乎无法开展。另一方面,如果将有关蜜蜂交际演化的文献和研究人类语言演化的文献做个比较,结果会很荒谬。对人类语言演化的研究可谓汗牛充栋,而对蜜蜂交际演化的研究寥若晨星,只有少数散落的教材和论文。而实际上,对蜜蜂交际演化的研究要容易得多。人类语言的演化注定会是一个最为艰难的课题。可是不知怎么,我们觉得我们必须要把它搞清楚,要不然我们就寸步难行。这样不按从易到难的路径来研究问题是非常缺乏理性的。
[C]

2 语言的形式理论及其生物学转向；人类概念的区别性本质

JM：我现在想问一个不同的问题，对你所说的部分内容做进一步的讨论。你在20世纪50年代的著述中成功地将语言研究变成一门数学的形式科学。当然，这里所说的数学形式并非像马尔可夫系统（Markov Systems）[①]那样的形式，但也确实是已经取得了长足进步的形式科学。进步的表现，拿过去几年来说，就是接连去除了前期理论中所有人为假定的东西，诸如深层结构、表层结构等。再者，近期理论也表现出一种应对描写和解释充分性问题的非凡能力，其简约化程度也有大幅度提升。特别值得一提的是，在语言研究向生物学转向这方面，似乎也取得了一些进展。这里的生物学，当然不必是哲学家和一般人所通常理解的意义，即从选择性进化的角度来述说复

[①] 【译注】切比雪夫型方程组的扩充。设 $\varphi_k \in C[a,b]$（$k=1,2,\cdots$），若序列 $M=\{1,\varphi_1,\varphi_2,\cdots\}$ 的任何前 n 个元素 $\{1,\varphi_1,\varphi_2,\cdots,\varphi_{n-1}\}$（$n=2,3,\cdots$）都是一个切比雪夫型方程组，则称 M 为 $[a,b]$ 上的一个马尔可夫系统。对于给定的正整数 n，借助于马尔可夫系统前 n 个元素的线性组合对函数的逼近称为马尔可夫系统的逼近。参见《数学辞海·第三卷》（中国科学技术出版社，2002）。

杂结构如何逐渐形成等,而是斯图亚特·考夫曼(Stuart Kauffman)(1933)以及达西·汤普森(D'Arcy Thompson)(1917/1942/1992)等人所理解的意义。语言研究这样的一种数学方法进展如何,你是否会对此做出评论？[C]

NC：自50年代早期开始,我们,也就是两三个人的样子吧,艾瑞克·林伯格(Eric Lenneberg)、我、莫里斯·海尔(Morris Halle),没别的人了,我们几个感兴趣的话题就是,怎么让语言研究变成生物学研究的一部分？这有些异想天开,当时没有别的人谈论这样的事情。一部分原因就是动物行为学那时刚刚……

JM：对不起,从一开始就有那样的(将语言理论融入生物学)动机么？

NC：一点不错。那时,我们开始阅读动物行为学,洛伦兹(Lorenz)、汀伯根(Tinbergen)、比较心理学等,这在当时的美国也是刚刚为人所知。美国那时的传统严格说来是描写行为主义。德国和荷兰的比较动物学家那时在美国才刚刚可以读到；实际上,许多东西都是德语的内容。我们很感兴趣,觉得这似乎才应该是语言学的走向。这个想法很奇异,事实上,除了我们少数几个,当时并没有其他人注意这个话题。但艾瑞克·林伯格的论述就发端于此；他的论述才是后来所有这一切的肇始。

问题是,一旦开始仔细观察语言,我们便会发现,实际上我们对语言一无所知。你一定记得,在当时,多数语言学家都认为对这个领域几乎无所不知。当时,语言学研究生彼此谈到的一个共同话题就是,在为每一种语言都做过音位分析之后,我们接下来还能干什么?做音位分析这样的过程很明显迟早会终结。我们有可能还会为每一种语言再去做出形态分析,但那也将终结。在当时,人们还认为,语言如此不同,以至于我们永远也找不出什么普遍的东西。当然,与这个观点相偏离的是,布拉格学派在当时发现了区别性特征,区别性特征可能是共性的东西;因此,有可能存在更多共性的东西。如果语言存在生物学的基础,那么它就必然是共性的语言。这样的观点预设语言存在普遍规则。可是,在开始尝试对这些普遍规则做出确切表述的时候,我们立刻发现我们原来什么也不知道。比如,什么是词?在我们当初尝试为词语给出第一批定义的时候,我们内省不到五分钟就意识到,《牛津英语大词典》对"词语"的定义其实一无是处。所以,很快我们就清楚,我们是在从零开始。那时的首要问题是要对当时的语言研究现状有所了解。而这样多少就延误了对下面这个问题的思考:我们打算怎么来回答和语言研究相关的生物学问题?

现在,最根本的生物学问题是,这个语言系统有什么属性是其所特有的?比如说,它和行走有什么不同?究竟是什么特定的属性使得一个系统成为语言系统?可是对于这样的问题,我们只有在对这个系统有所了解的时候方能回答。那么,在尝试说明这个系统究竟是什么样的系统时,我们遇到了描写充分性和解释充分性之间的对立问题。尝试对所有可能语言做出描写的任务让我们觉得语言系统似乎异常复杂多变;但是和语言获得相关的一个明摆着的事实则是,语言系统根本上就是毫无二致。这样,我们就陷入一种对立之中。

最近，我开始阅读六七十年代那个时候的一些会议记录。参会者多数都是崭露头角的年轻的生物学家，还有几个神经生理学家、一些语言学家，还有其他一些人。上述这类问题不断地被问起。比如，有人会问，究竟有什么特定的属性使得这个系统和其他系统不一样？我们所能做的就是列出一套烦琐的原则，它们彼此大相径庭、内容也繁缛不堪，因此，无法认为它们是经演化而成；这种情况简直是不可能的。

而且，除了语言系统和其他系统之间的比较问题，还暗藏着一个边缘性问题是生物学所必须回答的。考夫曼（Kauffman）对这个问题也感兴趣，这就是生物系统为什么会具有这些属性、为什么是这些但却不是其他属性？我们承认，这个问题可以追溯到达尔文那个年代。托马斯·赫胥黎（Thomas Huxley）也承认存在这个问题。生命的形式有千千万万不同的种类，其中也包括人的生命形式；情况可能是，大自然不知怎么就允许人类以及其他一些类型的生命形式存在；大自然对可能出现的生命形式设置了相关限制。这一直只是生物学中的一个边缘问题：它是一个必然真实的问题，但很难对其开展研究。比如，阿兰·图灵（Alan Turing）（1992）一生中很大一部分时间都致力于对生命形态（morphogenesis）的研究。这是他所做的计算性质研究之外的另一部分主要工作。他的这部分研究是在尽力表明一点：要是我们果真对生物学有了什么至关重要的理解的话，那么我们所做的事情应该是化学系或者物理系的人所做的事情。历史系——就是进化选择观——正好也有一些有待解释的问题。比如，单单根据自然选择，什么也解释不了，这一点很好理解，从逻辑上看也很明白；自然选择必然是在某种既定的渠道内起作用的,这个渠道就是物理的和化学的可能性,它必然是个限制性渠道。只有在发生某些事情,而不是另一些事情的情况下,才可能有生物性成功。这一点现如今就原生事物而言多少可以理解。比如,没有人会认为,有丝分裂(mitosis)(即导致分裂的细胞DNA复制过程)成球体,而不是立方体是自然选择决定的;这里面有物理的原因。或者,再比如说,多角体用作建构材料,不管是用来做病毒外壳、还是做蜂巢。可以理解这其中的物理的原因,因此,根本不需要什么选择进化方面的解释。问题是,这种物理的和化学的解释作用有多大?

语言有何特定属性这个基本问题和解释充分性问题(即如何解释柏拉图问题,或者是如何解释语言获得刺激贫乏的事实)之外的其他问题着实相关。所以,如果说我们已经取得了解释充分性,如果我们现在能够说,"瞧,这就是普遍语法(UG)。把经验输入进去,就可以获得一种I-语言",这也只是语言生物学的开始而已,仅仅只是一个开始。[C]那么,接下来就是UG为什么具备其现有属性这一问题,这是个根本问题。对此,一种可能的解释就是连环事件论:一系列的偶发性历史事件,如小行星撞击地球之类。这样的解释本质上行不通,它并非基于自然,而是基于历史偶然性。不过,还有一种可能的解释,按我们现在对人类进化的了解并非没有道理。语言系统似乎是十分突然地获得发展的。要是这样的话,漫长的历史事件进程就被排除,我们就可以从别的地方另寻解释,比如,像图灵所以为的,答案就在于物理或者化学。

演化生物学中的标准看法……生物学家之所以认为寻求完美事物是毫无意义的做法,原因是我们所看到的事物背后其实都有一段长期的进化历史。这里面自然就会存在很多弗朗索瓦·雅各布（François Jacob）所说的"使用现成工具修修补补（bricolage）"的情况，就如同是修补匠的续残补缺。在任何一个特定的时间点上，自然所为虽至最佳，但也不过是当时情形下的最佳。演化的路径并不平坦通畅，或遇到堵塞的地方，便绕至别处，绝不会回到起点，从头再来。结果是，我们最终所见似乎都是复杂难当的事物；这些东西若有机会重新设计，似乎才会愈加完美。而做此想法，可能还是因为我们对事物的来龙去脉并没有真正理解。或许图灵才是对的；或许事物如此是因为它们不得不如此。总之，事物如果是经历了漫长的演化发展，那么我们持有事物并不完美这样的看法至少还是有些道理的。另一方面，要是某件事情是在极短的时间内突然发生并完成的，那么再去固守那样的想法就毫无根据了。

曾经有一段时间，语言演化似乎被认为不可能突然快速地发生。当时，对语言做解释的唯一途径似乎就是，把 UG（或者是让我们获得语言的生物遗传先天所得）看作一个极为复杂精细，也是独一无二的系统，其中包含一些高度具体的原则。而这就导致我们无法对语言生物学的核心问题，即语言有何特性、语言从何而来等问题去做任何讨论。之所以会如此，原因在于我们将语言理论，或者说是语言理论的框架以及语言获得两者连接了起来。在当时，大家，包括我在内，都认为 UG 为可能获得的语法提供一个编制框架式的东西；另外还有某种一旦遇到经验数据就能使用的语法优选机制。但这样的假设果真奏效的话，编制框架就必须有高度的限制性。我们无法设置很多的开放选项。要增加其限制性，编制框架似乎就必须有非常明确的表达、结果也必然是异常复杂。

这样，因为语言获得的缘故，我们只能接受一个高度精细和具体的普遍语法理论。后来有了原则与参数（P&P）途径，是在20世纪80年代早期成形的。P&P没有解决语言有何特性、从何而来的问题，但是它为解决这一问题消除了概念上的最大障碍。关于P&P最为重要的一点就是，它将语法设计框架和语言获得二者分离开来。按这一途径，语言获得不过就是一件掌握词汇属性的事情（很可能如此），而词汇属性毫无疑问又是在经验中获得的，所以，这是另外一个将语言获得和语言设计框架分开的方法。

如果将所有语言获得的内容和UG中的原则部分分开，那么概念上就没有什么理由认为，这些原则必须得是错综复杂、精确细致的。这样，我们就能问自己，我们将语法原则表述得如此复杂、精细是否有误？我们是否能够表明语法原则其实非常简单？由此开始了最简方案。我们将那个一直隐藏着的问题提了出来；在此之前，为了说明语言获得的问题，我们一直拿它没有办法。现在，我们将语言获得和语言结构分离开来——这主要是通过参数选择实现的——我们便至少可以尝试解决这些问题了。在20世纪80年代后，每次上课，我都会以下面此句做开场白："让我们看看语言是不是完美的。"我们试图证明语言的完美性，但并不可行；结果我们总会以另一种形式的复杂而告终。事实上，对这个问题的讨论一直到20世纪90年代早期才获得进展；直到那时，才开始有点头绪。我们逐渐明白，怎样才能对现有技术做出理论上的最新解读，并据此发展出一种根本性的解释。有一点很奇怪——也是在2000年左右最不会受注意的一点——就是异位（也即移位）是必要的。这看起来是最大的问题。为什么要异位？可一旦看问题的方法对路了，我们就会突然明白正确的回答是什么：异位其实就是内部合并(Internal Merge)。

　　JM：按照过去的说法，异位之所以存在，不是为了满足接口条件吗？语言系统必然与其他相关系统发生"交流"，这些系统对核心语言系统施加一定的限制条件，此即接口条件。

NC：嗯，是满足接口条件，结果是这样。可是，不管怎样，还是有异位；异位的问题还存在。接口条件是必然存在的；但我们现在所能回答的问题是那个最大的问题，就是为什么要通过异位来满足接口条件？为什么不使用标引(indices)或者别的什么手段？每个系统都必须满足接口条件，但满足的技术手段各不相同。那么，现在前前后后一想，才明白原来转换语法是满足这些接口条件的最佳手段，因为它是自然存在、取之即用的。

　　JM：……在把它理解成是内部合并和外部合并的时候……

NC：是的，得来全不费工夫。它是自然有之，除非你硬性规定说没有内部合并或外部合并这么回事。

　　JM：好的，这样有助于解释为什么合并，为什么我们在语言(很可能还有数学)中所使用的那种递归形式，只有人类才具备。[C]那么，我们有合并，这就是我们理解人类语言特性所需要的全部吗？至少根据相关方面，我可以认为，其他一些物种也有认知概念能力……

NC：但是想想看，这值得怀疑。在感觉-运动（接口）方面，这很可能是对的，可能会有一些适应语言的情况发生，但也不会有很多。拿中耳的骨头来说。它们碰巧设计完美、正好用于理解语言，但很明显，它们是爬行动物的下颚在大约六千万年前发生头骨增大的时候，通过某种力学过程演化成耳朵的一部分的。所以，这也算是发生不久的事情。人的感觉-运动器官和其他灵长目动物有所不同，但其发声系统的多数属性在别的动物身上也能寻见；倘若猿或猴子也有人类的语言能力，那么，不管他们的感觉-运动系统是什么样子，他们也能将其用于外化，和使用符号的人本身不会有多大区别。更何况，在用于语言之前，这样的感觉-运动系统似乎就被与我们处在同一进化线路上的人科动物使用了数千万年。所以，感觉-运动接口方面，似乎并没有什么大的变化或改进。

而在认知方面，情况完全不同。也许我们还不了解真实的情况，但就现有的我们对动物的思想和心智了解的全部情况而言，动物具有人类概念的类似物，或者不管是什么，这种类似概念的东西碰巧的确有一种对事物的近似指称的关系，大致和词语-物体关系相同。每一次猴子的叫声都跟一个特定的内在状态相连，比如"饥饿"；或者是跟一个特定的外在状态相连，比如"那儿树叶晃起来了，所以赶紧跑"。

JM：如笛卡尔所说。

NC：是的，就动物的系统而言，这么说似乎不错，兰迪·加里斯特尔（Randy Gallistel 1990）对动物交际的调查干脆将此设立为原则。动物的交际是基于内部符号（internal symbol）与某种外部事件或内部状态存在一一对应关系这一原则的。① 但这对人类语言而言是完全不对的。我们人类的概念并非如此。亚里士多德早就注意过这一点。17 世纪的时候，对概念的讨论曾风行一时。比如，洛克(Locke)《人类理解论》(*An Essay Concerning Human Understanding*)第 27 章是他增加的对人(person)的论述。他很清楚地意识到人非物体。人这个概念和心理连续性(psychic continuity)有一定的关联。他还进行了思想实验：如果两个长相完全相同的人具有完全一致的思想，那么是只有一个人，还是有两个人？你去看看每一个概念，都大抵如此。② 因此，它们和动物的概念全然不同。[C]

事实上，我们对概念究竟是什么只有一个很肤浅的理解。这个问题主要是在 17 世纪的时候有过调查。休谟(Hume)后来认为，概念不过是外部属性以某种方式唤起的心理构造。这个话题后来谈论的人越来越少，因此没有什么实质性的进展。到 19 世纪，上述有关概念的思想被弗雷格(Frege)的指称式理论所吸收，

---

① 【补注】对乔姆斯基而言，"符号(symbols)"是内在的，虽然它们可能会带来外部讯号(signal)。比如符号在"外化"后可能就是某种形式的移动或行为。譬如，一只看到老鹰的鸟在警告鸟群时发出的叫声就是由某种内部状态触发的。可以将这种内部状态理解为是一个符号。在上例中，因为情况涉及人以外的动物，所以，也可以将这一符号理解为是有了一次应用或"使用"，即对危险情况(附近有捕食鸟的动物)进行报警。(麦克吉尔弗雷，p.c.)

② 【补注】人的每个概念(除去人的那些科学概念)都有一些与概念自身本质相关的特征，这些特征跟科学所理解的世界面貌并无关联。这里所说的概念是"常识"概念，它们不可避免地要反映人的趣味。按我们现在对它的理解，亚里士多德的玄学非常缺乏科学性，因为它以人类为中心，是反映一般的人所关注事物的产物，并不关乎自然科学所描述的世界的客观特征。(麦克吉尔弗雷，p.c.)

后来又被现代语言和思维哲学所用,不过我认为,这些观点都有些古怪异常。

……再回到你问的问题吧。我想我们要面对的事实是,人的认知概念系统在动物世界里看似没有什么可比物。这里又多出动物的概念从何而来的问题,这个问题有办法去研究。但人的认知概念装置源自哪里目前似乎还是个十分神秘的问题。

JM:你怎么看待这样的观点,就是不考虑引发或激发思想的具体情境,思想或者思想的能力可能也是语言系统出现所带来的结果?

NC:怀疑这一看法的唯一理由是,在大约五万年前,人群分道扬镳,而思想或概念在不同群落中却都是大致相同。这样,除非认为存在某种共同的文化发展——如此想象并非不可——否则情况似乎就是,思想之能力不知怎么早已有之。所以,比如说,如果我们去问一个新几内亚本地人什么是人,或者河流什么的,我们会得到一个和我们所想的差不了多少的回答。再者,婴儿也有思想。最令人诧异的是,他们的思想概念并非学习所得,但其内涵却丰富、复杂;前面提到,《牛津英语大词典》也远不能及。

说到儿童故事,它们也是利用了儿童思想丰富这一点。我读过我孙女的故事。她们要是喜欢一个故事,会让你读上一万遍。在她们喜欢的一个故事里,有一头被人变成了石头的驴子。故事后来说,小驴试图告诉自己的爸爸妈妈,说自己是他们的孩子,虽然看起来是块石头。故事结尾的时候,又发生了点什么,结果石头又变回成小驴。每个孩子,不管才多大点儿,都知道那个石头就是

2 语言的形式理论及其生物学转向；人类概念的区别性本质

驴,不是石头。石头是驴是因为驴有心理连续性。这光从语言或者经验中是发展不出来的。

  JM：好的,你对分布式形态学（distributed morphology）这样的理论有什么看法？至少有一部分概念结构,比如名动之间的差异,是语言本身的原因直接造成的,这个看法你觉得合理吗？

NC：这要看你怎么理解它。再拿驴的概念来说。这是个语言的概念,也是个进入思想的概念。因此,它是个词项、也是个概念。词项和概念不同么？看看杰里·福多（Jerry Fodor）思想语言（language of thought）这个概念。我们对思想语言有什么了解？关于它,我们所了解的一切就是,它无非就是英语。一个有思想的人如果他是东非人,那么所谓的思想语言就是斯瓦希里语（Swahili）。对于什么是思想语言,我们并没有什么独立于某种特定语言的概念。事实上,我们没有理由相信词项和概念之间存在什么差别。的确,不同的文化对事物的分类可能有所不同,但这样的差别实际很小。最基本的属性是完全相同的。我上课时举过"河流"这样的例子,并且做过一些比较离奇的、有关河流确认的思想实验,就是一个人愿意把什么样的东西叫作河流,或者愿意把什么看作是和我所说的一模一样的河流。不管有着怎样的语言背景,从根本上说,参与的人都会以相同的方式对河流做出确认。每个婴儿也都如此。所以,概念不知怎么就在那里。它们显现在语言之中；但我们无法知道它们是不是独立于语言而存在。我们没有任何方法对它们开展研究,至少几乎如此。

对于概念的发展，我们倒是可以撇开语言做一些研究，但这仍和其他方面有关，如运动感知、物体稳固性等。这些东西很有趣，但和概念的内容相比，却不足为重。因此，概念本身是否源自语言这个问题似乎超出了我们调查的能力。我们对婴儿思想的了解也十分有限。

不过，还是存在概念从何而来这个问题。我们可以想象一次基因突变如何给我们带来合并操作，但是它如何给我们带来作为事物限定性属性的心理身份的概念，或者许多类似的距离经验十分遥远的其他属性？

JM：我有时候在考虑词汇概念在某种意义上说会不会是生成性的。表面上看，这个看法是合理的，它为我们理解概念提供不同的方式。

NC：我们研究得最多的概念并不是我们一直在谈论的概念——就是我们有时候用来指称世界的概念（比如概念"水"和概念"河流"），而是关系性概念，比如时间关系性概念——如静态动词对动态动词——或者是关系性概念，即涉及运动的概念、时间和空间的类比等等。关于这些，有相当不少有趣的描述。但这些都是和句法密切相关的那部分语义装置，因此，在研究这些概念的时候，我们其实是在研究一个有一定句法性质的关系系统。

可一旦我们问，这当中是不是有什么是用来指称世界的，它是如何用来指称世界的，我们就会立刻陷入僵局。这样的问题是语义学中的传统问题，可以说，形式语义学、语言学范畴的语义学或者体理论等所做的一切，可以假定它们所做的一切，其实几乎都是

2 语言的形式理论及其生物学转向；人类概念的区别性本质 31

内在的，因此广义而言也都是句法性的。即使没有外部世界，它们的描述也照样成立。所以，我们不妨把大脑放入缸中，①或者不管是什么东西之中。这样，问题随之而来：既然我们使用这些概念来谈论世界，那么，我们如何为之？我想，在这一点上，哲学家、语言学家以及其他具有现代知识传统的人都会陷入某种圈套、即认为存在一种指称关系。[C]

我发现把语义看作类似于音位的东西十分有用，我曾试图让别人接受此点，但没有成功。音位有着类似的问题。有关音位的一切也都是内在于心智/大脑的。我们确实这么认为，狭义语音②给发声和听觉系统，或者无论是什么我们用以外化的系统提供某种指令。但这样的系统是在语言官能之外。不会有人认为在声音与符号之间存在一种对应关系，这近乎疯狂；不会有人认为符号 æ（就是 cat 中"a"）会对应于某个心智之外的物体。我们可以玩一玩哲学家的那一套，就说有一种四维的分子运动构造是 æ 的语音值。符号 æ 所对应的就是这样的一种构造。在我说 æ（或者可能是 cat）的时候，你能听懂是因为它指称同一种四维的事物。这简直不可思议，没有人，你知道，几乎没有人会这么认为。真实的情况很好理解，就是我们为发音装置提供指令，这些指令在不同的情景中，比如嗓子是不是很痛，有没有在尖叫等情况下将发音装置变换为不同方式的分子运动。别人可以理解这样的运动，如果他们的内部语言，他们对世界的构想和情景的把握等跟我们的足够相

---

① 【译注】参见本书"术语表"中的"缸中头脑（brain in a vat）"。
② 【译注】"狭义语音（narrow phonetics）"即语言器官生成的、尚未外化的"抽象"语音，即音位特征组合。此说法类似于"狭义句法（narrow syntax）"（参看 Chomsky 2001），即从词项特征到逻辑式或语义特征组合的推导。也可参看本书第 6 章。

近；如果那样的话，他们就能够理解我们在说些什么，程度不同而已。每个人都认为这是语言的声音侧面运作的方式。

那么，为什么语言的意义侧面不能有类似的运作？不存在什么语义，即没有什么指称关系，只有提供给概念装置的句法指令以及接收指令后概念装置的运作。概念装置一旦在使用和运转，我们便进入人类行为。而不管人类行为有多么复杂，可以说，总是在概念装置的某种"考虑"之中，概念装置对其总能做出解读。和我们差不多的人，或者对其自身的认识跟我们相同者，或者能从我们的境地来思考的人，对我们正在说的东西都能大致理解。除此之外，似乎别无其他。[C]

2009 年 1 月 20 日采访所得的增补材料

JM：我下面要转到你 2007 年在麻省理工以及其他地方所做的语言系统完美性专题报告中提到的所谓的"语义信息"。你说在语言官能的语义接口（SEM）有两种语义信息。一种跟你认为是由于外部合并而产生的论元结构有关，另一种跟话题、辖域，以及新信息有关，这类东西你认为是由内部合并带来的。

NC：是的，基本如此。存在一些相反的意见，比如诺伯特·霍恩斯坦（Robert Hornstein）的控制理论认为，题元角色不是合并直接所得。① 所以，我绝不想说这是一个已有定论的问题。不过，按道

---

① 【译注】诺伯特·霍恩斯坦（1999）认为，题元角色是动词的形态特征，名词成分和动词合并后，移动到一个题元位置，并且在对动词题元特征进行检验时接受到题元角色。这个看法比起单纯通过外部合并就获得题元角色要复杂。

理的话,如果有两种不同的合并方式,我们会指望它们应该有不同的功用。我现在并没有这方面的论据,但语料似乎表明这个看法极其接近真实,如此接近真实以至于它似乎在很大程度上就是"妙手偶得"。正常情况下的论元结构是外部合并所致,而话语指向这样的信息在正常情况下是内部合并所致。①

JM:后者是一种非常不同的信息。

NC:非常不同。如果我们对动物的思维有足够的了解,我想我们会发现外部合并这部分在一定程度上可能是灵长类动物所共有的。② 我们可能会在猴子身上发现有"施事-行为"心理模板这类的东西。当然,猴子并不能用它来做些什么;这样的心理模板可能只是它们对所感知事物产生的一种心理影像。我们可以把它看作是卡德沃思(Cudworth)式的属性、③格式塔属性或者因果关系等,它只是一种感知方式。

---

① 【译注】夸克等(Quirk et al.)编著的《英语语法大全》(*A Comprehensive Grammar of the English Language*)(朗曼1985年出版)第1432页有"语篇指向性(textual orientation)"的说法,指语篇与其所发生的时间、地点、事实性以及话语参与者之间的关系。

② 【译注】有相关报道称(http://finance.ifeng.com/a/20140706/12661716_0.shtml),2014年7月3日在美国《当代生物学》半月刊发表了一项研究成果。该成果首次创建了黑猩猩姿势类别辞典,其中收录了研究人员破译的66种黑猩猩交流姿势。这些交流姿势中,有些可以孤立使用,有些可以组合起来创造更为复杂的交流。比如,英国苏格兰圣安德鲁斯大学研究人员发现,黑猩猩传递的信息包括通过组合少数姿势所表达的简单诉求,也有通过组合更广泛姿势而表达的更多社交信息。重要的是,无论哪只黑猩猩使用这样的姿势,它们所表达的意思都保持一致。

③ 【译注】拉尔夫·卡德沃思(Ralph Cudworth)极力反对托马斯·霍布斯(Thomas Hobbes)的唯物主义经验论和无神论学说,宣扬天赋观念论,提出了"自然精神(World Soul)"和"有塑造力的自然(Plastic Nature)"的概念。

JM：对有 n-价属性事件的感知，即事件具有数量不等的论元等。

NC：是的，诸如此类。这可能正是外部合并给我们带来的东西。另一方面，还存在一种可用的合并，一旦使用，则是为了别的什么属性。从描写来看，它最终构成主题结构，还有话语指向、信息结构、辖域属性等。

JM：看起来很像是语用信息啊……

NC：毕竟，这样的接口就是语义-语用接口。[C]

最近有不少对丹·艾伍瑞特（Dan Everett）所研究的一种巴西语言即皮拉罕语（Pirahā）的讨论，可以在《纽约客》杂志以及其他一些地方读到。戴维·皮斯特斯基（David Pesetsky）和其他几个语言学家（Nevins, Pesetsky and Rodrigues 2007）为此写了一篇很长的论文。根据他们的观点，这种语言跟其他语言没什么两样。这个讨论还波及到了哲学领域。有些很精明的人，一个很好的英国哲学家也撰文加入讨论。可他写的实在不怎么样，令人尴尬。他认为对皮拉罕语的研究可以证明普遍语法站不住脚，因为它表明这种语言并不体现递归机制。好，如果艾伍瑞特是对的，那就意味着皮拉罕语并不采用普遍语法提供的资源。但这种情况就好像是我们在什么地方发现有一族人是爬行而不是直行。他们看见其他人爬行，所以他们也爬行。但这并不是说他们不能直行；这并不意味着他们没有那种天生的直行的机制。如果他们获得了可以诱发直行的相关刺激性输入，并且没有其他方面的不足，他们就一定可以直行。丹·艾伍瑞特所声称的很可能不对；即使是对的，那也不过是说这种语言的词汇资源数量有限,且并不使用内部合并。是的,内部合并并不使用。汉语在构成问句时也不使用内部合并。有很多东西英语也不使用;比如,英语并不使用马克·贝克(Mark Baker)所说的多成分综合选择(polysynthesis option)。没有哪种语言会把所有可能的选项都派上用场。

3 表征和计算

JM：重拾原来的一个话题，你对"计算"的理解似乎和在哲学中很受青睐的"计算"概念并不相同。在哲学中，计算被认为是和一种心智表征理论相一致的概念；它可以被看作是一种问题解决机制的相关操作，执行于传统（不是你所理解的）语义学意义上的符号。传统语义学认为，这样的符号是大脑中的条目，与其所代表的、大脑之外的世界之中的事物相关。

NC："表征"这个词使用在哲学文献中有一种技术性意义，我认为可以追溯至思想的有关理论。你知道在我们身外存在某种事物，而对它的印象就构成一种思想，然后就形成一种关系；所以，比如说，在杰里·福多的心智表征理论中，the cat over there（"那边的那只猫"）和你思想语言中的"猫"的概念之间就存在一种因果关系。克里普克（Kripke）、普特南（Putnam）、伯格（Burge）等都有着大致类似的看法。

JM：嗯，不只是因果关系，我的意思是，对福多来说，这样的关系其实是一种语义上的关系……

NC：是的，不过，因果关系是说"外在"事物致使内部表征得以形成,因为外在事物而产生有关它的"思想"。所以,我是指两者间的联系是怎么形成的。先有这样的因果关系,然后,不错,因为这样的因果关系而建立起语义指称关系。不过,一个事实性问题是,这样的语义关系是否真的存在。很明显,在外部世界的事物和我们大脑中的概念之间有着某种因果联系,但这并不意味着就必然存在一种符号对应物体的关系,就像是对因果关系的一种颠倒。这个方法的一个很大的问题是如何定义物体。嗯,说到这,我们又要回到词汇概念研究。到 17、18 世纪的时候,就已经非常清楚,根本不存在这样的语义关系,即使是对最简单的概念也是如此。我们只是在以不同的方式辨别和确认事物个体。①

我们并非通过指称关系来确认事物个体,这方面一个有名的例子就是洛克对人身份的讨论。我们,或者说是我们的心智,生成"人"的概念。这可以追溯至亚里士多德和他提出的"形式(form)"和"质料(matter)"的区分。这个区分在 17 世纪时又被大大延伸,然后似乎又被搁置了。据我所知,它在休谟之后实际就从文献中消失了。而现如今,我们似乎又回到一种新式的"词语-事物"关系的学术图景之中。这就是我们为什么会读到蒯因(W. V. O. Quine)所著的《词语和物体》这样的书或材料。但并没有理由相信真的存在这样的关系。所以不错,心智的表征理论都必然有赖于表征的概念,而这个概念虽不无历史渊源,但据我所知并没有

---

① 【补注】这里是说,人的常识概念对世界的"切分"和科学对"事物"和事件的划分完全不同。无疑,对某一概念的初始"激发"需要一定的外部诱因,但通过激发而出现的概念在本质上却和处于这种因果关系中的远端诱因没有关联。人的概念只对人的兴趣和需求敏感,它们和科学的客观性目标并不一致。(麦克吉尔弗雷, p. c.)

什么实际价值。

JM：我提这个问题，一部分原因是，在我们阅读如乔治·雷（Georges Rey）这些作者的作品时，他们似乎都认为，图灵在谈到计算时，基本上是认可表征理论的。

NC：我不明白这所由何来，我在图灵身上看不出有任何有关这方面的证据。这只是雷、福多以及其他人对图灵的解读，但我并没有发现这样的看法究竟有什么文本基础。事实上，我认为图灵压根就没有考虑过这个问题。至少在我所读的东西当中看不出他有这样的观点。愿意的话，可以把这个观点强加给图灵，但事实是他并无此说。现在不少人，尤其是乔治·雷，在对文献做细致的搜寻，以找出"表征"这个词在我的作品中或其他地方的使用。但在我看来，他们一直持有误解[可参见霍恩斯坦和安托尼（Hornstein & Antony 2003）中所收的雷的文章以及乔姆斯基的回应]。如果去看看有关认知科学和神经学等方面的文献，可以发现人们一直在谈论内在表征。但内在表征不是说心智之内的某个概念和心智之外的某个事物之间存有关联。"内部表征"这个说法仅仅是指大脑中的内容。将上述有关指称的传统哲学解释加进"内部表征"，就会得出可笑、实际毫无意义的结论。读研究生的时候，我们可能读到过已故的维特根斯坦（Wittgenstein），要说从这样的阅读中学到了什么，所学的其实不过就是一个传统哲学的错误。要是我们想知道一个认知神经科学家或者一个语言学家是如何理解"表征"这个词的，我们必须看看他们是怎么使用这个词的，而不是用过去的哲学解释来定义它。早先我们说到过一点，就是语音表征。语音表征是标准的、传统的语言学术语,是所有其他表征说法的来源。没有人会认为,用IPA(国际音标)记录的某个音节中的某个元素指称客观世界中的某个独立于心智的客体。但我们仍将其称作是一个语音表征,因为我们的意思是这是在大脑中发生的事情。

4 再论人的概念

JM：早些时候，我们说到人的概念的独特性，我想对此了解得更清楚一些。我认为，人的概念的独特性和下面这个事实至少有一部分关系，就是人和很多动物不同，人在使用概念的时候实际上并不是将概念直接应用于现时的场景或情景。

NC：嗯，也许我们对其他动物了解不够多，但一般而言，文献中对动物的描述是，其每一个行动，局部的也好或者不管其他什么行动，按笛卡尔的说法，都通过某种机器和某个内部状态，或者是正在诱发这种行动的某个外在事件连接。可能就是一个内部状态，比如动物发出一个叫声或做出其他形式的行为，是在"表达"诸如"是我""我在这儿"的意思，或者是在威胁，表达"离我远点"这样的意思，或者可能就是一个求偶的叫声。通过观察，我们发现这样的情况连昆虫都有。动物的行动也可能是对某一外在事件做出的反应。比如，可能会有一只雏鸡伸着脖子在看什么东西，我们可以将其所见解读为"那儿有一只捕食的鸟"。实际上，可能并没有人知道这只小鸡究竟在做什么。情况似乎普遍如此。如前所述，兰迪·加里斯特尔（1990）在给一期有关动物交际的特刊所写的评介中就提到，每一种动物，直至昆虫，不论其内在表征如何，都是和独立于有机体的外在事件,或内在事件——相连。人类语言显然并非如此。所以,如果他所说的在某些方面接近于动物的真实情况,那么人和动物的概念就存在非常明显的分别。

JM:人和其他动物在相关类型概念的所谓"使用"或应用
方面有明显分别,但我认为还有其他方面的区别……

NC:嗯,概念的本质也不同。不管"房子""伦敦""亚里士多德"或者"水"这些概念的本质如何,不管其内在表征如何,反正都跟独立于心智的外部事件没有关联,跟内部状态也无关联。这大概就是笛卡尔的观点,似乎足够准确。

JM:好的,所以说,人的概念有其独特性,这既无关乎概念的使用,也无关乎……

NC:和思想也无关。① 说到概念的本质和概念的使用,两者有什么区别吗?概念的使用依赖于概念的本质。"房子"这个概念的使用和"书"这个概念的使用不同,这是因为这两个概念本身存在一些差别。所以,我看不出究竟怎样区分才有意义……②

---

① 【补注】思想(thought)其实也可以看作是概念的使用,是和内部状态相关的概念使用。前一句提问者所说的"概念的使用"着重指和外部事件或外部事物相关的概念使用。人们可以独立于他们说话或思考的语境来使用概念,并且使用的方式多样。(麦克吉尔弗雷,p.c.)

② 【补注】这里,乔姆斯基的意思是,概念的本质只对概念的应用或使用起"引导"作用,但并不决定它们该如何使用。这一点很重要,因为它将乔姆斯基对概念的看法和弗雷格及其继承者们对概念的看法区分开来。对乔姆斯基而言,没有人真的知道概念——特别是人的概念——究竟是什么;如果认真对待语言使用创造性和刺激贫乏这两个观察,就很容易发现现有的一些有关概念的观点是误入歧途。人类的常识性概念并非从观察其使用中获得(虽然它们可以因此被"触发")。(麦克吉尔弗雷,p.c.)

JM：不管怎样，在人的概念所涵盖的特征（不管是什么样的特征）和存在或并不存在于"心外"世界的那些事物和属性之间（不管是什么样的事物和属性），在非常大的程度上并不一致、并不相互对应，哪怕是我们可能会使用这些概念中的一部分去指称这些事物……

NC：是的，事实上，对我而言，这两者间的关系在某些方面似乎与语言的声音侧面相似，这一点我前面提到过。有这么一个内部表征物，即 æ，但却并没有什么独立于人体的物理事件和 æ 连接。æ 可以按所有可能的方式发出……

JM：因此，就概念而言，我认为，可以断定，唯有具备类似心智的人才能理解另一个人的意思，如果另外的这个人说了些什么，并且表达了对方也具有的概念……

NC：所以，如果我们教给狗一些指令语，它可以对有些事情做出反应，但并没有我们的概念……

JM：嗯，好的。那么我想就下面这个问题再多问你一点：什么类型的理论可以被看作是在概念方面可以进一步探索的理论？可不可以说有原子性概念这类东西？我的意思不是说概念必须是像杰里·福多所认为的那样是原子性的，因为对他而言，概念在语义上是根据一组相同的属性来定义的……

NC：外在的……

JM：外在的属性，是的。

NC：我只是不明白那样的话究竟如何行得通，因为我不知道有什么方法可以在独立于心智的情况下对概念进行区分。但是，我也不知道，除了假定原子性概念是存在的，还有什么其他的看法是可取的。或者所有的概念都是原子性的，这种情况下，当然是有原子性概念的，或者有某种方法可以让概念组合。我实在说不上还会有什么别的可能。如果存在概念，那么就有原子性概念。这似乎是一个合乎逻辑的观点。

JM：我想知道，必然存在原子性概念的观点是不是不会像牛顿所做的、必然有微粒的假设那样为人所重视，因为这正是我们所想的那样……

NC：一点不错……必然存在微粒。只不过牛顿所说的微粒是错的。① 每一种形式的物理学都会认为存在一些基本的东西，哪怕是线体。组成这个世界的东西，包括我们的内部本质、我们的心智，这些东西或者是复合的，或者并非复合。如果它们不是复合的，它们就是原子性的。所以有微粒。

JM：语言学中现在有针对原子性概念的本质问题所做的研究吗？这样的研究至少可以让人逐渐明白原子性概念的本质究竟是什么。

NC：有，不过，现在所做的研究虽然很有趣，但几乎都是关于关系

---

① 【译注】爱因斯坦提出光的发射和吸收都采取量子的形式，光波是由光子组成的，光具有波和粒子二重性质；爱因斯坦的光子和牛顿的微粒除了都是粒子之外，并无任何相同之处。参见方舟子《光的真理》(《中国青年报》2005 年 2 月 2 日)。

性概念的。有大量关于有界(telic)动词等的文献;这些东西都和句法相关,比如,事件的作用,施事或者状态等戴维森式(Davidsonian)的东西,但都与关系性概念有关。

研究语言哲学的哲学家和研究语义的语言学家,他们的研究是互补的。语言学界没有人去研究"水、树、房子"等这些概念;他们所研究的是"装载(LOAD)、装满(FILL)、开始(BEGIN)"这类概念,其中多数为动词性的概念。

JM:你在其他地方指出过,有些形式语义学领域的哲学家做出的贡献可以视为对句法的贡献。

NC:例如,戴维森式的研究……

JM:一点不错……

NC:不管怎么说,这样的研究都是对语言的意义侧面的句法学做出的贡献。不过,与一些戴维森(Davidson)理论的信奉者以及别的一些人的看法相反,语义侧面的句法就我而言是完全内在的东西。我们可以将其和某一类型的真值条件或真值指示联系起来;它在决定陈述是真是假的时候确实需要考虑。但在决定陈述真假的时候,要考虑的东西不计其数。[C]

5 对语言研究的反思

JM：你过去常将语言官能区分为狭义理解的和广义理解的两种，后者可能包括一些行为系统。这个区分按这样的理解现在仍然可行么？

NC：我们一直都有这样的假定。我们并不确定，但从根本上说，我们一直都是在采用亚里士多德"有音有义、音义相连"这一语言描述框架。以这一粗略、近似的描述为开端，我们假定存在一个外化的感觉-运动系统和一个关涉思维和行动的概念系统；这两者至少是部分地独立于语言。它们是内在的系统，但独立于语言。广义语言官能包括这两者以及将这两者连接起来的任何东西；而后者构成狭义语言官能，包括我们所说的句法、"语义"（取前述意义，而非通常意义）、音位、形态等。这里我们假设，狭义理解的语言官能可生成无限多的表达式，以此来输入信息供两个接口使用。而在狭义语言官能之外，感觉-运动系统行其所行之事；该系统所处边缘（事实上，它很大程度上外在于语言），相对而言也更易研究一些。关于概念系统，我们对它所做的研究实际就是对人类行为做研究，这是一个太过复杂的研究对象。我们大概只能像伽利略在斜面实验中希望做到的那样，从中提取出一些片段来加以研究；运气好的话，有可能会发现一些东西。但不管做什么，那都只不过是在将概念系统和人们指物、论道、提问,以及按约翰·奥斯汀(John Austin)的说法,完成言语行为等连接起来;这方面要想终有所成,必然难上加难。要是愿意这么说的话,这其实就是传统语言学框架中所说的语用学。按照这一框架,句法学、语义学和语用学被划分开来。①

上述所有这些系统在概念上的区分沿用至今。如此,便有它们之间如何划界这样非常有趣的问题。一旦我们开始从细节上真正研究其运作方式,我想会有令人信服的,虽非确凿无疑,但的确令人信服的证据表明,音义连接系统确实是以某种合并式操作为基础来运作的,因此它本质上就是一个组合性系统。它将零散的片段连缀起来,然后将其运送至接口,再对其做出解读。所以,一切都是组合的,或者用语言学术语来说,都是循环进行的。那么,对于一个正常运作的系统,我们会期望它能对记忆负载有所限制;就是说,我们将内容输送至接口,加工完成就抛诸脑后,不再重新加工,然后再继续下一阶段,同样不做重新加工。这似乎很不错,也为大量的经验结果所支持。

但是有一个问题,就是还存在整体性质(global property)。比如说,在声音这方面,韵律属性是整体性质。句子语调最终是升是降取决于句子开头的标句词。所以,要是一个句子将以疑问词who(谁)或what(什么)开头,那么它的整体韵律如何在很大程度

---

① 【原注】乔姆斯基对语用学的看法似乎是它不可能成为自然科学(至少,按我们现在对它所理解的那样),即使我们可能会发现人们使用语言的方式存在一定的系统性。

"原注"是本书原文的页下脚注。

5 对语言研究的反思

上根据 who 或 what 就能确定下来。因为此点或其他原因,韵律就是一个整体性质,它并非逐步累积所得。同样,在意义这方面,变量约束或约束理论中的 C 原则等也都明显涉及整体性质的意义。那么,这些都意味着什么? 有一点就是这些系统,比如说像韵律和约束理论这样的系统,我们一直都把它们看作是狭义句法,但其实它们完全有可能在语言官能之外。语言的整体性质并非事先设计的内容。而且,我们知道,语言官能之外,可能存在一个使用整体声音和整体意义的"脑中侏儒"(homunculus)——这就是我们思考和说话的方式。① 所以,情况有可能是,所有信息的汇集之处才是整体性质的用武之地。这些整体性质中有一部分和情境相关,比如,我们决定怎么做得看我们是不是知道自己是在谈什么,在运用什么背景知识等。但这些都只能为那个"脑中侏儒"所用,它们并不存在于我们的语言官能之中。语言官能有点像消化系统,不断碾磨、并生产出为我们所用的东西。总之,我们并不真正了解狭义和广义的语言官能的界限在哪,但是我们可能会有所发现,像上面所说的那样有所发现。[C]

事实上,我们可能会发现整个接口思想都是错的。拿声音这方面来说——声音更好说一点,因为我们对其多少有所了解。关于声音,一个普遍的假设就是——又回到我们开头的话题——内

---

① 【补注】"脑中侏儒"从语言(自然)科学的角度来看只是虚构的东西;稍有常识的人——当然也包括乔姆斯基在内——不会相信大脑中会有这样的一个存在。不过,我们用这样的说法来指称心智中的认知操作,或者我们常识所理解的一部分认知体制。真正合成信息、处理总体事务的是我们人:我们看见,我们解读,我们理解,我们完成一切。(麦克吉尔弗雷,p.c.)。

在语言装置构建某种狭义的语音表征,由感觉-运动系统予以解释。说法可能不同,但总归就是这个意思。可是,在逻辑上并非必然如此。情况有可能是,在生成话语的声音时,我们是直接将一个个的语音片段输送至感觉-运动系统,而不是要让它们先停留在某个地方,待跟其他语音片段组合之后再输送至感觉-运动系统。这样,就不存在语音接口了。我们可以构拟出一个以这种方式运作的系统,而我们也并不清楚语言是不是就一定不能以此方式来运作。我们只是想当然地认为语言不能这样运作,因为最简单的假设就是存在这么一个接口。但虽然这样的假设是我们首先想到的东西,却并不意味着它就一定正确。我们对语言体系的构想可能就像是一个初始假想,不一定错,但多数初始假想都是错的。可以看看发达科学的历史。不管它们如何根深蒂固,结果几乎总是有误。

JM:不错,不过,科学构建的指导思想通常就是以结构简约为重,这是一种直觉;以此为取向,一般来说,至少可以获得部分成功。

NC:没有人知道这是为什么,不过,这个直觉一直起着指引的作用。它其实一定程度上就是伽利略科学观的核心内容。我也曾受其引导。生物学领域不少人也受其引导,比如图灵就曾试图将生物学研究放置在物理系和化学系中开展。

JM:历史、自由行为和偶然事件会制造混乱无序,因此不在自然科学的研究范围之内。而当初在你刚刚开始这一切的时候,你是不是就认为语言学可能会变得越来越像一门物理科学？

NC:这倒不太好说。我是说,我过去的确相信泽里格·哈里斯(Zellig Harris)和其他老师教我的东西;现在一个有良好教养的犹太男孩儿也照样会的。但那时所学的后来感觉越来越不合理。到20世纪40年代末的时候,我开始有了一点自己的思路,就是把语言研究看作一门自然科学。不过,当时我认为这可能只是一个我个人的想法。一直到20世纪50年代早期,我才开始觉得这个个人想法有点道理,这样,才开始和别人讨论。所以,这是我当时所经历的一个有些艰难的过程。当然,后来也是漫漫长路。这么多年来,在我认为我是在做生成语法的时候,我实际上都是在从传统语法中汲取、承袭。

6　参数、渠限化、天赋、普遍语法

JM：顺着我们一直在讨论的内容，我想了解一下个体的语言发展（语言生长）问题。你用到了，至少是点到了渠限化（canalization）这个概念，这是 C. H. 沃丁顿（Waddington）在大约五六十年前的用语。你提到了儿童的语言发展正如渠限化。那么，参数是否能够被理解为是涵盖渠限化的一个说法？

NC：渠限化听似正确，但据我所知，生物学中，它并没有多少实际的应用。

至于参数，有一些很基本的问题需要回答。其中一个问题是，为什么不是只有一种语言？语言为什么有差异？假定发生了这个算得上是"大跃进"的变异，它为什么没有把语言一步到位确定下来？我们并不知道有什么参数，但是，不管有什么参数，为什么会是这些参数，而不会是那些？诸如此类的问题都将会提出，但是它们并不在研究的核心范围之内。对于这些问题，可以想到的一个回答是和计算的效率或最佳效率有关。这个回答还无人提出，现在也还只是一种推测，大致如下。要想遗传所得的语言是独一无二的，就必然需要增加基因负荷；确定一种语言比允准多种语言需要更多的遗传信息。因此，语言不能过简或单一实际上体现了一种遗传的经济性。另一方面，单一语言的获得更加容易，因此语言并非单一使得语言获得变得更加困难。这里涉及到语言最大程度的简化和语言最大程度的多样化这一"同时最大化"的问题；对这个问题，也即在两个相互冲突的因素中间如何取得最佳平衡，可能会有一种数学上的解答。这个问题很有趣，只是现在还不能对它做出确切表述。

当然，还存在其他的推想。你读过马克·贝克的书（《语言原子》），是吗？

JM：不错。

NC：……哦，这本书里有一个不错的想法，就是有了参数这个东西，我们就可以互相欺骗了……

JM：……参数选择还可以用在战时。[C]

NC：当然，目前对参数的理解都还只是最基础的东西，并不成熟，还没有形成一个合乎原则的解释。但是，这些问题终究要提出来。

以声音类型为例。通常认为从狭义句法到语义接口的映射在所有语言中是统一的，这个看法有道理，但是没有任何直接证据。有不少理论对此有论述，所有这些理论都认同一点，就是这是每一种语言都采用的运行方式。这样看倒也不是没有道理，因为现在虽然能够证明情况就是这样的证据还很有限，但也没有什么证据证明情况不是这样。不考虑参数的话，狭义句法看起来都是一致的。但另一方面，向声音接口的映射则充满差异，情况异常复杂。这一块似乎完全没有语言系统的其余部分所具备的那些运算特性,因此要问为什么会这样。对此,同样可以想到一个雪花式的回答,①就是不论是什么样的声音类型,它都是解决在语言演化过程中的某个时候所出现的某个问题的最佳方案;这个问题即如何外化内部系统、如何通过感觉-运动装置使内部系统外在化。人类很早便拥有了自己的内部思想系统,但是外化此系统可能只是后来的事情。那么,思维系统外化的最好方法可能就是杂乱无序。②这可能就是最好的回答,尽管这对我来说也是一个奇怪的想法。类似地,你可以顺着语言演化的线索想到更多的、需要长期研究的问题。

JM:概念-意向方面也存在优化和完美的需求吗?

NC:这还真是个令人费解的问题。比如,让我们奇怪的是,为什么我们的概念总是一成不变地和我们的"知察力(cognoscitive powers)"一致,而不是和世界的本质一致?③"知察力"是拉尔夫·卡德沃思的说法。这的确有些奇怪。概念的这个属性似乎是完全独立的。对概念而言,说不上什么起源或选择性优势,什么都没有……

---

① 【补注】雪片晶状结构是在多种条件作用下形成的,其中包括一些动态条件如气流、气温、湿度等。这些条件作用的结果有一定的不确定性,但无论如何,总会产生结果,这一点是确定的,因为虽说世上没有完全相同的两片雪花,但是只要具备这些条件,就会形成这种复杂的、且在视觉上高度可变的晶状结构。(麦克吉尔弗雷,p.c.)乔姆斯基在此是以雪片喻声音。

② 【译注】思维系统外化要通过感觉-运动装置,而该装置所能产生的声音类型(音位)是杂乱无序的。可参见第一部分第8章。

③ 【译注】乔姆斯基(2005a:4)认为,"概念是'知察力'的产物,为我们提供从特定视角指称外部世界的丰富手段,但……不能被归结为我们所谈论事物的'特定的自然所有物'。"

6 参数、渠限化、天赋、普遍语法

JM：就语言的各方面知识而言，你经常强调刺激贫乏事实的重要性。语言知识包括结构知识、音位-音素知识以及和意义相关的认知方式。你曾指出这些事实需要得到解释。普遍语法理论只是一个假设，但它可能是唯一可以解释这些事实的可行的假设。你能否按照现在对 UG 及其所说的语言运算的理解，谈一谈这些领域内的内在论思想？

NC：首先，我要说——现在回头看看这一点也很清楚——就是当初提出刺激贫乏这个问题是策略上的失误，原因是它让人感觉这个问题似乎只是针对语言而言的，但事实上，这是生长的普遍属性。我们有胳膊和腿这个事实也反映了刺激贫乏的属性，营养不良并不影响我们会有胳膊和腿。所以，生长的任一方面，物理的、认知的，不管什么，都将涉及刺激贫乏的问题。并且，你只要相信科学，而不是上帝或别的什么，你一般就会认为生长是和遗传相关的。所以，很可能语言也是和遗传相关的。人们通常认为这就是普遍语法所说的内容。

实际上，这个看法不对，因为语言并不是单纯因为遗传才有的；除了遗传或天赋，还有这个世界的运行方式。没有人知道这个世界究竟是如何运行的，但是在严肃的主流生物学家看来，在个体生长以及物种演化这两种发展形式当中，有一些发展进化的制约条件或者体系结构因素起着关键性作用；这一点被认为是理所当然的事情。从遗传的角度看，演化在一定意义上和生长并不是两个毫不相干的概念；两者都将各有所用。这样，实际上，有两个因素需要考虑；或者说是三个因素。经验做出部分选择，普遍语法或遗传天赋设置限制，而发展进化的制约因素虽然独立于语言、甚至于生物，但一定程度上对其生长的路径做出限定。这三个因素各自会产生什么影响是需要回答的问题。

那么，什么是普遍语法？任何人现在对于什么是语言这个问题有什么好的理论，都可以叫普遍语法。我可以做出我自己的猜测。有一个词项的问题，即词项从何而来，这是个很大的问题。我认为，词项的属性中包含参数，所以，参数很可能是词汇性的，很可能是词库的一小部分。除了词项的问题，还有表达式如何构成的问题。现在越来越让人觉得，除了合并这个限制，其余的一切东西都可以丢弃。那么，再去好好想想合并。这是一个事实，而且还是一个很清楚的事实，就是你所构建的句法体中包含一些和进一步运算相关的信息。理想的情况是，这样的信息会在一个能够很容易识别的单一成分中被发现；从技术上讲，这个成分就是计算信息标签。这样的标签必须从词库中提取出来，并且在整个计算过程中保留下来；最理想的情况是，它们包含所有和进一步计算相关的信息。那么，这就是外部合并，外部合并涉及选择属性；就是说，此项在什么地方和新出现的彼项接合？至于内部合并，正如你多少可以从句法域中预见到的那样，大致就是探针(probe)先找到内部合并的对象，①然后将它贴到句法边界处，这只是重新排列，而不是对其进行干预。说得够远的了，接下来就要谈及特征，什么是特

---

① 【译注】"探针"在最简方案中主要指一些含不可解释特征的核心功能语类，如标句词C、时态T、轻动词v等。可参看乔姆斯基(2001)。

征、特征从何而来,等等。[C]

JM:我们今天和你只能谈到这儿了。非常感谢……

JM:[续]从上一节挑个话题吧,我们一直在讨论内在性。我想,我们已经达成一种理解,就是对于词汇概念来说,我们还不清楚说它们是内在的意味着什么,不过,它们的确是固有的。

NC:不清楚把它们看作遗传所得有何意义的一部分原因是,我们并不十分了解它们是什么。

JM:是的。接下来说说我们比较有把握能了解其进展如何的研究领域。我们已经明白,在结构特征方面,现在理解内在性的最佳方式可能就是从合并操作入手,这是对语言的一个构想,主要的看法就是语言结构大部分都源自五六万年前出现的合并操作。这种看法有道理吗?

NC:哦,很有道理。合并能在多大程度上解释语言我们还真不知道。从根本上说,探明这一点是最简方案的事情,即语言有多少能够通过合并这一创新得到解释?合并本身是每一种理论都接受的;如果你有一个系统,能生成无限多含层级组织的表达式,那么至少,你得有一个合并操作或类似的东西,不管你怎么去表述它。我们理所当然地认为合并适时而生,或者早一点或者晚一点,你可以大致确定它出现的时间。这样,有了合并,有了语言必须满足的外部条件,如接口条件、有机体自身的独立属性、甚至有机体之外的属性(如物理规律等),现在便需要回答,语言有多少是这些东西决定的?十年前左右,我并未觉得这是一个很需要研究的问题。

  JM：好的，那接下来请问，音位和音素的特征及属性又怎样呢？

NC：嗯，毫无疑问，它们有一个确定的范围，不可能被任意编造出来。而且显而易见，它们和感觉-运动装置匹配、合拍。（它们符合接口条件，但却当然不是"有关"接口条件的。）事实上，换一种模态，比如使用手势，情况也一样。你所做的也得和感觉-运动装置协同、满足接口条件。手势信号没有音素特征，但和声音大致对等。同样的问题也可以针对词汇概念，只不过声音特征更好研究。更好研究倒不是说研究很容易。麻省理工这里使用高科技设备对音素特征开展了长达半个世纪的认真的研究工作，想弄明白它们究竟是怎么回事。可见，研究语音也不容易；但至少语音的问题表述起来要容易得多。同时，在感觉-运动方面，你可以想到用于比较的演化证据。在词汇-语义方面，你甚至想不出什么可用来做比较的证据。但在感觉-运动系统方面，其他生物也有感觉-运动系统，且似乎和我们的极为相似。这样，你可能会追溯其始源。这是演化理论通常要解决的难题。据我们所知，大多数这样的系统都可看作语言前身。可能存在感觉-运动系统向语言的适应性变化，这是可能的，只不过，要想说清楚这种适应不是那么容易。

  JM：从其他灵长目动物，或者主要是从其他动物身上能找到什么感觉-运动系统的演化证据么？

NC：其他灵长目动物？嗯，他们有舌头和耳朵等，但是……

JM:没有众所周知的下降的喉头。①

NC:嗯,他们是没有下降的喉头,但能找到其他动物有,我想鹿就是一个例子。可参看费切和勒比(Fitch & Reby 2001)。不过,那似乎并不关键。喉头下降究竟会带来什么结果并不是很清楚。有些音你是发不出来,但是其他音你可以发出来。人是利用有高度缺陷的感觉-运动系统,甚至是在对感觉-运动系统毫无控制的情况下学得语言并自如使用语言的。这是艾瑞克·林伯格五十年前观察到、应该说是他发现的事情之一。有些儿童有构音障碍,就是对他们的发声系统没有控制。抚养或训练他们的人都认为他们没有语言,但林伯格发现他们有语言。他通过站在他们身后、对他们说话、然后注意他们的反应发现了这一点。这方面后来有更新进展。所以,你并不需要感觉-运动系统;事实上,你有这样的系统,但也不是非用不可。手势语就不依赖感觉-运动系统。所以,根据感觉-运动方面的演化证据,很难来论证语言自身的发展或不发展。另外,根据化石证据,我们知道感觉-运动系统多少万年前就已经存在,然而并没有证据表明语言使用或者整套的认知能力都是和感觉-认知系统一起发展起来的。

再从演化的角度简单地说说这个问题。漫长的演化过程中,在某一个时间发生了变异,导致大脑结构变化并有了合并操作。这是每个人都会接受的,不管是不是愿意说出来。这样,最经济的

---

① 【译注】根据伊莲·摩根(Elaine Morgan)的著作《水生猿假设》(The Aquatic Ape Hypothesis,1999),猿演化为人的过程中为适应水生环境而发生喉头下降,喉头下降导致对呼吸有意识的控制,对呼吸的控制所带来的副产品之一就是可以发出声带喉音(guttural vocal sounds),这样便有了语言的发展。

看法就是这就是所发生的一切。很有可能所发生的不止于此,反正我们没有证据证明它没有发生。因此,除非有相反的证据,我们似乎只能坚持这一点,然后看看我们能行多远。好,变异发生在一个个体身上,而不是在社会整体中,因此,某个时间必然发生的事情就是变异在一个人身上发生,然后转至后代身上、至少是转至一部分后代身上。这是一个很小的育种群。因此,情况有可能是,如果这个变异产生某种选择性优势,它很快,或许在几代人的时间内就会在这个育种群内取得支配地位。所有这一切都可以在没有语言交际的情况下完成。因为这个变异给你带来思维能力、构建复杂思想的能力、计划的能力、理解能力等,因此,很难想象它不会产生选择性优势;因此,有可能在很短的时间内,这种思想的能力就会深深地根植于整个育种群内。这种变异使用于交际很可能是更晚的事情;而且,用于交际似乎不太重要:从语言研究来看,交际对语言结构的影响不甚明显。语言结构似乎在很大程度上独立于语言使用模态(modality-independent)。当然,声音比起视觉存在优势;你可以在黑暗中使用声音,声音也可以拐弯抹角,诸如此类。但极有可能的是,有声交际只是后来的一个附带的发展,并且它对语言结构可能没有产生过多大的影响。[C]

JM:果真独立于语言使用模态?看起来是双模态的……

NC:嗯,至少是双模态的。① 只是我们并不知道究竟有多少种模

---

① 【译注】乔姆斯基前面说语言结构是独立于使用模态的;此处及下文他表达了语言结构表现为多模态(不止两种)的意思,看似有点矛盾,其实不然。语言用于交际是不能独立于模态的,要么是声音,要么是手势语,要么是下文所说的触觉;语言交际必须借助于感觉—运动系统。但正如前面他刚刚说过的那样,语言用于交际是很晚的事情;在此之前,语言结构是脱离使用模态的。

态可用。我们并没有很发达的嗅觉系统，因此，嗅觉并不能让我们去做多少事情。不过，触觉倒是可以用用的。我不知道人们是不是能够把布莱叶（Braille）发明的文字系统当作母语来学习。可以想见……

不，实际上，有这方面的证据。证据不是很多，但是一直有这方面的研究。事实上，我的妻子卡罗尔（Carol）在麻省理工也在开展这方面的调查。她调查的对象大多数在一两岁左右的时候患上了脑膜炎，结果除了触觉，丧失了其他的语言模态。他们看不见，也听不见，但是他们能开口说话；他们有发声装置，但他们看不见、听不见。教他们语言的一个办法是把手放在脸上。所以，你如果是这样的一个病人，你可以把你的手放在脸上，看！就像这样。我想，是将拇指放在声带上，其他手指放在嘴的四周。这些病人具有让人意想不到的语言能力。

在麻省理工，这些病人参与助感器研发的项目，但是卡罗尔作为一个语言学家在这个项目中所做的事情是看看他们究竟对语言了解多少。她必须要对他们做很复杂的测试，比如关于附加问句什么的，最终证明他们的大脑似乎并不具备完整的语言系统。他们表现正常；没有人会明显注意到他们有语言缺陷。不过，他们必须重复不断地接受训练，因为他们得不到任何视听的反馈，所以他们会丢失发声能力，这样，他们又得去不断地重新接受训练来恢复。比如，这些病人中的头号人物是一个模具制作者，生活在爱荷华州的某个地方。他自己来到了这里。他随身带着一张卡片，在迷路、需要辨认方向的时候就会向人出示；他向人出示这张卡片，上面写着"我可以把手放在你脸上吗"；他会解释为什么要这么做。

他可以自己走动；能好端端地来到这里，跟他的盲聋妻子一起生活。他们唯一的问题是确定对方的方位。好在他们在家里安装了一套震动系统，可以定位对方。不过，有意思的是，他具有一种你必须通过测试才能找到缺陷的语言能力；通常交流中，你并不能注意到它的缺陷。

当然，这些人跟海伦·凯勒（Helen Keller）差不多。她也不是生来就盲聋的。现在还没有人知道出生后那一点早期的、周岁半左右的经验会起什么作用。到目前为止，还没有发现生来就盲聋的人可以成功的案例。所以，很明显，出生后的头一年有很多事情在进行，虽然表面上看不出来。不管怎样，语言可以以声音和视觉以外的其他模态出现，这一点可以做到。海伦·凯勒做到了——她是一个出色的作家。

JM：回到我们上一次讨论的一个主题，我问过渠限化是不是能够按参数以及参数提供的可能的渠道或路径得到表述。我以为，语言的渠限化不仅要归功于赋予我们语言的、我们所谓的内在生物遗传机制，而且也要归功于其他的非语言的系统。

NC：沃丁顿的意思是，一定存在独立于生物体的总体建构性制约条件和发展进化性制约条件，它们的作用是引导生物体按特定的方向去生长。所以，比如说，如果局域性条件或其他有效计算条件对语言的产出起到了作用，很有可能这种情况跟语言，甚至和人乃至于生物体其实都毫无关系。就是这么个意思。我认为生物学家不会怀疑有这样的事情在发生。但有多少就很难确定了。

JM：可是按照你提出的三种因素……

NC：是第三个因素。参数的选择或者在于第一个因素即遗传因素，或者在于第三个因素即其他制约条件；但是参数的设定必然在于第二个因素。[C]

JM：是的。

7 发展进化、主宰/控制基因等

JM：对眼睛和PAX-6基因开展过有趣研究的人，我忘了叫什么。

NC：叫沃尔特·格林（Walter Gehring）。

JM：瑞士的沃尔特·格林。这样的研究可能会给我们对下面这个问题带来全新的理解，就是一个将合并操作内置其中的系统是如何……[C]

NC：他的研究极为有趣。从根本上说，他所展示的就是——我这里不是在做什么专家式的判断，但这似乎已被广为接受——所有的视觉系统（也许包括向光性植物在内）似乎都起源于某种随机的，使得某个特定类别的分子进入细胞的事件。这种分子叫视紫红质分子，恰恰具有以化学能的方式传递光能的属性。这样，就有了光反应的基础。在此之后，又有了一系列限制明显的发展。比如，出现了一个似乎哪儿都少不了的调节基因，而根据格林的看法，更进一步的发展则高度受限，这和将基因插入基因组的可能性有关。从物理学上讲，基因插入基因组很可能只有那么一些可能性……

JM：是第三因素……

NC:……是的,是第三因素,第三因素带来不同种类的眼睛;这很有启发性,完全不同于传统的观点。

JM:这样的研究对语言有什么影响呢?

NC:就是表明还有一个(语言)系统似乎也有很强的第三因素效果。

JM:我有时候觉得好奇,嗯,我是说人们在研究威廉姆斯综合症患儿。① 这些病人的大脑结构形态和一般人不同;他们真的是特别地与众不同。但是他们却具有令人称奇的语言能力……

NC:嗯,艾瑞克·林伯格的有些发现甚至更加引人注目,比如,他曾经对小头侏儒做过研究,非常引人注目。这些人几乎没有什么脑皮层,但却差不多拥有完美的语言能力。

JM:嗯,这样的情况怕是足可以让活动扳手也相信语言的区域性分布了。

NC:这种情况表明我们对语言的理解还很不完善。不过,这也难怪。语言是我们最不应该指望理解的东西。出于伦理上的考虑,我们并不能够对这个系统做直接的调查;而任何别的系统我们都可以在其他动物身上开展调查。语言在其他动物身上没有任何同源性结构,因此,做不了比较研究。唯一能比较的是语言的前体,

---

① 【译注】威廉姆斯综合症(Williams Syndrome)是一种因七号染色体中基因缺损而导致的先天性障碍,主要特点是轻度智力缺陷、生长缺陷以及健谈多语、喜欢社交等。

如感觉-运动系统。

对概念也无法做这种比较研究。至少，按我们现有的理解，我实在看不出究竟怎样才能对基本概念的演化取得更深刻的认识；这些概念在我们看来有其鲜为人知的、生而有之的属性。同样，它们是普遍存在的；新几内亚土著人有着和我们大致相同的"河流"概念。但是，我们并不知道为什么这个概念会是这样的。

JM：有许多假定性的说法，大意是，这和优势选择意义上的进化有关。

NC：可是，有这么一个"河流"的概念究竟有何优势可言？这个概念有一些我们似乎能意识到的特征，但这些特征并不明显影响生存或自然选择。有关"河流"，我们可以构拟一些对新几内亚土著人而言难以想象的思维实验。想象一下，通过相变（phase change），查尔斯河变成了一种坚固的物质，这完全可能。然后在上面画出一条线，我们便可以在这条线的两边驾驶卡车了。河就成了高速公路而不再是河了。对此，我们无法向新几内亚土著人做出解释；在我们恣意想象让河流通过相变变为公路的时候，我们需要其他的一些概念，而这些概念对他们来说并不可及。那么，自然选择在我们获得"河流"这个概念特征的时候究竟发挥了什么作用？这些特征在我们进行上面所描述的、致使我们宣称河已变路的思维实验中倒的确起到了作用。

事实上，土著人拥有相同的概念。不管他或她在哪里长大，都将获得"河流"的概念。所以，结果是，他或她也有这么一个概念。但是，这个概念怎么会是因选择所致？它在人的生活中具有什么功能和优势,使得其在自然选择中为人所有?每一个基本概念都不会是因选择进化而得。比如说,保罗·皮埃特洛斯基(Paul Pietroski)在其近期的论文中用到一个例子,说法国是个六边形、也是个共和国。我们为什么会对法国有那样的概念?这个概念对于选择或进化没有任何意义……

> JM:似乎再明白不过了。回到劳拉·佩蒂特(Laura Petitto),看看她对颞上回怎样才能辨识某些类别的语言结构形式有什么看法。① 她认为我们是双模态的,或者说,我们能够并不费力地以两种形式中的任意一种,或者同时以两种方式发展的原因,至少有一部分是因为在这两种情况下,我们都是在使用同一个系统。

NC:我觉得语言系统的使用也会表现在其他形态中。或许,我们会在舞蹈中使用它。我不知道是不是这样,但我推测婴儿能够在其舞蹈性动作中,比方说用腿做出的舞蹈动作中,外化其语言。或者,只要我们的头动一下,或者眼睛眨一下……都可能如此。事实上,比如瘫痪的人……

---

① 【译注】劳拉·佩蒂特的一个研究领域是哪些特定的脑组织专用于或主司哪些侧面的人类语言(包括手语和口语)结构和加工。比如,其原来的一个观点是,口语中声音的处理在左脑颞上回;颞上回专管单形态(即口语)声音的处理。但其现在的发现是,颞上回并非只是加工声音的神经机制。无论口语还是手语,在涉及语言结构中的特定型式(patterns)时,都会启用这一脑组织。具体来说(麦克吉尔弗雷,p. c.),只有人的颞上回才可以将声音或符号(sound/sign)按音节划分所涉及的组合型式(patterning)进行组合。虽然其他动物(如有些猴子)实际上也有类似的颞上回,它们却并不能如人那样发声,说明只有人的大脑才可以指派其脑组织颞上回来做此点。

JM：不过，如果他们用舞蹈的方式来使用语言，那么，他们还是需要视觉系统以及一些运动形式……

NC：我们不能用嗅觉来使用语言，因为这方面我们进化得不够；我们也不能用味觉使用语言，因为我们不具备相应的味觉感知范围。有可能狗是可以的，但我们不行。我们只能选择视觉和听觉；这些是我们仅有的、发展得最为充分的感觉能力。因此，不管什么都会用上视觉、听觉，以及一些我们的身体能够做出的动作。这是无法改变的。当然，这也留下了一些可供选择的可能。但是采用任何一种方式使用这些感觉能力都是为了外化的目的。① 佩蒂特或许是对的；语言外化一切终须归至某些特定的形态，因为只有这些形态才是我们的大脑所能加工和处理的。② 因此，每当外化发生的时候，作为语言的一个侧面，它必然得与我们的本质统一，必然得看我们是否本来就能做到这一点。如果狗突然经历变异，获得合并操作，它们很有可能会采用嗅觉来完成其语言的外化；狗只能那样。

JM：她的工作还有一个令人着迷的地方就是，她认为猕

---

① 【补注】"外化"指乔姆斯基在其他场合所说的"信号"生成。这样的信号可以为另一个个体的内在系统提供足够的提示，并调动之、使之生成一个句子（或小句、短语等）的意义（结构化的概念复合）。这种情况发生在交际之中；很有可能人们在对自己的思想产生意识时也会涉及外化，参见本书第一部分第 8 章。（麦克吉尔弗雷，p.c.）。

② 【补注】此处按直觉，乔姆斯基可能是认为大脑只能提供某些特定的方式，来给人们为了外化复杂概念而对身体配置（口头表达或手动表达等）的方式作出区别或划分。佩蒂特的观点似乎是人可以通过颚上回来识别音节；儿童在发展外化能力（对自己的思维产生意识）的时候也需要通过颚上划分音节。猴子有一个与我们类似的脑系统，但无法如此使用；它只对声音有用，但也不能划分音节。（麦克吉尔弗雷，p.c.）

猴、短尾猴，以及另外几种猴子具有跟我们人的大脑中的某些部分似乎完美一致的脑组织，即颞上回，但是它们却就是没有能力发展出口语或手语中哪怕是最基本的东西。这是不是因为它们另外缺少了一个语言官能而致？要不然究竟是为什么？可不可以将其归结为是人脑颞上回中的某个特征所致，或者……

NC：我们可以做出不同的假设。比如，我们可以认为我们的原始人祖先一开始并无这类脑结构，后来发展出合并操作后才发展出了这类脑结构。可这样，时间就成了问题。在合并这样的爆发性进化事件发生之前，相应的脑结构必然早已有之；而且我们确凿地知道，有了合并之后，再无什么不同，因为全世界的人本质上没有差异。所以，有一个上限，也有一个下限，且两者相距甚近；所以，要是在有了合并操作之后，再也没有什么全新的东西出现，那唯一合理的假设似乎就是相应的装置不管怎样已先行具备。也许，像这样一些特殊的适应性装置一开始出现只是用于嘟哝，但好歹有了多音节的词项了，好歹多音节的词项开始使用了；或许因为某些无法解释和无法理喻的原因，多音节词项的使用沾带上人类概念的复杂特征。但这依然不够；我们还需要获得无限生成的能力，结果很快也就有了这种能力，给我们带来了其余的一切。

JM：如果，不管是什么，不管那个引入合并操作并对其进行编码的基因是什么，如果其作用相当于一个控制基因，像沃尔特·格林的PAX-6基因那样，有可能……

NC：……有可能它会影响到大脑其他部分的进化发展。我们不太了解神经学，所以这方面难言其详。所以，有可能某个控制基因的出现带来合并，并允准神经系统将其收编。

　　JM：非常吸引人的想法……

NC：……我们对大脑演化实在是所知太少，因此，目前还真的说不好。

　　JM：有人在这些方面有过这种思考吗？

NC：我感觉没有，因为最盛行的假设就是语言通过自然选择逐渐演化。可是，这和哪怕是最基本的事实也一点儿都合不上。如果你看看语言演化方面的文献，都在说语言是如何从手势，或是从扔掷，或是像咀嚼什么的演化而来。没有一个听起来有道理。

8 完美性和设计
（2009年1月20日访谈）

JM：我想就语言官能的"完美性"问几个问题。首先是一个背景性问题。在你说到完美性，特别是语言官能设计的完美性，或者至少是向语义接口的映射是完美的时候，你似乎难以回避的一个问题是——"因何而设计？"

NC：我想这有点误解，是因为"设计"这个词的一些含义而致。"设计"意味着有一个设计者，还有就是所设计的东西或程序有一定的功能。但在生物学中，"设计"就是本来即如此的意思。

JM：可是，结构呢，不管怎样……

NC：星系是如何设计的？按物理定律，它本来就是那么设计的；它不是为了什么，也不是由什么人所为，它就是在一定的物理条件下自然形成的结果。"设计"这个词的确有一些不好的暗示，我非常希望有一个更好的说法，可惜没有。在某种意义上，是不好的意义上，它是和功能相关。要是结构真的没有功能，就不会有结构。那么，好，从这一意义上说，它的设计确有所用。这倒不是说它设计得很完美以便能存留下来。看看语言和交际。对于交际而言，语言的设计可谓很不完美，只不过拿它我们也能对付，所以它也并非无用到应该彻底消失的地步，或者至少是从交际中消失；交际并非语言的唯一用途。以"语迹擦拭（trace erasure）"为例；或者用复制理论的术语来说，就是复制成分（copies）的语音删除。这对结构的有效性而言是好事，但对交际来说却远非如此。任何一个编写解析（parsing）程序的人遇到成分擦拭……大多数这样的程序都是关于空缺语（gaps）的识别。哪里有空缺语、空缺语含什么成分？如果你只是重复、只是拼读出复制成分，将其发出声音或以其他方式将其显示出来，问题就不存在了。但是，从计算的角度来看，那又会是很糟糕的设计，因为这样的计算是冗余计算，因此毫无意义。所以，我们将其删除。这样的情况不胜枚举。再比如花园路径句和孤岛。孤岛会阻止我们产出一些没有孤岛我们就可能会产出的表达式。我们不能说"who did you wonder why visited yesterday"。① 这个句子表达了一个思想；我们知道它是什么意思。但是出于计算的考虑，语言设计并不允许这样的说法。从我们能够理解此类表达式的意思这个事实来看，至少它们是源自可做有效计算的结构；但是计算结构在这里并不管用。这就像细胞是分裂成球状体、而不是立方体一样。分裂成球状体有效，但如果分裂成立方体，也同样有效，可就是不能分裂成立方体，因为第三因素对细胞可能呈现的形状存在限制；这样的限制是物理限制。这里，我认为我们将越来越多地发现，有效设计从计算的角度来看，和我们可能想要其发挥的任何功用都没有关系。而且，我认为，从演化的角度来看，这正是我们所应期待的那样。这些论文都

---

① 【译注】此句所要表达的意思是：你想到过谁昨天为什么拜访吗？

8 完美性和设计（2009年1月20日访谈）

是有关此点的，我很可能忘了给你寄去。

我们对语言的演化几乎一无所知，这也正是为什么图书馆里充斥着有关于此的猜想。不过，有一点我们确切地知道，我们可以大致确定其时间跨度。我们认为是五万年左右，再多点或少点都没有关系。总体来说，从演化的角度看，这件事是猝然发生的。突然发生此事之后，一下子爆发式地涌现出大量的这种唯人可造的产品以及所有其他相关的一切。那么，发生了什么？唯一可能发生的就是突然发展的递归枚举（recursive enumeration）能力；很难想象会是别的什么事情。获得了这种能力，我们便可以将任何简单如黑猩猩所可能有的、跟什么动作或行为有关的思想转变成无穷多的思想。这当然有优势可言。但是，尽管影响不小，这种有益的基因突变几乎从来不能幸存；这一点我想是汉尔顿（Haldane）在八十年前左右证明过的。有益基因变异存留的可能性微乎其微。当然，它会时不时地发生，这样我们才会产生一些变化。不过，汉尔顿所说的情况表明，不管是什么给我们带来了这种递归能力，它都有可能发生过多次却最终又销声匿迹。但是，偶然地，在某一时间点，这种有益的变异幸存下来。不过，它只是发生在个体身上；变异不会突然群体性发生。因此，个体先有了这种属性，优势明显；这下子最起码可以跟自己交谈；可以做计划、可以有想象等。变异所得属性可以部分地遗传给下一代。足够幸运的是，这个变异最终得以在一个规模不大的育种群中占据支配地位。至此，产生了某种交流的需求。于是，便发展出相应的辅助系统，就是形态、音位等所有的外化系统。它们是杂乱无章的；它们没必要非得对计算有利。我们实际上是在将两个完全独立的系统扯到一起。感觉-运动系统显然早已有之;它似乎并非是适应语言的结果,或者只是在非常有限的程度上如此。反正它早就搁在那里。而另一个系统,不管其内部发展如何,我们有足够的理由认为,它可能接近计算完美性,因为没有什么要改变它的力量存在;所以,这就像细胞分裂。那么这样,当我们将这两个系统撮合到一块儿的时候,就会是一团糟。

JM:不过,稍等,在我自忖时,我……①

NC:你用英语自思,没错。但那是在你有意识地自思时。可毫无疑问,我们并不知道在对自己的思想没有产生意识的时候,究竟在发生什么。对,在对自己的思考有意识时,我们使用语言,因为那是我们外化的方式,外化之后再将其内化。这里,我认为,有很多正在进行的实验其实都很有误导性。最近有很多研究工作表明,在人们做出某个决定之前,大脑中会发生一些与之相关的事情。比如,要是你决定捡起一只茶杯,那么在你做出这个决定之前,大脑运动区域会产生相关反应。我认为这是误解。实际情况不是做出决定之前,而是在决定还没有进入意识之前。无意识状态下,大脑中也在发生很多的事情。有这么一个哲学教条,就是意识无所不及。这只能算是宗教信仰。拿老鼠来说,我不知道它们是否有

---

① 【译注】乔姆斯基未等JM说完便打断了他,因为从下文来看,JM有点误解了他的意思。乔姆斯基认为,自思有两种情况:有意识自思和无意识自思。前一种情况是外化后的内化,的确需要通过合并将某种特定语言的形态或音位进行组合、构成复合概念,这是有序的;但后一种情况,也是更多时候的情况,并不涉及外化。这时,尽管也有语言(系统)在起作用,但并不涉及某种特定语言的形态或音位,因此这种情况下,感觉-运动系统仍可以处在无序状态。

意识,但我认为它们所做的决定均为无意识决定。所以,当我们在自我交谈时,进入意识的那部分内容按我们所使用的外化形式得到重构。不过,我认为就语言总体的内部使用情况而言,这说明不了什么。有意识的语言使用,不论是自思还是对他人的话语,都只是无意识状态下语言内部使用的证据。[C]

总之,不论这个发生变异的第一人是什么样的人,很可能在他身上发生的变异只是给他带来了合并操作。这是最简单的假设。变异发生后,此人并不会意识到自己有思维;他或她只是在思维,但对此并无意识。他或她可以内在地、无意识地计划、观察和期盼,并在此基础上做出决定。后来,群落中有足够多的人发生了这种变异;终于,在某个时间点上,有人生发出要外化语言的想法,这样,他们便能和别人交流。外化可能并不需要通过任何进化的步骤来实现;它只不过就是利用其他的认知器官来解决一个难题这样的事情。再看看语言。对语言,我们所知道的一点是,其复杂性大多数都在于外化,在于其音位和形态;音位和形态可谓杂乱不堪。简单的规则对它们而言并不可行。数千年来的语言研究几乎都在于外化。我们在教一门语言的时候,所教的内容多为外化的东西。而一切内在进行着的事情都不是我们所能意识到的事情。这样的事情很可能非常简单。就进化条件来看,几乎必须如此。

JM:如果你觉得你现在不必回答这个问题,就是语言设计,它是为了什么……

NC:它不是为了什么……

JM:但是这么说吧,要是那样的话,你岂不是也就不用再去讨论接口啊、器官啊，等等，因为……

NC：它必须和接口相关，否则它就会消亡；否则这样的突变就会是致死突变。当然，从自然的角度来看，致死突变和有益的突变没有什么不同；它们都逐渐消失。不过，事实上，也有不少留存下来。为什么我们会有阑尾？

JM：那样的话，我们甚至也不能说语言设计是为了思维。

NC：如果对思维不具有适应性，它很可能也已经匿迹了。但是产生某种功能或发生什么作用是一件极具偶然性的事情。这是汉尔顿的观点。即使是有益的变异，也照样很有可能消失，因为从统计上看，这就是实际发生的情况。当然也有幸存的。幸存者可能有其物理根源。对进化和发展了解得越多，就越会觉得多数事情的发生属于不得不如此；没有别的选择。20世纪70年代的一些猜想，比如弗朗索瓦·雅各布对有机物增殖的猜想，最终证明有着非常坚实的基础。这样的猜想在当时至少对我而言很有启发性；它们让我想到了语言研究的原则与参数思路。雅各布的想法就是有机体在本质上只有一种；按他诗意的表述，大象和苍蝇之间的差别仅在于某些固定的基因调节机制不同时序上的重排。情况越来越像是如此。存在深层次上的相通性；我们在细菌中发现的东西和在人体中发现的没什么两样。现在甚至有一种颇受重视的理论，认为存在一种万能基因组（universal genome）。在寒武纪大爆发前后，[①]这个基因组有了发展进化，每一种生物都是它变化所得。

---

① 【译注】寒武纪大爆发（Cambrian explosion）指距今5.3亿年前，在一个相对短的时间内，地球上突然出现了像捕食生物这样复杂程度前所未有的新物种。

8 完美性和设计(2009年1月20日访谈)

JM：因为发展时序的不同、基因位置的不同……

NC：是的，所以听起来并不像过去那么不靠谱。在他们研究过的事物中，如细菌，他们发现演化发生的方式受物理规律支配似乎惊人的一致。如果这种情况也适用于语言，那么可以想见，这个内在的、无意识运作的系统应该是几近完美；很可能它是在通过一个接口将语言表达式映射至思想系统。

JM：因此说，语言的形成是一个偶然性事件带来的结果，或许就是人类基因组的某个细小重排带来的结果。其他生物并不具备是因为他们未曾经历这一相同的偶然事件，至少没有以一种可以留存的方式……

NC：事实上，在人类发展史上，这一偶然事件可能重复多次，但一直没有质的飞跃。我们对大脑的了解并不充分，因而也说不上什么；但在大约十万年前，人脑猛然增大，可能和这一偶然事件的发生有关；它可能是大脑结构配置中的某个变化导致的后果。我们对大脑结构一无所知；不仅如此，我们也不可能对大脑结构开展研究，因为我们没有可供比较的证据。别的动物没有语言系统；而我们又不能像他们过去在麦吉尔大学(McGill University)所做的那样，对人直接进行实验……

JM：真遗憾……那么，"强式最简假定"是怎么回事？①

---

① 【译注】"强式最简假定(strong minimalist thesis)"是说语言官能是一种完美的设计，语言是解决接口条件的完美方案，语言是将声音和意义连接起来的最优方式。参见乔姆斯基(2001，2004a，2005a，2008)的相关论述。

NC：这个假定甚至就应该是对的。当然，必须将其应用缩减在认知，也即概念-意向系统（SEM）接口的范围内。向感觉-运动系统的映射可能不在这个假设限定的范围内。严格来说，如果语言是技术意义上的语言，那么这样的映射实质上甚至算不上是语言的一部分。它只不过是在设法将这两个彼此毫无关系的系统连接起来，因此，它可能是非常杂乱的，并不具备任何有效运算的属性。它非常容易发生变化；诺曼底人的侵略使之发生了根本性变化，且变化代代相连，最终我们有了形形色色的方言，也有了语言的分裂，等等。语言系统向感觉-运动系统的映射方式是我们必须学习的内容；儿童必须学习这种东西；我们在学习一种语言时也必然要学习它。所要学习的东西当中，有很多很可能是一成不变的。并不是什么情况都会任意出现；这样的映射也存在一些限制。我想这也是值得去进一步研究的，搞清楚究竟有哪些限制。真正的音位学和形态学应该就是这样，去找出这种映射运作的限制条件并说明它们从何而来。它们算得上是对运算的限制吗？我想这样的研究能开发出新的问题。句法也是如此。我们可以发现一些情况，论证运算有效性可以对相关原则做出解释，但是……

有趣的是，人们对语言总是希望了解得更多，他们对生物学可不是这样。我这些年一直致力于普遍语法的研究，但是，关于它是如何运作的，又有谁能说得清楚？——我们连它是如何发展成为一门具体语言的都难说好，更谈不上去解释发展出来的语言又是如何使用的。这样的问题复杂得无法解决。有谁又能说清楚昆虫是怎么"运行"的？在麻省理工，人们对线虫的研究工作持续了三十年。我们知道有为数很少（302个）的神经元，我们也知道这些神经元的接线图。但是这种动物是怎么"运行"的？我们不得而知。①

JM:好的。现在再说说语言设计中的参数是怎么回事。我猜想你肯定会说所有对参数的研究应该转移、集中至向感觉-运动接口(PHON)的映射。

NC:我认为大多数、也许是所有的参数都和感觉-运动接口的映射有关。假如解决这一映射问题的方法多种多样，那么最终的情况会是参数在数量上也许是无限的。在语言学界，人们尝试将参数大致区分为宏观参数和微观参数，比如简妮特·福多(Janet Fodor)对此就做过认真研究。马克·贝克也在谈论这些东西，比如中心语居后、多成分综合(polysynthesis)，他认为这两者是最为典型的宏观参数。很有可能存在一小部分情况需要归至运算问题，因此也会涉及向语义接口的映射。但总归我们少不了微观参数。当我们真正尝试研究一门语言的时候，我们会发现没有哪两个人说话相同。当我们去认真研究方言的时候，我们就会遇到数量激增的参数差异——也就是理查德·凯恩(Richard Kayne)所说的那些东西。微小的变化有时会产生显著效应。所以，微观参数有可能是解决两个毫不相关的系统如何实现连接这个认知问题

---

① 【补注】人们会觉得解释向声音接口(PHON)映射的问题会相对容易些，但对生物学家来说，情况并非如此：没人知道怎样才能根据对线虫"大脑"的理解去解释它是如何用自己的行动及行为去"表达自己"的。(麦克吉尔弗雷, p.c.)

的方法之一。① 它们可以各不相同;它们也很容易发生变化。

JM:所以你认为,有可能中心语参数和多成分综合参数是例外,其余所有的参数都将被转移、归结至向 PHON 映射所致?

NC:不过是否有例外也难说。看看中心语参数。② 它似乎是宏观参数当中最为牢不可破的(如果凯恩是对的,则该参数可以按补足语是否提升这一选择重新做出解释),其实不然,因为它在有些语言如英语、日语中是有效的,但在很多语言中,其设定不是唯一的;某一取值可能只对名词短语有效、而另一取值可能只对动词短语有效,不一而足。③ 中心语参数充其量也就是一个线性化参数,而线性化很可能就发生于外化系统。没有理由认为,内部运算会涉及线性化;线性化似乎只和感觉-运动系统的属性有关,因为感觉-运动系统必须处理按时排序的问题。所以有可能那也就是一个跟外化相关的参数。马克·贝克的核心参数"多成分综合"也同样如此。它是有关句子论元如主语、宾语等是实现为句子结构中的内部独立成分,还是实现为句子结构中语法标记那样的附着成分,类似于代词,挂靠在动词的两边。这其实也是一种线性化问题。

---

① 【补注】从词项/概念到语义 SEM 接口很可能只存在一个唯一的计算路径,但将意义和声音/符号连接起来、从而解决线性化或外化问题的计算/派生/处理方式则可以多种多样,结果,也造成形态多样。(麦克吉尔弗雷,p.c.)

② 【译注】这个参数是说,表层结构中心语位于补足语之后是补足语移位至一个成分统制中心语的句法位置所造成的结果。可参看凯恩(Kayne 2000)。

③ 【补注】比如,德语中就存在中心语既可前置,也可后置的情况。动词中心语 V^0 和屈折中心语 I^0 在德语中是后置的,但德语的标句词中心语 C^0 则是前置的。(麦克吉尔弗雷,p.c.)

8 完美性和设计(2009年1月20日访谈)

可见,最终的情况可能是并不存在什么运算内参数;运算系统是一个没有参数差异的固定系统。

JM:语言设计中的参数设定又如何?

NC:这是语言获得问题,参数设定有很多在很早的时候就开始了……

JM:如杰克斯·梅勒(Jacques Mehler)的研究所示……

NC:都是语音方面的东西,很多甚至在儿童没有说话之前就在进行。

JM:母语知悉……

NC:现在知道,说日语的儿童甚至在正式说话之前就丧失了对R/L音的区分。所以,有些事情实际在悄悄地进行,是对感觉装置在进行调试。感觉装置确实在很早的时候就调试好了,其他区域也是如此。

JM:所以,原则上,有可能是我们不必设定(即"学习")任何参数。一切都是自动发生,而且是发生在一个非常之小的年龄,甚至是发生在儿童还没有开始说话的时候。

NC:当然,没有哪个孩子意识到自己的头脑中在发生着什么。然后,我们就会有这么一个三四岁大的孩子,说着其多数同龄人都说的那种语言。

JM:好的。那么,这种早期的语言自动获得是如何与查尔斯·杨(Charles Yang)所提出的那些数据相吻合的?

> 杨的数据表明，当孩子们的语言在"生长"的时候，有一个阶段，也就是两岁半左右，我们可以看出，他们好像是在通过实验对参数做出设定。他们通过心智"测试"一些其他语言中才有的运算模型，而这些运算模型在他们发展出自己的语言如英语中的特有的模型时，都被淘汰……

NC：这中间也有互动或交互作用。但反馈或回输的影响也不见得就有多大，因为多数这样的互动是发生在儿童与儿童之间。

我对你不是很了解。我自己的方言是费城一个偏僻的地方使用的方言，我是在那里长大的。我所用的和我父母亲的完全不同。你呢？

> JM：我长大的时候，既会说英语，也会说泰米尔语（Tamil）。

NC：怎么会这样？

> JM：我出生在印度南部。

NC：你父母亲懂泰米尔语吗？

> JM：我父亲懂。他小时候和其他孩子一起蹲坐在学校的地板上，就学会了它。

NC：他们在家里说泰米尔语吗？

> JM：不说。但是我的一些朋友是说泰米尔语的。

NC：这么说你是从你朋友那儿，从其他孩子那里学到泰米尔语的。这很正常。没人知道这是为什么，但是儿童几乎总是会毫不费力地学到他们同龄人的语言。而且，他们并没有获取任何反馈，更不用说是传授了。做父母的可能总是要设法教孩子点什么，但他们所做的一切不过就是教孩子一些因人为而造成的不规则的东西。这看起来也就是个定音或调谐的问题。其他方面也是这样。比如走路的样子。要是你去芬兰——我和我妻子卡罗尔一到那里就注意到了——那里的人走路跟我们就是不一样。那些岁数较大的女人提着购物袋顺着大街向前疾行，我们压根儿跟不上。她们就是那么走的。人们很轻松就把它给掌握了。

我记得有一次，是一个夏天，我和卡罗尔在（麻省）韦尔弗里特（Wellfleet）小镇的大街上走着。霍华德·辛（Howard Zinn）走在我们前面，他儿子杰夫·辛（Jeff Zinn）就在他的旁边。这父子俩走路的姿势一模一样。这些东西孩子们轻而易举地就能学会。要是真的有人去研究走路姿势这类事情，我敢说他们也会有所发现，就像我们研究方言差异一样。想想看是不是这样：单凭其特殊的举止，我们就能把一个在英国长大的人辨认出来。

JM：那么照这样来看，能够以音位特征的形式或者像音位特征那样被置于词库之中的东西究竟还有什么呢？

NC：哦，正如我们俩所一致认为的那样，最终出现在词库中的许多东西都来自于内部。对此，没有人意识到，也没有人能够意识到。内在的东西不在词典中……

JM：当然，对于这样的东西，我们希望能有某种理论通达。

NC：必须如此，要想对它有所了解，必须要有相关的理论。在我看来，我们还没怎么超越17世纪有关于此的讨论。他们那个时候似乎就已经发现了很多我们现在所注意到的问题。当然了，他们的发现还远远算不上是真正的科学理论发现。

因此，它（即词库中最终都有些什么这一问题）是一个研究课题，但是只有当人们彻底明白有关语言及其音义的外在主义论调不会有什么结果时，这个课题才会被关注；只有大家明白它确实是个问题，才会去研究它。[C]

有些发表出来的东西真的令人难以置信。你读《心智和语言》(*Mind and Language*)这本杂志吗？

JM：嗯……

NC：这个杂志上一期刊载了一篇论文——我根本没想到会读到这样的论文——你知道迈克尔·杜梅特（Michael Dummett）那个不可思议的理论，就是人们对自己的语言一无所知什么的？这篇论文竟然在为其辩护。

JM：马里兰大学一个语言学研究生特耶·隆达尔（Terje Lohndal）和哈佛的一个语言学研究生成田广树（Narita Hiroki）合作，针对这篇论文写了一个回应。我想这个挺好。我不知道是否能发表出来。希望如此。[参见隆达尔和成田（2009）]

关于语言设计，你还有什么需要补充的吗？

NC：噢，重要的是我们得另寻一个说法，因为"设计"这个词太容易误导人。生物学中也完全是这样。生物学领域，即使这个说法有那么一些含义，人们也不太会受其误导。当然，不排除有被误导的情况。比如说，我们读马克·豪塞关于交际演化的书——这是一本好书，作者是一个思想极为丰富深刻的生物学研究者——如果我们一章一章地读下来，会发现其中几乎没有什么有关演化的内容。书里所谈的都是生物体如何完美地找到了自己的生态龛位（ecological niche）。蝙蝠能够辨认出远处的任何一只蚊子，然后径直将其捕食。这表明动物都适应其生态区位。其背后的看法自然就是，自然选择致使情况如此，动物是通过进化适应了其生态区位。但其实书里没有任何有关进化的内容，没有对进化在这些特定情况下如何发生展开讨论。就书里讨论的内容来看，神创论者可能会接受这一看法：是上帝将蝙蝠设计成这样，并使之具备了捕食蚊子的能力。但这个跳跃太大。要真正对演化做相关的论证极其困难。理查德·勒旺汀（Richard Lewontin）有一篇论文即将发表，从中可见单纯基于群种遗传来论证进化有多难，也可见自然选择要真正发挥作用究竟还需要什么。看起来，它似乎只是一个非常遥远的可能。

JM：杰里·福多也反对选择说……

NC：不过，他反对是因为其他有关意向性（intentionality）的原因，即某某事物是为了什么云云。他的直觉是对的，但我想其研究路径不对。我们不会去问北极熊是为了生存还是为了交配才会是白色的，或类似的问题。它就是如此。因为它适应环境，所以它生存下来。意向性是菲利普·基奇（Philip Kitcher）和其他的人追随杰里·福多的原因。

你认为对设计，我们还有什么要说的吗？

JM：暂时没有了，不过，我相信对这个问题的讨论不会到此为止。

9 普遍语法和简单性

JM:好的,现在我想了解普遍语法(UG)现有的地位。当你在有关语言获得的论述中开始聚焦生物进化这个概念的时候,你似乎是把比之前预想的要多得多的,或者至少是不同的问题带入了语言研究之中。其中不仅有关于我们碰巧所得的这个语言官能的结构问题以及这个结构所能呈现的各种状态的问题,而且还有对这个特定官能如何发展这个问题的研究……

NC:它是如何演化的?或者它在个体中是如何发展的?是遗传进化还是发展变化?

JM:嗯,当然是遗传进化,就是它在生物学意义上是如何形成的,但也有在一个特定个体中发展的概念。后一种情况下,我们必须考虑你一直在强调的这个第三因素所起的作用,这一点你在最近的著作中阐述得很清楚。但我想知道,那样的话,会不会使人对语言的模块性本质产生怀疑。过去,人们常常根据一套相关假设来讨论语言模块性;这些假设大致认为我们可以对大脑的某一特定部分进行考察,并忽略大脑的其余部位。

NC：我从来不相信这点。早在大约五十年前，我们刚开始讨论的时候，我想那个时候也不会有人认为必然如此。那个时候，艾瑞克·林伯格对所有有关局部化（localization）的东西都非常感兴趣，我们那个时候都是这样。局部化的确能对语言官能是什么这个问题做出说明。但是，如果语言官能是分布于整个大脑之中的话，情况有可能就是这样……

JM：我对局部化这个问题倒不是很感兴趣；我关心的是，在对语言官能发展做出说明的时候，我们必须将什么东西考虑进来。近些年，这方面的讨论好像多了起来。

NC：嗯，第三因素总是隐藏在背后。它难以触及。难以触及的原因是，只要将普遍语法或语言学理论理解成是一种格式化的东西以及一个评价程序，那么我们几乎就不得不认为它在很大程度上是针对特定的语言而设，必须有系统明确的表述且高度受限，否则，我们就解释不了获得的问题。这一点我在那篇美国语言学会（LSA）论文（2005a）中曾经解释过。可这样的话，要理解它是如何依据一些普遍原则得来的就变得不太可能。究其原因，倒不像是有什么逻辑上的矛盾，而是因为二力方向相反。我们试图让普遍语法变得表述具体、足够受限，这样评价程序才能在被提供语料的情况下通过几个例子即可做出取舍，评价程序被允许只能如此；但如果这样的话，普遍语法便非常具有语言特定性，难言普遍，就不会有什么普遍起作用的原则可言。一直到原则与参数的想法产生，我们才真正能够找到一个方法，可以让这两个问题分离开来。如果原则与参数的思路是对的，那么普遍语法的设计格式就可以完全摆脱对语言获得问题的考虑,因为获得不过就是参数选择和设定这样的事情。这样,到底有哪些参数,我们会有很多这方面的问题需要解决,但除去这一点,所有剩余的东西就都是语言的属性。如此,在概念上,就不再需要什么理由去认为普遍语法必须是高度地系统明确、高度具体并受规则制约。要试图看看第三因素是否真的会产生作用就不再有概念上的羁绊。做到这一点花费了很长时间。

> JM:但是,随着语言的属性越来越聚焦在合并以及像参数这样的内容之上,特定个体的语言发展问题就似乎变得越来越难以解决,因为研究这个问题似乎还要求助于其他方面的科学探索,而这事实上是语言学家从未讨论过的。所以,我想知道你是不是认为,语言学研究在未来将不得不涵盖所有这些领域。

NC:如果像有效计算这样的概念对决定个体语言如何发展也起作用,那么个体语言发展就应该是一个普遍的生物学,或者甚至就是一个普遍的物理学现象。所以,如果我们从某个其他领域得到了这方面的什么证据,非常好。这也是为什么豪塞、费切和我在写那篇论文(Hauser, Chomsky & Fitch 2002)的时候,提到了动物的最佳觅食策略。我最近的论文中还提到了诸如克里斯托弗·舍尼尔克(Christopher Cherniak)对非生物内在性以及脑线路的研究(Cherniak, Mikhtarzada, Rodriguez-Esteban & Changizi 2004),也是出于这个原因。这样的研究很有启发性。我们十分确定这类成果将会在整个生物学领域中涌现,但目前生物学领域这样的研究还嫌不够。我们知道原因何在。生物学家们现在所持的基本上还是雅各布式(Jacob's)的直觉,即在一个生物有机体身上,我们最不应该寻求的就是简单性。这不是没有道理,因为如果我们经历了一个漫长的演化期,这中间会有很多难以预料的事情发生;这样的演化不免就会有诸多草率的拼凑。我们看到一个动物,它至少在表面上似乎就是拼凑、堆砌而成。这就是雅各布所说的"补锅匠粗劣的修补"。这样的看法可能对,也可能不对。可能看似正确,是因为了解得还不够。在什么都不了解的情况下,某样东西看起来就是一堆齿轮啊、杠杆啊什么的;但如果有足够的理解,我们可能就会发现这其中还有更多。所以,认为演化没那么简单从逻辑上看有些道理。但另一方面,如果语言事实上是一种突然出现的现象,这样的逻辑就站不住脚了。考古学上的证据似乎表明,语言是突然有之。自语言出现至今,时间跨度实际相当狭窄。

JM:有关简单性的一个问题,再追问一下。你已经很好地表明了语言官能自身,也可以认为其特有的语言属性有很大程度的简单性。那么你认为在理解儿童语言生长所需要考虑的任何第三因素的贡献中也存在这种简单性么?

NC:如果这种贡献真实存在,如果它们真的有助于语言生长,那么也有简单性可言。比如,儿童怎么知道会有邻接条件(subjacency condition)在起作用?根据这个条件,成分移位只限于跨越一个限界节点(bounding node)。① 那么,如果这是因为某个有效计算原

---

① 【译注】乔姆斯基在其《转换的条件》("Conditions on transformations", 1973)一文中提出邻接条件,其中所说的限界节点为小句 S 和名词短语 NP。比如,按此条件,句子 [$handsome_i$ though [$_S I believe$ [$_{NP} the claim that Dick is t_i$]]], *I'm still going to marry Herman* 可判不合格,因为 *handsome* 的移位跨越了两个限界节点。

则使然,其形成原理便和细胞分裂为球体的道理相同。它并非由遗传基因决定,也不是通过后天经验获得;它是自然如此。

JM:假如有人过来对你说,把这么多的简单性赋予语言官能的代价是,一方面,从长远来看,我们将不得不去研究语言官能之外的、其他有助于语言生长的因素;另一方面,我们还至少会在一定程度上把一切不仅和语言本身相关,而且也和语言使用相关的各种整体考虑推向另一个领域。你会对持有这种看法的人说些什么?

NC:我不明白为什么这会被视为一种代价,这其实是受益。

JM:好,可是对希望产出好的语言学理论的人而言,这样看也很正常。

NC:首先,这并不涉及代价和效益的问题;这要么对、要么错。如果是对的——在对的情况下——我们会觉得很满意,因为这会把语言研究提升到一个新的高度。我们期望它迟早会和整个科学研究融为一体;这或许是以我们从来没有想到过的方式。比如,有可能它会在某一天和昆虫导航研究结合起来。要是这样的话,完全是有利的。

JM:现有性(inclusiveness)原则还可用吗?[C]

NC:是的,我想它是一种自然的经济原则。很明显,语言作为一种系统,如果其计算只涉及对现有东西作重新排序,那么,这样的系统比在计算过程中可加入新东西的系统更简单。如果语言系统允许在计算过程中加入新东西,那么这种情况唯语言系统才有,其他地方则并不可见；它因此更加复杂，所以我们就会舍弃它，除非我们能证明它确实存在。至少，举证责任在于那些假设需要加入新东西者。所以现有性主要是我们的一种零假设（null hypothesis）。它是说在考虑我们将有一个递归程序这一初始事实的前提下，语言任由自然决定。如果我们需要一个递归程序，那么最好的系统可能就是除了递归，其余一切都交由最优计算来决定的系统。这一点，我们还远远未能阐明，但是就我们这方面所能做到的而言，现有性假设没有问题。这里我们意在表明的是一种无须被归结为遗传天赋的语言属性。这正如多角体是建构材料的发现。这个发现意味着，我们不必去寻找什么遗传编码来解释为什么像蜜蜂这样的动物要将巢所建成多角体的形式；它们只是自然为之。

JM：现有性条件以往在很大程度上是针对词库的限制，词库被视为一次计算所要计入的那种"信息"源。那么，词库的地位是否一如既往？

NC：词库依然重要，除非有什么比它更原始的东西。词库是个复杂概念；很多问题都可以拿词库来应对。比如，有关复合名词和习语的问题；还有词库发展需要经过什么构建程序这样的问题——就是肯·霍尔喜欢考虑的那类事情。所以，"词库"涵盖了一大堆的问题。但是，语言如果说要有什么不可回避的东西，那就是对其所可能有的属性——抑或特征——进行装配。因此，存在某种特征装配的过程。那么这样的话，除了已经装配好的东西，不可以再提取别的特征。这似乎是一个受到了广泛而有力支持的语言特性；从语言计算或使用的角度看，也是一个极为自然的语言特性。

所以，必须假定存在某种词库，但这个词库是什么，词库有什么样的内部结构，词库中的形态推导如何，复合（compounding）在词库中如何进行，习语从何而来，所有这些问题都有待解决。

JM：合并作为基本的计算原则，它可以运行到哪一个层面？

NC：不管原子性词汇是什么，它们都必须被组合起来。最简单的组合方式就是只对它们进行组合，组合的结果只包含它们。这就是合并。如果我们还需要别的什么，那好，也不是没有——但任何别的东西都将是语言所特有的东西。

JM：所以，从原则上说，洪堡特（von Humboldt）可能说得不错，就是词库并非本来即如此；我想他的原话是，词库并非一个"终结、僵滞的集合"……

NC：……而是创造所得……

JM：……是创造和组合所得。但如果是组合所得，那么它是在某个特定场合中完成的组合，还是涉及某种存储？

NC：必然和存储相关。我们可以发明新词，但这对语言系统核心的计算操作而言无足轻重。[C]

至于洪堡特，事实上，我认为在他谈论活动性（energeia）和词库的时候，我想他实际是指用法。事实上，几乎在所有的时候，当他说到有限手段的无限使用时，他的意思跟我们所说的"无限生成"不同；他的意思是使用，所以，语言使用是我们生活的一部分。

> JM：但他的确认识到语言使用非常依赖作为其基础的语言系统，语言系统为语言使用提供有效的支持和机会来……

NC：……那正是他语焉不详的地方。现在我想，我和其他人在引用他的时候，可能有点误导，让人感觉他好像是生成语法的一个先导，其实不然。相反，他倒有可能是语言使用研究的一个先行者，因为他将语言的使用看作是无界的，是具有创造性的，等等。某种意义上，这完全出自笛卡尔的哲学传统，因为这正是笛卡尔所谈论的东西。但是，我们设法将一个本身即无限的内在能力和它的使用区分开来，这样的一个整体想法其实非常难以把握。事实上，最接近这个思想的人可能既非洪堡特、亦非笛卡尔，而是 A. W. 施莱格尔（Schlegel）；在他为诗歌发表的怪论中（参见乔姆斯基1966/2002/2009），有这个思想的雏形。不过，他有些像是在一个无法为人理喻的领域内四处摸索，因为当时无限递归的整体思想并不存在。

> JM：但难道洪堡特没有区分过……他的确对他称之为"语言形式"的东西和语言特征做了区分，那似乎就是语言能力和语言使用这样的区分走过的路线……

NC：很难弄清楚他做那样的区分意在何为。在我们阅读其著述时可以发现，我们就像是在穿越一片迷宫；直至最终在我们设法区分了语言能力和语言行为之后，我们才能若有所悟。而做出这样的区分则需要确立递归程序这一概念，并预设存在一种自身即无限的内部能力，且这种能力可以按他所说的所有方式加以使用。至少需要做出这样的区分,否则,除了茫然无措,我们做不了什么。

JM:但是正如你指出,当时已有近似的思想。约翰·米克海尔说在休谟那里可以找到,出现在大约17、18世纪的时候……

NC:……当时有类似看法。休谟所说的,引起约翰注意的,是我们具有数量无限的职责和责任,所以必然存在某种可以决定这些职责的程序,必然存在某种系统。但仍需注意,这是一种使用系统——系统决定的是使用;还不能说我们的大脑是以有限的方式对一组责任做出了表述。没错,理应如此;但他所说的并不是这一点。某种意义上,我们也能说欧几里得(Euclid)也有类似看法。有限公理系统的思想似乎就包含了这样的看法,但对这一点从来没有清晰的表述。

JM:所以递归无限性的思想的确只是始于你50年代的著述,不管怎样,在一般人看来就是这样?

NC:嗯,在将其应用于语言的情况下可以这么说。但这个思想在那个时候已基本完形。我们有阿隆佐·邱奇(Alonzo Church)假设,而算法概念和递归程序在他之前就有了充分了解。我们似乎只是将这些应用至生物系统,语言是很明显的例子。

10 论一些科学家的智力疾病

JM：你曾提到过一些以科学家自居的人太过于依赖数据——他们不愿意进行必要的抽象或者理想化操作以便简化并构建科学。你经常谈论这一现象——20世纪初，即便是杰出的化学家（以及其他科学家）也会认为，他们的理论研究除了一种工具性价值，并无其他意义。那么在对人类语言的研究中，也存在这样的情况吗？我们总是希望讨论人们说出的东西，讨论他们是在什么情况下说了这些——即人的行为——而不是讨论其背后的原则和系统，而正是因为这些原则和系统，他们才有可能发出这样的行为。

NC：这两者之间有联系，但在我看来它们属于不同的问题。科学界存在一种很强的马赫传统（Machian tradition），即看不到则不存在——理论原则只不过是为了让我们的计算更好地运用而做出的假设。和化学一样，物理学领域一直到20世纪20年代末都是如此。比如说彭加勒（Poincaré）就否认分子的存在，并且说我们讨论分子的唯一原因就在于我们了解台球游戏，但分子并无存在的基础——你无法看到它们，它们只是我们在对事物进行计算时构建的一个有用的假说。这种情况一直持续到20世纪20年代——当时,顶尖科学家们还在说凯库勒(Kékulé)的结构化学或者波尔(Bohr)的原子都不过是计算的模式。他们这样认为的理由很有意思,就是我们并不能将它们归结至物理学。我曾引用过罗素1929年的论述;罗素精通科学,他说化学定律在"当前"无法被还原为物理学定律——当时人们认为科学建构的一般道路便是最终都还原为物理学定律。无法还原的就算不上科学。我们知道接下来所发生的事情:它们从来就没有被还原过。相反,物理学自身经历了巨变,从而与几乎未曾变化的化学实现了统一。直到那时,人们才认识到——事实上这一点从来没有被明确承认过,只是被默认而已——20世纪整个的讨论是多么疯狂;但现在这又有点被遗忘了,似乎不再有人理会。虽然已被忘却,但这是一段很有趣的历史。

我多年来一直试图——但并无效果——向心智哲学家证明,他们如今的讨论几乎就是在重复不久之前——20世纪30年代前——的自然科学领域内所发生事情。我们应该从中汲取教训。[C]这种情况在科学领域并非孤例,类似的情况多次出现。科学史上的一个经典时刻也与此类似——牛顿时刻。牛顿认为自己的理论设想(主要就是引力平方反比定律)十分荒谬,因为它无法被还原成物理学——即笛卡尔的机械力学,而后者在牛顿和许多别的人看来是明显正确的。所以他将自己创立的理论视为稍有头脑的人都不会接受的荒唐之说。但另一方面,我们却必须要接受,因为它们看似并无不妥之处。这令牛顿异常迷惑,以至于他穷其余生来寻求出路,甚至在他之后的科学家们也投身其中。但实际上牛顿展现了一个事实——这也是在历史渐被遗忘、我们回顾历史时才开始领悟的，不无遗憾——他所发现的是一个关于这个世界的真理，这个真理并不能被还原为他那时所说的"物理"，物理学在当时应该被放弃或者修正。这是科学史上的一个经典时刻，并且一遍遍被重演。对化学键的量子理论解释便发展了这一经典时刻。我们为什么要指望对世界心智方面的研究将会摆脱科学发展的历史呢？也许会如此，但现在并没有什么特定的理由让我们期待这种事会发生。

　　JM：行为主义这一奇怪的现象又怎么解释？行为主义的部分动机明显与你谈到的这些因素中的第一个相关：行为主义者让当权者取得了某种合法性，因为他们将自己描述成——或者希望把自己描述成——专家和科学家……

NC：……还是很和善的专家和科学家。我们是为人们自身着想才去控制他们的行为——有点像密尔（Mill）的论调。

　　JM：的确如此。但行为主义者的另一部分说辞当然就是其坚持可观察性的马赫式努力。

NC：认为科学就是研究数据材料是一种奇怪的科学观，这种看法过去在核心的自然科学研究中虽然被普遍接受，但现在已被舍弃。行为主义实际上是个很有意思的概念。在20世纪50年代，社会科学和心理学的所有领域都曾是行为科学；但只要看到"行为"这个词，你就知道这其中有些问题。行为就是数据——比如，仪表读数就是物理学中的数据。然而物理学并不是仪表读数的科学。我的意思是,我们查看、阅读数据是看看能不能找出证据,而证据是一个关系性概念,证据是关于某个东西的证据。所以我们实际寻找的是关于某种理论的证据,这样的理论可以解释已有的数据——也可以解释一些新数据并为我们带来对事物的深刻理解,如此等等。如果只是死守数据,那么不管做什么,都不能说是在做科学研究。行为科学原则上就是恪守数据,所以我们清楚——或者应该清楚——它有些问题。它所赖以存在的基础是一个曾在核心物理科学领域流传甚久的科学观念。19 世纪末,物理学被物理学家、甚至是一流的物理学家看作一门主要就是有关测量以及测得量与压力之间的关联性等的科学,这个基本看法到了马赫那里变得越发复杂和精细。

JM:那它最近的形式又如何呢,比如像连接主义(connectionism)或类似的东西?

NC:我认为这些都仍是行为主义的表现形式。一定程度上,我们只能从自己所能理解的最简单的事物——如神经联结开始来构建某种假设以解释一切,这和 17 世纪的微粒物理学近似,它当时也有类似设想。波义耳(Boyle)、牛顿等人认识到一定存在着一些基本的物质构建材料,即微粒,它们一定就像我们建造楼房所使用的砖块一样。这不无道理,我们也会做此设想。然后,他们便设法证明如何可以根据微粒的不同组合来解释一切。

现如今,牛顿对于炼金术的关注被认为是脱离了科学常轨,但其实不然;这么做在当时完全合乎情理。假定自然界由简单构件组成——是以不同的组合方式——那么认为铅能变成金子便无可厚非。这样我们就必须搞清楚怎样才能真的做到此点。牛顿那样做没有什么不正常。事实上,在某种意义上牛顿是对的;存在着某些基本事物——当然不是牛顿所谈论的那些——但,是的,是与之类似的东西。连接主义在我看来大致就和物理学中的微粒主义层次相当。我们是否有理由相信,拿我们认为(但这却很可能不对)我们已知的这几样东西来构建一个复杂结构,我们就能够发现什么?也许吧,但可能性非常小。不仅如此,如果我们去看看他们一直在观察的基本事物,比如神经元之间的连接,它们实际上要复杂得多。连接主义者们实际上是在对物理现实做极端的抽象,但谁又知道他们所做的这些抽象在方向上是否正确?对于连接主义,我们也是根据其理论成就和实际成效来评估它,正如我们对待其他理论假设一样。但对连接主义进行评价碰巧十分容易,因为它几乎还没有什么理论成就,也没有什么实际成效。

> JM:连接主义最近出现了一个新的发展,尝试探索在他们看来也算是和进化有关的主题。我感觉在某些进化论观点和行为主义之间总是存在某种联系……

NC:比如说,斯金纳(Skinner)对此就说得很明确。他指出——他是对的——极端的行为主义的逻辑与一种纯粹形式的选择学说的逻辑大致相同,任何一个严肃的生物学家不会去关注这样的选择论,尽管它也是一种比较流行的生物学说——选择可以取任何路径。这一选择学说有一部分是用行为主义的术语来加以表述的,比如,正确的选择路径会得到"强化"和"扩展"云云。这样的论调跟一个进化论的六年级版本相差无几,不可能是正确的理论。但斯金纳说行为主义的逻辑跟天真的适应论逻辑一样倒没错,蒯因也做到了这一点。说两种逻辑相似时,两人都对;但同时他们又都错了——基于同样的原因。

11 语言在心智中的地位

JM:再言归正传……我们能谈谈语言在心智中所占有的地位吗?

NC:好的。

JM:它并非边缘系统;你曾经提到,它有中心系统的某些特征。你这样说的意思是什么?

NC:噢,边缘系统是输入和输出系统。所以,视觉系统从外界接收数据,然后将部分信息传送至内部。发声系统是从内部获取一些信息,完成相关事项,并对外界产生某种效果。输入系统和输出系统就是这样。很明显,语言利用这些系统。我现在正在听你说话,我也在产出话语。但这正是我们用语言在做的事情。我和你在很大程度上共享某种内部系统,这使得我所发出的声音能够进入你的听觉系统,而你所具有的内部系统正在对这些声音进行处理,并且大致能以我自己的内部系统制造这些声音的方式去理解它们。这些都是知识系统,这些都是固有的能力。如果这不是内部系统,我不知道内部系统是什么意思。

JM:好的。还有一些系统,比如脸部识别。这也不是边缘系统。它从视觉系统获取信息。

NC：噢，脸部识别系统是一个输入系统，不过，它当然也利用我们所具有的如何识别面相的内部知识。人们对面相的理解和对其他物体的理解非常不同。面容上下颠倒给人看，看的人就识别不出来。

JM：所以要成为中心系统，光说它从其他系统获得信息是不够的。

NC：各种各样的内部加工都在进行，此即思考，不管是什么样的思考。大多数思考完全无意识，不在意识所及的范围内。但大量的证据表明，虽然无意识，思考照样在进行。这些证据当然总是来自于外界。即使我们做脑成像，我们所获取的也是内部客体（internal object）效果方面的证据；但这些证据明白无误地表明，大脑中有大量的内部操作正在进行，诸如知识系统运用、解释、计划、行动等。语言似乎就是其中之一。很有可能语言就是将所有这些连接起来的纽带。事实上，有人毫不含糊地提到过这点，如哈佛的伊丽莎白·斯派尔克（Elizabeth Spelke 2003，2004，2007）。她是一个很重要的认知发展心理学家。她声称，在她的研究中（主要针对儿童）有证据表明，儿童在还看不出语言能力有明显发展的时候，其实一直都具有语言能力；但只有到一定年龄，语言能力才会表现出来。在语言能力开始显现的时候，不同类型的认知行为之间也开始有互动。有些原始形式的认知活动，如辨认自己所处方位、了解自己所欲去处等，是整个哺乳动物王国中的个体所共有的，儿童也运用此种认知；但有更为复杂的认知是为成人所用。所以，幼儿通过学习可以区分蓝墙和红墙，老鼠也可以。但要想悉知如左和右之间的差别，或者是比这还要复杂的事物，就需要有更为复杂的认知能力。斯派尔克认为，这些复杂能力似乎是在语言能力开始显现的时候通过合成得来，所以她合理地推测，是语言能力推动了认知活动的互动，这显然不无道理。

考古人类学的记录暗示相同的结论。前面提到，在大约五至十万年前的某个时期，人类进化中出现了我们有时称之为"大跃进"的事件；这个时期的考古记录与以往的相比突然有了根本不同。各种迹象表明，在这一时期，开始有了创造性想象、计划制订、工具的复杂使用、艺术、符号性表征以及对外部事件如月相之类事情所做的认真记录等。看起来，这大约就是语言被整合后出现的时间。因此，推测语言和这些复杂认知行为之间存在关联并非没有根据。如果某个原始人有语言能力，它便可以做出计划，可以思考，可以理解，可以想象其他情景，其他并非现场的情景，并且可以从中做出选择或者形成看法；然后在某个阶段，它可以通过语言对一些情况进行表达。很可能正是在这一切当中，其他的各种可能存在的能力，至少是以某种基础、朴素的形式存在的各种能力被组合起来，不论是什么将它们组合起来的；这些能力组合起来，并产生了有突然变得复杂的、创造性活动的证据。

JM：几乎可以肯定，语言具有构成更为复杂、更为复合，高度结构化概念形态的地位，它为我们提供了一个其他生物所没有的概念域。虽然语言具有上述这种能力，它被赋予了组合的能力，甚至可以将其他系统所提供的信息进行整合，但听起来语言似乎……

NC：还有创新的能力。语言不止于将信息组合起来，它并非记录手段；我们依据内省便可知道此点。我们可以考虑这个世界按这种做法、不按那种做法就会是什么样子。事实上，哪怕是不会有实物形态的东西我们也能想象出来。有很多创造性活动对我们而言都可以去完成。一定程度上，语言外的其他内在系统也能让我们做到这点，比如，我们可以利用视觉去想象画面，等等。因为我们可以构造内在表达，所以我们能做的事情就会异常丰富。我们有命题态度，有对可能的组织及人际交往的描述，有对可能的物理事件的描述等。之所以能如此，是因为我们有内在语言；我们都知道这一点，根据内省即可知道。我们都有这种创新的能力。可以推想，我们的原始人祖先在那个时候也有着相同的能力。

有一点我们很确定，就是现在的人在这方面实际上都完全相同。这就是说，不管是什么使我们有了这种能力，这种能力的产生不会晚于大约五万年前；也就是在那个时候，开始了人类走出非洲的大迁徙。事实上，有可能是因为发生了什么、不管发生的是什么，最终导致人类从非洲迈出。考古学证据表明，体形上非常接近我们的原人在那里生活了千万年。创新的能力开始于一小群原人、开始于许多育种群中的一个。然后，这个育种群突然爆发、遍布世界。很难想象，这种情况和形成人类创新能力的语言方面的进化没有关系。

JM：但是，如果语言在心智中有着这样的作用，还需不需要杰里·福多过去常说的"中心处理器"？不管它是什么，如果语言可以将各种信息进行组合、可以做出决定等，那么它是不是似乎就取代了脑中侏儒本身？

NC:它就是中心处理器本身?我们怎么知道?我会认为很可能不是。有些合成的方式,比如将声音、气味和视觉所见合成的方式,我们甚至不会知道如何用语言来描述。① 而这些都是生活的一部分。在我看来,必然存在中心处理器来应对这些。

杰里·福多提到的一个在我看来需要更多证据的想法是存在思维语言(language of thought)。问题是,这种思维语言和我们普遍的内在语言(不管这种内在语言究竟为何)有何不同。依我看,思维语言是我们所说语言的反映,不管我们说的什么语言;除此之外,对思维语言,我们并没有什么了解。而如果现有的、可以获得的语言只是在表面上不同这一看法正确——情况有可能就是这样——那么它们所共有的核心部分依我看很有可能就是思维语言。

JM:那么,科学呢?科学的句法似乎和自然语言的句法大不相同。②

NC:不仅如此,它们似乎还是以不同的方式运作的。对此,存在争议。有人像苏·凯瑞(Sue Carey)就曾力图表明,我们的科学能力

---

① 【补注】这方面简单的例子如指示某一个体走向一个黄色的、长方形的角落(涉及颜色和几何/空间信息),或者寻找一个红色的、正方形的、柔软的、气味香甜的糖果。(麦克吉尔弗雷,p.c.)

② 【补注】科学的符号系统一般而言是对规律及其运行条件的形式表述,这些表述不同于自然语言语句。科学符号系统和自然语言的不同之处首先在于前者只能学得,而后者自动出现;其次,科学公式并无自然语言所具有的短语结构,也不允准长度无限的句子生成;再者,隐喻——或更广义来看——语言创造性要求词语/概念可使用于不同语境,但科学符号系统对概念所能出现的语境有高度限制。另外,科学是发明相应的符号系统来说明构拟物的结构、属性和相互关系,科学并不使用常识性概念。(麦克吉尔弗雷,p.c.)

不过是一般的推理、钻研等常识能力的自然发展。我不太相信。我感觉科学涉及十分不同的心智能力。

对于这些，并没有什么真正的证据可言。但只要看一看科学史，就会发现似乎也有一个"大跃进"；不过，和语言出现这一飞跃性发展相比，科学史上的大跃进的发生要晚得多，并且并不涉及生物变异。科学发展的飞跃并非没有先兆，但在大约17世纪的时候，人们对世界的调查和理解在态度上有了彻底改变。差不多就在牛顿生活的那个年代，突然出现了一个显著的变化。这个变化富有戏剧性的一面是，起初牛顿对它的发生实质上起到了一定的推动作用，可是在变化发生后，他本人又无法接受。虽然实际上并没有人明说，但人们原来都以为这个世界是可以理解的。这个世界，是上帝使之完美无缺，但如果我们足够聪明，我们便能明白上帝如何为之，我们便能理解这个世界。我们所必须做的一切就是勤勉以待。牛顿的发现，我想，所产生的最主要的心理效应就是原来这个想法不足为真，因为这其中涉及从直觉上讲让我们感觉很神秘的力量。正因为如此，牛顿非常抵制自己的结论，结果，所谓的"机械哲学"受到重创。机械哲学的主要思想就是世界如同一个由齿轮、杠杆以及相互推动的部件构成的机器，类似一个老式闹钟。差不多就是这个意思。但他的研究表明，情况并非如此。

JM：这就是民间物理学和大众心理学的终结？

NC：民间物理学就此终结。但大众心理学并未受到反驳。只不过就是机械哲学的这种看法在物理学中行不通。笛卡尔机械学可以看作是对某种形式的民间物理学的概述；它只是我们对世界运行的常识性理解。比如,如果我击打那边的那个东西,它就会移动。但我如果只是动一下胳膊,我并不能移动那个东西。直觉上显而易见,我并不能通过挪动胳膊来移动它;不过,这恰恰是错的。有很多原则并不属于机械力学,如作用与反作用、相互作用、生长、发展进化等方面的原则。意识到此点后,科学的可理解性标准逐渐发生了真正的转移。并非世界是可理解的;我们放弃这个看法。但理论必须是可理解的。所以,我们想要的是关于这个世界的可理解的理论,它们可以为我们所用,并符合我们的认识论标准;这些认识论标准不过就是我们认知系统中的其他侧面。这样,科学开始了一个完全不同的发展路径。这倒不是说人们完全抛弃了其常识性的模型。可以去向一个正在研究拓扑学某个抽象问题的数学家了解一下。他在研究过程中很可能会作画,并要对图画进行思考。当然,我们知道两者之间存在差距;我们对世界直觉的、常识性理解并不能指引我们去获得世界的真实面貌。这是一个很重要的变化,这个变化为我们引入其他探索的方向。虽然它只发生在科学很小的范围之内,但是我们现在非常清楚,世界有了另一个画面,这是科学的画面,它不同于世界的常识性画面。

变化一直持续到最近的时期。一直到20世纪20年代,化学都未被视为核心科学的一部分,而只是被看作一种计算手段,因为它总是有那么一些图画、图表什么的,虽然我们从中能获得对实验结果非常近似的描述,但当时许多大科学家只把它当作一种计算模式,认为它不可能是真的。按当时的理解,它不可能归至物理学,原因是,物理学因为一些后来才发现的原因,在当时尚不具备必要的概念工具来合并化学。物理学后来又经历了一次彻底的变

73

化，这使得它从常识的角度看变得更加不可理解；当然，其理论本身并非不可理解。这样，化学就被合并入自然科学当中，成为它的一部分内容。所以，变化还在继续。

再看看眼下正在进行的有关"心理真实性"的争论，即心智是否也是在按法则运行之类——我们会发现这样的争论和20世纪20年代发生的，关于化学是不是"真实"的争论如出一辙。"化学遵循规律"，这是什么意思？谁能说说如何按牛顿力学或其他什么我理解的理论来解释我们所观察到的现象？

JM：这么一场争论，即对心智是不是按规则或规律运行，或者这些规则或规律是否有"心理真实性"的讨论，至少从亥姆霍兹（Helmholtz）就开始了；他认为心智可以设法做出推理，在视觉、听觉以及类似官能运行的情况下做出推理。

NC：是的，这些思想总是不断地让人回想起来；某种意义上，这也是笛卡尔哲学讨论的一个问题。① 现代的有关语言学和认知加工——即计算机隐喻等——的心理真实性的争议，和20世纪20

---

① 【原注】笛卡尔曾有过一些可称得上是对视觉计算理论的说明，表明视觉系统本身也"解决问题"。比如，视觉系统根据一定的，有关眼球会聚程度的"输入"，完全可以在心智中完成一种大致的几何运算，以此来确定视觉深度。这可能让人感觉疑惑，因为一方面，他对心智科学的基础作了介绍，表明心智如何为人提供对深度的感知；另一方面，他却坚持认为用来解释深度感知和其他心理现象的心智科学难以企及。可一旦我们清楚他对科学的理解只限于一种接触力学，这样的困惑就可以消除。按上面的讨论，如果讨论正确的话，接触力学和常识以及民间物理学密切相连。这方面的讨论，可参见乔姆斯基（1966/2002/2009）2009版中我写的介绍。

年代针对化学和玻尔原子的争论极其相似。[①] 现在的问题是：我们如何根据神经生理学理论来解释心智？这个问题我们现在解释不了。同样，按那时对物理学的理解，我们也无法根据物理学来解释化学。当时，人们得出的结论是化学存在问题。后来搞清楚了，是物理学有问题。那我们今天对神经生理学的了解比20世纪20年代人们对物理学的了解更多吗？远远不是，正好相反。我们必须清楚，我们其实并没有看错事物。我们完全可以构建不同深度的理论。有这么一个口号——心智就是更为抽象的神经生理学。当然，在当时化学其实并不是更为抽象的物理学。相反，是一种新的物理学诞生了，并且这种物理学是一种不同层面上的化学。我们并不清楚，这种情况会不会在心智研究中发生。

总之，如果我们真的接受自牛顿以来现代科学所取得的成就，我们所要做的就是力图构建最好的解释理论，并且要将这样的理论和用于解释其他现象的、可能是最佳的理论结合起来。但如果其中的某个理论并不能归结为其他的某个理论，这没有什么。这无非表明可能在什么地方出了一些差错。[C]

> JM：你前面说到语言除了"协制"（coordination）、合成（integration）等，还带来创新。和语言不同，科学所带来的似乎是一种不同的创新，虽然这种创新在动物王国里

---

① 【译注】玻尔氢原子理论是尼尔斯·玻尔（Niels Bohr）于1913年提出的第一个将量子概念应用于原子现象的理论。它推动了原子物理学的发展，并最终导致量子力学的建立。

也是绝无仅有。科学提供新的概念材料、提供新概念。语言也有创新性,但这种创新是组合性的(compositional);它只是将已有的可用成分组合起来。

NC:语言官能本身所使用的的确是现成可及的概念资源……不过,语言"本身"是什么有点难说。英语当中收有 gravitation("引力")这个词吧?我们现在就处于某个我们的语言能力和科学创造能力相互作用的区域。① 对这两个系统我们都不够了解,所以也就不清楚该怎么往下谈了。

JM:我主要把语言看作核心系统,看作按一定方式运作的计算系统,结果,有一种合并形式生成论元结构,另一种则提供各种形式的边界效果(edge effect),比如焦点。这样的系统似乎最适合用来应对——可以这样说——它已有的现成的概念,这些概念能够体现我们人的兴趣,是我们所使用的常识性概念;我们使用常识性概念来应对世界,来考虑我们的处境怎样,又如何来改变这样的处境等。而另一方面,科学的确似乎为我们提供了以不同方式引入新的概念材料的可能。

---

① 【译注】JM 认为语言的创新是一种"推陈出新",将已有的现成概念/词语组合后获得新的复合概念,而科学的创新是一种"原创",是一种"无中生有",科学所发现的都不是原来已有的事物或概念。按译者的理解,乔姆斯基对此有些疑问。他举出"gravitation(引力)"一词来表明有些情况下,语言创新和科学创新是难以截然分开的。为此,JM 在接下来所说的一段话中对他的观点又做了进一步的辩解。

NC：科学提供给我们完全不同的方式来看待这个世界，它们和常识迥异。事实上，常识至少是在先进的科学中已经被完全摒弃；它甚至连标准也算不上了。当然，常识毕竟是一种新近的、很特殊的发展物，因此在某些领域还是能得到信奉。

12 乔姆斯基的知识贡献

JM：诺姆，我想问一下，你认为自己最为重要的贡献是什么？你愿意就这个问题谈一下吗？

NC：好的，我认为，把各种各样语言当作一个生物性物体来研究的思想应该成为未来科学的一部分——要认识到人类能力的每个其他方面也都必须这样来研究。这个想法——《句法理论的若干问题》（以下简称《若干问题》）中就曾谈到过，但我那时说得并不是很清楚——这个看法……

稍等，我还是从头开始。斯金纳认为行为主义的逻辑和进化的逻辑非常相似这个观点是对的——这个看法不错。但我认为他的结论——还有其他人的结论——都不对。就是说，两者相似表明两者都对。其实相反，两者相似表明两者都错，因为行为主义逻辑对生长和发展而言行不通，同理，自然选择这一概念对进化的作用也会是非常有限。① 因此，存在其他因素。我在《若干问题》中也说过，肯定没有办法去认为儿童所知道的一切都是基于某个应用至经验的普遍程序，也没有理由去认为遗传天赋仅仅就是进化

---

① 【原注】可参见附录二中对各种进化观的讨论。在那里，我们还强调了以下看法：对于进化，我们现在应当减少对理查德·勒旺汀和图灵所说的"历史"的依赖。我们应当强调进化和其他因素的联系。用乔姆斯基的说法，就是要考虑"第三因素"。

史上碰巧发生过的各种不同事件所致的结果。其中一定还涉及更多的因素——就是图灵在研究形态发生(morphogenesis)时所寻找的,还有其他人过去和现在都在寻找的那种。我们或许可以按照这个观念去做点什么,这可能是个很重要的思路。现在我们多少会同意,我们根据这一观念能够对,比如说,细菌做出研究;如果按照这一观念,我们也能对进化史上最新近的、就某种标准而言也是最复杂的进化成果如语言做出研究,那说明这个观念对所有生物的进化研究都是有效的。

> JM:如果我们现在能够为了语言再去追问"事物为什么会是现在的样子?"这个老问题,如果我们现在确实处于这样的阶段,那将会是极大的进步。我想你认为我们现在所处的就是这样的阶段。

NC:我想一定程度上我们甚至有了一些答案……最近的研究中,我一直在将现在看来有些道理的解释和十年前看似不错的解释做比较。原来很多我们认为都是必需的理论机制现在都被舍弃了。现在这样的解释可以让我们走多远——谁知道呢?这就好比是在问语言的特性究竟是什么。此类问题一直在我们的脑海中萦绕。所以,我又想到了1974年举办的那次生物语言学会议,这个会议我前面提到过。当我们通读会议记录的时候,有些问题总是挥之不去——语言究竟有什么独特的属性?是什么使得语言和生物世界中其余的一切迥然不同?从生物学的角度,当时难以解释。所以,这样的问题一直压在心头。那么,如今我们不像以前那样感到沉重了,我们开始能够更加正式地提出有关语言生物学的基本问题——对于其中的一些问题,我们甚至有了回答。当然,还有很大的差距。拿你前面提到的第一点来说——是关于概念本质的。我们对概念是如何演化的这个问题还无法做出解释。

JM:但是你确实持这样的看法,即在语言因为出现合并而获得发展的时候,概念那时必须已经到位……

NC:要理解语言显而易见的贡献,这样认为似乎很有必要。它们必须如此,原因是每一个生活的人基本上都具有相同的概念。所以,在大分离之前——在人类走出非洲的大迁徙之前——也就是大约五万年前,就必然已经有了概念。所以,概念的出现发生在五万年前。没有真正的证据表明合并大约在那时之前就真正存在了。看看有关语言进化的研究,可以发现,其中多数对语言进化都有误解。有许多有趣的研究表明感觉-运动系统的适应性变化似乎和语言有关。比如,耳朵和用于发声的肌肉似乎是经调整才适从了语言中使用的那部分声音。但这个情况说明不了什么。它无非表明,原人所使用的咕哝声(不管是什么声音)在数万年的过程当中,对改变中耳的结构可能起过一定的作用。但这也有些在想见之中。这和任何其他的动物都差不多——以青蛙为例。对一种特定的青蛙而言,其听觉系统要和其发声系统实现关联。但这只算得上是语言的先质(precursors of language)。是的,对所有的有机体而言情况都是如此。所以,我们发现的有关感觉-运动系统的一切并不能说明什么——充其量,这些不过就是我们在青蛙身上所发现的那种语言的先质。但总会在某个时间点上,我们突然就有了那种爆发式的生长——那种持续不断的创造活动中产生的巨大飞跃。它似乎大致就发生在繁殖群分散至世界各地的时候。[78]如果这一情况真实,我们就有一个很狭窄的窗口,从中窥见到人类历史上曾经发生的某个重大事件;这里最简单的假设便是,该事件即递归程序的出现。

> JM:在语音这一块,你当然了解劳拉·佩蒂特的研究。劳拉一直认为,我们的语言使用至少可呈现为双模态这一事实跟人颞上回中的某个地方存在某种可识别特定类型的声音和符号的物质有关,这些特定类型的声音和符号按近似于 1 或 1.5 赫兹的频率不断重复。劳拉认为,这种情况存在于所有自然语言表现出来的那种人类语音节结构之中。与此相关的有两个问题。一个和你刚才所说的有关。语言官能向发声系统提供指令,不管是符号(sign)还是言语(speech)。这些指令必须是特定的类型……

NC:……噢,这些系统历经数千年——事实上可能是数百万年的演化,将具备相关特征。它们会形成特定属性,不管是什么特性。而在某种无限生成的能力突然得到发展之后,这些系统就会利用起自身的这些特性。实际上,在我看来,这不是完全没有可能……如果考虑进化的最简主义逻辑所具有的最基本属性,每个人都会承认在进化游戏的某个阶段,一次基因突变酿成了一个无限生成的过程。这一点我们绕不开,除非相信存在奇迹。所以在某一阶段,出现了合并这样的事情。突变始于某一个体,而不是某个群体,即合并是发生在某一个人身上;这个个体突然拥有了无限思想的能力、计划能力、理解能力等。他或她不必外化这种能力。事实上,外化此时毫无意义,因为它只限于个体。那么,如果这种能力发生在个体身上,它就将设法通过孩子、通过群落得以流传。计划、思考和理解能力具有选择性优势。所以,不管什么人,只要碰巧有了这种能力,相对于其他人,很可能会在繁殖中更显优势。这样,一个很小的育种群会在很短的时间内取得支配地位。很快人人都有了这种能力。这时,或许仍没有表达或交流。但在一定时候自然就发生了外化,这又更添优势。然后,外化会利用已经现成的感觉-运动装置。可以是符号,可以是歌曲,可以是一切能用上的东西。是的,外化会顺应已有的装置。

JM:但是,最起码,外化需要一个涉及某种线性信号调节的系统,不是么?

NC:噢,在我们执行外化的时候,外化内容将会按时间出现,即必须被线性化。内部系统可能并不讲究线性顺序,其中所进行的一切可能都是同时发生。

说到这里,语言结构研究方面的复杂、有趣的问题开始需要加以考虑。比如,有没有证据,在狭义句法向语义接口映射的这部分——语言系统输送至语义接口,而不是感觉-运动系统的这部分——在这部分语言生成中,有没有线性排序的证据?这是个很有趣的问题。它是由塔尼亚·莱因哈特(Tanya Reinhart)70年代的时候提出来的;当时,她率先提出成分统制(c-command)[①]——

---

① 【原注】关于成分统制及其作用,参见附录七。

当时大家都在使用这个概念；它有不同的名称，但现在统称为成分统制——并不涉及线性，而只涉及层级性。这是个大胆的看法，但似乎确有道理。后来，有越来越多的研究都在考虑语义接口生成的句法体——或不管以何种方式映射的狭义句法——究竟有没有线性特征？好，没有是最佳假设，因为这最不复杂；如果没有，则说明从进化的角度看，外化并不怎么重要，感觉-运动系统对语言的本质只有极小的影响。在讨论这些问题的时候，我们实际上是在把对语言的结构和本质所做的探讨和有关进化的推测整合起来。两者相互关联。[C]

13 简单性及其在乔姆斯基研究中的作用

JM：我们能不能再稍微聊一下简单性这个概念，还有在你的研究中，这一概念的演变情况？理论简单性的概念一直在提，它贯穿于你的整个研究。通常它被看作科学研究的本质特征。不过，也有内在简单性，是你在《语言理论的逻辑结构》（以下简称《逻辑结构》）和《若干问题》中所追求的东西……[C]

NC：……在更早期的研究中也有这样的考虑。上面所说的第二本书中的讨论和现在所谓的"最简方案"直接相关，甚至可以视为"最简方案"的早期版本。在过去的某个时候——差不多是在20世纪50年代的时候，我们开始尝试将语言的方法论研究重构为生物学视角。有时候，我们可以将方法论方面的相关条件重新表述为对有机系统或者可能是所有系统如何构成这一问题的经验假设。如果能做到这一点，我们就可以把语言的方法论当成经验假设进行调查，从而可以从其他方面——比如从雪片的形成或者昆虫的导航中——来寻找证据，看看是否真的存在计算复杂性原则，或者一切都只是自然的一部分，恰如其他自然规律那样。如果能够将语

13 简单性及其在乔姆斯基研究中的作用

言的相关问题归结到这些方面,那么用语言学术语来说,我们就有一个超越解释充分性的说明;解释充分性就是解决柏拉图问题。[C]我们可以开始追问,为什么普遍语法原则是这些形式,而不是其他形式。这变成了一个生物学的实证问题,跟其他问题——确切地说,就是图灵感兴趣的那一类问题情况相同。

JM:就是第三因素。

NC:对,就是第三因素。

JM:那么参数呢?在某种意义上,它们是不是对内在简单性概念的一个发展?

NC:某种意义上是这样。过去实际所发生的——虽非瞬间之事,但回顾起来,我们还是看得出究竟发生了什么——情况大抵是这样。先可以看看结构语言学,这其中包括泽里格·哈里斯的研究。本质上,他就是按照一套程序将语言材料——一个语料库——抽象概括为某种结构形式。顺便言之,哈里斯和下面讨论的古德曼(Goodman)一样,对这个目标的追求可谓锲而不舍——但对我而言,他这么做所产生的结论似乎并不正确,理由和我对古德曼的看法大致相同。对他而言,这样的事情无所谓对错:这样做可以,那样做也可以,主要看哪些过程真正有效。这样的过程实质上就是运用一套程序将一些系统的材料归结为某种特定类型的结构描述。这里在方法论上除了有对实用性等方面的考虑,也有对简单性的考虑。我花了很长时间试图研究这些程序,但最终确信,因为一些根本的原因,它们终将无用。在最基本的层面上就可以明白此点。

我们可以根据语言获得来重新思考一下这些问题,这与参数有关。哈里斯不会考虑语言获得,但这是一个需要同时思考的问题。将一个语料库或者自成体系的材料归结为某一特定的结构形式,这和给定一些经验数据,并最终获得一种 I-语言这一情况类似;虽然两者类似,但后一种情况恰好是生物学的一个实证问题,因此这个问题比对语料做结构描述的方法论问题显然更加可取。我们首先需要做的必然是把声音分解为较小的单位,音节或音位什么的。接下来必然是乔治·米勒(George Miller)50 年代在考虑这些问题时所提出的"组块(chunking)";我们得有更大的单位。那么音位或音节之上是什么单位?从语法结构组织的角度来看,它应该是语素。但其实不然,因为并不存在发现语素的程序,原因是语素相对于语料而言只是一个抽象的概念;语素是在一个更大的系统里才能存在的抽象成分。所以,实际上,我们并不能通过某种发现程序从语料中提取语素。这也是为什么哈里斯为确定语素界限对成分序列做统计分析的方法并不能奏效的原因。这个方法只适用于像串珠那样一个接一个排列的单位,而语素并非如此排列;虽说英语中的单位序列差不多如此,但英语是一种形态并不发达的语言。其实这个方法甚至在英语中也不可行,而在形态稍微丰富一点的语言中很明显就更不可行。事实上,比音位或音节更大的单位是我们有时候所说的音位词(phonological word)——它有完整的音位属性,多少有些像词,不过并不是我们通常所说的词语。例如,我说 whyd'ja leave,这其中 whyd'ya 就是一个音位词,①但从其结构和语义来看,它是一个复杂形式。所以,音位词

---

① 【译注】美国英语中,whyd'ya is why did you 这三个词语的口语缩读。

13 简单性及其在乔姆斯基研究中的作用

是第二大单位。它对结构语言学而言只是一种边缘性单位,但从发现程序的角度来看却是一种核心的基本单位。按照这些程序,我们并不能找到在语言学中更为重要的单位,例如语素、短语、构式或一切其他单位。所以,这些程序恰恰在第一步就出了问题。这自然就形成了一个我现在认为是错误的结论,即我们拜普遍语法或遗传禀赋所赐建立起某种格式(format),这就是某种语言系统。然后,儿童——从另一个角度来看,语言学家——的任务就是在一定的语料中找到这个格式的最佳例示或例化。简单性标准就将从这里切入——我们必须根据某种标准说明何为最佳,必须说明是什么标准。这样的标准涉及我们使用的所有标写或记法,如短语、[iyV]前的[t]变音为[š]等。这些,正如我从50年代起一贯所理解的,不过就是我们内在设定的简单性概念的具体表达。通过它们,规则系统被映射为某种形式;我们可以为这一形式指派一个数值、即符号的数量,并按数值测定其简单性。最终,简单性就成为一种按数量大小来衡量的标准。因此,通过所有这些记法,我们可以给系统中的规则指派数值,我们希望将这一方法用于所有真正的有关语言的概括性描述,这样,这些记法真的就具有了某种意义——它们就将变成语言本质以及我们认知结构等当中的一部分内容。因此,寻找语言规则系统的最佳例示是一个实证问题,然而却并没有什么可行的计算方法可以让儿童根据语料去发现普遍语法格式的最佳例示。这就是为什么《现代希伯来语的形态音位学》(Chomsky 1951/1979)给出一个相对极大值的原因,其大致意思就是,"好,这就是我们所要选择的,可以看出,对它稍做改动便不如原来的好。"但是,这样的选择并不是真正根据语料做出的。

以上是40年代时的想法，现在看来不可思议——完全行不通。从计算的角度看，难以操作。因此，这不可能是语言获得的方法，也不可能是关于语言的真理。

那么，这样的框架——格式、例示、简单性标准、评价——这个框架一直持续使用到整个70年代，它在概念上对我们试图查明语言的特性是什么这一问题构成了严重桎梏——我们需要查明第三因素是什么，这样就能将简单性归因于别的方面，而剩余的东西就构成语言本身的特性。当然，这个框架只是一个障碍，它不影响我们提出相关问题，并在一定程度上去寻求解答；但在这样的框架之下，所做必然有限。相比之下，原则与参数路径却非常可行；它将语言获得问题和普遍语法格式问题进行了分离。这一观点之下的语言获得就是给参数赋值，而普遍语法格式也不再需要满足有高度限制性和高度明确性的要求。按原有框架，必须如此，这样语言获得过程中选择的范围才不至于太大，计算的任务才能完成。而现在按新的路径，可以发现普遍语法是非常开放的。要是我们沿袭"格式-例示"的框架，那么格式就必须有高度限制性和高度明确的表述，否则，我们就无法去对例示做出选择，也无法对例示进行比较。

这有点像尼尔森·古德曼（Nelson Goodman）在其《事实、虚构和预测》（Fact, Fiction and Forecast）这本书中所讨论的投射问题。[①] 如果不设立任何限制，我们就无法解决投射问题。我们必须设立非常严格的限制条件，这样才会找到一个有效途径，挑选出

---

① 【译注】参见第14章的讨论。

13 简单性及其在乔姆斯基研究中的作用

一个恰当的例示——可能不止一个,但至少数量不多。所以,在使用"格式—例示—评价"框架的整个时期,格式必须有高度的限制性,也必须非常明确,且包含很多特殊的机制,等等——因此鲜有第三因素的作用,而高度具体的语言成分倒有不少。语言演化方面的研究在这一框架中也完全无法展开。

原则与参数框架通过将获得问题和"什么是语法格式"这一问题完全分开,打破了这个僵局。它让所有的问题变得开放,但至少在观念上消除了我们研究第三因素的阻碍。这样,语法格式其实在很大程度上涉及的不仅是语言外的,也是器官外的计算有效性原则等等就不是没有可能;我们甚至可以尝试去证明此点。语言获得问题就此被搁置一旁。它变成了一个参数定值的问题。

当然,如此又会引发另一个问题:为什么语言会有原则与参数?为什么是这些、而不是那些参数?这是另一个有趣的实证问题,或许我们可以基于第三因素对之做出回答,或许不行。不管怎样,原则与参数方法使我们可以以一种更加严肃的方式,基于相关原则去实现删繁就简的目标,获得简单的规则系统以及计算有效性等,这些相关原则完全可能是非语言的、并不属于普遍语法,因此也并非语言的区别性特征。到 20 世纪 90 年代为止,有不少人——我是其中一个,还有迈克尔·布洛迪(Michael Brody)、萨姆·爱普斯坦(Sam Epstein)等——都觉得按这个方法所做的研究已经取得了长足的进展,因此,它实际上已经可以被确认为一个研究领域,这样就有了"最简主义"的说法,我们用这个名称来确认这一领域。这实际上是旧事重提,但我们是基于新的理解以及众多的假设来重新看待这些宿题,其中一个假设就是原则与参数这个方法是一个正确的方法。这个方法包含很多的假定；也没有人能告诉我们有哪些参数。现有的、最接近这个问题的看法就是马克·贝克的概观，虽然有趣，但如许多人所指出的那样，仍然没有触及通常所谓的"微观参数"。这类参数是理查德·凯恩专门研究的内容。它们大不相同。所以，总体来看，整套参数构成何种形貌还是一个非常开放的问题。

JM：梳理出所有起作用的各种因素，研究儿童的发展过程……这是一个异常复杂的任务。

NC：但这对大多数语言学家来说，完全算不上是个问题。大多数语言学家以及普遍来说，社会科学家都是如此地重视经验数据，以至于他们认为，接受这些实际应该是显而易见的方法论原则并非道德之举。比如，他们难以接受应当在一种纯粹的情况下去研究语言获得的这个想法［参见乔姆斯基(1986)及其(1980/2005)中的引言］；这样的研究完全排除难以计数的各种实际参与的因素所造成的影响——父母说的是一种语言，而大街上的孩子说的是另一种语言。很明显，这类情况对语言获得会产生各种复杂的影响。但如果真要找出语言原则，我们就必须将这种情况排除，并有所抽象。这也是科学家开展实验的原因。当初伽利略不得不打一场思想战役，我们会认为这场战役到现在为止已经结束。嗯，在他的领域内斗争还没有结束。这边语言学领域情况也一样。因此，比如说，任何语言——例如阿拉伯语——中都有很多很多东西是历史事件造成的结果；而这些事件本身并不能对语言官能做出任何说明。比如诺曼征服。诺曼征服对英语的形成产生了巨大影响。但

13 简单性及其在乔姆斯基研究中的作用

很明显它和语言演化毫无关联;语言演化在诺曼征服之前早已完成。所以,如果我们要研究语言的特性——就是真正使得语言不同于消化系统的东西——如果某一天我们去研究这些语言属性的演化,我们就必须排除诺曼征服。但这也意味着把众多的、那些让特定语言的研究者感兴趣的语料排除掉。这其中并无矛盾;这只不过是采用了一个合乎情理的方法,旨在回答有关语言本质的某些意义深远的问题。可这经常为人所不齿。

JM:稍微岔开一点话题,你现在对《逻辑结构》这部著作的地位有何看法?你最近一直在做的研究是要回归你在《逻辑结构》中做出的设计么?你如何看待那部著作和最简方案之间的历史关系?

NC:有所不同。当初创作《逻辑结构》时有很多相互冲突的临时的想法。其中一个就是因为方法论的原因,要对某种叫作"语言"的东西——不管它是什么——做分布分析。这种想法的背后有着要将一个语料库归结成一种语法的动机。再者就是当时人们刚刚开始思考的生物学框架;这一框架在对斯金纳的评论以及当时其他的一些作品中做过讨论——对斯金纳的评论和《逻辑结构》的写作时间差不多,可能稍微晚一点。《逻辑结构》有点像是两者都在兼顾。现在我们舍弃了前者、转向了后者,设法看清楚我们正在观察的东西。

在《逻辑结构》中有一些具体的提法。嗯,这些提法比如广义转换(generalized transformation)等有可能以不同的形式被重新启用。另一方面,霍华德·拉斯尼克(Howard Lasnik)最近向我指出,《逻辑结构》中并没有设立移位规则,我对此已完全没有印象。移动规则自60年代起就是生成语法中的一个核心话题——如何设立移动规则？我在《当前的语言学理论问题》中开始谈论这个问题;甚至比这还要早,即大约在1960年的时候,我们就在讨论了。我们尝试确立和移动规则相关的原则,找出与之相关的条件,例如WH-孤岛条件、这个条件、那个条件等,这样的想法现在已经成为语言学领域中的中心议题。有一本关于WH-移动和语链(chain)的会议论文选编即将出版,是对所有这方面研究的进展、移动规则的特定侧面以及合并这一概念一个非常综合的描述。内部合并这个说法重在表明它是自然的、实际也是不能没有的语言计算过程。而在《逻辑结构》中并没有这个说法。我完全忘却了此点。合并早已成了我的习惯性看法。但霍华德回顾过去,指出《逻辑结构》中只有可以给我们带来移动效果的置换(permutation)和删除,但其中并没有移动。所以,这是一个实质性变化。我们可以发现,在当时只部分考虑方法论原则的情况下,置换和删除规则似乎有效;但从更为根本的原则解释的角度来看,它们并不存在。我们只有合并;移动是合并的一种特殊情况。

可见,我们是在不断地思考,再思考;这个过程中,会用到原有的一些东西,也会丢弃一些东西。重新使用的话,则通常是以不同的方式。

14 乔姆斯基和尼尔森·古德曼

JM：你可以谈一下尼尔森·古德曼吗？你曾是他的本科生，这期间以及后来你与他的关系通常并没有被记录下来，这不像你与泽里格·哈里斯的关系，在很多地方都有记录，虽然那些记录并不总是对的。但就古德曼而言，没有多少讨论涉及你从他那里学到了什么以及你认为他的作品中哪些内容是有价值的。他毕竟曾是你在宾夕法尼亚大学时的老师。他……

NC：我们之后很多年一直保持着紧密的关系。

JM：你的确曾是他的门生，并且他肯定也付出了很多努力以确保你可以获得哈佛青年学者奖学金（Harvard Junior Fellow）；这为你的一生带来了巨大的变化。我知道你们在重要的哲学立场上存在着明显分歧，但在我看来，在很多方面你也受益于他，比如他的结构系统观念……你的简单性构想怎样——它在某些方面也得益于古德曼吗？

NC：我对简单性的兴趣肯定跟他所做研究的激发有关。你在他作品的脚注中偶然可以看到我们对此的讨论……

我大概是在十七岁时遇到了古德曼。我之前没有任何哲学基础，遇到他之后我开始跟很多受过严格哲学训练的人一起听他的课程，他人很随和，乐于助人，也不介意我什么都不懂。他指导我做一些阅读。他当时讲授的内容后来成为《表象的结构》(Structure of Appearance)一书，其后讲授的内容成为《事实、虚构与预测》这本书。令我印象深刻的是，他不管做什么都表现出一种绝对的知识分子的责任与风范，无论你是否同意他的结论——这很难得，真的令人难忘。即便是你不同意的问题，也值得你仔细推敲，因为你所目睹的是一个对待工作一丝不苟的灵魂——古德曼对待研究极其认真，他不懈地探寻困难所在，并极力寻求解决方案——他所有的研究明显都和一些非常重要的问题相关。他当时有一个非常宏伟的计划——比我当初对它的理解还要宏伟。《表象的结构》最初被认为是《现实的结构》(Structure of Reality)的初步研究——当然，后者没有完成；它实际转化成了《事实、虚构与预测》。

他的唯名论(nominalism)当然也是其学术上极端正直的一个表现。他认为集合(set)的概念不合逻辑。如果事物皆由相同元素构成，那么即使按不同方式对它们进行组合，最终也不会有不同的事物。古德曼希望探求那种极度严格的设想直至其极限——任何在此设想之外的东西都是不合理的。这么做的好处显而易见。事实上，我早期的研究——后来遗失了，没有发表在任何地方——就是从他的意义上努力对句法结构的主要基础做出唯名论解释。随后，在五十年前，我发表在《符号逻辑杂志》(Journal of Symbolic Logic)上的一篇论文重新讨论了相关问题。

我那个时候的其他研究也是沿着同样的思路开展。并且,是的,结构系统概念及其重要性也是直接从古德曼的相关研究中得来的,还有我对简单性的关注也是如此。

但我们必须要区分两种对简单性的不同理解。其中一种是古德曼感兴趣的;我也对此感兴趣,但关注的焦点不同。他对于简单性的理解是绝对的;他希望可以找到一个适用于一切的简单性概念。他的论辩不无道理,就是对理论简单性的追求等同于对理论本身的追求;人们试图找到真实的原则,而原则实现真实的唯一路径就是使它们内在地具备某种形式的连贯和简练以及他试图找出的其他属性。现在我们对简单性有一个与古德曼不同的理论内的概念。也许应该使用一个不同的说法,我有时称之为"评价"。我们试图在我们所设定的理论框架内有所作为——或许我们想到要对它有所改变,但研究总归要在这一框架下开展——我们希望在掌握特定证据时找到这一理论框架的最佳表现,此即语言获得。

JM:这个简单性概念很清楚在《若干问题》中出现过,它在《逻辑结构》中出现过吗?

NC:在《逻辑结构》就出现了。这本书中有一部分尝试区分简单性的不同概念,并且提到了简单性手段……事实上,是在《现代希伯来语的形态音位学》(*The Morphophonemics of Modern Hebrew*,1951)这本书里面提到了一个内含的简单性概念。当时具体所做的实际上主要是为了表明所构建的特定语法系统就简单性而言,或者在内含的简单性手段方面取得了一种相对最大值——意思是如果我们改变这个语法系统中的任何两个规则,它就会变得不再那么简单了。当然,没有办法说明这是一种绝对最大值。自那以后,很多语言学家一直——你可以这么理解——都在关注这一问题,直至 20 世纪 80 年代提出原则与参数理论。据我所知,研究普通语言学理论的任何方法如果是严谨、慎重得出的话,本质上都是在一个确定的格式或框架内追求一个简单性方面的确定的相对最大值。这些观念——虽然不是古德曼本人的简单性观念——却是由他对绝对简单性的追求而激发的,实在难得。他为此努力过,帕垂克·苏蒲斯(Patrick Suppes)以及其他一些人也为此努力过。这一点贯穿于所有科学之中。赫曼·维尔(Hermann Weyl)也有过关于对称性的论述,这也是一种相似的构想。

如此,简单性的概念便可回溯至伽利略。我不知道古德曼是否也如此认为,但对于伽利略而言,这是一个物理学论点——大自然是简单的,科学家的任务首先是发现这其中的深意,然后对其加以证明。从潮汐到鸟的飞行,科学家的目标始终就应该是发现自然之简单;做不到此点就意味着失败。无论是过去还是现在,这始终都是科学史上的一个主要问题。比如,牛顿研究化学的方法就不同于道尔顿(Dalton)——他们不是同代人,牛顿的方法和道尔顿的方法差异很大。牛顿的方法希望将化学或者化学现象——当时相关领域并未实现分离——还原为一些如引力原则那样的基本、简练的物理原则。整个 18 世纪,有很多人在开展化学研究时都将牛顿这样的方法奉为圭臬。道尔顿只是说,让我们设想一下解释这些现象所需要的最起码的复杂性层级;结果就导致了他的原子论——而这是牛顿门派的人最为讨厌的东西。道尔顿的方法后来被证明是成功的,至少在很长时间以内如此;当然你可以争辩说,化学的量子论解释表明当代的化学研究正在向牛顿的方法回归。但不管怎样,这些问题一直讨论不断,现在依然如此。它们是遍及科学领域的问题,古德曼因为其对科学的中正态度而注意到了这些问题,并且为之做出了探索。

JM:他几乎将追求这种简单性作为科学研究的必要条件……就他而言,简单性的地位怎么样呢?它是一种方法论原则吗?

NC:这是我认识他以后我们一直在讨论的问题之一,但我从没有理解(他的观点是什么)。他所研究的任何其他方面,我也不理解,比如《事实、虚构与预测》。其研究在哲学界产生重要影响的部分恰恰不是他本人最感兴趣的部分。我们看看这本书,它分成两部分。第一部分是新归纳之谜,第二部分是他提出的解决方案。他感兴趣的是解决方案。我想在后来的文献中会很难发现一篇对此展开讨论的文章。虽然有关"绿蓝(grue)""绿(green)""蓝绿(bleen)"和"蓝(blue)"等的文献汗牛充栋,但就他而言,这些都只不过是对现象的观察而已。而即使我们可以想出一个解决"绿"和"绿蓝"的办法,我们也还会遇到形形色色的类似情况需要解决。所以他感兴趣的是根本解决这一问题的方案——投射能力(projectibility)。我记得是在1949年或者是在1950年,大概就是那个时候,我因为并不理解他的观点,便和他讨论如果不按内在原则来解释的话,投射能力怎么可能实现的问题。以鸽子,或者干脆以人为例。它或她看到翡翠是绿色的,这一点在得到巩固和确立之后成为一个可投射谓词,如此等。但同一个人如果看到翡翠是绿蓝色的,那么这个情况为什么难以得到巩固和确立?我能想到的唯一可能的回答就是绿色是鸽子和人的一部分本质内容,但绿蓝不是。这么一来我们就回到了他所反对的内在主义。蒯因和古德曼曾一起共过事,关系密切,但蒯因快刀斩乱麻,对投射能力只按内在主义一言蔽之。他只是认为可以发生投射的属性都是内在的,这就是他所谓的"属性空间(quality space)"。[①] 但古德曼不想这么做;他希望为投射能力做出辩护。他因此提出一个投射能力理论,认为凭此就可以为投射能力做出辩护。可在我看来,这个辩论并不成立。简单性也面临同样的问题——它从何而来?它是一个形而上的事实吗——如伽利略所想的那样?或者它是一个认知事实吗——和我们看待世界的方法有关?好吧,假定简单性是一个认知事实,那么它就不会成为我们用以探求世界真相的方式,但是,它会成为我们用以对世界做出最佳构想的方式(鉴于我们的认知能力以及认知局限性)。古德曼可能永远不会接受这一解释;我相信,他也不会接受那种形而上学的解释。因此他对我当时所说的一切无法理解——结果他最终没有采用这两种解释种的任何一种。我那时也不理解为什么会是这样,现在也照样想不通。我在他的著述以及我们之间的讨论中一直找不到任何有关此事的澄清。

---

① 【译注】一个属性空间就是对通过某种感知模态(sensory modality)所获得的各种属性的一个排序。越是相似的属性越是彼此靠近。蒯因用这个概念来描述相似性识别,而相似性识别反过来又是归纳(induction)和语言习得(language acquisition)的基础。

JM：我认为这和他的行为主义立场可能有关。这个立场似乎对他提出所谓的投射能力问题解决方案起了一定的作用。

NC：他是有这样的看法，但我看不出是如何解决的。除非预先设定有某种认知结构，否则我看不出还有什么别的办法能够将整个经验中的可投射谓词和不能投射的谓词区分开来。仅仅说可投射谓词就是已经被如此使用过的谓词毫无益处，我们怎么知道哪些能够如此使用呢？

JM：在古德曼的观点和维特根斯坦所持的"给定（given）"观点——相当于"这本来就是我们使用语言的方式"——之间存在着某种对应关系。

NC：我其实算不上是维特根斯坦的追随者，对他我其实并不了解。不过，我过去对他的研究印象平平，有一个原因就是他是在回避问题，而古德曼却是尝试面对问题。为什么是"给定"的呢？在我看来，维特根斯坦的立场退回到了"我们是在描述，而不是在解释"这一境地。做描述固然无错，但对一个想回答"为什么"的人来说，这就不太有趣了。古德曼并不想这么做，他希望做解释。但在我看来这些解释或者是认知的——与我们的心智结构有关——或者可能是超越有机体的，即基于物理的或任何其他法则，也许与有机生物体应对世界的方式有关。所以解释要么是认知的，与认识论有关；要么是形而上学的。但我无法支持形而上的看法，原因本质上正如康德所述——我们无法超越我们的理解。再或者这样的解释是基于某种方法论的——对此，我实在找不出什么根据，所以也只有将其归入我们的认知能力。

JM：因此，就科学建构能力，即为建立一门科学所必须具备的认知装备而言，至少其中的某些方面是我们天生即有的内在能力。比如这种对简单性的追求……当然究竟是哪些方面很难界定……

NC：是的，这种能力的确是纯粹的个人能力。就我个人而言，我一直努力推进语言科学，或者更广义而言，人类本质科学的构建。我与此相关的思想和古德曼所曾从事的那个虽不可能实现，但却令人心动的研究项目不无关联；试图通过其他路径来努力达成该项目的研究目标是形成我个人这些思想的缘起。所以，古德曼让我受教匪浅。古德曼的这个研究计划虽然最终没有成功，但却完美映衬出他对科学研究客观公正的态度和锲而不舍的精神。他的这个计划非常清晰，因为只要我们认真对待这一计划，我们——至少我是如此——便总能明白是什么导致了它无法成功。于是，我们便会被引导进入另一个研究方向，并最终形成普遍语法，以及更广义而言，形成普遍的道德原则和某种科学构建能力——这些都是我们本质的一部分。

JM：康德曾经提到过，科学受一种他所谓的调控性理想（regulative ideal）所引导；我不太确定那是什么，可能只是用来标记某种无人能够真正理解的事物的标签。我认为你的有关科学构建能力的想法是……

NC：我倾向于休谟的说法。他说，看，这是动物的本能。不过，他并不知道由此可以通往哪里。但我认为这是正确的。与古德曼不同,他为归纳问题提出的解决方法就是认为归纳只是动物的本能。这是我们的本性,我们不能超越我们的本性,我们所能做的只是揭示它;这样,我们就被导入认知科学。当然对休谟而言,并非如此。[91]

JM:早期为设计唯名论构想而做出的努力在你现在的研究中还可见吗?

NC:我想这应该是一个未来的计划。在我《逻辑结构》以后的论述中——《逻辑结构》设定了集合理论——我便在思考,集合理论在生物语言学的框架内该怎么理解,我们必须要对此做出解释。我们的大脑中其实并不存在集合,所以我们应该知道,原来我们根据集合思想发展出的有关思维、计算和内部加工的理论,现在就必须按神经学术语将其转换过来。我不知道纯粹的唯名论能有多大作用,但是唯名论所说的和生物语言学之间不无鸿沟。必须超越这道鸿沟。我们谈到生成语法基于合并操作,并且合并会形成集合,如此等等,这样的说法中包含很多"期票"。这是一种隐喻式的说法,不过,正如期票需要兑现一样,现有的这些说法总有一天也要被转换。那么,当前是不是要优先考虑这样去做,我不知道。但在20世纪50年代,作为古德曼的学生——我完全被他吸引,每个认识他的人都是如此——我在当时相信我们必须要这么做。不过,我后来总结认为,这么做要么不成熟,要么没有结果;如果我们希望自己的努力能够在理论建构方面富有成效,那么我们就必须要放宽自己的严格标准,接受那些我们知道没有任何意义的东西,但是希望将来某一天有人可以从中找出意义——比如集合。

JM:在对古德曼的讨论中你还有什么想要补充的吗?

NC:我们一直保持着很亲密的个人关系,直到他意识到在天赋结构问题上我的确是非常认真的;而对他来说,这几乎就是一种宗教信仰式的原则,无法当真。主要是因为这一点,我们的关系破裂了,这很不幸。

JM:的确非常令人难过;不过,听起来你们之间的关系似乎令人愉快,同时也富有成效……

NC:这是一种亲密的个人关系……我和卡罗尔那个时候都还是学生,而古德曼和他的妻子——以我们的标准——算是老人了,四十岁左右;他们富,我们穷,但用他们的话说,他们愿意"和乔姆斯基两口子一起穷走走"。当我们背着行囊在欧洲徒步旅行时,他们开车接上我们,拉着我们到处看看。跟他们一起旅行非常有意思。比如有一次,他们恰好旅行至法国南部,目的是看看罗马艺术——这次旅行是由迈尔·莎皮罗(Meyer Shapiro)计划的——这个人我也认识,他是一位了不起的艺术史学家。我们就跟着他们到处转。她(古德曼夫人)是一位艺术家;而他则是一个对罗马艺术具有相当不错的洞察力和理解能力的艺术品商人。得益于这次经历,否则,我们永远也没有机会去欣赏这些难得一见的艺术珍品。

最后我们到了瑞士——我不记得具体是怎么去的了——我们来到了巴塞尔(我猜测好像是此地)。我记得那里有一个巨大的克里博物馆,①我们走了进去,看到很多克里的展品。但古德曼对此并不满意——他十分固执地找到馆长,要求他出示真正的馆藏,而

---

① 【译注】保罗·克里(Paul Klee,1879—1940)是瑞士抽象派画家。

这些都放在地下室的某个地方。馆长这个人很顺从地带着我们来到储藏室，那里收藏着数量巨大、瑰丽无比的克里的画作，简直难以想象。我不知道这其中有多少曾经被展示过。在参观过程中，馆长给我们做了非常好的讲解。类似这样的事情还有很多。

我们过去常在夏天时住在他们家——他们在宾夕法尼亚郊区有一处房子，他们就住在那儿。有时我们会带上卡罗尔姐姐的孩子；由于各种原因，在他们很小的时候我们不得不照顾他们。所以说我和古德曼的关系是一种私人关系，同时也称得上是一种学缘。很遗憾这样的关系最终破裂了。

> JM：他的眼力非常好。我记得有一次带他去看一套因纽特（Inuit）雕塑，他马上就走到最好的一组雕塑前。这些不是最贵的，但做工的确很精致。多年从事艺术品交易的工作磨砺了他的双眼。

NC：他是30年代早期离开哈佛的——在之后的十五年左右的时间里，他主要就是一个艺术品商人。他总是深深地沉浸在艺术之中——当然他对艺术也发表过见解。

> JM：他的确对艺术的本质持有有趣的见解——并且基于他的唯名论事业，他对艺术的结构和构成也拥有不同寻常的看法。

NC：在他的学生当中——他的学生不多——最认真追随其研究计划并将之不断推进的是以色列·谢弗勒（Israel Scheffler），一位很好的哲学家；他继承了这些计划并将它们付诸运用。约瑟夫·尤里安(Joseph Ullian)也研究了一段时间。但走这条路显然相当艰难。因为研究的框架如此逼仄,要求如此严苛,以至于整个系统计划很难坚持。相比而言,接受我们暂时无法弄清楚的一切,并以此为起点着手研究,这要简单得多。

第二部分
人类本质及其研究

15 乔姆斯基论人类本质和人类理解

JM：现在我们把话题转到人类本质……

NC：好的。

JM：从遗传的角度看，人这一物种惊人的一致。然而，人也被证实对各种环境具有非同寻常的适应性，在解决实际问题的能力方面表现出高度的灵活性，在语言的输出方面具有取之不竭的能产性，在发明科学解释的才能方面具有明显的独特性。一些人，事实上很多人据此认为人类的本质具有可塑性，或许会接受来自环境——包括社会环境——以及个体创新的影响。他们宣称，人的这种灵活性和创新性的源泉在于某种对相似性的识别，在于归纳，或者在于别的什么虽不明确但却普遍存在的学习和创新技艺。这种人类本质的可塑性观点甚至一直被认为是一种可归因于社会的进步观点。对此，你很明显并不赞同。你认为，通过生物遗传而确定的、固定且一致的人类本质和人的灵活性、能产性、适应性及概念创新性等特征完全相容，并且前者甚至可能构成后者的基础。你可以解释一下为什么会如此吗？

NC：首先，有一个关乎事实的问题——人类所有这些能力都以某个固有的生物性能为基础吗？我不知道除此之外，还能会怎样。如果有人能说得出普遍学习机制是什么，那好，我们可以对此展开讨论。但如果没有人能说得出这个机制是什么机制，就没有什么好讨论的了。所以，就让我们拭目以待吧！这方面，希拉里·普特南（Hilary Putnam）多年来一直在辩称我们可以根据普遍学习机制来解释认知生长和语言生长等。好吧，那就让我们看看他能推出一个什么样的学习机制来。

事实上，这一方面有些研究还是比较有趣的。查尔斯·杨在其研究中尝试将一个非常合理的、复杂的普遍学习机制和普遍语法的原则结合起来，以此表示第一因素或第三因素——我们实际并不清楚，但反正不是经验。他这样做是要试图表明，我们如何可以通过对这两个概念的整合来解释语言生长和发展过程中一些令人感兴趣的东西。我想这样做完全可行。

语言获得过程中涉及某种获得机制，没有人会怀疑这一点。但除非我们知道它是什么，否则就无法用它来做任何解释。说它差不多就是归纳无济于事，因为我们得说明什么是归纳，而且，我们已知的，关于归纳的任何概念并没有让我们获得什么新的认识。既然不是归纳，那么接下来便会说它是溯因推理（abduction），皮尔士的溯因推理（Peirce's abduction）。这一术语仍使用于当代哲学中，但在我看来，使用者完全不了解皮尔士的原意。现在这样的获得机制又被称为最有解释力的归纳或者类似这样的说法。好了，这还是溯因推理。可是，皮尔士的意思却主要是我们现在所谓的"渠限化"。也就是说，一定存在某种确定的、限制性的选择范围,否则,我们无法进行溯因推理。如此,我们还是不清楚究竟有什么样的获得机制。关于为什么我们可以做出溯因推理中的选择,皮尔士提出过一些不恰当的见解,但撇开此点,他所提出的最为关键的一点——皮尔士在使用溯因推理这个说法时有许多不同的意思,但在他那些有价值的论文中,那些在今天仍值得一读并富有启示的论文中,他强调溯因推理是一种本能。他将之比作是小鸡啄食谷粒:我们具有溯因推理的本能,这种本能预先对我们所能选择的假说限定了范围;除非存在这样的一个范围,否则无法做出选择。现在看来,这就有点像是普遍语法所采纳的框架,虽然不用说,在那个时候,我并不了解皮尔士。普遍语法,或者可能是第三因素,给我们提供一个选择范围,而获得过程就是在这一渠限内完成的。那么接下来就存在这样的问题——它们很难回答——我们需要考虑第一因素和第三因素分别是什么、它们又是如何对语言获得起作用的。可惜,这类问题并不在当代哲学研究的讨论之列,而如果忽略此类问题,一切也就化为乌有——这样的讨论也就没有任何意义。口头上说我们要寻求最佳解释并没有任何价值。我们应该选择走哪条路径?如果有无限的理论可供选择,我们便会茫然无措。因此,我们必须要有所限制。这样,我们就又回到了问题的起点。如果我们不是神秘主义者,这样的限制或者源自第一因素,或者源自第三因素。它或者源自某些特定的基因遗传,或者源自某些关于世界运行方式的普遍原则。我们需要假定,这两个因素必然会相互结合,从而使我们得出皮尔士认为我们必须具备的有限的假说范围。至于前面提到的那个事实性问题,我还不知道应该如何加以讨论。对此,不乏一些具体的看法,也有一些敷衍之说；这两者之间，孰是孰非还不好说。那些具体的看法很难说是什么深刻的见解，但这也不应当让我们感觉奇怪。我是说，即使是有关昆虫的问题，大部分我们也都回答不了，更何况是对于人呢？

好的，现在我们所清楚的是，第一和第三因素的结合一定赋予了我们在科学中建立最佳解释的能力——或者对于日常生活而言也是如此。那么，建立最佳解释的能力在科学中和在日常生活中情况相同吗？这是一个经验性问题。苏·凯瑞认为这两者大致相同，但我们实在不能确定。现代意义上的科学是人类取得的一项极为有限的成就，也就是在最近几个世纪前、在世界一个很小的范围内获得了发展。并且大多数所谓的科学甚至还并不清楚科学究竟有着怎样的运行规律。所以，建立最佳解释的能力很可能是某种从未被使用过的人类能力，比如数学能力。这一能力一直存在——我们都清楚这一点——但几乎从未被使用过。这让华莱士这样的人大感不解——我们碰巧拥有这样的能力，但却从未使用过它，结果构成进化选择论的反例。人类的科学构建能力也是如此。它只有在非常特定的情况下才被启用，并且是按由第一因素和第三因素预先决定的方式去使用。这可以带来创造性，正好和语言中的情况，也是最为经典的情况一致。但是，这种创造性也只有在我们具备某种先天或自然之设定的情况下才能产生。语言无法有创造性使用，除非它是在一个很狭窄的渠限内可以先天自然而成的系统，因为否则，我们根本就获得不了语言。笛卡尔和他的后继者们也承认此点，而这一点当然是正确的。[C]

这仍没有告诉我们语言的创造性使用如何得来、从哪里得来。而这是一个我们无法解决的议题。它是一个有关意愿与选择的问题，在目前看来，或许永远都不在科学讨论的范围之内。如果我们看看对昆虫行为的研究，我们会发现人们对昆虫的行为机制做出了非常复杂、有趣的调查。但没有人问及昆虫的行为选择问题。为什么这只蟑螂会左转？这不是一个在科学中通常会提出的问题。甚至对于一些存在非常有限，并且在我们看来使用非常被动的能力，如视觉感知，情况也是如此。亥姆霍兹在1850年就提出了这一著名问题。他不知怎么会注意到，基于一个固定的视网膜成像，我们可以按意愿将注意力集中于图像的某一部分或者是另一部分。这意味着什么呢？当前有很多研究关注的是成像机制，但却不是图像选择。在我们讨论语言的创造性使用时，我们所关注的问题已经完全和机制无关，当然也就和科学无关。所以，我们当然无法根据当前的理解来研究这些问题，这些问题也完全可能超出了人类认知能力的范围。

哲学中现在有一种观点叫神秘主义，被认为是一个不好的观点。作为一种信仰，神秘主义是指我们的认知能力是自然界的一部分，因此，这些能力都有一定的范围与局限。如果我们认可这一点，那么某种意义上，我们就是神秘主义者。这是很奇怪的事情——好像是说一旦承认基本的科学理性，我们就会变成神秘主义者。我们当然还不知道怎么给认知能力划定界线，但认知能力一定是明确固定的——或是出于皮尔士所说的原因，或是出于休谟所说的原因。它就是一种本能。那些对神秘主义不屑一顾的人究竟如何看待这一观点不太好说，但我们大致了解他们的想法。毫无疑问，他们大多数情况下只是觉得这个观点有些可笑，但我认为这些人并没有意识到他们所嘲笑的其实是普通的科学理性。我们的认知能力有没有局限,有着怎样的限度,这就是一个经验事实问题。我们不是天使。我们的认知能力可能回答得了,也可能回答不了那些困扰我们的问题。事实上,我们甚至都不知道应该如何去发掘问题。每一个从事科学研究的人都知道——或者在任何领域都是如此,在科学领域尤其明显——提出恰当的问题是非常困难的事情。在渐渐能够找出正确的问题之前,我们往往要做艰苦的研究,要做很多并不成功的探索。

很多令人不解的问题都只是具有问题的形式,但我们往往并不清楚究竟是什么问题。比如纳格尔(Nagel 1974)所提的问题:"是蝙蝠会怎么样?"这是一个疑问句形式,但它是一个问题吗?如果它是一个问题,它就必须有一些可能的回答。事实上,在形式语义学中,人们通常认为,一个问题的意义就是由该问题可能的回答构成的命题集。或许这样的定义限制性太强,但至少它对问题的意义做出了某种限制。那么,假设一个问题没有可能的回答——它还是一个问题吗?"是我会怎么样?"这个问题有什么可能的回答呢?我想不出有什么可能的回答。那么,它还是一个问题吗?或许我们遇到的可能是"事物是如何运行的?"这样的问题,这也是一个疑问句形式,但却不是一个真正的问题。

JM:正是这类问题——如果可以称之为问题的话——让哲学家们倍觉困扰。

NC:不错,但哲学家们首先要做的是把这些问题变成真正有意义的问题。很多有关意识问题的讨论就是如此。

JM:但是这一点我还想再多问一点——拿视觉系统为

例——人类……

NC:噢,请稍等!我们从来不涉及问题的社会效应。一谈到社会效应,就可能会变得天马行空。那种认为空洞的生物体理论一定意义上也有社会进步性的看法有赖于一个隐含的假设,即在世界的某个地方有一个主宰者,他可以通过对环境的调整来让人们获得适当的训练。从根本上来说,这是列宁主义,并且,这对知识分子而言是一个很自然的立场,因为知识分子终将会成为管理者。好了,对这样的看法,我们必须当即表示怀疑。它毫无社会进步性可言。事实上,从社会的角度看,这个看法若没有那个隐含的假设支撑就会无比空洞;而如果有这么一个隐含的假设,它实质上又成为一种极权主义。另一方面,如果承认我们是自然的一部分,那么,认为能力在本质上是先天确定的这一点必然正确。而如果此点确定无误,则只有在我们知道这些能力是什么之后才能去做进一步的推理。如果经典的自由主义者——休谟、亚当·斯密[99](Adam Smith)等——是正确的,并且人类的一项基本能力是同情,那么我们拥有的是某种特定的社会形态。而如果人类的基本能力是侵略和贪婪,那么我们得到的又将是另一种社会形态。对此,我们无法做出先验的判定。看一下其他灵长类动物,看看这些和我们最接近的亲戚,我们会发现它们极其不同。以倭黑猩猩和黑猩猩为例,它们便完全不同——一个性格暴戾,具有侵略性;另一个则被称为自然界中的嬉皮士。在亲缘关系上,它们各自和我们人类之间距离等同,所以我们无法就它们的本性做出先验的判定。我们需要调查才能有所发现,对于人类也是如此。所以,或许亚当·斯密和休谟是对的——他们对人的本质持一种乐观的看法。

JM：这种乐观态度内含一个假设，即人类本质是确定和固有的。

NC：我们怎能避开此点？没有固定的本质，我们将一事无成——我们只会是不成形的液滴而已。除非我们具备某种固有的本质，否则，认知的发展、社会的进步、身体的生长，乃至其他的一切都无从谈起。

JM：我再说些其他相关的问题，它们都是在20世纪70年代首先被提出的。当时你认为，某种意义上，普遍语法以及作为其补充的其他一些非语言天赋因素涵盖了所有人类在生物学意义上可能拥有的语言。我想知道是否可以得出一个更为普遍的看法，即语言和其他我们所能具备的、有生物性基础的认知能力及情感在某种意义上是否涵盖了所有人类在生物学意义上可能拥有的社会结构。

NC：我不觉得这一看法有什么问题。它所涉及的还是这么一点——没有初始结构的话，什么也不会发生。我们不会有任何形式的生长。这对于我们身体的可见部分自不必说，而对于那些看不到的部分也必然如此。所以是的，不用说，我的回答是：只有某些类型的社会结构才是可能出现的；至于这些可能的社会结构是什么，我想，对最基本的人类本质的探寻最终会予以揭示。

约翰·米克海尔的哲学博士学位论文（2000，也参看米克海尔2011）使我注意到——我以前从未注意过——休谟的道德本质理论中含有和我们现在所说的普遍语法及其他一切理论相关的基本思想。他是在一些包含以下内容的段落中暗示这一思想的：某种意义上，我们所承担的职责在数量上是无限的，而"职责"也就意味着道德责任；因此我们的道德责任在数量上也是无限的。然后，他接着说，我们知道这些责任是什么并且会在新的情形中加以运用。那么，我们一定是以某种方式获得了它们。这无法通过归纳或经验获得，不可能如此。所以，休谟说，这来自于隐藏的大自然之手，也就是我们现在所说的基因遗传或第三因素的贡献。大致就是这样的一个基本观点。如果我们能够认真对待这个看法，我们会发现，我们的道德本质是这样，其他一切也皆如此。

100

> JM：我认识不少研究休谟的学者，他们都忽视了休谟的这个看法。

NC：我必须得说，我以前也从未注意此点，虽然我读过休谟。

> JM：好的，就此我再提最后一个问题。你曾经提议通过研究人类各种能力的生物限度来开展人文社会科学研究，如此来建立一门关于人类本质的科学；并且，你会基于这门科学、基于对人类本质的基本需求的理解，提出一种理想型的社会组织。自从你做了那场演讲，并将它以"语言与自由"为题加以发表，已经过去了35年。这么长的时间有没有让你对这个研究计划在认识上发生改变，这个研究有没有出现进展的迹象或进展不足的迹象呢？

NC：首先，对人类本质的研究当然可以上溯到数百年以前。但一直了无进展。这些问题实在太难。

现如今有一些研究——比如约翰·米克海尔的研究——有一些对人类道德本质因素的经验研究。当代道德哲学给出了一些有趣的例子,像尤笛斯·汤普森(Judith Thompson)、吉尔·哈曼(Gil Harman)等人所说的那种——电车问题啊,等等。在某些情形下,我们只能凭一种直觉来判断什么是正确的答案——而这种直觉往往很奇怪。比如说,在面临杀死一人和杀死多人的选择时,有些时候,我们每个人都会凭一种直觉去选择杀死多人的结局,而不是选择杀死一人。在这类情形下,人们按直觉做出的选择会如出一辙,体现出一种系统性。目前,约翰在其博士论文中,还有伊丽莎白·斯派尔克等,都在对儿童开展研究。这些研究基于充分的证据表明,即使是很小的孩子,他们也会做出一致的判断。这些判断很有趣,因为在某种意义上它们又是反直觉的——就像选择去杀死更多的人——这种反直觉判断与从人体上摘取器官或类似情形无关。这类有趣的研究都是在试图回答我们的基本道德本质应该是什么这一问题。这方面现在又有了一些新的探索——如马克·豪塞准备就此将人和其他灵长类动物进行比较——从这样的研究中,我们也能获得一些认识。但这样的认识无疑也都是最初步的认识,因为所要回答的问题实在过于艰难。对于人在复杂条件下会有怎样的行为,我们依然一无所知。[C]

需要记住的是,对于上述这类复杂问题,物理学也束手无策;物理学甚至连其自身领域内的复杂问题也解决不了。物理学所研究的其实并非世界上实际运行的事情——它研究的是在人精心设计的实验中,在高度控制条件下所发生的事情。这就是伽利略革命。世界上实际发生的事情过于复杂,所以我们通过对一些人为设置的简单情形加以研究来试图发现某些原则。当然,这种研究产生的认识只适用于物理学领域内的那些极为简单的事物,但对不受物理学领域所限的其他事物却并不明显适用。正因为如此,要说明——举例来说——工程师如何可以依靠物理学的基本原则来大幅提高其设计水平,或者行医者如何依靠生物学的研究成果来大幅改进其医术等都一直是一项不容小觑的任务。同样,这也是我对一些朋友在设计理想社会方面所做的研究表示怀疑的一个原因。这方面的研究有不少都很有趣,但是我想我们还不知道人是否真的可以生活在这样的社会形态之中。

JM:嗯,这方面的确没有什么进展;但这种研究本身可行吗?

NC:我想研究是可行的,大家一直在从事这一研究。如果你是一个道德主体——你很在意自己的行动所产生的影响——你就会对人的本质存有某种预设的认识。至于你是什么——革命者、保守人士还是改革者——这无关紧要。如果你将自己视作一个道德主体——你心里所想的是可能会让生活变得更加美好的行动、道德规范、计划或者想法——你就是在对人的本质做出某种预设。你无法将其清楚说出,但这不足为怪——对我们所做的大部分事情,我们都无法清楚说明原因,但是一定有某种原因;否则,人的行为就会毫无意义。在你以某种方式和自己的孩子打交道的时候,你会试图帮助他们而不是去伤害他们。那么,你对什么是对他们有益的东西这个问题便一定存有某种预设的看法。那么,这种预设又从何而来? 它来自于你对你的孩子们的本质的直觉认识。人类的一切互动行为应该都是如此。

JM：但是你不会否认至少有些类型的区分现在就可以做出吧？

NC：的确有一些区分很是显著。我曾在英国皇家哲学院（参看乔姆斯基2005b）做过一个报告……关于一些自明之理——道德常理及其重要性。我以道歉开场，因为我要讲的都是老生常谈。但是这些陈词滥调一定不能被置之不理，因为它们总是被忽视——几乎到处都是这样——而忽视它们就会导致可怕的后果。以我们所能想到的最基本的常理——普遍性原则——为例。我们应用至别人的标准也同样被应用于自己——如果我们是认真的，很可能我们会采用更加严格的标准对待自己。如果我们都接受这一原则，那么所有关于国际事务的讨论及政策就都要崩塌，因为它们恰好都是基于对普遍性原则的否定。有时候，这样的否定是很明显的。对那些直言我们一定都是跟纳粹相仿的人——如亨利·基辛格（Henry Kissinger）——我由衷地表示高兴。当这位总统的国家安全战略在2002年9月出台时，批评如潮，虽然这些批评所看到的问题很少，而且大多数都不过是这样的说法："嗯，这些原则没有问题，但他们实施的方式不对。"但是基辛格直言不讳。这很难得。他说，是的，这是个不错的原则，但是——他的原话是——它一定不能被"普遍化"。这个原则是我们的原则；我们才有权力实施侵略。或许我们可以将这一权力移交给代理人，但绝不能让其他人这么做。正如我所说，我们应该为他感到高兴，因为他把我们一直心照不宣的东西实实在在地明说了出来——他说我们必须要使用纳粹的那一套;我们不能接受最基本的道德常理;我们必须严词拒绝这个道德常理。放眼看去,他说的这些都是事实。所以,我认为,关于这些人们只在思想上接受,但一涉及其自身的行动和事务便立刻抛弃的道德常理,我们可以大谈特谈。

JM:因此,关于我们的道德本质,至少存在一些非常清晰的事实……

NC:对,如果一个人连这样的一个常理都不承认,那么他要是正常的话,就应该闭嘴,什么也不要说。如此一来,很多国际事务方面的评论——国内事务方面的评论也是如此——都将消失。因此,这不是一个小问题——即使有些老生常谈。

16　人类本质与进化：社会生物学与进化心理学思想

JM：下面讨论一下你对人类本质所做的研究。我们不妨首先看一下你对人类本质的生物学研究和一些社会生物学家及进化心理学家如威尔逊（Wilson）、平克（Pinker）、道金斯（Dawkins）等人对人类本质的研究有什么明显区别。他们似乎认为对人类本质做科学研究的目标在于解释人类行为；并且他们认为，各种具备生物基础的情感以及认知能力——这是他们所关注的内容——都是以新达尔文主义者所赞成的那种长期选择的方式、通过生物进化而形成的。而你为科学探究人类本质所采用的方法却对行为解释并不关注。实际上，至少自20世纪50年代后期以来，你就坚持这一看法：虽然我们从意向和常识的角度为行为做出的日常解释或许已经能够满足实际需求，但可能除了极其简单的有机体外，我们要对行为做出科学的解释依然希望渺茫。虽然你并不反对人们从选择进化的角度对情感及认知能力的发展做出解释，但在研究人类语言时——这当然是最为独特的核心认知能力，唯人类独有，似乎是我们所取得的许多认知成就的根本——你强调并没有证据能够表明这种长期选择进化观能够说明问题。有理由认为,语言是在大约五至六万年以前随着合并操作的产生而突然出现的。你能不能对你们之间存在的明显差异做一些评论,同时对我们在人类本质的自然主义科学研究中有望取得的成就做一些说明?

NC:首先,澄清一下历史事实,现在我们称为进化心理学或社会生物学的研究始于克劳波特金(Kropotkin)对社会达尔文主义的批判。但他本人也是个达尔文主义者。他基于选择论辩称,我们可以期待一种他所谓"互助"——也即合作型——社会的到来,这种社会恰好就是他对公有制无政府主义的展望。那么,为什么克劳波特金不受重视?——因为人们不喜欢他给出的结论。如果我们在道金斯这样的人面前提起他,他们会对他嗤之以鼻。那么是因为他的结论无凭无据吗?不错,他没有任何相关的科学证据。那么有没有人能够为他们所说的任何别的什么观点提供科学的证据?几乎没有。所以,他们就是不喜欢他的结论而已。

这里涉及好几个不同的问题。比如,我们所说的本质是什么——人的本质是什么,或者蚂蚁的本质是什么?这些都是科学问题。与此不同的一个问题是,选择在本质形成的过程中起了什么作用?这是两个不同的科学问题,不应该混在一起。如今那种比较常见的流行生物学有一部分问题就在于它没有将这些问题区别对待——它认为如果存在某种本质,那么这种本质必然就是选择所得。这实在没有道理——认为肾脏、视觉系统或别的什么都是选择所得实在说不通。在这方面,这样的生物学观点毫无道理。

本质是存在的，这毫无疑问。反对这一点的人认为初生者是白板一块，这是在普通听众面前夸大其词。这种看法毫无意义——没有一个理性之人会相信此点。所以，没错，存在固有的本质，并且它会有所发展，但是对其各个方面，我们并不了解（无论它是下颚、视觉系统、耳骨还是别的什么）——而我们只有在了解某种本质是什么之后才能明白它可能经历了怎样的进化过程。我们在寻求这些问题的答案，这样的答案最终往往都会大大超乎我们的想象。所以，现在的问题不是自然选择是否起作用——很明显自然选择要起一定的作用——现在需要讨论的是一些关于自然选择的运作渠限、关于进化过程所涉的其他因素（其中不少我们已有了解）等方面的重大问题。因此，我们必须将那种关于选择作用的大而无当的言论和有关人类固有本质的问题完全分离开来。

最近有一些研究——比如说汉密尔顿（Hamilton）关于亲属选择的研究——认为某些看似是属于利他主义的行为存在某种合理的演化基础。但这样的看法十分狭隘。如果我们什么都按亲属选择去解释，那么我们很难说得清楚为什么人们会投入极大精力，冒着巨大风险去保护海豚，但却并不关心非洲有多少儿童正处于死亡的边缘。还有一些别的研究正在进行，也是很有趣的研究，我不想贬低这样的研究。但其与人有一点关联的成果归纳起来无非就是，我为什么会更加关心我的孩子，而不是我的侄子。我们并不需要生物学来告诉我们这一点，更何况实际上，除此之外，它也说明不了更多的问题。它没有告诉我们为什么我会对养子和亲生的孩子一视同仁——为什么即使我知道他或她是我的养子，我也会同等重视。它同样没有告诉我们为什么有些人更关心他们养的猫和狗,而不是自己的孩子——或者换成海豚也是如此,那是个经典的例子。所以说,它并没有让我们在这一方面走得更远。生物学研究是有趣的研究,我们从中了解到昆虫、其他生物体以及社会行为的一些情况,但是关于人,它让我们了解到的并没有什么真正的价值。

我们现在就能说,在将来,情况也会是这样。科学只处理简单问题,它无法处理人类理解范围之外的问题。我们有点像是在慢慢地突破界限。

以语言演化为例。这是一个问题。而蜜蜂交际的演化也是一个问题。但对比一下关于这两个问题的研究文献,我们会发现,有关人类语言进化的文献汗牛充栋,而有关蜜蜂交际演化的文献只有零星几篇专业论文;并且,其中多数论文都指出研究蜜蜂交际演化过于艰难,虽然它比研究人类语言进化不知要容易多少。这明显不合理。我并不是说研究人类语言进化不对,相反,我认为这方面的研究有路可循,比如你刚刚也曾提到。关于感觉-运动系统,我们也有一些对比性证据——虽然这些证据可能还很不充分,但的确有这方面的证据。所以,语言演化研究如果能做自然要做,但要合理——要清醒地认识到自己什么时候是在谈论和推进严肃的科学研究,什么时候只是在对普通大众花言巧语、使之误入歧途。这些都是很重要的区分。我想,如果我们做出如此的区分,有很多这方面的文献也就不复存在。

在某种程度上,还有一些别的相关因素造成了我们对相关问题理解上的偏差。有很多这样的人,像道金斯,他们理所当然认为自己是在发起一场针对神创论者和宗教狂热分子的科学理性保卫战。不错，这是一项应该参与的重要社会活动，但不应该在进化本质问题上误导民众——在这个问题上误导人们不是对科学理性的贡献。要告诉人们关于进化的真相，即选择对进化有一定的作用，但在最终弄清楚之前，我们并不知道这个作用到底有多大。作用可能很小，也可能很大；理论上甚至也可能不存在。我们必须通过调查才能知道。就现在已经了解的几个情况来说，结果往往很出人意料，眼的进化就是这样。事实可能与生物学研究近几百年来的推测完全不同。许多其他领域也是如此——人类语言可能也是一样。因此，社会生物学或者进化心理学——这些基本上都是克劳波特金所创立的领域——本身并没有什么问题，但这方面的研究必须严肃、认真地开展，无须任何夸饰。

JM：还有一些具体的假说——这里我只提一个。罗伯特·特里沃斯（Robert Trivers）在20世纪70年代提出，生物体之间如果没有生物关联性，那么通常可以认为它们对彼此而言在本质上是自私的；合作行为很可能就是从这样的生物体当中进化而来。他设想，只要总体上涉及互惠——若x为y做了什么，x就能期待y的某种回报——合作就会从这些具有生物自私特性的生物体当中得到演化；演化的结果就是对合作及社会行为所产生的挠背式理解。特里沃斯的研究现在已经成为社会生物学家和进化心理学家关注的中心。他们认为——以一种贴近功利主义思维的方式——特里沃斯的互惠利他主义理论为理解道德的生物性基础提供了一把钥匙。根据我对你观点的理解，你并不以为人在本质上是自私的。你认为人们有能力为非亲属甚至是非同族的人、为那些他们无法指望得到回报的人提供援助,并从中获得满足。而且,你认为新达尔文主义的选择学说并不能完全解释语言以及其他领域的生物基础问题。那么,道德还有没有其他的、和特里沃斯所说的那种不一样的生物基础?休谟式的同情是否可以用来替代特里沃斯的互惠利他主义理论?

NC:特里沃斯的研究很有趣,但我认为它行不远。我认为它无法解释为什么人们会愿意支持社会保障体系——通过这个体系,一个住在城市另一头的残疾寡妇就能获得可以维持其生存的食物;它也无法解释为什么我们关心海豚会胜过那些就在我们身边,并且可能会给我们提供帮助的人。它只是研究了一个很小的论题。这很有趣;我们还可以采用博弈论的方法来试图对结果做出预测。这一切都不错,应该去做。但它带来了什么对人有意义或是对科学有价值的结论吗?在我看来,我们并没有得到什么对人有意义的结论。那么,有没有科学价值?有,但范围极其狭窄。有没有其他的人类能力和我们的道德本质相关?我找不出怀疑这一点的理由。从我们自身的经验和本能当中,我们就可以了解很多;我们了解到,跟道德本质相关的领域十分宽广——事实上,几乎所有的人类行为、思想及理解等都不属于道德本质范畴,但却都和道德本质相关。

关于道德本质的其余方面,还有什么别的进化论解释吗?没有。但几乎所有领域也都是如此。我们没有对蜜蜂交际的进化论解释;关于简单有机体——比如说线虫——是如何运行的这种最为基本的问题,我们也无法做出进化解释。所以不错,科学只在异常简单的问题上才会发出通常具有穿透力的光芒。物理学作为科学之所以会如此成功,原因之一就在于它被赋予了只关注极简单问题的特权。如果氦原子太难研究,我们就把它交给化学。其他研究领域没有这一特权,它们所要处理的问题的复杂程度是指定的,无法更改;结果相比较而言,它们的解释非常肤浅。在这些领域——比如,进化论解释——我们当前只是在黑暗中摸索——还没有什么好的解释问世,哪怕是对极其简单的有机体而言。因此,所有这些研究都值得肯定。如果我们可以取得一些合理的、被证实的科学结论,那么大家都会鼓掌;没有问题。这样的研究对于人类生活及人类社会有什么意义?这还有待调查。我想,如果我们真的去调查,我们就会发现这样的解释十分受限。在我看来,休谟与斯密的想法更加可行,可以为我们的世间行止带来更加合理的主张——事实上,我们一直都在如此践行。

JM:至少,如果我们行为得体的话!

NC:是的,如果我们行为得体的话。这也是为什么像基辛格这样的人尤为重要的原因——这样的人告诉我们,为了权力等东西的缘故,我们必须要舍弃自己的基本道德本质。好,这听起来很有意思。那请再说说何为人类道德本质。

JM:基辛格给我的印象是有点病态。

NC:……或者可以说是诚实。有些人一方面对他为了权力舍弃道德本质的观点表示恐惧,另一方面,他们又实实在在地按此行事。相对于这种人而言,我更加喜欢他。

17　再论人类本质

JM：我们能否回到人类本质问题？我仍在努力弄清楚人类本质到底有何独特之处。我所说的"独特"是指：将我们与其他灵长类动物或猩猩区分开来。很明显合并——一种递归系统——涉及人类的概念系统，在这一方面，我们是独特的。还有其他什么你可以想到的吗？

NC：只要看看语言，我们就可以找出一千个使我们看起来不同的东西。对于一个我们不懂的系统，每一样东西我们都会觉得很特别。但当我们开始了解它们时，这些东西便会逐渐明确，一些原先我们觉得特别的东西就不再特别了。以移动（Move）为例——即异位现象。对于语言而言，异位无处不在，这是一个事实。经常有这样的情况：对于一个句法成分，我们在某一个位置发其音，但却在另一个位置对其加以释义。这是对异位现象的一个大致认识——它就是这样不可避免。我总是觉得这是语言不完美的表现——这是语言中的一个奇怪现象，需要得到某种解释。但现在，我认为我们可以将其视为语言不可或缺的一部分：有时我们必须要解释的倒是为什么它没有发生。因为，如果我们的确拥有基本递归操作，并且这一操作可以形成离散且无限的级层结构，那么有一种可能性——无法将之消除，除非我们硬性规定如此——就是移动，即从我们已经构建的单位中拿出其一并将之放置于句子的边缘；这就是移动。所以，一个看似是语言基本特征并且显现出让人感觉奇怪的不完美性的东西结果却恰恰是语言不可或缺的一个属性——接下来的问题便是：它是如何被利用的，它又是如何起作用的，如此等。这是一次对研究视角的重新思考。当我们从一个看似混乱的系统中了解到某种情况时，我们总会如此。

整个科学发展史也均如此，所有的一切都看似完全无序、神秘莫测。我们尝试从中梳理出一些原则，然后有一些情况——也可能是很多——就逐渐得到理解；但其余还是混乱无序。照这样的话，我们能行多远？不得而知。但是正是在这样的探索中，我们遇到了人类区别于其他灵长类动物的独特之处是什么这一问题——我们在语言、人的心智理论以及人类概念（并没有动物意义上的指称性）的奇特本质中所发现的究竟有多少——这其中有多少是人类所特有的，又有多少不是人类所特有的呢？例如，音位规则的特殊属性——它们是人类特有的吗？抑或在某一天我们会发现这些规则只不过是音系满足它所必须满足的那些条件的最佳方式？音系必须满足这样的条件：它需将感觉-运动系统与层级递归系统计算操作所得到的句法体连接起来。或许音系是满足这些条件的最佳方式；它所表现出的各种复杂性也是为了解决这一问题而形成的。现在所知尚不足以证实这一理解的正确性；但这一点并不奇怪。事实上，我强烈地意识到类似这样的某种解释一定是对的——否则，怎么会有人能获得音系？

JM：人类的道德系统怎么样呢？

NC：目前第一次出现了对这一问题的严谨研究。这主要源自于约翰·米克海尔的博士论文；现在马克·豪塞、伊丽莎白·斯派尔克等人也开始了相关研究。他们已经有了一些有趣的发现。总存在一些似是而非的情形，道德哲学家已经就此研究了一段时间——比如电车问题——在这些情形下你总得做出某种选择。一个典型的例子是，医院里的一个医生有五个病人，他们各有一个不同的器官得了病，并且均无法治愈。这时来了一个健康的人，杀了他就可以取下相应的五个器官并移植给这五个病人，从而挽救他们的生命。那么，此时你会为救五个人而杀死一个人吗？几乎每个人的回答都是否定的，虽然基于实用主义或其他我们可以想到的原则回答可能都应该是肯定的。这一点在不同文化中均是如此，对于很小的儿童而言也是如此。这是一个很强的原则，尽管有很多的变体。另一方面，如果我们对其做一些小的调整，人们可能就会回答"会"。比如，假设你驾驶着电车，前方只有两条路可走，一条路会杀死五个人，另一条会杀死一个人，你可能会选择杀死一个人。那么，为什么这次就会有所不同呢？这些是非常强硬的原则。它在不同文化间均是如此，对孩子而言也是如此，如此等等。在对它们加以探索时，我们也是在探索我们基本的道德本质，这种本质具有内在的深层属性，但它会产生自相矛盾的结果。

你可以将此——事实上，约翰·米克海尔在其论文中就是这么认为的——作为思考休谟对人类道德本质论述的一条途径。这些论述指出了基本问题，虽然没有将此进一步推进。基本问题就是我们承受着无数的义务、责任、道德约束，并且我们能够决定它们在新的情形下应该如何实施；我们总是面临着新的情形，需不断

110 运用这些道德原则。这些原则不可能储存在我们的心灵中,所以它们一定产生于另一些数量很小的固有道德原则(作为人类本质的一部分)并经由某种生成程序产生——这不是休谟的表述,但内容与此相当。

> JM:在我们之前的交流中你指出休谟想的并不是道德能力,而是某种生成程序;这一程序生成了道德运用与道德行动,或者……

NC:或者还生成了道德判断……

> JM:是的,道德判断。

NC:我们可以用某种方式生成判断,但你不能期待……

> JM:但休谟根本没有递归程序这样的概念……

NC:是的,当时是这样。但他的确意识到一定存在某些原则,可以生成其他原则。他脑中想的或许是如欧几里得几何之类的东西,虽然我们无法确定是否如此。我认为在道德哲学领域对此至今仍没有什么进展。不过,意思①已经明了,并且是对的。这同时也是生成语法以及其他任何无限认知系统的核心原则。

> JM:我想如果休谟的确认真思考了这一点,他应该就不会担心"缺失的蓝色色调"问题。[C]

NC:缺失的蓝色色调是一个相同的问题,根据我们所具有的色彩

---

① 【译注】这里乔姆斯基所说的"意思(point)"在译者看来是指"演绎生成"的思想。

组织原则——不管这些原则是什么——它总是能够以某种方式从中推导出来。并且，它表明——我觉得休谟也意识到了此点，所以他才将它留作一个悖论——我们基于感觉和联想获得色彩的想法不可能正确。缺失的蓝色色调表明了这一点。

JM：如果道德推理和判断具有这种特征，是不是意味着……我想搞清楚的是，在概念域和它的某种专门形式如我们的道德判断与道德评估之间是一种什么样的关系，如果它们真的相关的话。这甚至也是我们概念方案（conceptual scheme）的一部分吗？或者它是……

NC：要知道，概念方案这个说法十分宽泛，以至于它能包含任何我们可称之为"思想（thought）"的东西。是的，这一切都是我们思想的一部分。但思想包含哪些成分？各成分之间如何相关？它们是否具有相似的来源？如此等等，谁知道呢？

道德判断的某些方面或许可以依据亲缘选择等来加以解释。我们会更关心自己的孩子，而不是一个我们从未见过的人，这一点理所当然。或许我们也可以基于进化论来解释这一点——亲属选择、基因生存等。另一方面，并不清楚这样的解释能有多大的效果。比如说，人们宁愿花费大量的情感、时间和精力来救助一只搁浅的海豚，但却不是非洲上百万垂死的儿童；人与海豚之间有着千百万年的进化距离。

JM：亲缘选择——其定义本身就有局限性。它不能被普遍化。有没有将其实际排除在道德领域（解释）之外的论述呢？

NC：可能有一些这方面的因素会进入我们的道德理论，但关键是看它们有多大的解释效力。存在很多明显的反例——比如说收养的孩子。我们对收养的孩子的关心不会比亲生的孩子少，我们关心收养的孩子会胜于关心自己的表亲，会胜于关心一个动物，或者海豚。我们的道德判断异常复杂，非这些领域的理论所能解释——但这并不是说这些判断不属于这些领域。可能最早期的进化心理学理论——克劳波特金的理论——中有一些可取之处。他认为互助是进化的因素之一。但无论最终是什么样的回答，我们都有必要去完成对道德官能的描述。当前我们已经能够通过实验来理解其中的某些方面。

> JM：加拿大富产石油的亚伯达省省长拉尔夫·克莱恩（Ralph Klein）说，加拿大应该参与伊拉克行动——加拿大应该派出军队等——因为美国是我们的朋友。这让我感觉，这是一次基于利益而非道德判断做出的一种谨慎表态。此处的"应该"表明这么做是出于"我们"的利益。

NC：是的，当然这要看他心里怎么想。可能是基于利益的判断，也可能是基于道德的判断。但我猜是前者……

> JM：我认为是的……但是，继续原来的话题，将出于利益考虑的"应该"与道德上的"应该"区分开来当然是可能的，至少在原则上如此。那么能否被普遍化是描述和区分道德"应该"的方法吗？

NC：可能是吧——从利益相关的"应该"中挑出道德上的"应该"。前者其实是非道德的。我们意识到它们是不道德的。

JM:……如康德所指出的……

NC:它们可以让我们对道德官能多了解一点;就是说,它们是一些被我们视作不道德的行为。

JM:对于概念域,有望做出一种具有系统性的研究么?

NC:肯定有希望。以源自戴维森事件结构思想的研究为例,这个研究就很有成效。事件结构是一种内在计算,但恰是内在计算才发端于思想的系统。

JM:……句法的系统……

NC:是的,对于概念系统而言,如果说存在什么系统性,那这样的系统性也会是句法的系统性。这与内在进行的计算有关——判断和感知系统的运算。

JM:……是一种广义的句法系统……

NC:对,如果"句法"在我们这里仅指内在的符号运算——就像皮尔士所想的那样——那么,是的,都能算句法。只要是在头脑中,就是句法。句法有些部分会与分子的运动有关,我们称之为"语音";还有一部分与真值标示有关,我们称之为"语义"。[C]

18　道德与普遍化

JM:在你的道德或政治研究中,你指出,一个最基本的真理是,我们应该将自己的道德原则普遍化。那么对此持否定态度的人会怎么说呢?

NC:有人事实上正式地否定过这一点吗?

JM:……我想,一旦从道德领域中移出,就会有人否定此点。

NC:我想,人们将会说:是的,我们恪守普遍原则,但存在这样的特殊情况……

JM:……等一下;我们所说的人只是假定存在?

NC:……不,确实有这样的人——亨利·基辛格或者别的什么人。确有人说道德原则不能实现普遍化。但如果我们去问基辛格——他的诚实会让他直截了当说出此点,而不是只在方便时才承认此点——他会说,当然了,没错,在某个别的层面上,它实现了普遍化;不过,实现普遍化的是一个更深层的原则,一个让我们免受——比如说——反对侵略战争这一限制约束的原则。所以,这个更深层的原则比如说就是,我们必须行动起来,让世界尽可能地变得更美好;但这个普遍原则有一个特殊情形,就是我们必须要免

18 道德与普遍化

受每一个道德原则的约束。这样,它仍然实现了普遍化:自然是不道德的,但还是实现了普遍化。

实际上,有这么一篇论文,我不理解,但很有趣。你可能也想读一下,是阿奇尔·比尔格兰米(Akeel Bilgrami)写的。你让他寄过来看看吧,现在还是个初稿。在这篇论文中,他对普遍性(universality)与可普遍化(universalizability)做了区分,挺有新意。可惜,因为我还不太理解,所以这里无法重述。论文是关于甘地的。作者认为,甘地在某种深层意义上是一个直觉式的道德哲学家,他有某种重要的思想要表达,而对甘地的标准解读则是错误的。其思想的一部分就是普遍性与可普遍化之间的区别。可普遍化指的是我们可以通过某种方式来使某个没有普遍性的原则变得普遍——或者诸如此类;这与一个本身就具有普遍性的原则有别。作者不但对此做了划分,还举了一些颇能说明问题的例证,可惜我不是非常理解,因此此处无法转述。但这一研究可能与我们的讨论相关;这是一个很有意思的研究路径。论文很有想法;我对此很确定。

JM:阿奇尔的研究是……

NC:……他将甘地与密尔等人进行对比。他同时对真理表达了各种各样有趣的想法——还有追寻真理这一目标;追寻真理并非甘地的目标。阿奇尔还认为,甘地对劝服并不是真的感兴趣,因为他把劝服也视作暴力。对甘地而言,真正意义上的非暴力在于只提出一种模式,然后让其他人来决定是否去遵循。根据我所读到的内容,我感觉这些东西有些模糊不清。

JM：为了能让我对此有个更好地理解，请允许我再提一下那个亚伯达省省长。他认为加拿大应该参与布什政府的伊拉克行动。他的说法是：因为美国是我们的朋友，所以我们在道德上有义务这么做。他所说的朋友，事实上就是，如果他们给我们挠背，我们就给他们挠背。

NC：这大概算是一个普遍原则。我不会把它看作是一个非常道德的原则。我们此处面临道德系统相互冲突的问题，这时，我们通常需要充分理解这些道德系统，看看是否可以在某个更深的层次上获取某些我们能够达成一致的内容，如此才能解决问题。照这样来看，那位省长是否会同意下面此点：因为德国是日本的盟友，并且日本已向美国宣战，所以德国理应就要向美国宣战？

JM：不出所料的话，不会。

NC：那么，为什么不会呢？这也是你给我挠背，我就给你挠背的例子呀……所以，用这种方法就可以确定他是不是真是那个意思。

2004年8月17日的访谈

JM：上次我们交流时，我们简单讨论了阿奇尔·比尔格兰米论甘地的论文，以及其中提到的普遍性与可普遍化的区分。你当时提到甘地坚持的原则是：我们不应该劝服别人，因为那也是一种暴力形式。我当时听到此点很感兴趣，一部分原因是……

NC：你只能举例说明……

JM：好的。一个同事，现在退休了，叫哈利·布莱肯（Harry Bracken），他也曾持有一个相关看法。

NC：真的吗？

JM：在他看来，理性辩论不是一种劝服，而是一种展示，或者说是根据已被接受的原则，即辩论者均赞同或在思考之后能够接受的原则，所做的一种推论；而劝服通常和武力、权力、权威的使用有关……这不是理性辩论。这样的区分是你所理解的那种区分吗？

NC：我会以一种不同的方式来表述，但从根本上来讲，我同意这一立场。所以，举例而言，如果我们和孩子在一起，或者是在上课，或者正参与一场讨论，或者正在做一场演讲……理想的情况是，我们不应该试图去说服他们——也就是说，不应该试图让他们接受我们的观点。我们应该尽量鼓励他们去思考问题并得出自己的结论。理性辩论只是出具他们可用的材料。这样的话，他们可以决定是不是不喜欢这些前提，或者他们可能会发现论述中存在的缺陷，等等。理性辩论或者提供一个人们先前可能从未想到的框架，他们可以根据自己的需要去使用这一框架。是劝服，还是理性辩论，这个区分很难做出，也很难遵守。在我们和别人交谈时，要想着不要去说服对方的确很难。但至少作为一个理想，这应该是我们努力的方向。

教学也是如此。劝服别人是没有意义的。举例来说，如果我们是在教物理，我们硬要劝服学生相信我们是对的，这没有意义。我们要鼓励他们找出真相是什么。真相很可能和我们所说的不一样。

> JM：理性辩论这一策略还只是在比较谨慎地运用吧？除非人们自己做出决定，并且这个决定是基于他们自己的推理，否则他们无法真正得出任何可靠的观念。

NC：我想这很可能就是一个事实。如果我们不是自己想办法去获取某个认识，我们就不会得到一个真正的理解。但除此之外，这实际上只是一个道德问题。它取决于我们对他人的态度如何：他们是应该服从我们、还是应该自己把事情想清楚？

> JM：哈利过去根据柏拉图对修辞和哲学的区分来表述劝服和理性辩论这一区分——哈利所说的哲学就是指理性辩论。我认为这是可行的，虽然它暗示两者之间的区分非常清晰……

NC：我知道，自己对夸夸其谈的人、对善于鼓动的人总有些反感。这恰好不是我们想要的。如果我们有这方面的能力，就应该要有所压制。

> JM：但是你知道，你自己却很善于表达。

NC：我知道自己是一个乏味的讲演者。不过，即使我真有能力在讲演时让听众激情澎湃，至少我也会设法不去使用这一能力，因为我认为这么做是不对的。

> JM：这正是你政治评论的典型风格：你仅仅提出事实。在我看来，这是非常出色的技巧。甚至在你使用反讽策略时，也十分有效，因为听到讽刺的人都知道有哪些事

实……

NC：但是，到目前为止，与理性辩论相反的策略已经被改进到要成为原则的地步。不要指望政治人物会提供材料来让我们形成自己的判断。这一策略也在最能证明人类非理性存在的活动之一——正式辩论——中被视为至高无上。你知道，在牛津、耶鲁等地建立了很多辩论社；它们举办的活动都是以一种深刻的非理性思想原则为基础，就是说，在争辩中，我们不能改变想法。争辩的规则就是我们必须选择一个立场，然后一直坚守这一立场；即使我们最终相信对手的观点是正确的，我们也不被允许承认此点。我们必须想办法表明这个观点有误，哪怕我们认为它实际无误。没有什么比这样更加不理性了。正因为如此，我通常拒绝这些辩论社的入会邀请，甚至拒绝参加这样的争辩。这样做很荒唐。

假定我们处于一个大家都想做理性之人的领域，比如科学领域——理性正是科学的一个目标。在这一领域中，我们无须和别人争辩；我们只和他们做交流，看看他们的观点是否正确。学生拿着一篇论文来找我们，我们和他之间也没有争辩——或者不应该有争辩。我们应该有的是一次讨论，看看论文的哪些地方是对的，哪些地方是错的，什么地方需要改变想法，等等。但是要开始一次争辩这个想法本身——它就是因为人类的非理性而产生的。

争辩也是非理性辩论的一部分。不管怎样，其目的在于劝服，而不是去发现什么是对的，也不是要推导出我们自己的观点，等等。

JM：很显然，你是不会去受训做律师的。

NC：律师必须如此，他们这样做是为了报酬。律师的工作是为委托人辩护，无论案子本身是多么糟糕。我们能够理解为什么法制应该有律师的一席之地。律师这样的角色为人们提供一种辩护。但如果就此便认为这是人们可以自愿从事的角色，而它在一个为他人权利做辩护的体系中又不起什么作用，那么就变成完全非理性的事情了。在我看来，所有这些辩论社都应该消失。

如果要找出一个让辩论社存在的理由的话，那就是它们有点像下棋——它们会让人的思维方式更加敏锐，诸如此类。我对此也表示怀疑。但我实在想不出还有什么能够支持其存在的理由了。事实上，争辩能不能让思维变得更敏锐，加入辩论社就能明白。一支辩论队在训练时既要做正方，也要做反方，因为在到达辩论场地之前，我们并不知道自己究竟是哪一方。

JM：知道裁判是谁，怎么说才能使他们信服，等等，也会对辩论有一定帮助。

NC：让裁判们信服的只是辞藻、技巧……我不知道你是否观看过或者参加过这些精英辩论社，像耶鲁大学的辩论社；我偶尔也参加，但争辩过程中，我真是很想离开。多数情况下，就是在玩弄技巧、堆砌辞藻、给别人下套……而这些却被看成是最棒的。你有时必须要诱导对手让他们犯错，即使他是对的，而且你也知道他是对的。

19　乐观主义及其基础

JM：现在人们轻易地就会在社会或政治动机方面自欺欺人，会基于排外而相互联合，会向种族主义和部落主义低眉俯首，会将自己的决定权拱手送给领导者和有权有势者，这一切都是事实。尽管如此，你依然坚持乐观地认为，人们可以自主决定一切与自己相关的事务——尤其是经济事务；你认为类似这样的一种民主依然是一个鲜活实在的重要选择。这真是一个不同寻常的看法。那么，有什么理由可以支持这一看法？或者这只是一种希望而已，甚至不过就是一种信仰？

NC：与其说是信仰，不如说是希望——虽说还是一种希望，但也有不少经验证据表明民主的存在。不错，我们会推卸责任，会逆来顺受，会有种族偏见，等等。但看看历史，也不无证据表明，我们在克服这些问题——我们在为克服这一切而努力奋斗。近些年来，在上述每一个方面都有了长足的进步。以女权为例。早期，人们根本就不会考虑这个问题：我的祖母并没有感觉受到了压迫——她根本就没有意识到自己受到了压迫。我的母亲意识到自己受到了压迫，但她认为自己无法改变这一处境，因为对她来说，那就是自然法则。我的女儿们可不这样想。她们不会接受那样的生存方式——要是她们意识到有压迫,她们是不会接受的。她们周围的社会也不允许存在这种情况。这便是道德的进步,是理解我们自身本质方面的进步。但这来之不易。取得这一进步不是轻松之举,当然这也不是最后的结果。这样的进步正好发生在我们的有生之年,所以我们可以有幸目睹。

很多情况都是如此。再比如奴隶制——现在世界上可能还有三千万奴隶。但我们不再支持这一制度,也不再认为这一制度是自然法则,或者去编造事实来证明它对奴隶而言是更好的选择。可是,为奴隶制所做的那些辩护——数量不少,也并非完全没有道理——从来就没有得到过回应;我们不接受这些辩护,只是因为在一段时期内,我们的道德意识逐渐增强,所以感觉到了它们在道德上的不堪。但是,对于美国的奴隶主们所提出的主要论点——这个论点非常有道理并且发人深思——我还没有听到过任何像样的回复。其基本思想是,奴隶主比生活在市场社会中的人更讲道德。我们来做一个时间上有点混乱的比较。如果你买了一辆车而我租了同一辆车,然后,两年后我们再来看看这两辆车,那么,我们将发现你的车比我的车车况更好,因为你会对它进行保养,而我不会。好,租人或者买人也是一回事。如果人是你买来的,你就会好好照顾他们;这是在做资本投资。如果人是你租来的,他们只被当作工具;用完之后,你就会扔掉他们——要是他们无法生存的话,谁会在乎呢,你大可将他们扔进垃圾场。这就是奴隶社会与市场社会的区别。在市场社会,你是租人;在奴隶社会,你是买人。所以,奴隶社会比市场社会更讲道德。对此,嗯,我从未听到过有人反驳,我想也无法进行反驳。这个观点不被接受是因为它在道德上令人

19 乐观主义及其基础

反感——的确如此——但同时我们也没有再去深究其意：从道德上来说，租人也是一种恶劣行径。如果我们能看出这层意思，那么奴隶主们也不是不对：租人的的确确也是一种道德暴行。有意思的是，在150年前，有一家独立、自由、以劳动者为受众的报纸理所当然地认为，雇佣劳动在本质上与奴役制并没有区别；它们之间的区别仅在于雇佣劳动是临时性的，因此必须放弃。这一观点在当时被无条件接受，甚至于成了共和党的一个口号。

JM：那时的共和党完全不同……

NC：当时是林肯所在的共和党；事实上，《纽约时报》也对此刊登过社论。在这个美国工业革命率先开始的地方，人们对此深信无疑。那个劳动阶级的报纸很有意思，它直接认定这个看法千真万确——雇佣奴隶制当然无法忍受，在工厂里干活的人都是被雇用的，等等。

JM：为什么雇佣奴隶制没有被承认是奴隶制呢？

NC：我想承认此点是我们人类本质最根本的一部分——但由于大量的宣传以及强大的体制结构的作用，这一点已被从人们的心智中洗刷干净。但我认为它其实离表面并不遥远。我注意到，在我向那些被视作反动劳动阶级的听众——你知道，就是里根式的民主党人——发表演讲时，只要跟他们谈论这些事情，他们似乎很快就都能领悟此点。所以，我认为真相只是被掩盖而已，但触手可及。雇佣奴隶制这种道德恶劣体系之所以能被维持，是因为有人不遗余力地转移了人们的注意力，以至于使他们相信那就是自然法则的一部分——就如同我的祖母或者我的母亲，她们相信女性受压迫是自然法则,她们只知道如此。

任何形式的行动主义——比如,女权运动——首先需要我们培养相应的意识:就是让人们认识到,像家庭暴力这样的事情根本不是什么正常的事情。这种事情直至不久前才被当成一个真正的问题;人们原来以为,这种事情很正常——事情本来就是如此,还有什么好说的呢?女人是丈夫的私人财产,丈夫想打则打,没有问题。但现在不行了。现在不行是因为提升女性意识这一步已经首先迈出,女性现在明白发生家庭暴力不是什么天经地义的事情。走出这一步需要付出努力;我想,要是在我祖母那会儿,我们就无法让她明白这个道理。所以,首先要让那些当事者明白其中的道理,然后整个社会才会一起行动起来。这样,到最后,我们真正的道德本质才会显现。如今,家庭暴力被正式禁止:我的意思是,这种事情虽然还在大量发生,但已经无法让人接受。好,这些都是巨大的变化,我想,就雇佣劳动而言,情况也是如此。我们现在接受雇佣劳动就像女性曾经接受家庭暴力一样,所以也需要经过一个意识培养阶段才能回归到一个半世纪前的那个理解水平——那时人们对雇佣劳动的理解就已经达到了合乎标准的水平。现在我们在这方面理解有倒退,它和体制结构及故意宣传明显相关。有一大部分宣传机构都在做这方面的宣称,而且这些宣称很大程度上都是刻意为之。如果我们去读一读公共关系领域的文献——公共关系是最主要的宣传产业——他们都很明白自己究竟在做着什么事情。

JM:试想,像福柯(Foucault)这样的人可能会这样回应你:可是,现在看起来还是那些家伙要赢了。我们通过唤醒民众意识、通过我们的行动,并没有让人类基本的内在本质显现出来;相反,倒是快要被那些小人赢了。

NC:福柯是不是有此观点,坦白地说,我不知道,因为他写的大部分东西我都看不明白。不过,在我们唯一的一次交流中[参看乔姆斯基和拉希曼(Chomsky & Rajchman 2006)],他的立场倒是很明确……我得说,他当时给我留下的印象是,他是我所见过的人中最不道德的人。而且我认为,在和我的交流中,他的观点在思维上也并不连贯。如果一切只是一场比比谁更强的战斗,那么我们为什么还要就对与错做出判断呢?在读他的其他作品时,我的印象是,他认为让人在监狱中受苦是错误的。但我真的不知道为什么。

JM:20世纪70年代在和福柯辩论时,你声称对其理解正义的观念需要追踪至权力和权威这一看法表示反对。你认为,事实上,正义是一个普遍性概念,它存在于我们固有的人类本质之中,并且,其他关于人类道德及政治品格的概念也应该如此。在这一点上,你并没有改变自己的观点,是吧?

NC:我提出这一认识是出于一个很简单的理由。如果说我的看法不对,那么,不管我们处于哪种文化之中,我们都无法获得有关这种文化的观念。理查德·罗蒂(Richard Rorty)认为这种文化有这样的获得方式,那种文化那样的获得方式;这种文化相对主义在深层逻辑上不无问题(参看乔姆斯基1998)。按照这样的看法,个体究竟是怎样掌握一种文化的?这可不是吃一颗药丸就能解决的问题。个体获得文化的方式和其他形式的认知生长无异。并且,和其他认知能力的生长一样,我们只有具备某种能够从周围的经验中——以一种严格受限的方式——挑选出一定文化准则的先天倾向,才能掌握这些特定的文化准则。而承认此点,我们就回到了强天赋论学说。可见,罗蒂的整个立场是不合逻辑的。对于这样的观点,你一张口提问,它就站不住脚了。

JM:为什么可塑性理论以及经验主义对人类本质和心智的解释能够吸引人们的注意力呢?

NC:毫无疑问,不同的人有不同的原因,但我认为在现代知识史上有一个论调颇有影响。这里,我不想说对每个人而言均是如此。但这对管理者来说是一个极为好用的理论。我指的是,如果人们没有内在本质可言——这当然是个不合理假设,但我们姑且这么认为——那么对他们实施控制就不会遇到什么道德上的障碍了。你可以对自己说,控制他们是为他们着想,虽然这么说并不合理。如此,实施控制似乎就没有什么道德上的约束了。那么,知识分子是干什么的呢?他们是管理者——经济管理者、政治管理者、理论学说管理者,这基本上就是他们所充当的角色。现实中,我们只把某些类型的管理者称作"知识分子"。公司中的管理者我们不叫他们知识分子,但这只是术语上的问题;而现实中被我们称作知识分子的人实际也就是其他类型的管理者。这些人——而不是经济管理者——碰巧被我们贴上了"知识分子"的标签,但他们实质上都是在试图控制人们的行动、态度和信仰等。对于充任管理者角色的人而言,他们会很容易相信并没有什么道德上的阻碍影响其对他人的控制。事实上,他们认为控制别人在道德上是恰当之举。

19 乐观主义及其基础

这方面,去看看人类思想史,非常显著。好在,我们俩并不这么认为。一般而言,无论是谁,在其说话或写作时总会认为:"我不是这个没有性格、没有品质的普通大众的一分子;我是一个品质之人,我知道什么是对的——而他们却不知道。我是一个与众不同的个体,所以应该由我来干预并帮助他们、对他们实施控制。"整个人类思想史都是这个论调。

我们可以看看约翰·斯图亚特·密尔(John Stuart Mill)关于人们所谓的"人道主义干预"的论文;这篇论文堪称经典,是法学院或其他学院的课程读物。他的观点非常令人吃惊,因为他认为英国是一个天使社会,美好得令其他人无法理解。因为这些人不懂我们是何等的雍容华贵,所以他们便将卑鄙的动机归诸我们。关于英国是否应该参与解决其他国家——比如印度人或生活在欧洲大陆上的人等——所面临的问题,存在争论。有些人认为,这不关我们的事,我们只要关注自身利益就可以了。但密尔采取了一个更为"道德"的立场。他说,既然我们是天使而与他们不同,我们就有责任干预并帮助他们,告诉他们什么才是正道,哪怕他们会认为我们心怀不轨并因此对我们大加指责;我们必须勇于面对并大胆实施。密尔后来拿这个观点分析了一个实际情形,一个让他感兴趣的情况——印度。他对印度了如指掌,因为跟他参与印度事务的父亲一样,他是东印度公司的通信秘书。他了解那里正在发生的一切,而且当时英国的报纸对此也多有报道——所以,英国在印度犯下的暴行便曾经激起了议会的巨大愤慨。密尔的创作时期正值英国在印度实施其滔天逆行;当时,刚刚发生了被英国人称为"印度叛乱"的事件——从英国的角度看,是印度人在反叛,是印度人犯下了暴行，因为他们杀死了欧洲人。英国对此做出的反应异常凶猛，以至于印度好几个省的人口都因此而减少。密尔对此表示赞成。他说，我们必须要这么做，因为他们是野蛮人，而我们是天使；野蛮人需要我们的指引。所以，即使要受人们责难，我们也必须干预并继续我们征服印度的进程，这是在为他们行善。

　　JM：根据我的回想，马克思也持有类似的观点。

NC：是的，事实上，这个看法贯穿人类的思想传统。我们现在只需对密尔的文章稍做修改，它就会成为人道主义干预的主要文献。还有比他的论述更好的基础吗？看看他所说的那几个例子就会明白。

　　虽然很简单，但这个思想却构成了现代政治科学的基础——李普曼（Lippman）、拉斯威尔（Lasswell）以及其他一些颇有影响的大众思想传统的创建者都持有这一思想。当然，并不是每个人都接受这一思想，但它确实构成了一个强大的主流思想传统，在思想史上源远流长。这完全可以理解。那么如何来证明呢？永远都是相同的说法：在有些方面，我们与他们不同；他们温顺可驯，或者他们可能还有些野性什么的；为了他们自身的利益，我们不得不对其实施控制——出于对他们自身利益的考虑，我们不得不阻止他们横穿马路。

　　如果我们看看这一思想一直以来是如何贯彻的，真会感觉触目惊心。还以密尔为例。他特别让人感觉有趣，是因为其正直的操守以及过人的智慧很少有人能出其右。他还拥有非常渊博的知识。那么当时英国为什么要扩大对印度的控制呢？部分原因只是为了报复，因为印度人胆敢昂首挺胸、不听使唤，这绝不允许。还有一部分原因是英国人当时正在建立一个历史上最大的毒品走私帝国。这在今天是很难想象的。他们试图垄断鸦片贸易，这样便可以强行打开中国市场。因为自己的东西没有竞争力，所以要进入中国市场的唯一办法就是采用武力将中国变成一个吸食毒品的国家。所以，为了获得更大的垄断利益，他们必须要侵占更多的印度国土。这个毒品走私帝国异常庞大，是英国资本主义和大英帝国的重要基础。密尔并非不清楚这一点。他的写作时间恰好是在第二次鸦片战争之后，所以，他当然清楚；更何况，当时全英国都在讨论此事。有趣的是，当时也不乏批评者——都是一些旧式保守主义者、古典自由主义者，例如，理查德·考伯登（Richard Cobden）就认为这种事情骇人听闻。在当下，批评美国入侵伊拉克的罗伯特·伯德（Robert Byrd）也对类似的事情提出批评；但是他和其他少数几人也只能算是残存于世的古典自由主义者。如果我们接受古典自由主义原则，不错，那样的事情的确令人震惊。不过，这样的看法只占据思想史中的边缘地位，并非主流看法。真正的主流看法——我们回到讨论的起点——是人们会很容易相信人不具本质，因此可塑易控。我认为据此可以解释很多东西。

也有一些其他因素。从一些具体的情形中，我了解到——这里不再一一列举名字——有一些杰出人士认为有必要接受上述观点，以阻断宗教狂热主义；这些人士确实不知道，在采纳所谓的"先天论"——即心智研究中的科学理性——与信仰上帝之间究竟存在什么区别。

JM：方法论的二元论是同一现象的另一个方面吗？［C］

NC：这正是我的感觉。理性之人，甚至是那些投身科学研究的人，在解决人类心智官能以及世界与心智相关的问题时所采用的方法不同于他们解决其他问题的方法，这一点十分明显。既然讨论个体视觉系统的发展不涉及先天性问题，为什么讨论认知生长和语言在其中所起的作用时会存在先天性问题？在他们看来，这样的话，就是不理性。

20 语言、施动性、常识,以及科学

JM:让我们稍微转换一下话题,换个角度来看这个问题……语言(官能)的另一面是什么?如果语言(官能)具有整合、协调和创新的能力,那么对其运行的"另一面"存在何物,我们能够做何构想?在你早期的一些著述中,你提到了语言使用系统,并且在讲到语言的产出和感知时,你对相关系统为何有明确说明?但是,概念和意向系统又是怎么样的呢?

NC:……这些都是内在的系统,是在你、我的大脑中运行的东西。

JM:这些都是内在系统。好的,但我想搞清楚语言对人展现施动性或实施行动的作用如何。这么说吧:哲学家们喜欢将人视为主体、视为决策者;他们慎重考虑,分析各种相关信息并将之综合后做出满足愿望的决定,如此等等。那么主体的概念如何?某种程度上,语言似乎被赋予了一部分这方面的功能(如信息收集等)。

NC:对主体或施动者(不管叫什么)而言,语言可被视作某种工具。这基本上是笛卡尔的观点:我们可以运用语言能力来表达我们认知范围内任一话题的任何内容,但在这么做的时候,我们是作为意愿主体来实施行为的,无论什么是主体。

多数科学家都倾向于接受笛卡尔的说法,即只有人类才有这种能力,而昆虫只是自动机。但其实我们对此并不清楚。如果去问蚂蚁专家为什么蚂蚁在某一点决定左转而不是右转……这种问题提出来不可能得到科学的解释。我们可以谈机能,谈动机,谈外在和内在刺激,但这些并不能预测蚂蚁会做什么。这也许是因为我们知道的还不够,而蚂蚁也真的不过就是一种自动机。也许仅仅是因为我们还没有正确理解施动这一概念。

JM:那么,"人"这一概念和我们一般理解中的"主体"这一概念——主体是否就是某种具有常识的生物——无疑对我们有用,但它是不是科学无法把握的东西?

NC:这明显是我们的一个常识概念。因此,当洛克专门用一章来试图说明什么是人的时候,他其实是在讨论我们对人的常识理解。他并非是在讨论某个外在世界的事物,他是在讨论我们所拥有的一个内在的心智观念。结果表明这个观念与众不同。

JM:这是他法律意义上(forensic)的人的概念……

NC:……他关于人的法律概念。在《人类理解论》中有一章,大概是第 1 卷第 27 章或者就在那个地方前后,洛克致力于通过思想实验来开展研究;比如说,他问到,我们会在什么时候说某一个人是同一个人?那么,他大体上的结论是——似乎十分合理——这取决于某种心理连续性——其整个身体可以发生变化,等等;但只要此人在我们的心理中能继续保持是同一个实体,我们就认为这是

20 语言、施动性、常识,以及科学

同一个人。

同时他也提出了一些可能无法回答的问题,比如说,如果两个身体拥有完全相同的心理构成,那么我们怎么判定:是一个人还是两个人?或者再比如,如果一个人的心理结构转变成了另一个人的,那又该怎么办?在这一点上,我们的直觉也到了无能为力的地步。没有任何理由要求我们的常识性直觉来回答所有的问题。有关忒修斯之船(the ship of Theseus)①的争论已有很长的历史,可以追溯至柏拉图、赫拉克里特斯(Heraclitus)、普鲁塔克(Plutarch)等。数个世纪以来,围绕我们何时才会说那是同一艘船,人们想出了很多难解之谜。而对此,我们在哲学101这门课上学到的标准答案是,如果我们在海上不停地替换船的木板,那么它仍是同一艘船;但如果有人将我们扔掉的那些木板收集起来重新做了一艘一模一样的船,它就不是同一艘船。我们可以就此举出一个个类似的例子。

这些问题向来通常都是被当作形而上的问题加以讨论——所以,是同一艘船的问题还是世上同一物的问题?嗯,船在一开始并非世上之物;它是一个心理构造。当然,在我们真正使用它的时候,它是和世上之物相关的。而我们现在所讨论的正是那个心理构造。对于这个心理构造,我们可以做出某些回答,但不能做出其

---

① 【译注】忒修斯之船是最古老的思想实验之一,最早出自普鲁塔克的记载。设想一艘船在海上航行了几百年,在此过程中,它的木板、部件坏了就会被不断替换,直到有一天所有的木板、部件均被替换了,那么这艘船还是原来的船吗?如果我们利用被丢弃的木板和部件重新造了一艘船的话,那么在这艘船和海上航行的那艘船当中,哪一个才是原来的那艘船呢?参看第2章评注。

他回答。并且这些回答实际并不能说明多少形而上的问题。它们所能说明的仅在于,我们思考世界的方式就是如此。我们认为世界涉及或包含某些类型的连续性,但这些对于物理学家来说毫无意义。对于物理学家来说,哪怕是只取出了一根钉子,那也不再是同一艘船了。

要知道,物理学家的那种方式,那不是我们思考世界的方式。所有这一切表明我们所调查的就是我们自己的内在观念,所谓的常识。它当然与世界相关,但不是同一回事。上述问题——忒修斯之船是什么,人是什么,树是什么,等等——这些问题若按其应有的方式来重新解读,即从认知的和认识论的角度,而不是从形而上学的角度来重新解读,那么它们就可以被纳入认知科学的研究范围。那么,我们概念系统的本质是什么?我们会发现人都有责任和义务,而树却没有,这一点为真。但这不是因为我们对世界有了一个什么新的发现;这是因为我们思考世界的方式就是如此。除了婴儿和精神病人等之外,人都具有责任,都应该受到表扬和批评等,但狗并非如此;除非我们把狗视为人。这是因为我们发现了什么形而上的东西吗?或许这背后会有某种形而上学的因素——实际很可能有这样的因素——但那并非我们真正的发现。我们的发现是,这就是我们看待事物的方式。事实上,如果我们回到近代——再比如 17、18 世纪,当时人们开始讨论很多类似的话题——人们对是否应该将猩猩和黑种人(negroes)算作人非常迷惑不解。他们看起来差不多,但跟我们不太像;他们是某一类生物。他们当中有的是人,或者都是人吗?我们对此争论不休,因为"人"这一内在概念并不能让我们对世界如何运行获得多少理解;

这就如同笛卡尔的接触机械力学,虽然曾经给我们带来诸多新解,但到牛顿那个时候就行不通了,因为牛顿向我们表明,按照接触机械力学,我们无法真正理解事物的原理。

当代哲学也是如此。当代哲学研究中一个至关重要并且讨论热烈的话题仍是克里普克的本质主义(essentialsim)——是普特南的版本;这种本质主义是基于对"水是 H_2O 吗"此类问题的讨论。"水是 H_2O"这样的直觉和我们对忒修斯之船的直觉相似。所有这样的直觉并不足以让我们对 H_2O(科学家们所描述的那种事物)产生任何了解,这和我们对忒修斯船的讨论一样,这样的讨论再多也不会让我们像科学家那样对船做出说明。说"水是 H_2O"其实只是我们看待和理解世界的方式。有一点使人感觉此种讨论非常奇怪,就是这些所谓的直觉多数都被裹上了一层哲学的茧衣。我们必须要经过一定的哲学课程训练方可获得这些直觉。再一点就是这些直觉究竟是关于什么也很不清晰。以"水是 H_2O"这一句为例;此句是整个讨论的核心所在。我们都知道——或者我们可能是通过学习才知道——一个句子脱离了某种语言就没有意义。那么,"水是 H_2O"这个句子是处于哪种语言之中?它必然使用于某种语言之中,但这种语言并非英语。英语中并没有 H_2O 这个概念,这个概念由我们造出后再引入英语。"水是 H_2O" [127] 也不是物理学或化学中的句子,因为物理学或化学中并没有"水(WATER)"的概念。虽然化学家写论文时,会用到"水(water)"这个词,但这不是正式用法。要知道,即便你是研究数学的,你也不可能做到一切都完全实现精确的形式化。化学中没有"水"的概念,它只有 H_2O 这一概念,愿意的话,我们可以非正式地称之为

"水",但"水"这一概念不是化学中的概念。所以,"水是 H_2O"此句不属于化学、不属于英语、不属于法语、也不属于德语;事实上,它根本就不是语言。它是某种由不同语言——或者不如说由我们信手拈来的若干符号系统和语言——混合后所得的东西。对此类事物,我们不会产生任何直觉。对它们产生直觉毫无意义。就如同要我们对量子物理学产生直觉一样。在我看来,整个讨论基本上空洞无物;就讨论的各方而言,情况都是如此。但这却正是当代分析哲学的一个主要论题。只是它所论无物。[C]

> JM:……在这一点上,你倒不必向我解释。回到你对认知科学的刻画——非常不错的刻画,我认为与杰里·福多的大为不同,后者认为认知科学本质上是对世界的表征;而你的研究则是对人类认知结构的内在主义探索。假定我们可以对概念结构做出调查,比如我们对"人"这样的概念进行讨论,但科学中出现的概念又如何呢?我们可以将其作为内在主义认知科学的一部分加以研究吗?

NC:当然可以。我们可以研究 H_2O 这一概念。虽然不知道结果会怎样,但我们知道如何去研究。我们尝试将其置于一个解释框架之中,这个框架有多精确可以依照具体情形而定,但其形式化程度如果超出我们的理解水平则毫无意义。我们的研究在这一框架之内进行。科学研究的方式一向如此。

就拿数学来说吧,这是最明显的例子。我们都知道,到 19 世纪中叶的时候,数学研究已经成就显著,但数学家们那时甚至还没

20 语言、施动性、常识,以及科学

有对他们所使用的概念做出限定。当时,没有人能清楚说出什么是极限(limit)。高斯(Gauss)当时在证明那些重要的定理时,对极限的解释只是"越来越接近"。事实上,那个时候贝克莱(Berkeley)正从牛顿的证明中——这些证明是英国数学家们十分重视的一个论题——发现矛盾之处,这些矛盾阻碍了研究的进步。比如,在证明中,零在某一行中被视为零,但三行之后,零变成了你可以尽可能接近的东西。而这显然是不同的概念,所以就出现了模棱两可的情况;而如果证明是基于一个模棱两可的概念,它也就无法说明问题。在欧洲大陆,数学家们都清楚存在这样的情况,不过他们当时并不在意,只着力于推动数学研究的丰富和发展。最终数学发展到了我们必须要弄清楚什么是极限的地步,因为如果继续依靠这些直觉式的观念,我们再也无法前行。如此,我们就有了由维尔斯特拉斯(Weirstrass)和柯西(Cauchy)等人对极限做出的 $\Delta\epsilon$(delta-epsilon)定义。好的,直到此时,我们才知道极限是什么。但我们现在知道什么是极限,是因为有人对其做出了明确说明。所以,情况一直如此。欧几里得在某种意义上真正缔造了几何学,但直到数千年后,欧氏几何才得以形式化。

JM:那么,要探讨科学概念,我们事实上是要学习科学。

NC:我们学习科学,我们尽可能地去接近一个比较合适的科学理论,不管什么样的科学理论才是合适的科学理论。我们有着各种各样的直觉式的标准,我们一直都是使用这样的标准来判定某一个科学的解释是否合理。

JM:如果有关于常识概念的科学,那么有没有关于科学

概念的科学？

NC：我认为应该有这样的科学。在这一点上，我不太同意苏·凯瑞(1987,2009)提出的思路，虽然她可能是对的；我也说不准。她基本的立场是，科学研究如何进行，说来说去都毫无新意，大同小异。相对于孩子们学习如何用积木搭建房子的过程而言，这些说法仅是更为复杂而已。或许是这样吧，但我的猜想是，情况并非如此。我认为存在一种科学构建能力，其使用某种程度上贯穿整个人类历史。无论是虚构有关创世的神话故事还是从事于魔法，人们都是在运用这一能力——魔法与科学之间并无清晰界限。到了现代，科学构建能力的表现大为不同，它成为一项具有明显自我意识的努力，人们试图在经验和认识论方面为之设置需要满足的标准。科学构建能力并非一成不变。但至少它可以被当作一种获取某种解释或见解的一贯的努力来加以追求。我们不能只讲故事，我们必须表明故事当中包含一定的实质内容。这也是为什么很多有关进化的讨论基本上都无法引发兴趣的原因；它们只是故事而已——进化可能是以这种方式发生的，但也可能以几十种其他的方式发生。我们不知道该怎样拟定问题才能让自己做出回答。于是，只能讲故事——虽然是在一个科学的思想框架下，但还不过是在讲故事。要是我们真是认真的，我们就应该去努力验证。与其编造故事，不如试图想出对其加以研究的办法，并从中获得证据。这一切可不简单。

21　哲学家及其角色

JM：我希望更好地了解你对下面这一问题的看法——提这个问题部分是受一个研究生之托，他想叫我问你这个问题——你认为现如今，一个哲学家究竟还能有什么贡献可言。看起来，一些哲学家——笛卡尔和休谟所处年代之后的哲学家——已经落后于时代了。他们对科学，尤其是语言科学的进步和发展并没有完全理解……

NC：有些哲学家很了解科学，也为科学发展做出了贡献。他们并不质疑科学；他们试图对科学的所作所为加以说明，甚至也在概念层面上为科学发展做出贡献。这正是被我们称为哲人的笛卡尔、康德等人的所作所为。我们可以关注科学的发展，并且很好地理解科学。像吉姆·希金波萨姆(Jim Higginbotham)，他很了解语言学，并为之做出了贡献。

JM：的确如此……

NC：他研究语言和专业的语言学家不同，他是带着哲学旨趣，关注一些传统的哲学问题。我认为这总是可能的。我想约翰·奥斯汀说哲学是科学之母是对的。哲学删除枝蔓，从而为科学确立研究内容。

JM：这样说来，哲学家的工作就是敲打树丛，看是否可以惊飞几只小鸟？……

NC：不但科学研究如此，人们的生活也是如此……比如政治哲学家约翰·劳尔斯（John Rawls）。他并不研究科学；他所试图理解的是，在我们的道德体系之中，我们对正义持有何种概念。这便非常接近科学。因此当约翰·米克海尔——他有一个哲学学位，但同时也致力于发展对许可行为和不许可行为做出区分的道德官能科学——当他拾起这一论题时，一门科学就诞生了。

JM：好，这个建议很合理。不过，我在想，这里是否还涉及一些其他问题，会对我们理解这些人所从事的研究工作的本质产生影响。仍以吉姆·希金波萨姆为例，他深受弗雷格心智和思想观念的影响，所以，他似乎希望用弗雷格的术语来述说自己所做的贡献。我不太确定是否可以将此作为一种特别有用的贡献……

NC：你说的是他研究的哪一部分？你的看法呢？

JM：嗯，他至少在很多时候常常会谈到命题和思想等，并以非常典型的弗雷格的方式对它们做出解读。按他的想法，这些东西并没有什么生物特性；至少在我读过的他的东西中，并没有这样的意思。

NC：他的观点，如果我的理解正确，是他所谓的"弱概念主义"——即命题或思想等实体独立于内在心智事件，是对内在心智事件的反映。那么，问题随之而来。这些实体有何功能？如果它们只是和内在事物一对一的映像，为什么不取消它们？化学也是如此。存在元素和元素的组合；它们在某个柏拉图式的理想世界中有各自的映象，愿意的话，我们可以对之加以研究。除非它们包含一些无法由它们所反映的内在事件来确定的其他属性，否则它们就可以被取消。

> JM：多数哲学家自认为他们所从事的研究是外在主义的研究；与此相对，如果有哲学家重新设想要致力于内在主义的研究，这样岂不是有点作用？

NC：我们能想象出一个有意义的外在主义研究项目吗？外在主义的研究项目当然不是没有——在我和你交谈的时候，我的大脑里在发生着什么，你的大脑里也在发生着什么，但不光如此，我们也在互动。所以，根据事物的内在本质以及许多其他方面的内容来研究世界各部分之间的相互作用——这算得上一个议题，但我不明白为什么这会成为哲学家的一个特定议题。这其实是另一个议题。或许哲学家们对此有话要说，这没问题。关于语用学，哲学家们的研究就很有意义。但对我而言，看起来似乎并不存在的是外在主义语义学。你读过泰勒·伯格（Tyler Burge）的新书了吗？[C]

> JM：我没有……

NC：你应该读一下，已经出版了。关于他的研究，有很多批判性论文，其中也有我（2000）的一篇，题目是《内在主义探索》("Internalist Exploration")。我主要是针对外在主义，他也做了有趣的回应。参看汉和拉姆伯格（Hahn & Ramberg 2003）。你可以读一下，看是否可以了解点什么。我个人认为他的回应并不能说明什么问题。他很聪明，试图对这样的问题做出回答；大部分哲学家甚至连这样的尝试也没有。在这样的研究中，我看要数伯格的研究是最好的。保罗·皮埃特洛斯基也在对此加以研究。

  JM：是的。我很敬佩他。我尤其喜欢他(2005)一些语义学方面的研究成果；他对语义学有很好的内在主义理解……

NC：他对这一领域的研究现况也有很好的批评和分析，这很难得。

22　理解之生物物理学限制

JM：顺便提一下，我曾经就先天性问题给一本有关认知科学的书写了一个章节。这当中，是你的美国语言学会(LSA)论文，以及你对第三因素的重视为我加了一把子劲儿……①

NC：嗯，我们并不清楚……我们可以把更多的东西归至第三因素——这是科学的走向；对于任何一个对此感兴趣的严肃的科学家而言，其目标就是搞清楚可以在多大程度上根据世界的普遍属性来解释一个有机体的复杂性。这几乎就是科学的本质。要是还有什么剩余的东西得不到解释，我们便只能将其归于某种特定的基因编码；而那样的话，我们就必须得思考这又从何而来。很明显，有些东西只能是和基因编码有关；我们不都是线性虫。生物遗传这方面一定也有某种作用；那么，是什么作用呢？

　　JM：要是有答案就好了。

NC：我不确定是否会有答案；但这个问题本身所具有的前端性和启发性让我喜欢。

---

　　① 【原注】这一章最终(2005)在其有关语言先天性的论述中加入了对第三因素的考虑。

JM:是的,不错,愈是没有答案才愈加有趣。

NC:想想看,如果我们已经知道了可知的一切,甚至也明白余者皆不可知,那么这个世界是多么无趣!

JM:是的,皮尔士所说的千年科学模式听起来确实无趣。

NC:好在他的观点不可能是真的,因为他在进化论上犯了一个严重的错误——他认为我们在经历了自然选择之后,差不多已然就是天使了。当然,我们可以存有这样的想法。我们可以想象人类这一物种最终会达到这样的一个境地,即已知可知的一切,包括知识的界限何在。这样我们便能知道有一些问题是我们想提都提不出的。果真如此,又是何等乏味。

JM:是啊,要是这样,比身处天堂更为糟糕。[C]

23 认识论与生物局限

JM：你曾多次提到人类的认知能力存在局限；人的认知能力一定存在局限，因为它们都有一个生物性基础。你同时提到我们可以对这些局限加以研究。

NC：原则上如此。

JM：……原则上如此。与康德不同的是，你不准备将此类研究简单排除。康德似乎认为，对这些局限加以限定超出了人的能力范围……

NC：……嗯，这可能超出了人的能力范围；但这只是关于局限的另一个经验性陈述而已，和我看不见紫外线这样的陈述，或紫外线超出了我的能力范围这样的陈述无异。

JM：好，但对我们认知局限的研究事实上就是对我们所拥有的概念的研究么？

NC：嗯，这或许有些矛盾，但我们能够对我们的科学构建能力的本质加以研究并能够发现这些能力的范围与界限，这样的想法对我而言并没有什么内在的矛盾。这种研究并无内在矛盾。至于我们是否能实施这一研究则是另一个问题。

JM：常识也存在局限。

NC:除非我们是天使。我们不是天使就是有机生物。如果我们是有机生物,那么每一项能力都有其范围和局限。这是有机世界的本质。如果你问:"我们真能在科学中发现真理吗?"——嗯,我们曾遭遇过这个问题。比如皮尔士认为,真理就是科学达到的极限。这不是一个好的关于真理的定义。如果我们的认知能力是有机实体——我自认为如此——那么它们是会达到某种极限;但我们并不能就此相信我们所及的极限就是有关世界的真理。有可能它是真理的一部分;但或许有一个认知能力不同于我们的火星人正在就此嘲笑我们呢,他会问为何人类总是走错方向。这个火星人可能才是对的。

JM:……假定这个火星人能够理解我们的认知能力。

NC:……对!

JM:在我看来,对我们的认知能力限度进行研究的项目不同于哲学家们所喜欢的,或者一直以来所喜欢的那些类型的项目;在他们所做的研究中,他们对什么是有意义的、什么是无意义的,什么是合理的、什么是不合理的等,做出各种各样的认识上的限制。对能力界限所做的研究是一项科学的研究,而不是一项很多情况下只是作出规定的研究。

NC:我对这些研究设想的理解是,它们可以被看作是关于我们的科学构建能力的设想。所以就有这些认识上的限制……一个研究设想应该保持前后一致、避免冗余并统一科学的不同侧面——比如物理还原论。我认为,所有这些只能理解为是在探索我们作

23 认识论与生物局限

为特定生物,如何试图以一种系统的方式获得对世界最好的理解。对,我们就是这样在做……但如果要证明这样做是正确的,那么,我想这不太可能做到。我们所能说的是,这是我们能够做到的最好的事情。或许我们会发现我们总是不对路,这个时候,我们甚至无法补救。找不到其他道路可走的话,就无法补救。而有时,人可以通过放低其眼界而发现其他道路;可以去看看历史,历史上有这样的例子。比如,人们一开始有志于获得对世界的理解,后来降低要求,寻求理解关于世界的理论,由此带来了相当重要的变化——可大致以牛顿为标志——这个变化历经数世纪才被人们接受。

JM:这使你对维特根斯坦的《逻辑哲学论》(*Tractatus*)等一类作品产生了非常有趣的理解。罗素也做过此类研究吗?至少在你看来,在他早期的研究中,他也从事过此类研究吗?

NC:你是说在《逻辑哲学论》问世之前?

JM:维特根斯坦的《逻辑哲学论》发表之前的罗素。

NC:他曾从事过一种概念分析;在我看来,他认为这种概念分析为我们提供了关于现实本质的深刻了解。但它只是概念分析,是作为——比如说——描述语理论的概念分析。

JM:到他的《人类知识:其范围和限度》(*Human Knowledge: Its Scope and Limits*)一书出版时,他基于对人类本质的理解,对如何提出研究设想有十分明确的看法。

NC:他在这方面是很明确。但在《人类知识:其范围和限度》这本书中，他所提出的研究途径要细致、复杂得多，这一研究途径似乎承认——正如书名所示——我们是在研究某种有一定范围和限度的有机现象。他并没有直接这么说，但我想没有其他的意思了。

JM：的确，很多哲学论著都给我们以规范性方面的暗示——这是我们进一步研究应该采用的方式云云……

NC：要做研究，我就应该按你的想法、按你看待事物的方式去进行，这样说倒也无妨。这和道德判断是一样的。

JM：这与说"这是我们要做此事所必须采用的方式"有什么不同呢？

NC：如果我们足以了解自己并觉得已别无选择，便是"这是我们要做此事所必须采用的方式"所说的情况。就像是"如果我跳的话，我必然摔下悬崖，对此我无能为力。"但对于比这要远为复杂的事情——我们生活中大多数领域都是如此——我们就不会产生这种认识。

此类问题出现于自然主义的道德理论和自然主义的认识论理论中，在这两种理论之中——两者都是传统理论——我们可以尝试推导我们的道德本能为何，我们的道德官能又为何。不过，在我们对道德的认识和理解与客观意义上的是和对之间还存在差距。从某一非人类生物（如外星人）的立场来看，这是一个可以想见的无法逾越的差距。对客观意义上的是与对，我们的道德本质只能部分把握其部分内容。

认识论也是如此。什么样的理论算得上是"最佳理论"？人们随意使用"最佳理论"这一表达，但什么才是"最佳理论"？我们可以依据自己的理解不断地让评价理论的标准更加严格,但如此和我们对道德本质的研究并无多大不同。我们对我们的认识论本质加以研究,在这一框架内,我们可以获得某种最佳理论的概念,类似于我们对正确行为的概念。但同样,从某个人类之外的角度或立场来看——我们不能拥有这样的立场,因为我们就是我们,而不是那个外在于人类的生物——可能存在完全不同的理论评价方式。

JM:你是认为我们并不能真正理解客观权利或客观真理的概念吗?

NC:我的确相信存在客观真理;是的,所以我有点像是个天真的实在论者——我无法不如此。但我想如果我们想一想自己,我们就将发现我们无法对客观真理抱有信心。我们可以抱有信心的仅在于这一事实:在我的认知能力范围之内,我已尽自己所能——而至于我们是否能根据我们的道德本质选择正确的行为方式,我们可能更加信心不足,因为我们对此理解更加不够。我认为我们所有的人均具备相同的认知能力和道德本质。但是——这里,我们引用一下维特根斯坦《逻辑哲学论》的最后一句——在此之外,我们只能无话可说。

JM:但有些人——比如皮尔士——曾经试图为存在客观真理之说提出辩解。无论理想的科学研究碰巧会发现什么……

NC:他是在一个极为糟糕的进化论框架中为客观真理提出辩解的。但这个论据有误。去除这一论据,结论也就站不住脚。他认为，我们是为取得真理而被选择的。如果我们没有追求真理的能力，我们就无法生存；因此，只要我们坚持追求真理，我们最终就会得到真理。这是他的核心论点。但这显然并不成立。在人类的进化中，究竟有什么会将擅长量子理论的人选择出来？

> JM：我们做一个反事实的假定——如果我们相信心智是某种普遍装置，并且我们拥有某种可以解决我们可能遇到的任何问题的能力……

NC：……可以提出任何问题的能力……

> JM：……对，还有可以提出任何问题的能力……

NC：我不知道这会意味着什么。我们想不出哪一个有机体会是如此。

> JM：不仅如此，持有这种信念的人可能会对人类的认知能力和客观真理持有不同的见解……

NC：持有这种信念的人会说我们在某种意义上就是天使。宇宙中不可能存在这样的生物：我们的认知能力只是其认知能力的一小部分，或许它会如我们排斥常识性的接触力学一样排斥我们的这些能力，它可能还会提出我们无法提出的问题，并且给出这些问题的答案，它不受任何限制。我们如何可以那般认为？我们如何可以超越有机物发展的局限呢？

> JM：在你说要对我们的认知能力的限度加以研究时，我想你是在承认，可能会有一些认知能力我们目前还未能……

NC：……目前还未加使用。是的，这一点也不奇怪。拿我们的数学能力为例。在几乎是整个的人类进化史中，数学能力鲜为人用。数学能力实际所用的时间在历史的长河中可以说是微乎其微。正是这一点困扰着安东尼·华莱士（Anthony Wallace）。在他与达尔文的论辩中，他认为像数学能力这样的东西不可能是选择的结果，因为它们之前从未被使用过。而如果我们不使用的话，也就谈不上被选择。但它们一定是因为什么而存在的。他认为，一定存在着如引力、化学反应等的其他力量，对他所谓的人类的道德能力和智力能力的发展发生作用。这在当时被认为是一种神秘主义，但我们应该将这样的观点视作健全和理智的科学观点。这类似于牛顿当时觉得不可接受、但却应当接受的东西：自然界中存在某些力，它们在物体并无接触和相互作用时也是存在的。牛顿指出了此点，认为存在这样的一些力，具体而言就是引力，但他自己却不相信此点。事实是，这是对的。

> JM：如果我们持有一种人类生物学或者普遍意义上的生物学观点，就像图灵或达西·汤普森的生物学观点，我们就会愿意承认，被证实有用并非某一生物体具有某种结构或者成为某种事物的条件。

NC：以达西·汤普森为例。说生物物理学法则决定了生物体属性的总体框架，并不意味着我们造不出潜艇。

24　心智与行为研究及其不足

JM:我想问你一些关于社会科学的问题,但我又不愿意完全转换话题。嗯,或许也可以换一换吧!

NC:这应该是个很短的讨论(两人皆笑)。

JM:社会科学以及很多有关心智的哲学研究十分重视这一观点,即心智本质上是由某种信念-愿望心理驱动的因果机制。由此带来了这样的问题:这一特定研究计划的地位究竟如何?人们很容易把这一研究看成是民俗科学发展的产物,永远不会杜绝常识,而严肃的科学研究则必须摒弃常识——所以,这一研究并非严肃的科学研究。然而有一些人,如希拉里·普特南——至少在其功能主义研究时期——就采用信念-愿望心理学研究框架,并以功能主义术语加以表述,宣称它可以被看作一门科学。我能了解一下你对此类研究尝试的地位有何看法吗?

NC:我们来说一点具体的,举一些常规的例子。我朝窗外看,我相信天正在下雨,我期望保持干燥,于是我拿上了雨伞。所以,是我的信念和我的愿望使得我带上了伞。

我认为这只是对我所做行为的描述,所以其中并不涉及独立的信念、愿望或使因的概念。这只是一种对我们认可的理性行为的描述方式。如果我在雨天不是带上伞而是脱去衣服,我们就说这是不理性的行为。但是理性也好,不理性也罢,其中所涉及的因果概念无所谓更多或更少,我们甚至也不知道这其中还涉及信念和愿望等心理实体。事实上,很多语言中根本没有"信念""愿望"这样的词语。在这些语言中,我们就会说,嗯,我认为天在下雨,我想要保持干燥,所以我打算拿上雨伞。这样并没有信念心理表征,也没有愿望心理表征;我们只是说这是我所想要的,这是我所认为的,这是我所做的。我所认为的和我所想要的或许会以某种方式与我所做的相关联,但这还不足以构成一门科学的基础。

我们有这种感觉,就是因为我们把事件或行为动词名物化,所以信念-愿望心理学就可能成为一门科学。如果我们谈论信念,那么,好,你会认为,一定存在某种信念系统,所以我们可以就这个信念系统做出说明,如此等等。但有可能我们对此所做的说明并不正确。英语恰好是一门高度名物化的语言,所以我们很容易就会采用信念-愿望心理之说。但这并不是说这样的说明就是正确的。在多数语言中,我们无法做出这样的说明。你可以声称做这样的说明是正确的,正如我们对张量、分子等所做的说明是正确的一样。但你得表明这一点。你不能仅仅用"张量""分子"等给我们讲讲故事,然后说,好了,我们做到了。你必须得说明它们是什么,包含它们的理论框架是什么等。而在上述信念-愿望的例子中,这些都没有做到。

那么,可以做到吗?我们可以对人们相信什么、为什么相信等做一些实证研究。我们可能会发现——如果这类研究真有实效的话——我们能够发展出一些理论，对被人们称之为"信念"的实体做出假设，并将其置于某种恰当的理论框架之中。如此，我们就可以对该系统中的信念成分做出说明。同样，我们也可能对愿望成分做出说明。但即使我们能够做到此点，这样做是对是错一点也不清楚。我们还是要解决如何引入致使关系、建立因果关联这一重要问题。现在我们又回到笛卡尔的问题：是信念或愿望致使你这么做的吗？不是。这只不过是说你正在理性行事，无论什么是理性。你也可以选择不理性行事。举笛卡尔所说的例子，你可以选择把手指放入火苗之中。

JM：戴维森在其(1970)《心理事件》(Mental Events)一文中否认信念-欲望心理学是门科学，但他仍坚持认为行动是因果作用的结果——即在"物理"意义上，行动受因果支配。你刚才在说话时我想起他(1980)的另一篇文章，即《作为哲学的心理学》(Psychology as Philosophy)。在这篇文章中，他报告说他在斯坦福大学对一个班的学生做了试验，试验有效地表明我们没有什么办法来对信念、愿望等进行测量。如果没有办法测量它们，那也就不可能将它们置于理论之中。

NC：我不知道有这篇文章。它的证据大概是什么样子的？

JM：我还记得，他让学生们按喜好程度对物体排序——大概有 20 个——然后让他们再看一遍这些物体的清单，叫他们再按喜好程度两两排序：a 和 b 更喜欢哪个，b 和 c 更喜欢哪个，如此等等。

NC:……结果和开始的排序并不一致。

JM:……结果并不一致。

NC:这方面的研究还有很多;比如特沃斯基和卡纳曼(Tversky and Kahneman 1974),卡纳曼、斯洛维克(Slovic)和特沃斯基(1982)等。有很多奇怪的现象。马斯沫·皮亚特里-帕尔玛里尼(Massimo Piattelli-Palmarini)写了一本很有意思的书(1994),书中有很多人们提出的似是而非的结论。但这也不能说明就没有信念系统,只能说明信念系统可能并不一致。

JM:对。戴维森在一次讨论中想借此表明心理学本质上是哲学而不是科学,因为……

NC:应该这样说:科学的心理学研究表明人们的信念系统并不一致。对此,我不觉诧异;我相信我的信念系统也是如此。事实上,我们知道这是真的。我们在做一些事情时,有时不知怎么我们会感觉这正在发生,但我们的另一部分心智却告诉我们这不在发生。要说没人会有这样的经历是难以想象的事情。

这样的研究很有意思,卡纳曼和特沃斯基已经对相关情况做了详细说明。事实上,他们还给出了一些标准,显示出为什么某些类型的问题会导致某种排序,而另一类型的问题则会导致另一种排序。我们是在不同的框架内看待这些问题。

至于非理性信念,它无时无刻不在我们面前。看看今年(2004)即将到来的选举。或许大批的给布什投票的人在这么做时都是基于非理性信念。这些人都是贫穷的劳动者,他们正在被完全蒙蔽;在他们的面前,有非常客观的事实告诉他们,他们正在被人蒙蔽；其实对他们稍加点拨，他们就能明白他们受蒙骗是由布什所推行的那些政策所致。即便如此，他们仍然接受这一观点，即此人正代表我们反对有钱有权的精英阶层。这其中的非理性信念再明显不过了。

JM：那真是他们所相信的吗？我会想到是共和党人在设法大力推行"家庭价值"这一路线并且取得了成功，他们同时还设法成功调动了人们的武力外交的态度……

NC：部分如此吧；但最终的结果是许多人——或许是大多数人——都有这样的感觉，就是此人是在反对自由派精英，保护我们……

JM：果真如此的话，这要比我预想的更加不理性……

NC：但很明显这一系列的态度都是可能的、可验证的。也许这些态度都有各种各样的起因，但稍作研究，就可以发现，它们明显构成一个极不理性信念系统。而这种情况一直都在发生。

JM：让我们再立刻回到戴维森……他在《心理事件》一文中利用他所认为的心理解释的非科学特征——实际就是信念-愿望民俗心理学——他以此为基础，宣称心理存在异常性；再根据这一异常性，宣称心智-大脑的殊型（token）——而非类型（type）——同一性。我们谈及致使行为，谈及感知被致使发生，所以心理事件致使物理事件发生，并因物理事件而被致使发生。因果关系是确定无变的。戴维森所理解的科学似乎需要某种确定性的、

规律性的原则……

NC:我们不知道心智的运行是不是没有确定性的、规律性的原则,我们仅知道信念-愿望类描述肯定不具备这些属性。对民俗"物理"的异常性,我们也能作如是说。我们谈论世界的方式、我们按民俗物理学的方式对世界的直觉式的理解也没有牛顿时期(或其后)的科学所具有的那种确定性。[C]

JM:是的,但现在按你的科学观、而不是你的民俗科学观,我们是接受了决定论吗?

NC:嗯,如果说我们接受了决定论,那也只是一个关于我们认知能力的评论。并没有什么需要决定论的外在标准。

JM:因此,因果性具有康德式调控性原则所具有的地位……

NC:……是的,但它为人所特有……

JM:……为人所特有,而不是总体上针对一切理性生物——无论是什么理性生物?

NC:为人类特有,除非我们认为自己就是标准的理性生物,那样的话,我们总是遵循逻辑。但如果我们要是对理性另有理解,我们可能又会得出结论,认为人生来就是非理性的。

假设这一点是正确的。现在有很多研究表明,宗教信仰,或是这种,或是那种——广义的宗教信仰,就是对某种超自然力量或者不管是什么的信仰——是人类本质内在具有的。我们可以想象一下为什么这可能是对的。以儿童为例。通过实验我们可以表明,若一物在某处移动,另一与之并不相连的物体会随之在另一处移动,儿童们就会认为这两者之间存在某个他们看不见的、将两者连接起来的杠杆或别的什么东西。他们会寻找机械方面的原因;这是人的本性使然,这也是为什么连牛顿自己也很难接受引力定律的原因。我们的本性会让我们去寻找机械方面的原因。看看我们周围的世界,可以根据机械使因加以解释的事物数量少之又少;而如果我们只能据此去看待事物,我们就必须要找寻某种其他使因。所以,我们便求助于一个超自然的使因,而不是自然使因。所以,情况可能是,我们的认知能力——这不是我故作此说,而是确有可能——我们这种生物的认知能力让我们在现实世界中不得不幻想有超自然的力量。所以,"一定有某种机械的因果定律可以对此做出解释"恰好就是一个非理性信念。有可能是我们固有的本性使得我们注定要存此信念;我们本就如此。我当然能够想象出某个凭此信念运营的生物——它很可能是非我们莫属。

> JM:有无数像我自己这样的个体的例子——他们并不接受这些超自然使因信念,超自然使因信念这里是指与我们已发展的科学不相一致的信念……

NC:是的,我们不会有意识地接受这样的信念;我们当然不会有意识地接受运动需要接触是事实的说法。另一方面,我们的常识性直觉也告诉我们并没有什么超自然使因。因此,我们有点像是生活在两重世界之中,一个是我们的常识直觉世界,另一个是我们得以构建的、让我们拥有一个全然不同的理性观念的世界。但要坚守这一理性观念却并非易事。生活中我们很可能一辈子都做

24 心智与行为研究及其不足

不到。

JM：那么权威呢？是不是我们在骨子里不知怎么就把权威视为某种我们需要顺从回应的东西？

NC：我们可以从两个相反的方向来说明这个问题。我们并不确切知道。没有哪个人类社会不存在权威。在其他灵长类动物中，情况当然也是如此。或许某种权威结构的存在是一种普遍情况。这不无可能。我们甚至可以为此想出某种原因。我们生来都必然是在一种权威的氛围下长大，非此我们无以生存。或许我们具有某种服从权威的内在意识。不过，我们也能举出相反的情形。儿童也是在权威的框架下长大，但他们却对权威并不理会。也许有时候我们会因为某种原因而拒绝权威。拒绝或服从，我们可以任意选择；这是进化心理学乐于讨论的话题之一。我们可以按自己的意愿做出选择。

JM：但是你似乎持有一种人的教化观念——这不是一个旨在响应权威的人的观念……

NC：……恰恰相反，人的教化观念旨在让人响应权威，因为我们某种意义上是自由的。但教化仅仅是个希望而已。

JM：只是一个希望？

NC：是的。还不能说我们知道自己是天性自由的。罗素曾说："看看野蛮的人，还有动物们都在为自由而争斗；如果我们这些欧洲人看不出为自由争斗是我们的一部分天性，那只是因为我们是如此的堕落。"嗯，这是一种观点，但不太令人信服。

JM：那么，你不希望找到一些科学的证据以证明人类……

NC：……证明人类先天具有追求自由的本能？我当然希望。但难以预见。

JM：所以你觉得现在还没有这样的证据？

NC：没有这方面的科学证据。从历史、经验、人类学研究等当中发现了一些证据，但这些证据相互冲突。如果可以证明一些人生来就是为了做奴隶，而且只有成为奴隶才能让他们感觉完满——如果这一点得到证实，那么我就会放弃人本性自由的结论，但现在我无法表明这个结论是错的。

JM：嗯，这么说倒也没什么问题。

NC：我们现在还说不准；我们还不十分清楚。我们只希望最终会出现某种结果，我们可以通过努力来促成这一结果，因为我们的道德直觉告诉我们，世界会因这一结果更加好转，但是在推动这一局面出现的时候，我们要面临难以逾越的障碍。

JM：是的，现有证据还远远不能证明人本性自由的结论；但至少在当前阶段，也几乎没有确凿的证据表明人生而为奴，我是这么认为的。

NC：没有这方面的证据——这方面绝无任何确凿证据，除了历史上存在过的社会形态都具有权威结构这个事实之外。过去有的社会有国王、有王子，但是我们却并不能说这是社会组织必须具有的形式。

JM:但也可能在过去某些特定环境中存在着一些社会形态,在这些社会形态中,权威的合理性可以较为容易得到证实——可能就是出于某个特定人群或者社团生存之需。

NC:或者可能有着更为深层的原因。动物中的统治等级结构很可能具有进化选择价值;至少,我们可以对此做出合理的说明。

JM:不过这样的结构似乎也有易塑性——只是一定程度上如此。我最近读到一篇关于猩猩族群的文章。典型的猩猩族群有一个雄性首领,他对于任何可能的篡位者均表现出强烈的攻击性。但这一被研究的族群生活在垃圾堆附近,在那里,很明显只有那些雄性首领可以获得食物,因为他们会把族群内所有其他的猩猩都赶走。因为食物中有毒,雄性首领陆续都死掉了,于是雌性接管了领导权。剩下的其他雄猩猩不再试图获得首领地位。这个族群变成了一个非常和平的社会;更有趣的是,当新的雄性进入这个族群时,他们也明显不再觊觎首领地位。他们接受了这个特殊族群中多数猩猩接受的规则。这可能是环境的原因;不过,谁会知道究竟是什么原因。

NC:很有意思。这与我们所知的人类社会是一致的。奴隶制度在过去似乎是理所当然;当时没有它怎么能行?这就如同雇佣奴役在今天看来是顺理成章一样。

JM:那么,让我们再立刻回到社会科学的话题——你对此有何见解?

NC:我喜欢甘地对西方文明的评价:听起来很不错……(两人皆笑)[①]

好的,社会科学有其基本原理,其中有一些很有趣。我们不能仅仅因为研究者无法超越当前人人都有的理解和认识而去批评他们。所以,可将其中有趣的部分挑出来。

真正需要批评的是装腔作势和夸大矫饰——自认为掌握了某种十分重要的科学,而其实都只不过是科学表面的装点。

JM:是的,把自己标榜为科学家当然符合一些社会科学家的利益,因为他们因此可以充当顾问……

NC:……学术背景也因此更有光彩。物理学家们总是使用一些很复杂的说法;那么我们也要使用复杂的说法。这么做有各种各样的理由,但是……

JM:他们还引入一些越发复杂的统计程序……

NC:……这似乎让经济学家看起来跟物理学家差不多,政治科学家也想把自己装扮得如经济学家一样。但我们得表明这样做确有必要。对有些事情来说,可能确有道理。如果我们想要算出改变贷款利率对购车的影响,那么是的,我们很可能要为此建立一些十分精细的模型。但如果要搞清楚经济内在是如何运行的,那样的话可能就说明不了什么。而要解释计算机从何而来这个问题,那

[①] 【译注】甘地对印度传统文化充满自豪感,并赋予它至高无上的道德优越性;他同时蔑视现代化,认为现代文明的实质即西方文明是邪恶的。参看威廉·夏伊勒(William L. Shirer)所著《甘地的武器:一个人的非暴力之路》,汪小英译,中国青年出版社2012年6月出版。

就更加没有意义。

JM：所以那样可能只会对各种相互关系做出一些合理描述……

NC：是的，甚至也可以对一些我们很可能并不知悉的事物做出解释。但这都只是在经济外围之外的东西。

以经济学为例，这在社会科学中算是最为先进的学科了。就有些议题而言，它有很多可说，但关于当代经济，它实际并不能告诉我们什么。它的原则——创业自主性、消费选择、市场等——大多与经济中起核心作用的因素（如计算机）并无十分重要的关系；这些因素并非是从这些原则中获得。事实上，它们出自于那些由五角大楼提供丰厚资助的实验室，50年前我曾在这些实验室工作过。

JM：是的，很多技术创新都是如此。

NC：是的。

JM：那么从社会科学中我们能希望获得什么呢？

NC：我们有望从中获得认识和见解。社会科学中有些研究在我看来十分重要。这样的研究有时用到相当复杂的统计。例如汤姆·弗古逊（Tom Ferguson）(1995)提出了"政治投资理论"。这是一个重要命题，试图对这一论点进行辩护和论证相当不易，需要采用回归分析以及很好的统计数据等。我认为从这样的研究中我们可以获得证据证明，在政治体系的走向中，一个重要因素——不是其整体，而只是其中的一个重要因素——就是投资群体如何联合投资以控制国家。这个观点当然不能回答所有问题，但它的确是要经过艰辛研究才能得出的重要的社会科学观点。

> JM：社会科学有可能会突破常识性的概念框架的局限吗？或者它们可以超越作为主体——作为思考者、行动者以及决定者的人的概念框架吗？

NC：或许不会吧。或许那原本就是正确的框架。或许社会科学研究将表明这一概念框架其实还有一个科学的基础，而不仅仅就是我们行事的直觉方式。我们将其视作我们的直觉方式是因为它是真实存在的。

> JM：是因为它真实存在，还是因为它是我们唯一的方式？

NC：也许是我们唯一的方式。我们无法预测科学进程。在研究上已经取得真正进步的那些问题都是典型的简单问题。这正是物理学实现如此大发展的部分原因。

> JM：伽利略的斜面……

NC：……是的，要真正让问题变得简单。如果分子太大，那就将它交给化学家去处理。这很难避免。

> JM：在人类行为这方面，简单化的方法似乎并不起作用？

NC：要是真起作用，那我们也还没有发现它是如何起作用的。可能我们永远也不得而知。看看语言学。50年前，情况似乎是——正如当时的语言学家所言——语言大概除了一些真实的特征外并没有什么普遍性可言。不同的语言在每个我们可以想到的方面都彼此不同。这就是当时语言给每个人——包括一些更为专业的语言学家,如马丁·修斯(Martin Joos)——留下的印象。这似乎不无道理;这也是我在做学生时所学到的东西。当时似乎就是这样,但现在似乎并非如此。

> JM:但要是这样来看,社会科学只要"转向内在"——如语言学所发生的情况,那么它们也会取得进步并成为严肃的科学。

NC:但社会科学做得再好,也无法超越人的能力所及。我们必须时刻考虑如何正确看待复杂问题,以便将一些重要的方面从中分离出来,从而对其做更加深入的研究。其余使问题变得复杂的方面只能搁置一旁。同样,语言学也是如此。语言学真正的进步几乎都和多数人对语言感兴趣的原因无关。我收到无数来自世界各地的信件——学生,还有其他人写的信件,他们叫我给他们的语言研究提供意见。他们是通过网络或其他方式找到我名字的。这些问题当中,绝大多数都是完全值得思考的问题,但我却对它们无话可说。它们多数都是社会语言学、权力和统治等方面的问题,问题倒是不错,只可惜它们都是和语言学真正取得的或可能会取得的进步毫不相关的问题。

> JM:是的。但如果语言的复杂性出现于我们使用语言的情形中,出现于我们……

NC:我不确定语言使用是不是一种复杂性;只是据我们所知,关于语言使用,除了我们的常识性观察之外,我们并没有什么普遍的东西可说;这些常识性观察或许还可以再扩充装点一下。究其原因,不是因为我们不理解,就是因为没有什么要理解。

JM:但是,比照一下语言学,我们会觉得社会科学家必须要做的就是研究那些在我们做出决定时所运用的概念结构,不管是什么样的概念结构。

NC:这是个人研究的一种方式,但不是唯一的方式。仍以政治投资理论为例。做这样的理论研究并不问为什么投资者要联合控制政府,或者在如此做时,他们为什么要以推进某些局部利益的方式进行。这些因素在该理论中统统被忽略,而研究是在一个包含不同因素的框架内开展的;当然,考虑这些被忽略因素本身没什么问题。同样的情况也发生在……

再比如,我们所做的多数政治分析都会问这个问题:为什么政府会做这做那?几乎所有的政治分析都试图根据领袖人物的个人特征来加以解释。我不认为这有多大效果,但我对此也没有什么好说的,所以无法增进你对这个问题的理解。不过,这一点终归需要加以说明。

JM:我们这样做可能会增加见识,但会因此而获得一门科学吗?——如果不研究大脑内部的话。

NC:或许会吧,因为有可能我们会发现大脑内所发生的在我们做出的行为选择中虽然是一个相关因子,但却只是一个外围因素。我们举一个多少都懂一点的例子。比如公司的首席执行官(CEO)。我们大致明白可以让他们发挥职能的体制框架是什么样子。如果一个CEO不能提高公司利润和市场份额,那么,由于种种体制的原因,他或她就无法继续做公司的CEO。通过这一点,我们可以对商业如何操作做出很多解释。我们不用问他或她为什么要这么做,但我们知道,如果不这么做,他或她就不会获得这一职务,这就够了。是体制内的职务本身要求他或她有这样的行为。至于为什么,谁知道呢!也许是儿童时期的经历使得他或她愿意遵守这种体制结构;或许这是一个关于其个人生活的有趣的问题,但它实质上并不能告诉我们关于商业的情况。所以,在很多情形下,我们可以谈论世界在发生什么,但却不会对人们为什么要做什么事情进行探寻,这是一个极其困难、或许根本无法理解的问题。

昆虫研究也是如此。我们可以研究一个蜂群,从而对它们的所作所为产生很多的了解——蜜蜂的摇摆舞是什么,蜂后扮演什么角色等;我们可以就这些事情说出很多道道。而这时候,我们其实是假定蜜蜂并没有自己的选择,假定它们就是自动机。而我们这样的假定并无任何根据。

JM:那么在我们对此进行探究时,我们到底是在探究什么呢?

NC:我们是在某个抽象的层面上探究复杂的系统。如果是在研究公司,那么我们所研究的不是这个人(即 CEO)如何可以长到 6 英尺高。就算他或她长到这么高,并且这与他或她所做的事情勉强有一些关联,可是……不管我们研究什么,我们都要剥离掉在我们看来和当前研究目的毫无关联的复杂内容。

这其实也是为什么科学家们要做实验的原因。为什么不是直接把世上发生的一切录制下来?实验是一种抽象化:这就是我要看到的那么一小片世界。这一小片世界也可以是我们创造的结果,它在自然界中并不存在——比如我听别人说,根据超导性所建立的环境在自然界中从未存在过。这就是我们所要研究的,因为在我们看来,这样的研究才可能会向我们揭示什么。

JM:这样的研究和语言学研究中对第三因素的探究是否相似?

NC:嗯,如果我们来看看这方面……这方面我倒可以谈一下,因为我对此有所认识。20世纪50年代,我们有几个人对此很感兴趣;对我们这几个人而言,存在三个因素是显而易见的事情。而当时最大的任务是要表明第一因素,即基因遗传,是的确要考虑的一个因素。我们当时不得不对人们所持的一种观点——即一切意识都是通过对行为进行概括得到的结果,等等——提出反驳,所以没有多少关于第三因素的讨论;它可能被提及了,但没有什么具体的说明。最终,人们多少接受了这个观点——至少愿意参与研究这一问题的人接受了这个观点:是的,的确存在某种先天因素,存在一定的遗传因素。第一因素就这样被提出,并且事实上,第一因素决定了被称作第二因素的东西,即经验。经验是构建而成的,是由我们的基因遗传因素基于语料构建起来的。这样,我们便可以得出结论:存在基因的因素;存在经验这个因素,经验是基因成分按一定方式处理数据后形成的结果;也存在第三因素。第三因素必然存在,但当时只能提一下。

长时间以来,第三因素只是在方法论的层面——在一种"最佳解释"层面——得到暗示。比如说,如果我们发现我们所编写的规则在其预测的生成结果方面存在交叉,我们就要重新想出一套生成结果并不重沓的规则系统,这通常被表述为、也被视为是方法论方面的观点;但进一步理解的话,这就是第三因素的一个方面。我们说这个世界,嗯,我们认为这个世界——不仅仅是语言,或者甚至也不仅仅是有机体——有个属性,即有效运算总是以某种方式进行的,无论是语言,还是神经元分布组织(这方面参看克里斯托弗·舍尼尔克的研究),或是觅食策略,无论哪一方面,尽皆如此。总是有某些自然法则在起作用;它们按一定方式作用的结果是,符合一定标准——比如能够通达至感觉-运动系统——的语言系统便产生一定的结构,可以认为这样的结构是通过这些自然法则的运行施加于系统之上的。那么,照这样来看,我们便是从方法论层面的讨论转至经验层面的讨论,而这总归是向前迈了一步,因为在方法论讨论中,我们只能求助于直觉来判断怎样才似乎是可行的。但当我们能够转到经验层面——比如这里所说一种经济原则——我们就可以在任一领域对它做经验的调查了。我们可以看看它是否真正是世界运行的方式:比如,我会观察一下其他事物,如身体内动脉和静脉的分布,看看在这方面是否存在相同的情况。我们同时可以期望发现一个更为根本的效率理论,从而为那些我们在世界诸多方面凭经验觉察到的原则增添一些数学内涵。研究进行到这一步,我们就可以表明这一效率理论确实也可以用于消除语言中的冗余规则。这样,我们就有了一个深层次的解释,是根据第三因素做出的解释。这一点来之不易。开始那几年,几乎没有可能会想到这点。其中的一个原因是,当时"主战场"不在这里。再者,当时想设法表明所有的语言都有某种规律性的东西——它们拥有某种共性——委实不易。最后,虽说我们已经对超越个体语言复杂性的语言共性和原则有一定的感知,但当时仍然存在一个基本的认识上的障碍,对此没有人真正理解,而且我认为我们现在对它的理解也很有限。语言学理论的指导性框架……我们回到20世纪50年代吧。那个时候的语言学基本理论是程序性的,是欧美的结构主义语言学理论,它们在程序性这一点上基本相同。首先建立一个语料数据库,然后应用一些程序得到一个个单位,最后得到某种结构组织——就是这样。这么做或许在音位层面上是可行的,虽然也会遇到不好处理的情况。但是,即使如此,接下来比音位更大的单位是什么?从级层结构来看,比音位更大的单位是词素。但词素无法通过程序发现,因为程序只能总体上让我们把线上的一颗颗珠子——或者是这些珠子更大的组合——给找出来,但词素不同。比如英语中的过去时态就不是这样的一颗珠子,它更加抽象;它是在一个更抽象的层面上通过某种生成过程切入系统的。这便迫使我们转变视角,放弃程序路径。而当时取代程序性语言理论的一个看似自然的设想——或者至少是我的设想——是普遍语法为我们提供一个可能规则系统的范式(format)以及一个可以让我们从语料中挑出规则系统最佳例示的评价机制。这样,有了语言数据,有了范式,有了评价机制,我们就能获得一门具体语言。可是,这一框架使得我们对第三因素的研究变得几乎不可能,原因在于这一范式必须包含足够的规则系统、必须有足够的限制性、必须表述得足够具体,唯有如此才有可能在给定语言经验的情况下生成数量很少的潜在语法。所以这样的范式一定是一个非常复杂的、因语言而异的范式;而如果它因语言而异,内容具体,表述详细,那么第三因素就起不到什么作用了。这似乎是一个无法逾越的障碍。

因为前不久正在就这方面写点东西,所以我查阅了一些60年代和70年代生物语言学大会的记录,所看到的总是概要、计划或者立场——这正是问题所在。这些都不可行。认为语言有一个高度具体、表述详细的语法范式,并且这是我们赖以解释语言获得的唯一方式。这个看法当时在我、在每个人看来都似乎令人信服,但它的问题在原则与参数框架出现后就显露出来了。原则与参数框架虽没有真正解决问题,但它采用了一个不同视角来看待一切,从而打破了原来的看法。语言获得从语法范式中分离出来,获得过程就是参数设定过程,语法是一切获得的结果。语法不再是获得过程的一部分,这样至少便可以认为它是为满足其他条件而设定的一种最佳方案。这时,我们就可以开始对第三因素做出思考了。

JM:再看看当时社会科学中是否有其他类似这样的情况——至少就语言学而言,存在某个可以将语言学纳入其中的归属科学。就是这样的想法:语言学与生物学存在某种相关性。

NC:嗯,但当时生物学根本派不上用场。我们并没有从中获得什么认识。生物学所能提供的最多就是对比个体生态学(comparative ethology)——而这也不过就是说,那些认为一切行为都不过是刺激-反应而已的人其实都是错误的。除此之外,我们还能从生物学中发现什么?

JM:只是至少按照语言是人类所特有的这一假设——这样的假设也会将个体生态学的事实包括在内——它似乎

和语言是人类的一个生物学特征这一事实必然相关……

NC：……语言是某种器官……

JM：是某一种器官。

NC：但对于心智器官，我们那时毫不了解。要知道我们今天对于视觉系统的了解大约是从 1960 年左右开始的。这一研究和语言器官的研究当时是出于同样的兴趣。

JM：假定存在下列情况：我们并没有什么原则方面的具体想法。但我们感觉存在一定的语言共性以及儿童的早期获得，并认为这一定和生物学相关。这样的情况会出现在，比如说，经济学中吗？同样，就社会科学而言，我只是不知道什么样的科学可以充作它们的归属科学……

NC：我只是觉得我们并不能过多地依赖于借鉴其他科学的做法。这样从来就行不通。如果我们可以从别的方面获得一些提示，那么，这当然不错，但这只能算我们运气好。

JM：但至少语言学似乎应该要看成是生物学的一个分支。正因为如此，我们才会有"第三因素的贡献是什么？"这样的问题。要不是因为这个原因，上述语法范式的思想及其对语言具体性的要求怎么会遇到问题呢？……

NC：……语言学可以归入生物学，但这可能会要求生物学自身发生改变。

JM：……同意这个看法。

NC:但生物学本身几乎并没有提供什么。

JM:我一定很愚钝,但我还是想再问一次:你会如何研究社会科学呢? 系统理论? 你会得到什么呢?

NC:嗯,系统论也是生物学的一部分。我们研究蚁群;这也是生物学的一部分。

在这场游戏中,我们没有免费入场券。

JM:赞同——完全赞同。非常感谢,诺姆。不占用你更多的时间了。

25 语言学与政治

JM：这两者之间是什么关系——我知道，这个问题你已经被问过了好几次，我也问过你这个问题，但你也经常出于各种原因回避这一问题——

NC：……那么，我今天还是要回避一下；因为我确信这些回避的原因仍然存在……

JM：嗯，但我还是会试一下：在你的语言学研究和你的政治研究之间有什么关系？

NC：它们原则上有联系，但并不明显……

JM：你曾说过两者之间没有深层的知识上的联系；在读到你这样的说明时，我总是把它理解为这两者之间没有相互推演的途径……

NC：……两者之间不存在演绎关系。对于这两个论题，我们可以分别持有任何观点，而且不管对两者分别持有什么观点，也不会出现不一致的情况……你了解这其中的思路，我不做赘述。某种意义上，两者都涉及对人类自由的追求。但我们并不能就此点本身去多说什么。

附录一　I-概念、I-信念和I-语言

乔姆斯基(1986)提出"I-语言(I-language)"这个概念一部分原因是为了与语言研究中他所谓的"E-语言(E-language)"路径形成对比。"E-语言"路径是一个研究"外化"语言的路径。语言外化的一种形式即"公共语言",这是最受哲学家们青睐的一个概念。什么是公共语言?戴维·路易斯(David Lewis)、威尔弗里德·塞勒斯(Wilfrid Sellars)等很多人都认为一种语言就是一种制度,为一个人群中的所有个体共同拥有;它可以通过一定的训练程序加以传授,从而使儿童学习、遵守词句在特定人群中的使用规则——这种词句使用规则在路易斯看来是"语言规约(conventions)",而在塞勒斯看来则是"行为规则(pratices)"。将这种观点视作语言科学研究的基础完全行不通,这方面的原因将在附录六和附录十一中加以说明。不过,它倒是和一种常识性的语言观念不谋而合。

E-语言研究路径的另一个版本是蒯因提出的。蒯因坚持认为,"一种语言"的两套语法只要"在外延上对等",那么,要对它们进行取舍便缺乏"事实依据"。所谓外延对等,指的是这两套语法可以生成相同的语句,且可生成的语句数量相等;语句在此是指一个"词语串"。而要理解这一想法,我们就只能认为语言在科学调查中可以等同于一个由词语串构成的集合——一个无限集合。可是,这个看法是错误的,有好几个原因,下面会交代。本质上,语言

是大脑中的一个系统，它有生成数量无限的"音-义对"的潜在能力，这些"音-义对"有特定理论上的界定，生成它们的递归程序也是如此。一个人一生在各种语境中的实际产出则是一种完全不同的创造物：用乔姆斯基的话说，这样的产出只是一种"副现象（epiphenomenon）"，不是将词语串归类成集，使之成为自然主义科学研究的研究主旨。

还有一种"外在地"理解语言的办法是把语言视作某种抽象实体，它不是存在于人的大脑之中，而是存在于某一抽象域之中。但这一看法带来了不少其独有的问题。比如，这一抽象实体究竟是什么？它到底存在于何处？我们如何获得？它在语言或符号产出过程中起什么作用？它与对语言器官的自然主义描述有何差别？等等。再者，现有的语言自然科学研究已经在过去取得了不小的进步（如乔姆斯基的研究），而上面所说的这种 E-语言研究路径缺乏证据，没有严肃的理论主张，更难以对上述任何问题做出合理回答；因此，如果要在这两种研究之间做出选择，后者不值一提。

相比之下，I-语言研究是对"心智或大脑之中"语言的研究。此处的"I"指"个体的（individual）、内在的（internal）和内涵的（intensional）"——还可以再指"先天的（innate）和本质的（intrinsic）"。这一研究方法把人大脑中的某个系统看作语言科学研究的对象；该系统就是一个可以运用自然科学的方法加以考察的"心智官能"所达到的某种（发育成熟的）状态。自然科学的方法采用理想化手段对其研究对象的本质提出自然主义的、并受经验支持的假说，而就 I-语言研究而言，提出假说就是要在理论上说明这个内在系统究竟是什么。既然任何个体的 I-语言均是初始普遍状态(所谓"普遍语法")的成熟形态,我们理应将I-语言看作一个人心智或大脑中的一个发育成熟的生物"器官",并将表现为脑系统运算理论的语言科学理解为一个抽象版的生物学——本质上,就是理解为I-语言研究。一个令人满意的I-语言自然主义理论不能只讨论某一个个体处于某一个特定的发育及词汇存储阶段的大脑状态。具有描写和解释充分性的语言科学研究应该描述并解释大脑内在系统的生长及其在生物物理学意义上可能达到的最终状态。要对任意一个这样的系统——即对任一特定的I-语言——形成一种理论上的看法,唯一的办法就是构建一个既可以涵盖该特定系统、也可以涵盖所有其他类似系统的理论。这便要求该理论设定一个在生物物理学意义上确定、统一的"初始状态"(普遍语法)。基于这一理论,以及关于生物机能及其他自然系统在一定经验(输入)状态下如何限制语言官能从初始状态生长、发展到最终状态这一问题充分的理论描述,我们便可以对任一I-语言的生长做出描述。这样,I-语言的研究路径具有了内涵性:这一理论说明某种具体的语言(可能)是什么,说明任何在生物物理学意义上可能存在的语言都是大脑中的一个递归系统、而不是一定意义上存在于"身外"的句子集——既不是特定人群的语言行为,也不是词语串或抽象实体。语言科学还为语言系统及其可能状态提供一种形式理论;也就是说,语言科学运用一种形式或数学函数对任何特定个体语言官能的成熟状态做出具体描述——语言官能以(符合一定理论框架的)词语作为函数输入值、生成表达式或语句,这些表达式或语句也就是(在形式上得到限定的)函数输出值。函数是根据"内涵"、而不是通过对其(无限)输出加以列举(实际并不可能)得到说明的。正因为如此,语言是内在的、也是个体的(可以将每个人普遍语言官能的状态看作一种类似个人方言的东西,即使这个概念仍存疑问)和内涵的。语言同时也是天赋的,因为语言是生物物理系统这一看法由于语言的生物物理研究的成功而获得根据。再者,对语言及其属性的研究不是依据它们与"外在"其他事物的关系,而是依据它们的本质属性来开展的。部分因为这一点,乔姆斯基认为自己的语言研究,包括语义研究,是"句法的"。这一点将在附录十一中加以解释。

除了 I-语言,我们还会说到 I-概念和 I-信念。乔姆斯基在下面的交谈中做了解释。

JM:I-概念和 I-信念,它们具体是什么?

NC:这两个说法中,"I-"也是指内在的(internal)、个体的(individual)和内涵的(intensional),其中,"内涵的"等同于"基于理论加以确定的"……我想就是这样。我们每个人都有某种方式去理解和思考这个世界、发出行动等,虽然我们不确定这一切都是如何完成的,但可以设想存在某些因素对我们思考世界的方式产生了影响。无论它们是什么,我们可以称其为概念。这就如同牛顿认定世界的最小成分是光微粒一样;我并不知道它们到底是什么,但一定存在这样的东西。同样,不管头脑中那些用以影响我们理解、感知世界的东西到底是什么,总归存在概念;并且,我们可以用它们再来构建一些更为复杂的内容,就是我们所说的思想。对于其中的某些思想,我们在某种程度上有信心认为确能成立,这些我们称为信念。但至于它们到底是什么,这将是一个科学问题,一个探索世界、查明世界如何构成的问题。

总之,"*I*"就是指"我(I)"。

而有关于此的标准看法则是,这些东西——概念、信念,等等——存在于某种世界之中,但却一定是在人的头脑之外……

JM:弗雷格式的抽象实体,或许……

NC:我找不出任何相信这一点的理由。事实上,我认为从历史上来看,这些思考事物的方式源自于一个基本事实,即这类研究多数是用英语或德语完成的,而这两种语言均是名物化程度很高的语言。英语尤其如此。以"信念(belief)"一词为例。在很多语言中,这个词不能直接译出,我们只能借助于相关动词对它做出解释。这类词在英语中所表达的思想在其他语言中只有一些大致对等的表述,但在大多数语言中,并无信念这样的事物,也没有"相信(believe)"这个词,只有"认为(think)"这样并不完全对应的说法。以希伯来语为例。该语言中有一个对应于"我相信(I believe)"的词,意思是"我有信仰(I have faith)"。如果我们想表达"我相信天在下雨(I believe it's raining)"这个意思,我们就会说"我认为天在下雨(I think it's raining)"。多数其他语言也是如此。但英语超越了这一点,它甚至将"认为(think)"也名词化了,产生了"想法(thought)"这样的概念。如果说维特根斯坦和约翰·奥斯汀等人让我们明白了什么的话,那就是至少我们不要这么去做。

JM:更不必说那些17和18世纪的哲学家了。在我看来,他们也认为个体——哪怕恰好是说英语的个体——也不必具有相同的I-概念。

NC：正如个体并不具有相同的语言或视觉系统一样。并不存在英国人的视觉或美国人的视觉系统。只有"我的"(I-)视觉系统。

JM：那么，还想问一下，什么是 I-信念？

NC：任何我们有信心认为具有真实性的想法……不管可能会是什么样的想法。我们不知道这些想法结果会怎么样。我的意思是，我们只是做出了最好的猜测，但不能完全信以为真，正如我们对微粒领域不能完全信以为真一样。的确存在某物——存在着一些构建要素——但谁知道它们到底是什么呢？

昨晚我还在读《科学》杂志，上面有一篇关于水的有趣的文章。很明显，H_2O 分子因为其不同的形态而成为最复杂的分子之一。角度可以不同，键合可以不同，结构也就可以不同……参看阮，等(Ruan et al. 2004)，以及沃耐特，等(Wernet et al. 2004)，还有对这两篇论文的跟进讨论：祖巴威克斯和格朗泽（Zubavicus & Grunze 2004）。不同的键合角度和键合长度，不同的化学环境使得水形成不同的构造。水在温度、基底、压力等因素发生变化时就会发生构造上的变化。它的表面或"界面"特性——即在各种过程中起关键作用的特性，包括关键的生物特性和生理特性——具有可变性，并且它们有赖于大量内在与外在因素。水是一种非常复杂的物体，对其研究的技术手段越是先进，我们反而越是没有信心去理解它。所以，在因为各种原因将水等同于 H_2O 的时候，哲学家们还是会对水做出推测……

JM：……是的，没有什么能够让他们停止推测。

NC：是的。

附录二 "Function"的几个不同用法

为了更好地理解问题的关键所在,有必要对"function"一词的几种用法做一个分类。在对该词用法进行梳理的同时,我还将对乔姆斯基的科学观、常识观及其基于我们的常识概念以及我们创造的科学概念来通达世界的看法等做出概括。虽然在其他附录中,我有更加详细的讨论,但在此我仍要提及这些议题,这是因为"function"一词在科学中有好几种用法,它们与其在常识框架中的用法完全不同,所以,如果对这些框架不加区分,就会导致这些不同的用法混淆不清。科学框架和常识框架有着非常不同的取向:它们满足人类不同的认知需求。按常识获得的那种理解服务于必须通过行动以满足其需求和愿望的主体的利益。因为这种取向,常识以及我们因为常识而获得的理解世界及他人的概念——即自然语言所表达的概念——总是以人类为中心就不足为怪;并且,自柏拉图以来,大多数哲学家所提出的各种各样的形而上学与认识论"理论"都以人类为中心也不足为怪。比如,想想看,亚里士多德的地心宇宙观、摩尔的常识哲学、维特根斯坦的"日常语言哲学",还有当前仍然盛行的语言的社会体制观等;人们创立这些学说并通过学习和教育加以传播,从而满足其自身的认识之需。科学——至少是先进的数学科学——通过数世纪的缓慢发展,渐渐地在与常识及其人类中心主义争夺影响力的斗争中取得了胜利。

科学以客观描述和客观解释为导向。科学家在17世纪早期就已经发现,科学对世界和人的描绘与常识刻画差异甚大。

生物学这一特别关注语言研究的科学似乎仍处在转型之中——它似乎对常识理解仍存不舍。达尔文的自然选择观——甚至于现在吸收了基因说的所谓"新达尔文主义"——以及建立在这一观点之上的适应论,和阿兰·图灵以及理查德·勒旺汀所说的"历史"仍有割不断的联系,却与关于结构和形式的数学形式化理论无缘,也无关乎这些理论对有机体潜在的变异以及有机体生长发育所受的限制做出的说明。在关于演化的讨论中,的确存在一些有关选择与适应的天真想法,它们和历史化的行为主义——这是B.F.斯金纳(1971)在其《超越自由与尊严》(*Beyond Freedom and Dignity*)一书中所强调的观点——难分你我。乔姆斯基在正文中对此有所评论。但"历史"在生物学中的解释作用可能会逐渐减弱。"进化发展生物学(evo-devo)",对物种信息极大程度上通过遗传物质而获得保存的发现,对基因排列及其时效机制在解释结构和结构发展中重要作用的认识,以及其他一些生物学研究——包括乔姆斯基对语言生物学的贡献——都强调其他自然科学如物理学和化学,还有对自然生长和发育可能发生的形式所做的数学上的限制说明等在生物学解释中的作用。这些理论在生物学中对生物结构以及生物系统(包括个体的心智"器官")可能发生的变异与修正施加限制。结果,自然选择在生物结构中的作用被弱化,选择不再如先前所说的那么重要:它只是"挑选"那些需要保留下来的结构,但却并不总是能够有效地做到此点——乔姆斯基在我们2009年的最新讨论中(第51—52页①)曾指出此点。它也不会在任何真正的意义上创造或建立结构;结构的创立在很大程度上得益于上述形成可能形式的物理和化学限制。因此,我们至少要在一定程度上降低自然选择在生物学解释中的地位,这其中涉及众多相关问题。有关这方面的概述,可参看史蒂芬·J.古尔德(Stephen J. Gould 2002)的重要著作《进化论的结构》(*The Structure of Evolutionary Theory*)。同时参看乔姆斯基在正文及其他论述中对这一议题的相关看法,以及杰里·福多和马斯沫·皮亚特里-帕尔玛里尼(2010)所著的《达尔文错在哪里》(*What Darwin Got Wrong*)这部书第一部分的相关观点。

2.1 常识和依附于利益的功能

日常生活中,我们自幼便在常识框架之内思考和谈论事物的功能、系统的功能和机构的功能等,不仅如此,我们还会给这些事物指派不同的功能(通常相当于工作、任务或者作用)。在这种对世界的理解框架中,任何事物都很难说只具有单一特定的功能。水在一种场合是用来喝和解渴的东西;在其他场合,它又是用来降温、灌溉、洗涤、稀释烈酒、游泳、漂浮船只的东西。政府的功能可以被视为推行法律,但也能被视为满足人民需求、保障人民权利、控制暴力、组织防御等。语词和语句(这里指常识意义上的词句,需要被视作人工产物、而不是自然物)是用来分类、描述、指称、坚

---

① 【编注】文中所提到的页码,均指原书页码,即本书边码。

持己见、劝说诱导、发布声明,还有就是——很多人最喜爱这样说,并且声称这在某种意义上是词句的本质功能——交际。铁路运输货物、运送乘客、为工人带来收入等等。有机体和身体部位同样被视作拥有不同的功能。皮肤可以用来抵挡灰尘和疾病,可用于爱抚或接受爱抚,给身体散热,提供某种交流,等等。老虎是世人景仰的对象、也是偷猎的对象;老虎有助于维持生态平衡,也用于动物分类和动物标本剥制,同时还能用于制药。

照这样来看,事物常识意义上的功能就是其用于做某事的功能或者其满足某种需求的功能。当我们说鸟的翅膀能够让鸟飞翔时,我们将鸟看成是满足了一定需求的主体;而当我们看到鸟的翅膀在求偶舞蹈中的夸示作用时,我们认为鸟的翅膀满足了有机体的交际需求。当我们说某物对我们而言具有某种功能时,我们就是认为此物可用于我们应对世界、谈论世界和世人的各种努力和尝试之中。为某物指派一种功能就是为它在解决某个问题或执行某项任务的过程中确定某种作用,这样的任务都是为了实现实际利益,和追求科学理论价值无关。我们将事物、将常识框架中的"事物"付诸各种使用;在我们努力实现自身利益的过程中,我们使用这些事物来处理各种实际问题——即通常需要采取一定行动或运行一定程序才得以解决的问题,如放狗出来、照顾儿童和年老的亲属、洗衣服、在法庭上做陈述等。值得注意的是,我们关于这些事物的常识概念——我们有关水、政府、皮肤、铁路、词语等的名词性(名词所表述的)概念——对这些事物在使用上的灵活性似乎也起到了一定的推动和支持作用。事物的使用是一种行动形式,而行动本身是自由的;但不仅如此,事实上,有关这些事物的概念也容易受到人的行动和利益的影响，对我们关于它们所描述事物的思想和直觉起着引导作用。看看"水"这个概念，这是乔姆斯基(1995a，2000)通常所举的物体之例。在放入茶包之后，水就不再是水了——从自然科学的角度来说，这很荒唐。因为这时，并没有水了，"水"的概念不复存在了；现在只有由"正常的"氢、氧原子(不是其同位素，这和氘、氚不同，后者都有氢的同位素)构成的一种化合物，它具有某些只能在特定的科学理论(参看上文第156页)中才得到界定和理解的非常有趣的属性。这时，科学意义上的水和茶都不见了，只有常识意义上的水和茶，连同我们对水能转换成茶这一点的认识。日常生活中，只有这种转换和所涉及的物质对我们而言才是重要的；它们有助于实现我们的利益和行动。同样，如果河中的水经历相变而成为固态，并且我们在这种固态物质的中间画出一条高速公路车道分界线，那么河(如正文中的讨论所示)也就不再是河了。化学成分在此并不相关：即使水在市自来水厂曾流经一个茶滤从而在成分上跟茶完全相同，但只要它是从水龙头中放出来的，我们还会把它看作水。这是因为从水龙头——从这一源头流出的就是水，就是这样。在人们考虑相关事物、并在不同的计划中运用这些事物时，人们头脑中有关这些事物的概念是如何能够(也确实如此)将人们的各种利益涵盖在内、并在其应用之中体现其对这些利益的敏感性，这一点尚不清楚。不过，事实基本是清楚的。我们对我们依照这些概念来分类和讨论的事物及系统的功能有所操控，并对它们做了适当的划分和调整，使其有益于我们所要执行或实现的各种可变的(当然都是相关的)计划、任务和利益。事物的常识概念似乎正好允准并支持此点，至少一定限度内如此——这样的限度可能是由构成相关概念的特征所规定的。

在前面的一个段落中,我把词语与句子也归入常识框架内的事物之中。它们在这一领域内就是被这样看待的:它们是源自人们口中的"事物"、是被写在纸张上的"事物",为我们做各种工作、以各种方式实现我们的利益。我们把它们视为工具;用 J. L. 奥斯汀(1975)的话说,我们是"用语词来行事"。在词语和句子等"事物"与水、桌子和人等事物之间存在重要区别。和后者不同,词语和句子是人们用以描述、推测、劝说、分类、提问、交流等的工具。它们被视作人们用来指称与断言、抱怨与称赞以及静思与沉思的事物——如果认为词语都是"大声说出"的,那么不出声地用词语来思考则变成了一种异常情况。它们有时被用来"谈论"或"指称"——如上所述——世上的事物或情境。如果这种使用很成功,我们就可以说,它们表征了事物和情境。它们在做如此使用时便是"关于"事物和情境的。

在以这种方式说明问题时需要注意,词语和句子并不是自行"关乎"事物的。它们必须要以相关方式加以使用(按某些看法,要以相关方式成功使用);在这一意义上,可以认为,词语实现指称、具备"关涉性"是因为我们有时候恰好是以这样的方式来使用它们的。与许多在哲学和语言学领域研究语义的人不同,乔姆斯基对待这一点十分认真。它是其有关心智系统及其运行的自然主义的内在主义研究路径的背景预设之一。本书对乔姆斯基的内在主义论点以及有关指称的观点另有讨论,所以此处不作详述。不过,值得一提的是,他对语言和心智的描绘——这是从科学的、而非常识的角度所做的描绘——可以解释为什么研究心智的科学家应该认真对待此点,也可以解释为什么一旦相信此点,我们就可以领悟"常识世界中的事物"如何,缘何开始具备如此多变的"为我所用的功能(functions-for-us)"。简言之,首先设定自然语言"表达"常识概念,相关讨论可参看乔姆斯基(1975,1995a,2000)。用自然语言来表达常识概念所牵涉到的事情有一部分就是要让这些概念可以为心智的其余部分所用。要明白这又具体涉及什么,可以假定(按当前的心智科学,这样假设不无理由)心智由许多不同的模块组成,如视觉(或许也只是部分视觉)、听觉、语言系统等,其中包括语言的核心计算系统。进一步假定——这同样不无理由——语言计算系统对包含"声音"特征和"意义"(或"概念")特征的词项(即"词语")进行组合;词项在组合之后生成被称为"表达式"(即"句子")的复合体——在语音或音位"接口"(PHONs)就是语音特征复合体,在"意义"接口(SEMs 或 LFs)就是语义或意义复合体。在每一接口的"另一边"则是其他一些系统:PHON 接口的另一边是发声和感知系统,SEM 接口的另一边是"解释"和"理解"系统。单就 SEM 或"意义"(概念)接口及其运行而言,我们假定其相关特征可以和其他各种系统发生"交流"并向它们发布"指令"。这些不同的系统可能包括视觉(以某种方式与物体构置系统、也可能与独立的视觉构置系统连接),还有情感和态度系统、社会层级系统、有时被称为"想象力"的系统、时间和空间定位系统等。想象力可能会为某种认知自治(cognitive autonomy)提供一些资源——16、17 世纪的好几位哲学家都认为动物也具有想象力,并声称正因为如此,动物获得了一种有限的心智创造性——但或许只有语言系统才能实际地完全独立并自主运行,并且仍然可以同时使用其他系统提供的资源——人因此有能力去推测和思索,去将他们思想的触角在任何时间伸向任何场景,去沉溺幻想,去从事各种思考,等等。不过,我们即使不做这样的假定也会承认,只要对 SEM 及其概念"信息"加以使用(即每当它对解释或理解产生一定作用时),就会涉及多个系统,并且这些发挥作用的系统可以因情况而异。如果真的如此,那么在 SEM 处所表达的概念或语义信息群可以有多重运用、可以为实现人的各种利益而加以变通便不足为奇。所以,常识框架内的事物理所当然地被视为拥有并实现不同的功能,因为我们是透过多个不同且存在互动的系统所提供的镜头来看待它们的。这样来看,我们获得了某种巨大的互动效应,因此没有希望就 SEM 另一端"发生了什么"这个问题去建立一个确定、科学的理论,这同样不足为怪。表面上看,并没有什么一体化的中心模块——就是说,并没有这样的一个系统,它能够完成"心智""主体"和"脑中侏儒"这类说法所指事物需要完成的任务。[①]

---

① 【原注】有些人——如卡卢瑟(Carruthers 2006)——曾尝试将语言系统本身当作一个——或者甚至是唯一的——中央协调系统;它是一个吸纳和整合不同系统提供的资源、从而形成人的认知灵活性的装置。这个思路得益于伊丽莎白·斯派尔克(2003,2004)的研究而具有一定的意义。我对语言有助于人的认知灵活性这一点并不怀疑(参看麦克吉尔弗雷 2005b)。但需要承认的是,我发现卡卢瑟的这些异常复杂的说法很难接受。首先,和一些心理学家,还有其他人(包括他的一些批评者)一样,卡卢瑟也是通过引入一个模块来完成某些需要由心智来完成的"工作"的(很明显,他所说的"工作"是根据他"人是主体,其心智有助于其实施行动"这一看法来作出规定的,因为这似乎就是他在将人视作"复杂的功能系统"时的真实想法);其结果就是对心智所做的"方盒式的(boxological)"描绘,但至于方盒中究竟有什么,却并没有什么具体说明。我对他在探索自己感兴趣的问题时所表现出的勇气由衷钦佩——他试图在特别关注语言作用的前提下,对"具有很高模块化程度"的心智如何得以整合其各部件并形成各种协同行为这一问题加以描述,并在一定意义上对其作出解释。然而,因为一些最终与语言使用创造性相关的原因,我对这样的问题是否可以从科学的角度加以解决表示怀疑——我对福多及其"心智表征理论",还有其他类似的尝试也存有异议。常识意义上的民俗心理学以及信念-愿望假说无疑也对该问题作出了一定的说明,但它们并没有建立一个关于心智和行动的科学理论;它们所依赖的是常识概念以及本质上将人视作实际问题的解决者这一看法。

不过，还是明显存在某种形式的协作：在联合可以为其所用的各种资源以实施行动、相互理解方面，人们的确取得了成功，至少大致如此。因此，情况有可能是，作为心智科学家，我们所能做的最好的事情就是讨论人是如何运用语言以及语言所表达的概念来完成各种事情的，这其中包括指称。① 相关说明可参看麦克吉尔弗雷（2005b）、乔姆斯基（1966/2002/2009）的2009年版引言和正文，以及本书别处有关语言创造性的讨论。

现在再回到我们对"为我所用功能"的讨论。我们认为某一概念所涵盖的一组事物并非只有一种主导性的应用或功能，但有一些关于人造物的概念似乎与这一想法不合。"GOVERNMENT（政府）"这个概念当然不是这样，但像"CHAIR（椅子）"这样的人造物概念却看似只是在对某一种基本的应用做出规定，因此，即使我们将椅子付诸各种使用（来实现其与我们利益相关的各项功能），"椅子"这个概念却都只是在表达一个功能，它是任何能够被理解为是椅子的东西所必须行使的功能。我们可以说，椅子必须是某个可以坐的东西；我们想，毕竟人造出这种东西来就是要它完成这一工作。那么，我们能不能说这就是一种基本功能或作用，"椅子"这个概念就是根据这一功能加以定义的？亚里士多德用他所提出的元素（土、气、火、水、以太）做过此类尝试：它们都有各自的本质，可以通过它们各自在亚里士多德的宇宙图景中所"做"的事情来加以界定。土在松手之后就会下落，因为它就是为此而

---

① 【原注】有些人——如福多——认为，他们可以通过引入一种他们声称是基于自然法则的指称论或外延观来拯救心智表征理论。关于对此类尝试的讨论，参看本书正文及其所引文献。另见我（2010）。

"造"的。现在在科学中,当然不会有人以此为真,因为这种看法会产生一个预设,即科学世界中的事物也类同人造物。这样,"强子(hadron)"也必须被看成是一种创造物,但不是人造物、而只能是神造物。那么,事物只有一种基本性功能的看法对某些人造物概念而言能否成立?至少,在有些人造物概念中,制造者的意图起着非常重要的作用;并且,要说这些人造物只涉及单一的制造者意图也貌似合理。正因为如此,有些人冒了很多风险想证实这个看法:比如,有很多对艺术品身份的研究都认为艺术家的意图在艺术品的创作中起到了举足轻重的作用。至于椅子,我们必须承认"坐在其上"只是椅子很多功能中的一种。在考虑椅子的功能时,我们会认为它们可以行使,也会使用它们来行使各种不同的功能。我们可以站在椅子上,可以用它们来压住地毯,来盖住地毯上的污点——或者是盖住地板上的凿孔等。我们也可以把它们当作财富或社会地位的象征来进行展示,或者用它们来表示我们对某种特定款式的偏好。尽管如此,尽管我们能够以很多方式来使用椅子,用椅子来为我们完成很多的任务,但它们应该是用来坐的东西岂非制造者的本意?并且,如果它们没有成为坐具,它们就不是椅子了吗?这值得怀疑:不论其实际价值如何,我的直觉告诉我一把坏了的椅子仍是椅子。或者更加明显的情形是:博物馆里一把明确标明不允许坐的椅子仍是一把椅子。再者,制造者在功能方面的意图不可能构成我们对制造物的全部理解。长椅、凳子、沙发、双人小沙发等,这些也都是作为坐具而创造出来的。并且我们也可以坐在其他许多东西上,包括圆石和树枝等,它们在被如此使用时也在行使坐具的功能。所以,除了借助于某个单一的功能——不管它的这个功能相对于其更加讲求实用的生产者的意图而言可能会是多么"首要"——我们在对"椅子"这个常识概念进行定义时,一定还有更多的东西需要考虑。回到亚里士多德的视角,最起码,我们可能还要考虑椅子其他方面的"成因":"椅子"这个概念应该要对椅子这种事物的几何形状以及可用于制造它们的原料等有所说明,并且要表明椅子(通常而言?)是人工产物。或者我们再看看亚里士多德对"房子"这个概念的看法:它是人们可以居住的东西(目的成因),用合适的材料建成(物质成因),是人建造的(动力成因),等等。也许加上这些额外信息会让某些人感觉满意。但对于心智和语言科学家而言,这样做的意义并不明确。添加这些信息后所得到的定义在科学家看来仍然并不成功,因为它看似是——也的确是——在列举人们就"椅子"这类说法的理解和使用而言高度趋同的那一小部分情形。这种尝试是维特根斯坦所谓的"对使用的描述",而不是对心智中概念的描述;后者可以和有关概念发展或生长的说明以及概念如何"影响"其使用的说明相结合。也许这也正是亚里士多德的目标所在;他的目标并不是对词语的使用加以描述。或许像在其身后的哲学家兼科学家如拉尔夫·卡德沃思一样,他是在寻求途径、以试图理解"房子"这一概念究竟是什么、它又是如何"运行"(和发展)的这类问题。

虽然对使用的描述并不成功,但此类及相关尝试至少可以实现部分理论诉求。一则,它突显了一个事实,即语言运用或使用中存在大量变化,并且这样的变化实际上不受任何限制;这充分表明基于语言使用或运用来构建理论不会成功。再者,它提供了一些关于语言的数据,语言和心智科学家们可以或者应该对这些数据给予充分考虑。比如,按照这样的尝试,我们应该考虑下面这一事实——至少就名词性表达(非形容词、副词或者动词)以及用自然语言表达的常识概念而言,我们的心智倾向于对"某物是用什么制作的?""它用来干什么?"以及"它是人造物还是自然物?"等问题做出回答。尤利叶·莫拉夫斯克(Julius Moravcsik 1975,1990,1998)在这方面有非常有用的论述;詹姆斯·帕斯特约夫斯基(James Pustejovsky 1995)综合了他的部分见解,提出了一个有关语言加工的理论。还有一种关于概念及其获得的观点也可能体现了上述事实;该观点把概念分解为特征,具体而言就是乔姆斯基所说的"语义特征",它们对某个人特定词项的"意义"方面作出规定。这些问题在后面的评论中还会涉及。

更一般而言,我们通过观察人们如何使用语言,我们通过从上述还有许多其他情形中获得的数据,我们通过使用各种仪器获得的数据,我们通过从语言和其他系统损伤中获得的数据——比如伊丽莎白·K.沃林顿(Elizabeth K. Warrington)的研究,如沃林顿和科拉切(Warrington & Crutch 2005)——再加上我们从神经心理学和神经语言学中获得的数据,等等,我们获得的所有这些数据或者证实,或者证伪那些针对大脑中语言官能以及其他官能模块的构造、运作及其输入和输出而提出的各式论点。置身于正在不断改进的理论结构之中,我们便能逐渐理解在语言、视觉、物体构置等方面正在取得的进展。我特别提到这三个方面是因为如今在这几方面已经取得了不小的进步。

按照上面的论述,指出并不存在某个单一的语言功能这一点同时有助于阻止某些提议者去尝试构建他们所谓的"语言理论"（比较流行的是一种有关语言意义的"理论"），这些理论的基础就是自然语言具有单一的功能这个误导性假设。认为语言只行使交际——甚至更为限定的看法是——"信息"交流这一基本功能的有哲学家、语言学家、心理学家，还有其他人。他们为什么要持这种看法，原因很明显。他们并不把语言视作自然系统、视作I-语言或者是大脑中具有生物物理基础的系统，而是将其理解为使用中的语言——人的"实践"中的语言和人类语言行为及语言行动中的语言。以这种观点看待语言，且同时试图构建一种系统、统一的语言理论，这些人便不得不寄希望于语言单一标准用法的发现。因为他们相信，实现此点就可以表明语言使用和运用的规则性。而如果真的存在这样的使用规则性，那么它们也许就能成为语言的规则——这对于那些希望把形式逻辑和推理研究作为其语言理论基础的哲学家来说，是一个特别具有吸引力的前景。他们所偏爱使用的这种研究策略要求他们去寻求语言的功能本质；对于这一本质，他们希望通过人们为彼此间交流信息而设计的一个统一的（推理）规则或者规约系统表达出来。我们在下文将对这类尝试中的一部分——比如戴维·路易斯的研究做出讨论。

当然，对使用加以描述并没有什么过错。但正如维特根斯坦很早之前就已指出，这样做的问题在于，在这些有关人们如何使用语言来实现各种意图的描述中——这些描述对语境高度敏感、高度可变——我们无法找到任何严肃的理论构建都需要的那种规则性。路易斯以及其他一些人认为自然语言使用存在统一性的错觉过去需要、现在仍需要被纠正,并且他们应该被告知:如果他们还要构建语言理论的话,他们一定不能只关注语言使用,而必须将语言视作有使用功能的自然物。强调语言具有多重用法和功能可以动摇他们为语言及其声音和意义做(至多是社会科学,而不是自然科学)理论构建的基础。我们当然可以为语言使用规定一个理想的形式;但如果我们希望建立的是一个和经验有关的理论、而不是一个纯粹的希望的话,我们就最好去关注事实。如果我们在人们说话的方式中无法找出语言使用的真实本质,那么也就不要指望去构建什么理论——不要说去构建一个关于语言使用的自然科学理论,就连构建一个目标无须如此宏大的社会科学理论也谈不上。其实,一个在这方面看似合理的社会科学理论最起码也需要词语和其指称对象之间具有某种确定的关系,需要假定这种关系是存在的(但事实上这一点根本无法保证)。这种关系不可能被发现,因为人们是在各种场合,出于各种目的而使用语言的。当然,如果我们所关注的是这样的一个语言社区,社区中人执意回避歧义,拒绝隐喻,并刻意只用其语言去做一件事情,那么,在使用和运用中寻求一致的做法可能会有一定的成效。比如,当数学家和自然科学家用他们的符号系统进行证明或建立可验证假说时,我们会在他们的语言使用中发现某些一致之处。他们有充分的理由避免以一种创造性的方式去使用他们的符号系统。这种符号系统要是被创造性地加以运用,他们就无法进行论证或者向他人做出演示。尽管如此,即便指称在这样的人群中是"确定的",那也是因为人们在语言使用中有意保持一致。人们在使用自然语言的时候会发现这样做徒劳无益;我们之所以创造性地使用语言是因为我们能够如此,并且,我们在语言的创造性使用中获得满足。①

强调交际绝非语言的核心功能同时也有助于瓦解进化心理学家如平克和布鲁姆(Pinker & Bloom 1990)等人的研究;他们依据交际能力可以不断增长这一点提出了一种语言演化假说。这个问题在本附录以及正文的其他部分还有进一步讨论。

2.2 数学和自然科学:形式函数

关于"为我所用"的功能以及它为语言和心智科学所带来的诱惑、问题及机遇,我们已经有了足够多的讨论。现在我们转至"function"一词在数学-科学中的一种完全不同的用法。在数学和自然科学中,"function"表达"函数"这一概念。一个函数被假定是一种将(一个变量)具体、指定的定义域映射为另一个具体、指

---

① 【原注】某种程度上,我们可以根据一定的语境来"确定"某个指称;具体做法就是在对"字面所说"所做的说明中引入一套标引(indices),对说话时间、说话人、话语语境、说话目的等做出标示。或者不如说,我们只能希望此种做法会取得成功,因为它实际上无法成功:要把所有可能的情形都包括在内,这样的标引在数量上就会无限;而且,也找不出一种可以独立于话语的手段来确定哪怕是其中一组的指称物的指派——假定这一次指派便足以解决问题(其实不然)。所以,这种做法只是一种表面上的进步,对于想真正为语言建立一个具有一定客观性的理论的人而言毫无帮助。因为在最终的分析中,我们不得不为特定话语语境中的某个"当前受关注事物"添加标引,而要确定这一标引所指需要通过一切看似必要的认知资源进入和所分析话语相关的情境,并对他人的意图做出合理猜测。对于达成这样的"情景性"判断要涉及或可能涉及什么,并不存在什么"边界条件"。在其《碑文的绝妙错乱》(*A Nice Derangement of Epitaphs*)一文中,唐纳德·戴维森就此得出结论,认为不可能存在什么语言理论。他所应该得出的结论是,不可能存在作为使用的语言理论——这实质上也就是维特根斯坦的观点,在戴维森之前大约四十年就出现了。

定的值域的对应性操作。比如"加法"函数用于自然数,就是将不同的自然数对分别映射为一个自然数:"N + M = X"取任意选出的两个自然数 N 和 M,返还则得值 X,后者是前两者之和。其他领域中的算法(algorithm)(数学化或形式化的规则、原则或法则)也有同效。在乔姆斯基最近的语言学研究中,一种"外部"版的合并操作(即"外部合并")取入一个词项——可能就是一个由"特征"簇所构成的、海吉特·鲍莱(Hagit Borer 2005)称之为"词汇包(package)"的东西——和另一个词项,返还得到一个新的词项:X 和 Y 合并产生$\{X, Y\}$。合并也可用于更加复杂的句法体。假定 Y 含有 X:Y = [… X …]。对这一句法体执行内部合并,则得到 $\{X, Y\} = \{X, [… X …]\}$;这就相当于乔姆斯基过去所谓的"移动"或"异位"操作。

在相关类型的例子中,"函数"通常可以得到很好的界定。所以,在某个理论所提供的具体的形式表述中,如果该理论对其定义域和值域做了具体说明,我们就可以获得对某函数精确、唯一的解。有时,我们可以获得所谓的函数"外延性定义"。看看将加法函数用于一个有限的定义域和值域。对于且仅对于自然数$\{1, 2, 3\}$来说,加法函数会产生三个有序对,其中,第一个值集构成定义域,第二个值集构成值域:<$\{1, 1\}$, 2>、<$\{1, 1, 1\}$, 3>、<$\{1, 2\}$, 3>;别无其他。递归函数——比如数学中的后继函数和语言学中的合并操作——可以在定义域有限的情况下生成无限的值域。在这种情况下,谈论函数的外延性定义则毫无实际意义,因为我们无法将该函数定义域中的相关值一一列举出来。这时,我们通达值域的路径只能通过函数自身来加以确定——就是说,我们需要对定义域以及将定义域中的成分和值域中可能的成分相连接的算法做出明确表述。通常，我们把数学和科学中对函数所做的表述和说明称为函数的"内涵性"说明。这对我们讨论的目的而言是一个很重要的惯例，因为乔姆斯基对 I-语言的说明——即该 I-语言的语法——就是这一意义上的内涵式说明。这也是为什么他要将 I-语言说成是"个体的""内在的"和"内涵的"语言的原因（参见附录一）。对 I-语言做内涵式说明十分必要，因为要通过列举其（无限）值域中的所有语句来对某一时间点上的某个体语言（即某人语言官能的特定状态）做出说明绝无可能。而要对 I-语言做出内涵式说明，我们只能借助于可以让我们对定义域（即某人心理词库中所包含的数量有限的词项）以及相关函数或原则做出表述的理论；除此之外，该理论还要考虑和组合性原则相关的，或者以某种其他方式（和"第三因素"相关）做出明确说明的（参数性）变异。这些 I-语言的语法形成一个对值域的内涵性说明（即由相关算法生成的数量无限的表达式或语句）。它们同时——如果说它们是成功的——可以对个体心智语法当前的实际状态做出充分的描写和解释；个体的心智语法是一个我们无法通过其他方式去接近的生物物理"实体"，科学哲学家有时冠之以"不可观察之物"。一般来说，这就是科学理论所呈现的面貌：它们是对相关函数的陈述，这些陈述旨在描写和解释"存在"什么，什么情况下我们可以认为"那里""存在"某物；它可以通过理论得到说明，也的确通过某一正确的理论得到了说明。可以将这些以及其他的数学化或者以形式手段得到说明的函数表述称为"形式"函数。形式化可以让陈述变得精确、清晰——这些都是科学的特征，而我们在使用自然语言所表达的常识概念时明显无法具备这些特征。

我要强调的是,对 I-语言的内涵性或理论描述可能是语言学家的一个心理建构,但对于乔姆斯基来说,它同时也是对人的心智中一个"器官"的"真实"状态的描述。这个状态是 UG 发展出的一个状态,是其根据某种可能语言所要受到的生物物理限制发展所得。获得如此描述的 I-语言被认为是"真实事物",是作为自然科学的语言学的真实的研究对象。而那些由人所生成的语句——这当然需要所有和语言官能之间存在合作的"行为"系统的帮助——只是一种副现象,仅此而已(乔姆斯基 1980:82—83)。关于语言的理论实际上就是关于一个"真实的"内在系统的理论。表现为人类基因组一个发展程序的 UG 以及任何其他非生物学意义上的发展限制,都是对语言官能"初始"状态——即语言官能在一定的词项条件下所具备的可以发展出一种稳定状态的基本条件——所做的具体的理论说明。

按照我们前文的一个看法,形式函数本身作为符号集,还有其通过理论加以说明的形式以及在理论上得到允准的组合操作都是人所发明的"事物",而不是自然物。它们相当于一个形式符号系统的"句法";而那些精通相关的形式"语言"者在运用这种形式系统符号时则表现得极为严格、谨慎。这些符号在任何我所了解的、自然主义科学所研究的客体语言中都没有出现。但是它们的确出现在一些有关形式函数的形式理论所说明的客体语言之中:数学包含对函数本质的研究,但这些并不是自然主义理论,不是关于自然界中自然物的理论。它们只是对一些我们可能或者实际创建的形式工具做出的说明,人们正是运用这样的形式工具来建立自然科学。如果我们最终发现这些以及其他函数果真存在自然赋予的限制——它们可能由于某种自然主义的心智理论而得到揭示——或许我们便可以提出关于函数本身的自然主义科学了,而这大概就是心智的内在主义科学,与乔姆斯基的语言理论类似。也许这样一门科学会有助于我们理解——别的不说——人们究竟如何得以构建形式系统和科学;并且就科学而言,人们又如何能够针对某些现象来构建和证明少数看似合理的假说——这些假说只是在逻辑上可能存在的众多假说中的极少数。真要有这样的理论,那将会大有裨益:或许,我们对查尔斯·桑德斯·皮尔士(Charles Saunders Peirce)过去所谓的"溯因推理"——即我们构建有效假说的能力——的研究就已经向前迈进了一步;或许,形式意义上的函数,至少是为自然科学所用的形式函数,最终被证实就是某些特殊类型的自然物。这个想法很有趣,但至少眼下我们可以将其忽略。就目前来看,我们对这一意义上的函数所做的清晰、明确的数学化形式构建及描述——无论是外延式的还是内涵式的——似乎都是个体努力取得的成果,因此它们就是人工产物。

自然科学运用形式函数这一工具便可以处理随机性,同时也能够处理看似具有相对稳固的本质的物体——就生物实体而言,它们不仅有相对稳固的本质,同时还具有"渠限化"的生长路径。果真如此,我们便会庆幸充斥自然界的似乎就是这样的物体和系统。我们相信自然就是如此,因为我们所创建的科学是在不断取得进展、不断提升,而不是漫无目的地原地转圈。我们认为我们所能理解的自然物和自然系统具有确定、稳固的本质,这一点并非偶然;这样的本质容许彼此间的相互作用和诸多变化,它们可以为自然科学的形式原则(法则)所把握。正是这样的本质——以及完全是偶然存在的系统——构成了我们的科学可以解释的内容。

当然,许多形式物体——如数字和运算操作——似乎也拥有固定本质。当我提到阿列夫零(aleph-null)的时候,如果你具有相关数学知识的话,你就会明白我脑中想的是什么。我们可能很想将阿列夫零(或者数字 3,447,209,531)理解为如强子或染色体一样的某种客观存在。哲学家们经常会沿着这个思路去思考,想要建立一个抽象物的世界,并将数学等视为探索这个世界的方式;这样的世界在有些人看来至少要比那个我们在日常生活中需要应对的世界更加完美。在我看来,抵制这样的诱惑是个不错的想法。鉴于前文所述,阿列夫零看似拥有某种固定的本质是因为我们——或者是那些具有相关数学知识的人——首先对这个"物体"的本质做出限定,然后在某种意义上约定以相同的方式使用"阿列夫零"这个说法。自然科学所研究的实体——如我们通过形式化的自然理论加以描写和解释的电子、μ 介子、有机体、化学物质等——也都具有固定的本质,但这在我们看来不仅仅是因为我们同意以相同的方式来使用这些表达并根据约定的程序来为之做出证明。这些自然科学描述和解释的物体和系统并非我们发明创造所得,这看起来似乎与高等数学中的那些物体和系统并不一样。正因为这一点——也因为 I-语言理论的成功——我们才会认为,对 I-语言理论做出以下评论是恰当合理的:它描述了一个"真实的",通过人类心智中的某个"器官"而获得体现的系统。

2.3 生物学:"为有机体所用的功能"

我们一开始讨论的依附于利益的功能并非科学调查的恰当对象。不过,还有一些别的功能概念,它们虽然好像也涉及利益,但却因此更适合充当科学研究的对象。这些功能概念可见于生物科学。进化论科学家会谈到"适应",它是指一组有机体共同具有的一个特征——比如像脊椎动物都有眼睛这样的器官——这个特征拥有它现在所具有的形状和复杂结构被认为是进化过程带来的结果,并且该特征拥有其物种内现有的可遗传形态据称是因为那些拥有此特征的生物会因此而获得更强的繁殖能力。[①] 通常我们会发现存在这样的看法,就是在繁殖上所取得的成功是源自某种遗传性变异,这种变异被认为在某个有机体的运行中对物种存活起到了某种特定的作用——在这个意义上,这种变异实现了物种的利益。至少,它在提高有机体的生殖能力上发挥了一定功能。平克和布鲁姆(1990)按照这一思路认为,语言进化过程中会出现一些适应性特征,其功能是可以不断提高交际成功率;并且,他们相信他们可以按这个思路来解释自然语言的"形状"。但是一点也不清楚他们究竟有什么证据来证明他们的这些设想或者是平克和杰肯多夫(Pinker & Jackendoff 2005)在批评豪塞、乔姆斯基和费切(2002)的时候所提出的那些设想。表面上看,所有这些似乎都不

---

① 【原注】关于自然选择的动因,繁殖能力可能是最为大众所接受的观点,但要排斥其他动因也会非常困难。

过是那种曾经遭到理查德·勒旺汀(1998)严厉批评的假想式说法,无甚新意。不过,要在其他器官中找出适应有利于生存的例子倒不是太难,比如眼睛和视觉系统、耳朵和听觉系统等;这些例子看似合理是因为人们已经积累了不少物种存活力得益于这些系统的证据(这方面的证据是比较性的,不论是同功比较还是同源比较)——不过,就这样的证据而言,它往往是与其他因素纠缠在一起,其中包括一些仅能通过非生物科学(如物理学)才能真正理解的贡献因素。在这些有明显证据支持适应有利于生存的例子中——这样的证据是通过将某个物种与其他物种进行对比,对其演化进程进行调查而获得的——我们可以说一个有机体的特定子系统行使某种与利益相关功能类似的功能,只不过这种功能经概括就是"有益于物种 x 的生存性"。之所以有这样的概括,是因为一般认为我们所见到的一个物种的"适应"系统的形状和结构所以如此,是因为它们(广义而言)可以为相应生物体的繁殖带来好处;人们还认为,有机体因为具有这一结构而获得的选择优势可以(在相关意义上)解释其进化过程和当前形态。比如乌巴(Vrba)和古尔德就曾经建议对(进化生物学意义上的)"功能"一词的使用加以限制;它只应当用在有证据表明存在进化"塑造力"的情况中。在进化论领域谈论利益存在某种风险,因为进化生物学家不允许或者不该允许"主体利益"这一概念在科学解释中发挥作用,而要将这一概念与科学研究领域中作为解释工具箱组成部分的利益和功能的概念区分开来也可能会非常困难。如果真的要引入利益概念,那么应该要对它做出清晰的限定,使其与常识中主体及其在实施行为时所制定的计划和意图的概念区分开来。

附录二 "Function"的几个不同用法

在生物学领域内,至少有些适应论者的主张就其范围和有效性而言遭遇到了非常严重的挑战。达尔文自己就曾表达过对选择适应论解释范围和程度的怀疑;《物种起源》第三版引言的最后一句就是:"我相信自然选择是主要的、但非唯一诱发变异的手段。"(强调由我所加)他保持谨慎是对的;当前人们在"进化-发展"生物学(evo-devo)中对生长"渠限化"产生的认识充分表明了此点。华莱士在达尔文那个时候就曾指出,几乎没有可能根据选择来解释为什么会出现我们人所独有的数学能力。达西·汤普森在20世纪早期、阿兰·图灵在20世纪中叶都曾强调,不能用自然选择来处理"形状"和生物形式解释方面的一切问题——它或许什么也解释不了。他们当时提到物理化学因素在解释结构和结构变化当中所起的重要作用,并且强调可以根据形式函数来解释生物形式及其可能发生的变化,这样的解释足可以让人对适应论和选择论解释的价值产生怀疑。另外,沃丁顿以及当前"进化-发展"生物学研究的提倡者也已经指出,并不是所有的有机结构都可以根据适应和选择来作出科学解释,或许所能解释的微乎其微。一则,存在这样的事实,就是结构变化要求发生变异,而变异只有在物理、化学以及其他科学所设定的限制条件范围内发生:可能的结构与结构变化要受制于自然规律。比如,有机体的各种结构特征不能只根据基因指令集来解释,表型发展如何进行也是如此;"表观遗传"因素在后者中也起着关键作用。这方面,确定骨骼结构的比例(不能认为基因组可以对某个特定有机体身体内每一块骨头的大小都能做出完全的规定)和对称性(右边的每一根肋骨在身体左边均有一个对等物、蝴蝶两个翅膀上的图案完全一致……)便是两个相关的例子。另外,还有一些选择适应理论无法做出重要解释的结构和形式问题:比如下面的这个事实——人们在大量跨越生物进化分枝的不同物种中发现了那些所谓的"控制"基因或"主宰"基因,它们的形式完全相同。沃尔特·格林早就指出,视觉在所有属于不同进化分支的物种中都必然和下列事实相关——所有物种就视觉而言都具有同源的控制基因 PAX-6。这说明,视觉在鱼、昆虫、脊椎动物等不同的物种中并不是各自独立进化的,相反,所有具有 PAX-6——以及其他一些基因(和引入视网膜色素、通过不同机制对其光子敏感性特征加以利用等方面相关)——的生物都有视觉;同时,变异的产生取决于有机体结构的其余部分以及背景条件。对于生物物种中其他的"器官"及其分布,我们也可取相似看法。

关于选择适应论者的主张是否可靠,不少人指出其相关证据通常都是未加证实的假想(很普通的推测),或者根本就不存在、无从寻求,这使得适应论认识变得空洞无物。理查德·勒旺汀(1998)在研究认知系统时,曾对一些人们声称可以证明好几种认知能力(包括一些看似是人类特有的能力,如语言)皆为选择所致的证据严肃地表示怀疑。文章结尾处,在回应论文集编者所提的、让其批评更加委婉一点的建议时,他说:"我们应该把'假说'这个说法留给那些真正可以检验的主张。"而在其议论的最后,他强调了自己的主要论点,即历史实际上根本没有为认知能力的变化和适应特征提供证据。勒旺汀批评的主要目标之一就是平克和布鲁姆的观点,他们认为单凭选择就可以解释语言这样的"复杂系统"的出现。他对平克和布鲁姆的批评被豪塞、乔姆斯基和费切(2002)(以下称 HCF)引用,并被他们改进得更为精确。HCF 论文中的一些主要论点在本书的其他部分也提到过。HCF指出,虽然我们至少可能会在"FLB"——表示"广义的语言官能",与FLN(即"狭义的语言官能")相对——的核心构成之外为语言某些方面的选择性适应找到一些证据,但声称语言核心计算系统FLN、其递归特征以及其将音和义进行无限组合的能力是适应进化所得则是无稽之谈。相关讨论可参看HCF(2002)、平克和杰肯多夫(2005)对HCF(2002)的批评性回应,费切、豪塞和乔姆斯基(2005)在同一期中对平克和杰肯多夫(2005)的回应,以及其后杰肯多夫和平克的进一步回应(2005)。关于"最简方案"和本部分讨论之间的相关性,参看乔姆斯基、豪塞和费切(2004)的在线论文,发表于豪塞的网页。同时参看正文中的讨论,尤其是乔姆斯基在我们2009年的访谈中对完美性和设计的论述(本书第50页起)。

对功能、适应、进化的讨论还因为我们并不清楚进化理论究竟应该涵盖哪些方面这一事实而变得复杂。图灵对形态发生所做的研究(他本人认为最好应该归至化学或者物理学)要不要考虑进来?古尔德和勒旺汀所说的拱肩(spandrel)呢?[①] 我们是否应该接受乔姆斯基关于如何将语言引入"进化理论"的突变观(见下文)?这些决定可以让从事本领域研究的人来最终做出,自然选择究竟具有什么样的解释地位也同样可以让他们来判断。但不管怎样,我们有充分的理由相信,认为适应论可以对和生物结构、发展、进化及物种形成等相关的一切做出解释的想法已经终结——当

---

① 【译注】"拱肩"原指文艺复兴时期的建筑中支撑圆形屋顶的拱门之间所形成的弧形墙体。这里指无意形成的副产品,即某一特征在进化过程中附带产生的表型特征,它不是适应性选择的直接产品。

然,我们认为,负责任的科学家要说他们最初实际上是相信这些适应论所做的解释的。

虽然我们可以将选择、适应和适应功能等在解释中的精确地位问题留给生物学,但关于选择与进化仍然存在一个过于简单化的观点,一个并不需要任何专业知识就可以立即拒绝的观点。也许是为了推广进化论,并且(或者)为了就生物物种为何会成为今天的情形这个问题向非专业听众推介一个可以替代神学解释的好懂的理论,有些人想到将进化和常识所理解的、明显是某种未加斟酌的学习观联系了起来。这样的学习观是一种行为主义和经验主义观点,它认为我们可以通过训练来形成"正确"反应的倾向,通过对输入做出"正确"反应来完成学习。通过因为"正确"反应而获得的褒奖和因为"错误"反应而受到的惩戒,我们塑造了我们对环境的反应。基于这样一种对学习的看法,很多人都将进化视作学习的一个历史化版本:我们和其他生物呈现为现在这种面貌是因为每个物种在其结构和发展方面发生了适应性改变,形成了针对其相应生态位置的最佳策略。斯金纳本人即持有此种看法,显示他对进化的复杂程度知之甚少。将进化和这种学习观相联系并加以利用是受误导的策略;我们最终所要捍卫的看起来包罗万象,其实却根本无法为之做出辩护。这种观点毫不谦虚——它甚至没有认识到选择的作用是有限的。至于进化、表型发展和生长如何必须在物理、化学、生物学,或许还有某种形式的信息论所设定的限制条件内进行,也只字未提。它没有提到很多基因为不同物种和分化支所共有这一事实;表观遗传因素也遭到忽略。那种被勒旺汀和古尔德称作"拱肩"的"开心事故"未被提及。我们司空见惯的是——尤其在认知领域——人们总是以最少的努力去为自己的主张寻找证据:他们通常提出的只是内容平平的推测。事实上,按照上面所说的这种观点,一个物种及其结构与行为中的所有特征似乎都应该被视作是在一个很长时间内经"选择"而获得的结果,是该物种为适应其所处环境而做出的选择。虽然这种观点在某种程度上也表明了基因组的作用,但它对基因的真实结构与运行方式却未做任何说明,更未提及表观遗传因素。在这一天真的进化论观点中——它总是被那些理应更加内行的人不断推广——基因组的作用不过就是把物种及其成员在应对环境时成功"解决问题"的方法一代代地传递下来。同时,这个观点也并没有将主体之利益和行动的概念与基因之"利益"和"行动"的概念加以区分。错上加错的是,基因通常被认为可以对某个有机体行为产生某种直接的控制,而不是为有机体提供多种可用来应对其所处环境的系统;对人而言,这样的系统当然还可以使其有更大的发挥。如同行为主义的"学习"观,这种天真但却非常流行的"选择"观逐渐被人们当成一个可以对有机体几乎所有特征做出解释的理论。这种天真的简单化开始具备一个形而上原则所具备的标志。它并不求助上帝;它只求助于(它所理解的)进化来解释我们为什么会是现在的这个样子,我们为什么要像现在这样去行事。最终,我们收获的是困惑和空论,而不是清晰和理性——更不要说科学。

拒绝这样的选择论当然不是拒绝进化(恰当理解的话)的解释力和解释范围。但如上所示,进化论到底包含什么现在还不甚清晰。

2.4 生物学:"器官功能"

有了上述声明,并且也不去讨论适应和适应性功能的解释力在进化理论中有待确定的最终地位,我们现在就该承认,生物学似乎的确是为功能解释提供了用武之地。好几个世纪以来,科学研究令人信服地将功能解释从大多数形式的物理科学中斥出。作为一点背景介绍,恩斯特·玛尔(Ernst Mayr 2004)反对将生物学解释还原为物理学解释,因为他认为生物学理论免不了要谈功能,而物理学理论则不一定。并不清楚玛尔所说的物理是指什么——与之相关的——也不清楚他对生物学要提供一种"自主"式解释做何理解。假定生物学不是物理学,可是它——跟语言学一样,如果乔姆斯基是对的——却是一门自然主义的科学,因此从一种很重要的意义上来讲,它还是物理科学。不过,暂先忽略什么是物理的、什么不是物理的这个问题,再从功能解释起到积极作用的情形中挑出几种看似最有道理的情形,我们来看看和"机体内系统"或"机体内器官"相关的功能概念。这可能不太合乎玛尔的理解,但看似与之相当接近。

和"机体内器官"相关的功能概念让我们在讨论中对它发生兴趣有两个原因。一是它容许提出表述清晰且具有可证伪性的理论假说,它们和生物学中人们在讨论功能问题时所提出的大量主张完全不同。二是表面上来看,它与乔姆斯基语言计算理论的观念一致。按这一观念,语言被认为是一个"器官"——乔姆斯基就是如此理解语言官能的——或者至少,这就是他对语言计算核心及其为其他心智系统所做"贡献"的理解。具体而言,语言系统与其他系统形成"接口",为它们提供可用的信息,并且很可能是以最佳方式为其他系统提供信息,所以,语言官能的设计堪称完美——或者至少比过去所想的更近乎完美。可见,"做一项具体工作"(通过在接口处以特定方式与其他特定系统的互动来实现机体内的某项功能)似乎正是乔姆斯基语言计算理论是关于某个系统的形式科学这个思想的内涵。语言——如果采用乔姆斯基的非正式说法——向产出或感知系统,还有概念或意向系统"下达指示",并且,为了做到此点,必须为它们提供可"用"或可付诸使用的"指令"(即相关形式的信息)——也就是说,必须要以符合相关系统自身特征的方式来运行。注意此处的"使用"并非"生物体的使用"或者"整个有机体的使用",尤其不是"主体的使用",而是"其他(指定)系统按特定方式的使用",这便将和"机体内器官"相关的功能概念置于经验调查之列。

事实上,在解释特定的系统内运作或系统之间的相互作用时,我们完全可以抛弃"功能"的说法,这样可以避免使用该词可能带来的意义模糊。这很可能也是最明智的策略,但却明显不是人们最想采用的策略。不清楚这是为什么,但我认为有一个原因是,在一个很容易明白的语境中如果使用这个说法可以吸引人们的注意力。一个可能相似的情形出现在下面的例子中——类似的情况数不胜数。《国家科学院公报》最近的一篇文章在谈论黏菌对环境食物源所做出的,完全是化学性质的反应时使用了"选择(choose)"和"移动(move)"这样的词语。代价是语义上的混乱,但收获则是人们对一个"惊人"发现的注意。

所以，忽略生物学是不是如玛尔所想的那样是一门"自主"的科学这个问题，对那些研究具体"器官"（或者至少是其核心）的，有比较详细和具体说明的科学实例给予充分关注，并且同时忽略上一段中所提的那个建议；那么，在没有引入相关的功能概念的情况下来谈论这样的一个生物"器官"可能就会让人不解其意——这里所说的功能概念是指相关器官为与之互动的系统"做"了什么，以及和它们一起"做"了什么。如果乔姆斯基接受这一功能概念，并且——如上所示——这一功能概念并非依照对环境的适应来理解，也不是按某个有机体利用某一系统的供给所"做"的事情来理解，那么，我们就可以以一种非常接近玛尔想法的方式，将语言系统行使一种生物功能看作一个合理的情形。

然而还不是十分清楚乔姆斯基是否的确将此看作一个自主的生物功能概念。对此存疑的一部分原因在正文讨论骨骼的时候提到过（同时参看勒旺汀 2001）。一方面，有许多有关骨骼功能的合理主张（骨骼也算是身体的一个"器官"，和免疫、循环、运动等系统存在互动）；另一方面，有一些关于骨骼功能的描述看起来非常随意（比如骨骼赋予身体一定的结构），它们几乎没有可能达到一个自然主义理论所要求的那种精确程度。还有部分原因在我们 2009 年讨论语言官能的设计和完美性时提到过，参看本书第 50-55 页。有可能最为重要的原因是我们在两个段落之前刚提过的：为了我们所说的相关的科学目标，为什么不干脆放弃"功能"这个说法，而采用一种易于理解的方式去讨论器官的"接口"呢？不过，抛开所有这些不说，我们确实发现，乔姆斯基的确承认存在某种器官间功能的概念（参看爱普斯坦 2007）。

附录三　论人类本质的特异性
（以及人与其他动物之别）

正文此处至少讲到了两个重要观点。有一个观点在别处已有评论：语言进化成现代的形式很可能完全在于某个个体的某一次基因突变——一次容许人构建复杂思想的突变。① 其关键在于它引入了一个操作，即合并；合并为掌握该操作的生物体提供了在原则上无限运用递归的能力。没有必要去设想语言历经了数千年的缓慢发展，这一点和平克-布鲁姆对语言及其进化的解释不同，也和其他借助于因交际能力提高而产生的选择性优势所做的解释不同。② 假定合并是提供组合概念（以形成复杂概念）以及移动概念的途径，同时假定概念（思想）系统以及发声-感觉系统——在开始出现外化之时或者有外化的情况下；外化显现无须是最早之事——都已形成，这时，再有一步就当足够。当然，就语言的形成以及语言获得和运作的条件而言，还有更多的内容；而要理解语言

---

① 【原注】基于我们后面以及在正文第26-28页所讨论的一些问题，我应该强调一下，这一假设预设人类概念在发生突变之前已经存在。至于它们的起源——假定它们在很大程度上为人类所特有——这是一个可能依然成谜的问题。正如勒旺汀（1998）所提醒的，我们提供不了什么（也就是完全没有）证据来对任何特定的相关假说表示支持或反对。

② 【原注】事实上，如果（参看第11-15页的讨论）交际至多只是语言允准的功能之一，并非语言的核心功能，那么他们的观点就完全不相关。

作为先天之物如何能够有如此众多的表现,也需要做更进一步的解释。有关这些问题的进一步讨论,参看后面对参数以及物种和个体层面语言发展所涉及的、乔姆斯基称之为"第三因素"的讨论。不过,基本的观点还是这样:合并本身足以构成语言的递归特征这一假设依然合理,并且其突变式出现也解释了语言如何开始出现于人这一物种之中。[反对意见请参看平克和杰肯多夫(2005),同时参看费切、豪塞和乔姆斯基(2005)对他们的回应。]

另一个观点可见于乔姆斯基如下的评论:我们的概念和思维系统的运作方式与动物不同。部分原因就在于概念本身的差异;我后面还会谈到这一点。但另一部分原因和前面提到的语言创造性使用中存在的"刺激无关性(stimulus freedom)"以及其他特征相关。在其1637年出版的《方法论》中,笛卡尔——以及在他之后的很多人——非常惊讶于人和动物在概念工具或认知工具使用方面的差异;人能够将概念组合为各种复杂形式的"(认知)视角"。(可以认为,人具有特殊的创造力之谜根源正在于此:我们拥有语言以及灵活组合概念的方式,而其他动物则没有。毫无疑问,这一认识通常只是被含糊地解读为人具有"知识"或"理性"。)至少有两个因素造成了这一差异。一个是我们的概念原本就不同;以下会有详述。另一个与语言官能所做的贡献有关。语言官能在使用中——就我们所能确定的而言——可以自主运行,这使得我们具备了对任何事物都可以做出推测和思考而不必受内外环境影响的能力。刺激无关性,上面提过,是其中的一个因素;另一个则是"无界性":通过语言官能的运作,随意选取的概念可以与其他概念合并以形成数量无限的复杂概念(即"表达式")。伊丽莎白·斯派尔克(2003)等对语言的组合能力以及它只给人类带来的效益有充分的认识和理解；但她还可以补充一点：这种组合是无限组合。乔姆斯基(2000)如是表述：有了语言，我们可以生成各种新的认知"视角"，它们使得我们能够以缺乏递归的生物所明显不及的方式去形成认识。还有一个因素——也几乎必然相关——是人类的行动似乎也是自由的。这也许是一个幻想，但却是一个我们不太可能会舍弃，也没有任何证据表明我们应该舍弃的幻想。既然我们的头脑中有众多系统，既然行动的产生需要至少好几个相关系统——如心智、运动、输入系统（不同时间内所涉系统不一）——在一段时间内相互合作，分析一个行动的起因就如同尝试解决一个复杂的多体(multi-body)问题，这其中，对于哪个系统何时，又是如何起作用，几乎没有什么限制可言。人们对多体问题有广泛讨论，结果显示，这类问题很可能不在我们人所能驾驭的范围之内。所以，我们现在不妨承认，单凭我们现在所具备的科学工具，我们不太可能做到为语言行为这一更加复杂的现象提供一个确定性的解释，而且是一个可适用于所有个体的解释。不过，不要为此而叹息；我们应该认识到——也如笛卡尔所强调的——我们有经验证据表明我们是自由的。既然没有任何不支持"自由意志"的科学证据，同时承认存在支持"自由意志"的经验证据，那么也许我们应该为我们的自由而庆祝。

人类认知能力特异性的研究历史也不无启发。虽然很少有人能够像笛卡尔那样观察敏锐，但在17、18世纪，无论是经验主义者还是理性主义者，很多人都根据他的看法将人类区别于其他动物的认知力归于理性。人们当时认为，动物是受本能驱动而不是受理性驱动。虽然在认识上有一致之处，但理性主义与经验主义在人类理性来源问题上产生了分歧：理性主义认为这是先天赋予的能力，很大程度上有赖于多个内在官能的运作。笛卡尔的著名做法是将理性——即心智（the mind）或心灵（the mental）——设定为一种独立的存在。经验主义则认为这一被视为将人与其他动物区分开来的理性特征来自于人类与环境的接触，并且在很大程度上源自于在社团中对语言及其他社会行为的学习——这种观点当然是出现于赫德尔（Herder）以及其他大多数浪漫派人士所生活的年代，也可能更早。它当时实际上和以下这一看法无异：是我们的发明、历史和文化构成了我们与其他生物之间的区别——还有一个与此解释相伴的假定事实是，我们出生时心智基本上空无一物；大部分心智都是通过运作某种概化的学习程序而形成，这一程序在训练和经验的指引下，通过所习得的，被认为可以将某种输入与某种输出联系起来的惯常做法和规则塑造而成。

乔姆斯基的研究大大推进了理性主义事业的发展。他不再将理性视作一个表面独立的解释原则，而将其视作一种结果，一种在很大程度上由语言——其生长、发展，以及其内在操作——这种因基因突变而产生的"动物本能"所带来的结果。（尽管如此，语言的使用仍是自由的。）与笛卡尔不同，乔姆斯基认为，我们的心智——尤其是我们的语言组合机制——适合成为自然科学的研究对象。[1] 不仅如此，与经验主义者不同，他坚持认为真正造就人的不

---

[1] 【原注】乔姆斯基曾对我说，如果笛卡尔也对语言能力和语言行为做出了区分，那么推测一下他会就哪些问题能与我们达成一致将是很有趣的事情。要是他有这样的区分可用，他可能也会认为语言运算操作是他所谓"身体（body）"的固有部分。这方面，可以看看他有关视觉的论述。在我为乔姆斯基的《笛卡尔语言学》第三版写的导论部分有一节叫"笛卡尔的贡献"，其中有我对这一问题的思考。不过，需要注意，在说到牛顿后，笛卡尔的"身体"概念就不能算科学概念了。

是社会、文化或者易塑心智所受的训练，而是出现在人这一物种身上的某种特殊类型的本能。作为人身体的一个器官，语言按照先天原则自动地发展并内在地运行。并且，至少我们常识概念中的多数似乎也都是先天即有的——因此，可以认为它们是某种内在系统或某些内在系统运行产生的结果。同样的说法也适用于我们所能发出的那些类型的语音。然而，通过将在任意时间和任意情形下，任意的概念组合成复杂结构，语言确实为人类猜测、解释和推理等提供了至关重要的工具——这当然是在常识范围之内，或者至少在常识范围内是如此。语言无疑也为形成我们创立科学理论的能力做出了贡献——最起码，假定递归是通过合并形成的——语言似乎生成了离散而无限的自然数，从而对科学发展起了促进作用。乔姆斯基在前文和后文中对此都有论述。所以实际上，归结起来，他的主张就是：基因突变带来合并操作，后者又带来递归机制；递归不仅导致语言具备了在认知上必需的操作（即成分组合、成分移动），而且也导致贾雷德·戴蒙德（Jared Diamond）所谓的"大跃进"发生，形成人类认知能力的区别性特征。如上所述，仅有这点还不够，人类特有的概念也起到了一定的作用。但概念的特异本质可能也要归因于——至少在一定程度上——合并或类似于合并的东西。关于这一点，正文和附录五中都有讨论。

经验主义解释一直没有实质性改变，从其开始至今也没有什么令人称道的进展——如果在这方面我们不把当前对经验主义重新框定，以求最佳解释的努力算进其中的话。毫无疑问，如果经验主义对心智的描绘是正确的，那么连接主义以及类似理论就会向我们展示心智区域可能具备的图貌。从这方面来说，它是对洛克

"白板说"(假定洛克确实相信这一说法,但实际上不一定如此)的进步。但连接主义的其余部分——尤其是它对某种训练和学习的依赖——并无改变。比如,我们异于动物,因为我们只有微弱的本能,或者可能完全缺少在更为高级的认知操作方面的本能。而要获得这些更高级的认知操作,我们需要重复出现的经验,需要文化适应,特别是需要训练来形成和确定这些操作,同时为这样的认知操作建立起可适用的概念材料。① 为此,我们的心智就必须留出大块(空白)的区域。理性依旧是使我们与众不同的重要并且难得的因素。比如,我们来看看威尔弗里德·塞勒斯和其追随者们的研究——其中不乏当代哲学的大家。在塞勒斯(1963a)名为"哲学与人的科学形象"这篇论文中,他向我们呈现了一幅具有广泛影响的图景——这样的描绘与黑格尔的没有什么不同——其主题是人类何以有其今天的面貌,其先进的文化、科学和体制从何而来。在这幅图景中,人类起初处于一种把自己视作宇宙之中心,对科学懵懂无知的境地;然后通过不断改进其理性思辨和推断的能力,人类逐渐从这种境地中摆脱出来,并达到现在认识上的先进状态以及多样的科学。人类理性能力的改进是通过常识(即塞勒斯所说的,对世界和人类"原初的"和"明显的"印象)的渐次精细化而实现的,常识的不断精细最终形成现代的科学理解。而是否得到改进,是

---

① 【原注】休谟一定程度上是个例外,因为他经常求助于本能(同时又坚持认为本能操作模糊不清,并且总是如此)。和前面我们说到笛卡尔时的情况一样,去猜测一下休谟在对语言能力和语言行为作出区分后会坚持什么样的看法也一定是很有意思的事情。若再考虑他将自己视作探索人类本质的科学家这一情况,这样的猜测就会更加有趣。

否精细化则始终是看能不能提供更好的描写和解释世界及世界中人的方法,也就是说,看我们理性思辨和推断的能力有没有通过越来越好的"理论"而逐步提高。概念基于其对理性思辨和推断的贡献——即基于其在关于世界和我们自身的推理中的作用——而加以描述。概念——如语言本身——被看成受行为准则和规范的制约,而起制约作用的行为标准和认识上的规范即推理规则,塞勒斯称之为"行为规则(practices)"。这些制约概念的规则反过来又被视为理性和语言的规则——语言在此如维特根斯坦所想被看成是一种或一组游戏。这里最为关键的是,与理性主义对初始认知系统——对乔姆斯基而言,包括语言系统——的理解不同,我们必须要学会推理。学习如何推理在很大程度上就是学习如何去按规则一步步做出推断(或者是如何根据规则来完成游戏);这样的学习就是学习如何按照我们所在的特定社团中其他人的说话方式来说话。我们通过接受社团的训练学会说话;事实上,我们的社团贮存了——某种意义上也组成了——各种正确推理的标准和规范。每一个社团训练儿童如何在正确的情景中说出正确的话语。一旦某个儿童完全达到社团的标准,他或她就"学会了一种语言"(语言是一种技能形式)或者掌握了它,并自此可以向其他人传授这门语言,因为他或她已经具备了某种识别说话是否达标的能力了。这种学习观基本上是行为主义观点;塞勒斯的确也承认自己持行为主义立场,并且他事实上将一种形式上稍微复杂的行为主义理论当作唯一恰当的心智科学。在提到这一较为复杂的行为主义理论的论文中,塞勒斯将大脑视作一个神经网络;它通过经验和训练而获得改进，以仿效在他看来构成语言规则的推理连接。塞勒斯的这些论文所提供的是一种较早形式的大脑连接主义模型；基于这一模型，大脑从感觉输入到行为输出的通道随着训练的开展被不断改进，最终根据特定输入产生正确的输出。掌握一门语言就是大脑在一定情形中可以产出某个社团认为是恰当的（即认识上正确的）行为；而掌握一个概念就是大脑中出现一个可以根据某一特定输入来产生正确输出的神经节点。这种关于语言、心智、大脑和理性的塞勒斯式的描述至今仍然主导着哲学（和心理学等）对语言和心智的研究，这确实有点不同寻常。哲学研究中，它仍可见于"分析"学派和"大陆"学派（虽然在这一学派中，它更少强调学习、科学和大脑）。这二者在风格和关注的重点上相去甚远，但在基本主张上都属于经验主义。

乔姆斯基为这种经验主义提供的理性主义替代方案认为理性——不仅是常识问题，而且也是科学问题的解决过程中所体现的理性——并不主要依赖于训练和文化适应（至少对常识而言是如此），而主要取决于我们先天被赋予的本能。这一与经验主义大相径庭的看法可见于乔姆斯基《笛卡尔语言学》中所提到的那些更早期的理性主义者，如舍伯里的赫伯特（Herbert of Cherbury），17世纪剑桥柏拉图学派的成员之一。赫伯特注意到，我们必须在（先天的）"常识观念（common notions）"就绪之后才能进行推理——就是说，才能进行描述和解释。这些常识观念本质上就是我们通常用自然语言表达的常识概念。乔姆斯基在舍伯里所述的基础上又添加了一个关键的本能或先天所赠，此即语言器官及其组合能力。有了这，才可能有脱离实际环境——以及多样的文化、人类体制以及个体风格等——的理性可言。

因此，结论最终就是，人与其他灵长动物的区别性差异主要就在于我们拥有一项它们所没有的本能：语言。语言的出现使得理性得以发展。当然，我们也会想到去反思一下我们对动物的看法：我们不必将它们看作是一切经过先设、故注定如此的自然机器，像笛卡尔所以为的那样——但笛卡尔的看法不对，因为如牛顿所示，并没有此类东西存在。很多动物无疑也具有概念、心智、自由、意愿等。然而，它们却不具备我们所拥有的语言和递归。

即便如此，需要记住的是，我们在解释人和动物在认知能力（即"理性"）方面的差异时，不仅要根据我们拥有语言这一事实，而且有可能——甚至很可能——还要根据我们的概念本来就和动物的概念不同这一情况。附录五中对此有更多说明。不过，乔姆斯基首先阐明了合并是什么、合并如何运作以及它为人类带来了什么这几个问题。他一开始对语言和数学，特别是和自然数之间的关系做了说明，后者是另一个由递归带给人类的认知效益，明显为人类所独有。他还对自然语言与人类使用的另一种"符号"形式之间存在的某一方面差异提供了有趣的解释。我们可以构建并使用自己发明的形式系统，比如在高级形式的数学和自然科学中所见到的那些。当然，没有其他的生物能够如此。毫无疑问，我们发明这些符号系统的能力部分取决于我们拥有语言这一事实。这些形式系统与自然语言的区别不仅在于它们是发明物、是人工产物，而我们的语言和概念（以及语音）不是；它们之间的区别还在于，这些形式系统之中至少有一些十分有赖于自然语言，至少就它们的可学习性而言是如此。算术理应是一个例外，正如正文中的讨论所示。因为算术是内部合并对只含一个成分的词库执行操作的产物，它是一种内容非常贫瘠的自然语言。感谢乔姆斯基向我指出这一点。

附录四 乔姆斯基论自然科学

乔姆斯基对于合并的讨论,展示了理想化与简单化手段对成功构建科学理论而言,所具有的成效。这一点在我们交流中的好几处都有进一步的讨论,在诺伯特·霍恩斯坦为乔姆斯基(1980/2005)的《规则与表征》(*Rules and Representations*)一书新作的序言中也有十分有益的论述,所以此处不再赘言。这里我想就我所理解的乔姆斯基的自然科学观做一些更进一步的讨论。

如前所述,虽然人们在构筑科学时得到了其先天资源的支持——人因为这些先天资源而具备可以从事皮尔士所谓"溯因推理"(参看前述和后述相关讨论)的能力,但是科学本身——即那些构成理论的明确清晰的形式符号系统——很大程度上都是人工产物。它们是人类创新和努力的结果,尤其是人类共同协作的结果。科学数个世纪以来通常都是在不断进步,但还是会留下很多有待回答的问题。这些人工创立的各门科学汇集起来是为了完成一件事情,因为总体而言,科学实际上就是一个项目;它是人类为构建不同领域的理论而做出的努力。就自然科学而言,人们对所要完成的事情有较好的理解,对所要实现的目标有(通常是隐含的)一致看法。当然,各门科学在其研究的题材(即科学调查的目标"事物")、具体的技术手段、实验设置以及理论法则和原则等方面都有不同,但是,自然科学家一般而言都致力于一个统一的目标,他们的研究实践反映了乔姆斯基(2000)所谓的"方法论的一元论(methodological monism)"。不考虑具体实验技术等方面的差异,自然科学家——无论其从事的是何种科学——在其研究目标方面都具有足以满足"一元论"(暗含对某一领域采用单一研究路径之意)这个说法所要求的一致性。这一目标——即"科学的目标",科学家所欲实施的项目——就是要为某一领域建立一个具有描写和解释充分性的理论;该理论所提供的是一种形式化(明确的、数学的)陈述,它简单(什么是简单则很难说明)、力求客观、可以与其他科学相交融。理论的进步——进步是必要的,因为它是成功的象征——按上述条件中的一个或多个的提高来衡量。

某个时期参照这些标准得出的最佳理论可算得上是一个真正的理论;我们不妨初步认定由这样的理论对其所关注的目标事物做出的描述和解释是正确无误的。从这个角度来看,说科学项目是为探索自然世界的真相而做出的努力合情合理。把科学看作一个项目,且受制于能够被证明是否有效的技术手段和方法表明我们在尝试为某些领域构建理论时,如果无法达到上述最佳理论所需达到的标准——比如,关于人类行动的理论构建尝试——或者总是无法取得进步,那么这样的尝试就应当放弃。乔姆斯基指出,在一些领域中遭遇失败——也许是因为这些领域太过复杂,或者是由于其他原因——应是不足为怪。我们是生物物理学意义上的生物,因此没有理由去指望我们的认知能力丝毫不受限制,这一点人和其他动物没有两样。正如乔姆斯基(1988)所强调的,这一事实当然是于我们有益,因为失去限制,也就没有成长、没有知识……

基于我们对理论和真理的看法,也基于我们已经成功构建的这些理论所呈现的特点,或许我们可以对世界"本身"的面貌在一定程度上做出推测。一则,世界(按我们的理解)似乎含有稳定平衡的物体和系统,也似乎(在一定限度内)拥有可以预测的状态和结果;就这一点而言,只有随时间而发展的生物有机体例外,但对它们可以另行做出解释。也许这种事物的稳定性是源于对稳定结构的保持。再则,事物的这些状态彼此间所形成的关系对于我们具有数学及形式天赋的心智而言似乎异常简单。当然,根据这些推测所提出的主张可能不过就是我们的理论中所包含的人工制品。但是我们理论构建的形式技术所取得的令人惊奇的——堪称奇妙的——成功确实表明我们的理论把握住了事物的实质所在。令人意想不到的是,上述理论构建的目标不仅在"物理"的领域衍生出了进步不断的科学,它们在"心智"领域似乎也同样取得了成功。语言和视觉的计算理论就是例证。这一点在后面的讨论中还会得到强调。

最后谈谈和常识概念相对的科学概念。就科学概念而言,要说它们某种意义上(在我们看来)在把握事物本质方面取得了成功是因为它们具有源自某种进化性适应的形式与特征,并无意义。皮尔士认为这是一种合理的解释。而这就我们的常识概念而言可能有点意义(不过参看下文),因为常识概念——或者是其中的一部分,再或者是衍生它们的(一部分)系统——可能已经存在了数千年,因此有可能会发生进化性适应,也许这样的进化性适应在好几个物种中都曾发生(豪塞、乔姆斯基和费切 2002)。不过,这种解释对于"轻子(LEPTON)""阿列夫零(ALEPH-NULL)"等概念,或者甚至对于"能量(ENERGY)""力(FORCE)""运动(MOTION)"等这些用在物理学中,具有物理学意义的概念而言都没有什么道理。如前面的讨论所示,没有什么适应的力量可以产生这些概念。它们都是人最近的发明,将它们从其各自所属的框架(同样是人的发明)中单列出来,根本无法为人或其他生物带来什么繁衍或其他方面的优势。我们的心智对我们形成开展科学研究和构建科学理论的能力自然产生了很大作用,这其中有一部分作用无疑是先天而有的,但这离我们能够声称人类具有"专设"系统、可以在特定情景触发之下生成概念还相差甚远。情况若果真如此,建立恰当的科学理论便会比实际要容易得多;以物理学为例,我们根本就不会需要几个世纪的时间来让物理学达到其现在所处的,还远远算不上完善的状态。

附录五　概念和被误导的概念理论，缘何人的概念是独特的

5.1　概念及其错误的研究路径

几乎每一个承认存在概念的人都会赞同以下看法：至少有些概念是通过词语类单位来表达的；概念至少在一定程度上是心智"实体"；心智通过概念得以与世界相连。但除此之外，人们可以达成一致的东西并没有多少。

有一些研究概念的路径——比如采用反先天论者和外在主义经验论者观点的研究路径——需要提出来也只是因为要对它们做出反驳。心智哲学中有一种所谓的"功能主义"体现了一种具有显著影响力的经验主义观点。就其本质来说，功能主义者认为概念是语言符号单位在促成感知、感觉输入与行为输出相连接的心智运作中所行使的（认识）作用或功能。威尔弗里德·塞勒斯的心智观——在本书其他的几个附录中都有讨论，并且冒着令人生厌的危险，下面还会谈到——便是一例。他为词语及其所表达的概念提出了一个看法，有时被称作"概念角色"观。按这一观点，词语并没有被看作乔姆斯基所理解的词项，而是某种在计算系统中行使一定功能的"事物"（神经节点或计算机二进制编码的电子实现），

这样的计算系统按认识上可靠的方式应对世界、"解决问题"。功能主义可表现为好几种形式，包括行为主义的功能主义和连接主义的功能主义等。其基本看法暗含在很多的心理学与哲学著作之中，其中不乏一些最为知名的著述。功能主义不仅在心智哲学中极为普遍，在语言哲学中也倍受关注。功能主义者认为心智或大脑一定程度上是一个因果系统，它接受感知性输入，并对其执行计算操作；这样的操作就是一种（认识上的）因循规则的程序，能够为因相关外部环境而产生的问题生成可靠答案，并最终形成有效的行为或行动。所以，很容易看出功能主义者们的经验主义身世。一个功能主义者在研究心智时，似乎是把心智当作一个可靠的连接外在输入和输出的中介物（此为外在主义的一个版本），并且认为心智获得其可靠行动能力的途径是让人们熟悉一个语言社团中已经确立的认识习惯，这是对先天论的拒斥。基于这些有关心智及心智运行的设想，人们就会倾向于接受其他在经验主义方法中非常普遍的看法：确定概念是一个"总体性"问题，所以，要确定一个具体概念，我们必须知道它在一组概念中的"位置"（角色、功能）；理解就是知晓或拥有一个有关世界的（整体性）理论；懂一门语言是一种技能；学会一门语言就是发展出一个关于世界的（好的、可靠的）理论；学习一门语言就是接受训练，并产出为某个语言社团所接受的正确的行为或反应；如此等等。虽然此类观点在心理学和哲学讨论中占据主导地位，但它们并没有解决什么问题。事实上，由于它们一开始在如何开展对心智及心智内容的研究这一问题上就持有错误认识，所以它们还制造了不少的困惑和谜团。经验主义方法试图构建一种高度可变并十分依赖语境和使用者的语言使用或应用理论,其所犯下的错误正是维特根斯坦曾提醒人们要避免去犯的错误。照这样来尝试,经验主义哲学家和心理学家们就只能以探讨某种维特根斯坦式的"问题(Scheinstreit)"而告终。维特根斯坦在其《哲学研究》中指出,哲学问题不是真正的问题;它们没有答案。它们被提出和被理解的方式决定了它们不可能有最终的解决方案。这么一来,讨论和争执不仅没完没了,而且毫无益处。乔姆斯基似乎也在表明类似看法[至少就功能主义和当前相关的哲学信条如表征主义和物理主义而言就是如此,参看乔姆斯基(1996)],与之相关的是他另一个更进一步的看法:如果我们希望获得解释和证据,而不是去猜测,或者是对心智和心智研究做出未加证实或无法证实的假设、并基于这些假设去从我们芜杂多变的直觉中有所发现,那就要采用自然主义研究的工具——即自然科学——并且,用这样的工具去考察大脑内部、而不是去观察大脑与世界以及它们之间的关系。这似乎是唯一可行的"玩法"。此说法出自福多,但乔姆斯基的自然主义研究目标与福多的表征主义-外在主义尝试全然不同。

因为福多(1998)对心智和概念的看法也具有先天论假设,所以它和乔姆斯基的观点构成一个很有用的对比。福多的解释是基于弗雷格关于词语及其所表达概念的说明改进而成的。词语表达弗雷格所谓的"意义"(sense),而后者指称或代表事物或属性。即使指称同一事物,意义也可以不同。可以将弗雷格所说的意义理解为所指对象得以"呈现"的方式。一个所指对象可以不变,但它可以按不同的方式呈现,因此它可以由不同的意义来指代。一个常见的例子是,词语"晨星"和"暮星"指称同一物(金星),但两者在如何"呈现"金星方面存在差异，所以它们的意义不同。福多将弗雷格所说的意义改造为心理学概念，并称之为"呈现方式（modes of presentation）"，简称 MOP。那么，什么是概念？可以认为一个概念就是一个 MOP。它归根结底是大脑中的东西，同时，它自动发展（福多 1998、2008）。然而，福多因为其外在主义倾向——这种倾向性有诸多表现，明显可见于其"心智表征理论"——试图根据概念"宽广的内容（wide content）"来确定概念；本质上，概念的这种宽广内容就是他相信他可以展示的、与 MOP 相关或者是 MOP 指称的内容（概念的外延）。他声称，从根本上来说，MOP——比如与"水"相关的 MOP——是因为其与"外在"之水之间存在一种（显著的）因果信息关系而在一个人身上自动发展出来的，这种因果关系又同时带来一种反向的语义关系或外延，结果"水-MOP"指代"外在"的属性"是水"（他同时认为，也指代"外在"的属性"是 H_2O"）。这种观点的一部分错误在正文中有讨论。认为 MOP 通过某种因果关系获得，这并没有什么错；任何先天论看法也都认为概念是基于某种"触发性"关系而发展起来的。但没有理由相信某种外延性质的语义关系会借由这种世界-大脑间的因果触发关系乘势建立起来。进一步的讨论参看我（2002a，2010）的讨论。不管怎么说，因为 MOP 和（假定的）外延关系都出现在福多的观点之中，为了我们论述的需要，我们可以认为，在福多看来，一个概念就是一个由 MOP 和某种"外在"属性组成的偶对。

　　据我所知，乔姆斯基的概念观——和福多一样是先天论观点，但与之不同的是，它是内在论观点——与福多的概念观有三个核心方面的差别。与福多不同，乔姆斯基对外延可以确定概念属性和区分概念这一点深表怀疑。出于 17、18 世纪理性主义者们深入探讨过的原因,他认为区分不同概念的唯一有效的方法就是,只考虑头脑中的概念本身并为之建立一个自然主义的理论。也就是说,我们应该力求构建一个理论,它是关于类似福多的呈现方式或 MOP 的东西,而不是关于 MOP 与其外延(福多声称 MOP 具有外延)之间的关系。因为 MOP——甚至如福多本人所承认的那样①——拥有其自身之本质,不是由于致使其产生的事物,而是因为心智是按照适合其自身机制运算方案的方式构置了 MOP。若想知道概念是什么,就要看心智使它成为了什么;先天论及其隐含的内在论没有问题,而表征主义和外在主义却不行。乔姆斯基的这种概念观和他经常提出并给予辩护的一个思想相连,即指称或指示是人之所为、是人的一种(自由)行动的形式,而不是如福多所以为的那样,是某种"自然的"关系。和乔姆斯基的概念观相关的还有一个思想,即人的认知资源是有限的;唯一现成的、可为所有人所用的"认识世界的通道"是由具有生物物理基础的认知资源提供的,而这样的认知资源又是由先天概念——实际也就是由儿童和成人无须经过训练便能轻松获得的常识概念——提供的。毫无疑问,现在至少有一些人拥有其他概念体系——即各门自然科学所包含的那些概念,它们在很大程度上都是人的发明,对于儿童以

---

① 【原注】参看福多(1998)对"表象属性(appearance properties)"的看法。至于为什么乔姆斯基的内在 MOP 观点只是和福多"类似",原因如下:福多所说的 MOP 本质上是信念集,而乔姆斯基所说的 MOP 却是"语义特征"集;这些语义特征在句子或表达式的推导/计算过程中被从词项带至某个语义接口 SEM。在乔姆斯基的看法中,信念并无作用可言,除非是在 SEM 的"另一端"存在 I-信念系统;这样的信念本身则需要一个有关另一心智系统的自然主义理论加以描写和解释。

及不熟悉用于定义和构置科学概念的相关理论的成人而言，它们根本不会为其所用。因此，和福多（还有普特南、克里普克以及许多其他人）的看法相左，这些概念以及它们所提供的认识世界的方式更加支持这样的看法，即试图通过外延来区分先天的常识概念几无益处。H_2O，或者，更能说明问题的是，科学所调查的 H_2O 在结构上有别的各种状态（参看附录一中乔姆斯基对 H_2O 的论述）——根本就不是人们在根据常识概念说到"水"时所谈论的内容。这里的问题便在于福多所持有的外在主义-表征主义愿望。①

乔姆斯基与福多之间的第二个主要分歧在于他们对是否有必要引入福多所谓的"思维语言（language of thought）"（简称 LOT）这个问题看法不同（乔姆斯基 2000）。乔姆斯基对设定这样一个事物或系统的价值表示怀疑似乎有好几个原因。其中一个是，设置 LOT 会让自然语言科学——可能还有其他有助于概念形成的系统——变得更加复杂。如果语言官能的语义接口所含的句法描述成分必须与一个独立系统——即 LOT——中对应的概念相连接，以此说明某一组特定句法成分的"意义"所在，那么理论建构者必须首先说明这是一种什么样的连接；其次，这样的连接是如何建立起来的（如何获得或习得的）；最后，LOT 中可供连接的是什么。

---

① 【原注】我应该强调的是，福多的外在主义并非在迈克尔·他伊（Michael Tye）等人的研究中所见到的那种激进外在主义，后者将我们对某一事物的"感知内容"看成该事物整体本身（这里所说的事物事实上还是常识事物——这使得这种观点越发难以理解）。参看福多 2009 年 10 月 16 日在《泰晤士报文学副刊》（*Times Literary Supplement*）中为他伊的近作《再论意识》（*Consciousness Revisited*）所写的评论。在评论中，福多将他伊观点中的不当之处归咎于普特南，对此不必十分当真，因为福多本人的外在主义思想也是受到了普特南的影响。

如果不设置 LOT，而将语言官能在 SEM 做出的"语义贡献"——这用乔姆斯基观点中的理论术语来说，就是说明在 SEM 出现了哪些语义特征——看成是一个表达式的"意义"所在（这也正是乔姆斯基的观点），仅此而已，那么便不存在什么连接问题、获得问题或对 LOT 内含成分的说明问题。实际上，一个特定的 SEM 也就变成了一个特定的、句子式的复杂"呈现方式"，或者至少也是语言官能对这样一个 MOP 的形成所做的贡献（与语言系统接口的心智系统提供该 MOP 的其余内容，如果的确还有什么其余内容的话）。① 再者，既然以语义特征形式呈现的相关"语义信息"必须要以某种方式存寄于词库中，假定这些特征在我们看来正好构成常识概念所含的"语义信息"（至少是其中的主要部分），那么，表达常识概念（福多所关注的那种）所含语义资源的能力如何获得这一问题就能够等同于什么"语义信息"可以被放入某一词项之中这一问题——我们假定在一个词项中，"声音"和"意义"（即一个语义特征集）之间存在连接。而且，假定我们能够说明相关的特征是什么，那么至少是在原则上，我们还能对人的概念和动物概念之间的区别做出调查，如果真有区别的话。福多简单认为人的概念和动物概念没有区别，因为他认为我们和其他动物共有 LOT。总之，坚持乔姆斯基所坚持的内在主义原则，我们便可以做到上面所说的一切，而且无须任何 LOT（假定存在这么一个东西），因为我们实际所听说的 LOT 无非就是英语（或法语等），而英语、法语……本身作为实体存在就十分可疑，因为它们都出自于语言的常识概念，

---

① 【原注】不过，请参看本附录以下内容以及附录十二。

而绝非 I-语言。虽然具备所有这些优势(经济性等),可是,对语义特征的科学研究却才刚刚开始,因此它还不能作为语言科学家唯一行之有效的方法去实施,以求避免研究的混乱或研究陷入困境,这未免有些遗憾。不过,这方面已经取得了一些进展(如下所示);而对于任何有独立的理由相信内在主义——在其按某种形式得到实施时——是唯一可行的道路的人而言,他们别无选择。

乔姆斯基与福多之间的第三个分歧是,在假定"词汇"概念(词语而不是句子所表达的概念)可以通过多重语义特征加以描述的情况下,乔姆斯基接受福多所谓的"词汇"概念是"可分析"或"组合性(compositioinal)"概念、而不是(如福多所以为的那样)"原子性(atomic)"概念这一思想。本质上,乔姆斯基承认,自然语言表达的 MOP 可以成为一种概念组合理论的应用目标——一种内在主义的概念组合理论,它曾促成 17、18 世纪的理性主义观点,即要理解概念是什么,则必须对心智加以研究。乔姆斯基在正文中的评论体现了他采纳概念复杂性和组合性观点的倾向。有很多不同的方法可用来修改福多的概念原子论观点和乔姆斯基的(隐含的)概念组合论观点,但这些在我们的讨论中都可以被忽略。不管怎样,鉴于语义特征在上述乔姆斯基概念观的重构中地位突显,我会认为,要建立一个自然主义的先天论和内在论概念理论,一个合理途径便是先尝试构建一个语义特征理论,并说明语义特征如何可以根据生物物理原则来进行"组合"。

关于用语义特征来表达的概念或 MOP,我们对其开展的科学研究仍处于初始阶段。尽管如此,这样的研究似乎的确是一个合理的研究计划。这方面,现在已经取得了一些进展。语义特征如

"具体(CONCRETE)""有生命(ANIMATE)"等一直都是词汇概念研究的焦点。它们被当作描述用语,用以说明词语和句子"解读"中的差异。一个具有描写充分性的语义特征理论必须提供某种方法,用来区分语言所表达的概念(此即 MOP)之间的差异。

关于"具体""有生命"等语义特征,这里有一种看法。因为它们对乔姆斯基所说的"视角(perspective)"的形成产生作用,而"视角"为语义接口 SEM 处的"其他系统"所用,所以,我们在任何特定情形中可以认为它们为构成某种"(世界)理解方式"做出了贡献——这里所说的"(世界)理解方式"在数量上可以无限,且"理解"也和语言贡献相关。句子(或"表达式")是这些理解方式的表达形式;也就是说,技术意义上的句子("表达式")在 SEM 处、以结构化形式提供了参与句子组成的词项的语义特征。我们可以把语义特征表述成分大致看成某种对人如何思考或理解"世界"(可以是虚构世界、话语世界、故事中描述的世界或者是抽象的世界,不管有多么微小)的状语性描述——此处所说的"世界"是指脑中其他系统所呈现的世界(参看乔姆斯基 1995a:20)。语义特征如何精确地做到此点一点也不清楚;这需要一个理论来明确,我在附录十二中只是就此提出了一些建议。而且在说这些特征提供了人能理解世界的方式时,这本身就内含了风险,因为自然科学并不考虑人的因素。语义特征在语义接口为其他系统提供"信息",它们如此"运行"的方式很可能只是无意识的;并且"理解"也绝不是一个有明确界定的理论术语。不过,对于当前研究来说,这已足够:

相关特征必然与人们如何理解和思考相关——"理解"在此可看作所有此类情形的统称。略微理论化一点的表述就是,或许我们可以认为词项语义特征作用的方式和它们构置其他系统的方式存在关联——有可能是为其他系统提供指令、为它们带来由特征组成的语义信息。

需要提醒一下:将这些特征视作"外在"事物的属性——这正是福多(2008)在谈到特征时所持的看法——是错误的。或许在某人用一个句子来指称某物时——至少是在这个句子被认为适用于所指称事物时——它们看似可以等同于事物属性。但拿句子来指称和用句子来表述真相均是人之行为,而绝非语义特征所"做"之事。不仅如此,一些人坚持认为句子用于指称和表述真相是句子的主导性和示范性用法;对这些人而言,句子的这两种使用可能最为重要。但其实,它们既非句子的主导用法、亦非其典型用法。强调语言的真相表述之用使人们忽视了语言在思想和想象、猜测和自责……中更为普遍的用法,也让人们忽略了很重要的一点,即"表达真相"至多就是语义特征促成理解的众多方式之中的一种;同时,它还使得人们忽视了以下这一事实:在语义特征按这些或其他方式中的任意一种促成理解的时候,它们本身也是理解方式的构成要素,因此同时可能就是"经验"的构成要素(参看乔姆斯基1966/2002/2009)。

继续我们对语义特征表述语的讨论。究竟如何看待像"抽象(ABSTRACT)"这样的特征描述语?我们可以将其视为临时性的理论术语。可以认为它们有如上所示的描述功能:并非描述世界中的事物,而是描述理解的方式。并且,可以认为它们非常接近倾向性描述语——就像用来描述盐的倾向性描述语"可溶的(soluble)"——因为它们本身并没有对语义特征如何"运作"做出解释,它们只是在联系某个可觉察或明显的"结果"来进行描述:盐放入水中就会溶解,而特征表述语"抽象"造成某一"客体"是"抽象的"这一理解。在听到"George is writing a book on hydrodynamics and it will break your bookshelf(乔治正在写一本有关水动力学的书,它会压倒你的书架)"时,乔治的书在我们的"眼中"先是抽象的,然后是具体的。(我们的词项之中可能同时"包含""抽象"和"具体"这样的语义特征。)以这种方式来看待"抽象"这样的特征表述语,我们就可以认为它们只是临时使用的理论术语;作为相关自然主义理论尝试的一部分,它们具有倾向性描述语的地位,可以用更为先进的语义特征科学理论词汇中的成分来替代,后者不仅可以描述语义特征是什么,还能在特定理论框架内解释语义特征如何"运作",语义特征和词项如何获得等相关问题。

　　色彩科学为我们提供了某种类比。当我们(说)"看见一小块绿色"时——或者我想,为了表明语义特征的状语性,更好的表述是"绿色地,一小块地感觉到",虽然这听起来很别扭——绿这种颜色实际上是在我们成列的视锥细胞受到光子冲击后,我们的视觉系统或心智做出相应反应而带来的结果。心智通过视觉系统的操作,以产生色彩的方式构置关于形状、方位和色彩的感觉经验,一种特定的绿色就是这些方式当中的一种。任何特定的绿色以及它对形成"色彩经验"的作用都可以通过一系列复杂的理论术语来加以说明——比如色调（hue）、亮度（brightness）和饱和度（saturation）（简称为HBS）等——它们在视觉系统操作理论中都可以有不同的量级，而视觉系统操作理论可以表明特定数组的视锥细胞放电速率如何，又是为何经过各种形式的计算，可以为视网膜定位下的"视觉空间"中的某一"点"生成具有一定HBS值的三元组。特定的一组HBS值可以对一个特定场合中"某人如何以产生某种色彩的方式看见"做出描写和解释。将色彩与语义特征相比较，其类同性十分明显，但仍然有限。一则，与视觉不同，语言通常——或许是大多数时候——都是"离线"运行：它不像视觉那样十分有赖于大脑中其他系统的刺激或者是环境"讯号"。视觉当然也可以"离线"操作：在想象和梦中，它似乎可以如此，但这大概也是源于内在刺激；并且，视觉可以离线运作的程度完全无法与我们（常规情况下）离线使用语言的情况相提并论。另一个不一致之处是：语言是乔姆斯基所谓的"知识（knowledge）"系统，而视觉不是。词项存储了语义和语音信息，这种信息构置了我们对我们自身、对我们的行动，以及对我们的世界的理解，而不只是某种特定形式的、完全内在的"感官性内容"。

请注意，这样的一种观点避免了按某种方式将"词语"与语义值、事物属性、思维语言成分或任何类似物相连接的必要。正因为此，产生了一个明显优势：没有必要在有关语言意义的理论中增添对"什么是意义"的说明，这样的一种理论也没有必要去解释和某种LOT中的成分怎样发生连接的问题，更没有必要将某种LOT中的成分与"外在"属性绑定或"锁定（lock）"（福多用语）。（概念）获得问题也回归其本位，在一个有关语义特征的理论中（语义特征

"从何而来"、它们如何获得组装)得到说明。因为将(概念)获得问题定位于对语义特征的说明,所以,要理解语言表达的概念如何可以如此轻松地获得,它们对于每一个脑中具有恰当"装备"的人而言为何都是如此可及这样的问题便容易许多:假定这样的特征都是普遍特征,并且其组装机制也是心智共性,那么,要解释不多的几个提示通常就足以让我们大致掌握一个先前没有用过的概念这一事实就要容易许多。另外,我们还会得到另一个被乔姆斯基认可的优势:语言的自然主义理论对音位及语音特征的说明适用于解释这些特征如何"运行"的问题。这一点在我们向坚定的外在主义者表明以下此点时十分有用:放弃指称主义和表征主义的错误看法并不会让人类的交流变得不可能。

要构建一个词汇语义特征理论,对它们如何获得、如何运作等做出解释,有不少严峻的问题需要解决。首先,在 SEM 处发挥作用的概念是否"不够明确",因此需要其他系统来"补足"?或者它们是否"过于明确",因此需要在 SEM 处做些修剪?另一个相关问题是,是否有必要向一个特定的概念特征集指派一个特有的区别性特征,以便将其跟另一个概念特征集区分开来?如果证明有此必要,我们又可以问:为什么不能单凭此特征本身来确定一个概念?第三个问题是,在句子表达式推导过程中,我们能否允准特征插入(或删除)?乔姆斯基(2000:175f.)似乎认为可以。他注意到,词项如"who(谁)"和"nobody(没有人)"在 SEM 处生成的是量化约束结构,而其他词项如"chase(追赶)"和"persuade(说服)"似乎要求某种形式的词汇组合。后一种情形下,一个致使性行动——就"persuade(说服)"而言,即"使有意"——和一个结果性状态(即"X 有意……")在句子推导过程中似乎需要组合起来。①
不过,他又认为,就"简单词语(simple words)"(乔姆斯基 2000:
175)而言,说它们的特征只是被原封不动地"转运"至 SEM 处也
未尝不可。若将"简单词语"理解为类似可以充当开放类词语——
而不是形式类词语,如只具有形式用法,而无实义的"of、to、TNS
(时态成分)"等——中形态学意义上的词根成分,乔姆斯基的意思
似乎就是,那些可被称作"形态词根"的词如"house(房子)"和
"real(真实的)"(各指一个语义特征集,可分别表示为"HOUSE"
和"REAL")等在推导或句子运算过程中既未组合也未分解。以
下讨论中我也持此看法。鲍莱(2005)所采用的关于句子推导的观
点实质上在描述句子推导过程中所"发生"的形态和句法操作时也
吸收了上述看法。我采用她的描述(参看麦克吉尔弗雷 2010),部
分正是为了把形态词根整体处理为语义特征"包(package)"。

这样做,我们认为有其充足的理由,而且也和我们目前所了解
的相关事实并没有什么不一致之处。这个理由和福多(1998)提出

---

① 【原注】在评论本段以及本段中所提到的那些和确定 SEM 处有什么以及 SEM
中的成分"做"些什么等问题相关的困难时,乔姆斯基提醒我存在下面这一事实:由于
我们对语义接口 SEM 的"另一端"存在什么知之甚少(事实上是一无所知),所以有必
要提及 SEM 和语音接口 PHON 之间的差别。关于后者,我们至少对所涉及的相关发
声和感知系统有一些了解,因此对什么是 PHON 以及它在心智结构中所应占据的位置
也有一定的了解。这个提醒不仅对我有用,对任何"做语义学"的人也都有用,无论是
我所推荐的那种内在主义语义学——这种语义学主张通过句法和组合实现组合性,并
且通过 SEM 来"构置"理解——还是保罗·皮埃特洛斯基所提出的那种内在主义语义
学,抑或是其他各具特色的尝试——内在主义和外在主义形式语义学、真值条件语义
学、福多式语义学等。即便如此,我认为,采用内在主义的研究路径,将"概念"置于词
项之中,依据形态—句法过程来解释"语义"组合性以及认为 SEM 是以状语的形式加以
"运作"的都具有充足的理由。进一步讨论可参看下文以及附录十二。

的一个论据有关；他据此来反驳刻板认识（stereotypes）在句子构建中可用于意义组合这一想法。比如，虽然多数人有对"MALE（男性）"（用于人）和"BUTLER（男管家）"的刻板认识，但是将两者组合却不可能会产生"男性男管家"这样作为两者累加所得意义的刻板式理解。更普遍而言，福多反对一切对概念做"分解"的做法，只有充分和必要条件是例外，不过——如果确有此类条件——对他来说，这样的条件之所以有用也仅是因为它们被认为有助于概念来决定外延；对福多而言，概念的外延是"原子性"的（正如他所理解的概念所含的"内容"）。他认为正是这些充分和必要条件促成了意义组合。不过，有一个更为简约的描述可以替代福多的说明。这一描述可以完全不出句法和形态的范围（停留在语言官能的核心之内），从而无须关涉"外在"事物的属性。它只在于指出这一事实，即与形态词干相连的概念包保持原封不动，直至它们到达 SEM 处。这种说明所需要的全部"原子性"就在于此。采用这条路线则要求形态学和句法学在描写和解释句子生成时，一个概念包为何，又如何会被名词化、动词化或被变成一个形容词，一个特定的名词为何，又如何会被指派一个施事论旨角色等。语言官能的计算结果从直觉上来说将会合乎语法，不过却无法保证它们一定是可以理解的。好在这种情况倒也无害：我们作为人总是用其所能，过度生产实际上也是语言使用创造性的表现。人们关于致使性动词如"persuade（说服）"和"build（建造）"的一些看法可能需要把在 SEM 处出现的相关表达式看成一个句法上的复合物，其中包括存在于一个或多个 SEM 中的——比如说——"CAUSE（致使）"和"INTEND（有意）"——对"persuade（说服）"而言；虽然这要求将致使动词视作复杂词语,但这也是一个无害的结果。事实上,这样的情况给我们带来的一个好处是,我们因此可见有些分析性真理(analytic truth)可以在句法上得到确定表达,因而无须在语用上或类似方面加以考虑。福多和乐颇(Fodor & Lepore)在他们(2002)所著的书中以及别处对上述观点提出异议,但我认为他们所说的问题都可以避免。

至于概念在 SEM 处是不够明确还是过于明确:这个问题有待于将来在一个更为全面的理论中做出解释。不过,当前有一些看法认为概念在 SEM 处过于明确。以隐喻理解为例,隐喻在自然语言使用中是一种很常见的现象。一个比较合理的关于隐喻的看法认为,我们在解读隐喻时会对某个词项施以某种删减,最终用该词项的某一个或几个语义特征来刻画他物。一个简单的例子就是在一个名叫约翰的 7 岁大的孩子坐在桌边吃比萨饼这个语境中所说的句子"John is being a pig(约翰正'猪'着呢)"。把约翰描述成一头猪就是将——在这个语境中很可能就是这样——概念"PIG(猪)"当中的特征"GREEDY(贪婪的)"取出后再应用至概念"JOHN(约翰)"。在必要时删减语义特征或许可以被看作是 SEM 另一端"其他系统"的任务,而这最终实际就是语言使用者和理解者的事情(或者可能只有"语言使用者",其他系统则必须去除,否则,它们会因为对语境太过敏感而无法生成可以为计算理论所把握的结果)。真要让这样的程序能够执行,我们至少在 SEM 处需要有一个丰富的特征集。对于通常所说的字面义理解,情况也可以说是大致相同:这样的理解,同样地,可能也有修剪的必要。

关于语义特征究竟是什么,有不少尝试性的研究,取得了不同程度的成功。一个值得注意的尝试是帕斯特约夫斯基(1995)。我认为他所采用的计算框架有一些问题(参看麦克吉尔弗雷2001)，但他所使用的特征描述符号——可视作是对概念理论的贡献——十分丰富，其中很多都非常具有启发意义。然而，这方面很可能还有很长的路要走——至少，我们认为语言所表达的概念足够具体、清晰，可以彼此区分。至于解释充分性——比如，与词汇概念获得相关的柏拉图问题——我们也必须为之寻求一个解决方案。这方面在研究之初，我们可以去看看凯西·赫施-帕赛克和陶伯塔·高林考夫(Kathy Hirsh-Pasek & Toberta Golinkoff 1996)、里拉·格莱特曼和费舍(Gleitman & Fisher 2005)等所收集的，关于儿童概念与词项发展过程的证据——在赫施-帕赛克和高林考夫的研究中，还有对前语言期婴儿的研究。概念获得问题当然与词汇获得问题有所不同。因为很明显，儿童在很小的时候就拥有——或者可以迅速发展出——至少是某些初步的概念，如"PERSON(人)"以及与行动相关的概念，如"GIVE(给)""EAT(吃)"等，还有"TREE(树)""WASH(洗)""TRUCK(货车)"等。因为他们好像在学会说话之前就能听懂很多我们在他们面前所说的东西；而且他们明显在一个非常早的时期就具备了辨别部分事物的能力。或许，在儿童能够用语言说出"BELIEF(信念)"和"KNOW(知道)"等概念之前，他们并没有掌握这些概念。或许，实际上，我们在能够发展出这些概念之前，至少需要在一定程度上具备某种开口说话的能力。这些都是开放的问题。不过，至少这一点是很清楚的：儿童的确会很快发展出一些，甚至是非常多的概念，并且这当中有一部分概念似乎已经具备了某些能够使之体现成人概念图式特点的特征。因此,和"PERSON(人)"这个概念一样,儿童"DONKEY(驴)"这个概念也一定有一个类似于"心理连续性"的特征。正文中曾提到乔姆斯基的孙女对一个故事做出反应。故事中的驴在变成石头后依然是驴,并且还是同一头驴,虽然它现在看起来只是一块石头。这同时也表明,不仅"心理连续性"这一特征是一个先天性特征,而且心智中一定存在某种"机制"可以将该特征添加至儿童所具有的人、驴以及无疑还有其他动物的概念之上。

5.2 人类的概念是独特的吗?

在对不为任何证据所支持的经验主义概念观以及福多错误的概念外在主义解释进行反驳之后,我们现在来讨论乔姆斯基的主张——人类的概念在某些方面是独特的,它们与在其他有机体中所发现的概念存在差异。他的这个看法对吗?因为还缺乏一个比较成熟、合理的概念/MOP理论,我们要接受乔姆斯基的看法就必须另寻理由。首先,有某种情况表明人类概念是独特的吗?如果我们能说动物也有概念,那么根据直觉,我们的确感觉到在人的概念和这样的动物概念之间存在差异。认为黑猩猩也有比如说"WATER(水)""RIVER(河流)""HIGHWAY(公路)"这样的概念似乎不太可能,至少黑猩猩的这些概念不会跟我们的一样。或许一只黑猩猩在训练后可以对水、河流以及公路等实际情形做出反应,并且反应的方式达到了某个实验者设立的某种成功标准,但这并不表明这只黑猩猩就拥有我们所拥有的概念,也不能表明它们可以按我们的方式去获得这些概念——要是它们真有这些概念的话。不仅如此,有其他证据表明,黑猩猩不可能拥有,也不可能会发展出"NUMBER(数)""GOD(上帝)",甚至是"RIDGE(峰)"或"VALE(谷)"这样的概念。所以,有一些初步的情形表明,人类概念具有其独特之处,至少部分如此。

加里斯特尔(1990)以及其他一些关注动物交际问题的研究对动物概念的本质——或者至少是对动物概念的使用以及由此而表现出的本质——做出了说明,这大大改进了我们对人类概念独特性的认识。众所周知,动物概念和人的概念(至少是我们的自然语言所表达的那些概念,而这按我们的意思就是人所有的概念)在指称的方式上并不相同。它们似乎与应对有机体所处的环境"捆绑"在一起。如此看来,人与动物的概念差异究竟在哪些方面?对这一问题的探讨也让我们有机会去思考怎样才能为 MOP 或内在概念构建一个好的理论。

在正文的讨论中提到一种可能,就是我们用语言表达的概念在使用或应用上与动物可及的概念不同。或许,我们有些概念和(倭)黑猩猩所用的概念相同;就是说,可能两者之间存在重合——因为我们不必认为我们恰好有它们的那些概念,或者它们恰好有我们的这些概念。按照这个思路,差别在很大程度上就在于以下这一事实:(倭)黑猩猩没有语言,所以我们所具有的能力至少有一部分是它们所不具备的,因为我们的语言系统可以"离线"运作——这一点在我们推测和判断与当前现场情境毫不相关的事情在发生后会带来什么后果时必不可少。按这种观点,得益于语言资源使用的灵活性,我们可以在脱离语境的情况下"自由"构建(用句子表达的)复杂概念,而(倭)黑猩猩对概念的应用却要受语境限制——而且很明显,它们所应用的概念不可能是通过语言组合获得的有结构的概念。如正文中的讨论所示,乔姆斯基并不接受这一解释。如果人与动物在概念上存在差异,差异在于概念的本质,而不在于对它们的使用。

我们对语言表达的概念的使用当然会给人与动物概念之间有无差异提供证据。比如,认为我们的概念和动物的那些概念之间存在差异的一个原因便是,我们的概念允许多重用法,这其中包括隐喻——隐喻似乎要求我们具备将概念"拆卸",并且只取其中与会话相关的特征构件来运用的能力。另一个原因在于动物概念的使用:如果加里斯特尔和其他相关研究者是对的,那么在猿猴使用一个和我们"HOUSE(房子)"这个概念相似的概念时——不管这究竟是一个什么样的概念——它一定是在该猿猴相关感觉系统所产生的某一个或某一组特征的直接作用下而被激活的一个概念。这个概念的特征或特点将会跟其用于让猿猴快速识别和发出行为的本质有关。它不仅缺乏那些额外的、概念若用于语言计算或推导就必须具备的特征(因为猿猴并没有语言),而且还缺乏那些非感官性的抽象特征如"SHELTER(庇护)""ARTIFACT(人造物)",以及"SUITABLE MATERIALS(合适制材)"等——它们通常都会在我们人的这个"HOUSE(房子)"概念中显现,这一点亚里士多德和许多其他人都曾提到过。后面还会谈及此点,因为这一点非谈不可。不过首先,我需要对一种具有潜在误导性的动物与人的概念比较形式做出说明。

我们的概念中至少有一些与动物可能拥有的概念之间在内在

结构上存在差别。这方面一个有趣的例子和"PERSUADE（说服）"以及其他一些致使性动词有关；人们似乎相信，这些动词所表达的概念支持一种蕴涵关系，可以产生猿猴可能无法获得的分析性真理。如果约翰说服玛丽去看电影，并且他说服她去看电影为真，那么她在当时便是有意要去看电影。至于她最终去还是没去则是另一个问题。然而，并不清楚上述此点为我们描述猿猴和人在概念上的差异提供了什么令人信服的方法。按照相关假设——该假设所言甚是，讨论广泛［与之相对的看法可参看福多和乐颇（2002）］——此类蕴涵（假设"约翰说服玛丽"为真）所依赖的结构来自于语言官能的句法组合操作。果真如此，"PERSUADE（说服）"最终便相当于"CAUSE to INTEND（致使有意）"。这么一来，我们用语言表达的概念"PERSUADE（说服）"就不是一个"原子"概念，跟"HOUSE（房子）""GROUSE（松鸡）"，以及"RIDGE（峰）"这样的概念不同。而它具有这样的特点则完全是语言官能的形态句法操作所致。这说明，如果要对比人类与动物概念的"本质"，最好要将形态和句法对概念形成所起的作用排除掉；对于出现在语言的语义接口处的概念而言，其内在结构与句子结构都是由形态句法所提供的。这一点，我认为，在保罗·皮埃特洛斯基最近对语义结构及其理解问题所做的一部分研究中已经得到说明。

有没有可能人与动物——尤其是猿猴，包括（倭）黑猩猩等——在概念上的差异完全是因为语言官能的作用所致？保罗·皮埃特洛斯基（2008）对这一可能做了更进一步的发挥，虽然在我看来，这并没有对"原子性"概念本质方面的明显差异做出解释。

他认为人和动物的概念差异在于人的语言官能在语义接口处的"配价(adicity)"要求。一个概念的"价"指的是它的论元数目:"RUN(跑)"似乎要求带一个论元["约翰跑了(John ran)"],因此这个概念为"-1"价(它需要一个取值为"+1"的论元来使其"饱和");"GIVE(给)"似乎要求有三个论元,所以确实如此的话,它为"-3"价。具体而言,皮埃特洛斯基不过是把唐纳德·戴维森的思想做了些改动而已,别无其他。这个思想就是句子语义应该通过一元谓词(即"-1"价谓词)的合取来表达。按皮埃特洛斯基的表述(这里只采用最为基本的逻辑记号,以方便对此并不熟悉的普通读者),"John buttered the toast(约翰给吐司涂了黄油)"这一句的意义大致为:存在一个[event(事件)] e, BUTTERING(涂黄油)(e) [读作"e is a buttering (e 是一次涂黄油事件)"];存在一个 x, AGENT(施事)(x), CALLED-JOHN(名叫约翰)(x);存在一个 y, THEME/PATIENT(客体/受事)(y), TOAST(吐司)(y)。依据这一描述,似乎是"-2"价(即带两个论元)的动词"buttered(涂了黄油)"被压制为"-1"价(即带一个论元);而原本似乎为"+1"价(即可以使某个"-1"价谓词"饱和"的、取值为"+1"的论元)的"John(约翰)"被压制为形如"called John(名叫约翰)"的成分。(如此解读也有其独立依据,比如在某些情形中(如聚会),可能会有多个名叫约翰的人。)事实上,这种情况下,人名"John(约翰)"在被置于语言官能的计算系统中时,就变成了一个"-1"价的谓词。

这种"新戴维森式"的研究路径有好几个优势。其中一个就是,它似乎至少与乔姆斯基最简方案的部分目标以及最简方案语言计算或派生观相一致。另一个优势在于，它为基于整体 SEM 结构（或者是 SEM"另一端"某一解释系统中的某种表征形式所具有的结构）而得出的部分蕴涵关系做出了很好的解释：从"John buttered the toast quickly（约翰给吐司快速涂上了黄油）"，可以推导出"他涂黄油了"。但如前所云，这一思路似乎并没有解决上述概念本质方面人与动物之间存在的显而易见的差异。人类语言表达的概念"BUTTER（涂黄油）"跟与之相似，某只黑猩猩脑中的"BUTTER"概念（假设存在这一概念）之间的差别不可能只在于价位；按皮埃特洛斯基的看法，概念"BUTTER"在应用或使用时——就是说按照他的理解，当此概念为人所用、出现于语义接口时——为"-1"价，因为根据相关假设，这就是语言官能通过特定操作指派给此概念的内容。然而，由于猿猴缺乏语言以及由语言提供的资源，所以没有理由认为猿类的概念"BUTTER"也可以在应用中被赋予价位，不管这可能会是什么价位。那么，由于此处所说的差异似乎完全是由可以确定某一概念价位的形态句法系统的操作所致——这里所说的概念"BUTTER"被指派为动词性概念，并且只被赋予一个论元，从而和皮埃特洛斯基的语义理解观及其相关理论蕴涵一致——而且因为这一差异从根本上来说是源于我们拥有语言，而猿类没有语言这一事实。所以，我们有"原子性"概念"BUTTER"，但黑猩猩有没有与我们相同的概念这一问题实际上就并没有得到说明。总的来说，皮埃特洛斯基对人类与动物概念差异的讨论只集中在价位上，却并没有真正涉及什么"是"概念的问题——即概念的"固有内容"或内在本质是什么，如何把握这一本质等问题。他的讨论避开了概念是什么这个问题——或许要探索这一问题,我们需要看看在语言计算发生前"原子"形式的概念究竟是什么;或许它们可以被描述为语义特征集,每个特征集作为一个整体的概念"包"代表了人的某个词项为"意义"做出的贡献。皮埃特洛斯基所关注的不是计算前"原子"形式的概念,而是出现在("出现"是指在此构建而成?被"召集"于此?被"提取"至此?)语言官能语义接口处的概念。正因为这样,他的讨论失去了在"原子"层面寻找概念差异的机会,而在这一层面存在的差异可能正是人与猿在词汇概念存储方面的差别。也正因为如此,我相信,我们可以怀疑皮埃特洛斯基或其他任何人是否真的有证据可以确认我们的概念与其他灵长类动物可能具有的概念事实上完全相同(价位和其他一些形态及句法的贡献不在考虑之列)或者哪怕只是彼此相似。我们和猿猴之间当然有差异。但这不是我们所要讨论的问题:它们没有语言计算系统,尤其是没有合并和语言的形式特征。这样的差异并不能解决我们此处正在讨论的问题。

如果关注概念使用上的差异或者形态及句法的作用并不能真正解决问题,而同时语言官能对可以为其所用的概念的固有特征也没有什么明显的加工方面的要求,那么寻求对人与其他动物概念本质差异做出描述和解释的另一个可能途径就在于假定人具有一个特定的概念获得装置。人可能会有这样的一个装置、程序或系统吗?经验主义者长期以来——普林兹(Prinz 2002)是经验主义的当代版本——所提供的各种假想性说明鲜有益处;他们无非是对某种普遍学习程序表示接受,但这样的程序既无法解释刺激贫乏现象(婴儿具有复杂概念以及其他一些事实),也没有提出某个特定的学习机制——若真要形成理论,机制则极为重要。经验主义者关于普遍学习程序的构想并不精确,也不相关,尽管有人试图有所改进。求助于连接主义学习理论也不能解决问题,除非真有理由相信人的心智确实是以此方式运作的;但这一点遭到否定,因为别的不说,婴儿的概念几乎是在没有"输入"的情况下获得的。所以由此看来,经验主义者对人与动物差异的解释(更大、更复杂的头脑,更有效的构建和验证假设的程序,"扩展放大"的操作,集体训练程序等)只不过是摆摆样子,做做表面工作而已。

不过,假定存在某个概念获得机制,它所依赖的程序我们有充足的理由认为是人所特有的;那么是否可以根据这一机制来解释人与动物概念本质上的差异?具体来说,有没有可能存在一个采用合并或者某种类似合并操作的概念获得装置?从这一点去考虑似乎很有希望解决我们正在讨论的问题。有独立的证据表明,合并是人所特有的。但是,这样的想法也面临阻碍。一则,它对乔姆斯基有关进化的一个最简主义基本假设构成挑战;按乔姆斯基的理解,人的概念在合并以及语言计算系统出现之前就必须存在。这样,求助于合并来解释的可能性似乎就此出局。不过,稍作变通仍不无可能:人类在出现合并之时已有的概念一定程度上与某些其他灵长目动物并无差异,但有了合并之后,不仅构建出了新的以及人所特有的概念,而且也使得对既有概念的改变成为可能。这个想法似乎也很不错,但仍存在其他问题。合并通常分为内部合并和外部合并,这两种合并形成层级结构(除非我们对层级结构另有解释)、移位等。但我们在解释概念本身时对这些东西并无明显需求,除了像"PERSUADE(说服)"这种语法上比较复杂的概念之外。或许有必要对概念的核心特征和更边缘的特征做出区分。比如,"PERSON(人)"与"DONKEY(驴)"这两个概念在其核心特征中可能都包括"PSYCHIC CONTINUITY(心理连续性)",但却不必含有"BIPEDAL(两足)"或"QUADRIPEDAL(四足)"。不过,这样的区分似乎并非层级差异,它甚至可能只是一种和"person(人)"这个词语在多数环境中的使用方式相关的人为区分,因此与我们这里基于合并操作的解释无关。另一方面,对偶合并(Pair Merge)——或者能够构成某种附加(adjunction)形式的其他类似操作——倒可能会有所帮助。这种合并舍弃了层级结构和移位/复制等,因此对我们的解释很有利;我们假定它可以对特征执行操作,允许某种非常类似于特征串联(concatenation)的操作来生成独有的特征簇,并且这样的特征簇还可以根据新的经验进一步扩展。可是,这依旧存在问题。一者,通过对偶合并得到的某种附加结构[例如"那个体大、邪恶、丑陋、卑鄙、龌龊……的家伙(the big bad ugly mean nasty … guy)"]依赖于某个由单一成分构成的"宿主成分"[上例中的"guy(家伙)"],其他附加成分都与之相连。但这个单一成分可能是什么却一点也不清楚:词汇音位成分肯定不行,而如果存在"中心"特征的话,那么它们按照假设就必须允准复杂性。再者,按对偶合并所做的说明只有描写性、并无解释性:概念似乎是以一种全人类统一的方式(至少对于核心特征而言是如此)自动发展出来的,并且它们每一个都是作为整体投入使用的,实质上似乎都是为其潜在的使用而专门"设计"的;对偶合并对此无法解释。最后,很难理解为什么像上面讨论的这种程序不会为动物所用;动物好像也有先天概念,无论它们可能会是多么不同。所以,求助于人类组合程序的独特性无助于解释人的概念的独特

附录五 概念和被误导的概念理论,缘何人的概念是独特的

性。这同时说明,通过人特有的概念获得机制来解释为什么人的概念与众不同在策略上有误。或许,我们应该另谋出路,除非在合并之外还存在另一种明显只有人类才有的,具有自然主义之本的组合程序,而这种想法在当前看来似乎并无根据。

要知道认为人类概念是复杂概念并在某种意义上具有构成性并没有什么明显的不妥;这一看法,如前所示,并不能根据福多所提出的理由加以排除。独立来看,它也是合理可行的,因为——我们有充分理由忽略福多(1998,2008)有关"原子性"概念获得的猜想和外在主义解释——组合是可以对概念获得做出说明的唯一路径。若的确如此,让我们先假定存在某种据我们所知是为人和动物所共有的、"受引导的"组合聚生(clustering)操作。然后我们再去看看可以从哪些方面去解释人类概念的独特性。有一条可走的路线是,看看有哪些特征构成了我们人的概念能力["+/－ABSTRACT(+/－抽象)""POLITY(政体)""INSTITUTION(机构)"等],然后再去调查它们当中是不是至少有一些可以在动物的概念中加以复制。很难对动物的概念能力抱有任何信心;我想我们有理由怀疑它们具有这一能力,或者——如果它们具有这一能力——它们真的能对此加以运用。按照我们人可能会有的看法和描述,一群阿拉伯狒狒构成一个社会系统,其中包含一个形式单一、雄性统治的"政府";但狒狒自身不可能认为它们会具有这样的一种社会结构,更不可能将其自身的社会结构看作是多种可能的政治或社会组织形式中的一种——族长独裁部落层级、互助民主体系、财阀统治、母系政府严控的资本主义经济……东非狒狒本

质上是母系的,但阿拉伯狒狒肯定不是。即便一群阿拉伯狒狒因为失去雄性首领而变成一个母系群体,这也并不表示是这个狒狒群中的剩余成员要有意如此并最终选择如此。它们看似并无我们社会体制概念中——或者就此而言,对各个不同品种的水果所做的分类中——通常包含的抽象能力。同样,阿拉伯狒狒、东非狒狒或任何其他猿类都无法按我们的方式来看待其群体结构以及它们所统治的领地。比如我们既可以将伦敦理解为一块领土外加一片建筑,或者也可以将其视作一个可以移至别处的机构,但是在猿的行为与交际尝试中,没有什么可以表明它们可以同时采用这两种理解或是采用其中的任意一种。没有哪种猿猴能够对其领地做如下理解:"伦敦(该地区的空气)被污染了"或者"伦敦(其选民)这次要投给保守党"。它们有关自己群体结构(假定它们有一定的组织)以及自己所统领地盘的概念不允许有此类理解发生;并且,无论是结构组织还是领地也都不会被它们视作某些更普遍情形["POLITY(政体)"?]之下多种具体情况中的一种,因此,它们也就不会去考虑是否能够以一种不同的方式去重组它们这个群体,并且如果决定如此的话,就有计划地去实施。再者,也可能最为重要的是,如果一只猿猴当真具有或发展出一个和我们的概念"RIVER(河流)"类似的概念——假定其为"$RIVER_B$"(为某一种狒狒所特有的概念"RIVER"),那么这个概念所包含的特征很可能只限于是那些从感觉输入中可轻易提取到的特征,并且其使用也仅限于满足当前之需;"$RIVER_B$"所含特征不会让猿猴想到那些我们在特定地形中通常所能发现的东西。同样,很难想象黑猩猩会逐渐形成与我们下面这些概念类同的东西："JOE SIXPACK"①"SILLIEST IRISHMAN(最蠢的爱尔兰人)",或者干脆就是"SILLY(愚蠢)""IRISHMAN(爱尔兰人)"。除此之外,至少有些关于词库及其所含意义信息的合理观点认为,心理词库必须要以某种方式提供所谓的"功能特征",比如(句法和结构意义上的)时态特征 TNS,以及其他一些在句子概念的组合中发挥作用的特征。很显然,这些功能特征都不在猿类的概念库之中,而它们当然算得上是"抽象"特征。

动物概念的范围看来在某些方面是受到限制的,加里斯特尔等人关于动物交际的研究表明了此点。重申一下上述论点:动物的概念特征不允许它们去指称水果类别,社会体制形式,作为液体流动渠道的河流(river)——与河边小溪(creek)、小河(stream)、细流(rivulet)有别,人、驴甚至想象中的鬼魂、神灵等具有心理连续性的生物,实心的或中空的门,等等。更确切地说,它们的概念所涉及的是如何收集和整理感觉性输入,而不是在人类概念中占据主导地位的抽象概念如"INSTITUTION(机构)""PSYCHIC CONTINUITY(心理连续性)"等。毫无疑问,它们也有类似"心智理论"这样的东西,能够在对同种动物的行动做出反应时表现出它们自己的行动(以及欺诈等)策略或惯例。但没有明显的理由可以认为,它们能够对某个同种动物所要执行的行动计划(方案)做出理解,并为此想出对策,等等,因为这些都需要某种符号系统能

---

① 【译注】乔·希克斯帕克(Joe Sixpack)是低能、无知的普通美国男性的代名词。按通常的描绘,这种人往往一边喝着啤酒,一边看棒球比赛或CNN(美国有线新闻网);不管总统说什么,他们都会相信。

够提供一定方式对概念加以组织,就像人在拥有语言的情况下所能做的那样。它们思考吗?为什么不呢?我们说电脑会思考,很明显这种说法只有在把"思考"用作一个常识性词语时才算有效。但计算机在思考时能够通过数量无限的、以句子形式组织的概念去清楚表达吗?不行。这一点从它们缺乏合并操作这个事实上就看得出来。

另一条研究路线——上文已间接提到——强调人通过语言所表达的概念允准形态学意义上的词缀添加操作,并且当其出现于语义接口处句子形式的组合结构中时,也允准切分(dissection)。比如,对通过相关词根表达的概念"FRUIT(水果)"进行词形变化则有多种方式:我们有"fruity(有果味的)"(原有概念变为抽象、形容词性)、"fruitful(果实累累的)"(结果指向性概念)、"fruitiness(果香)"(再变抽象)、"fruit(结出果实)"(动词性)、"refruit(再结果实)",等等。据我所知,没有哪种别的动物所拥有的概念允准这些相关的形态句法上的细微改造。

至于切分:当我们碰到像"Tom is a pig(汤姆是头猪)"这样的句子时(汤姆其实是一个8岁大的孩子),句子使用的语境以及把汤姆述说为猪的句子结构要求我们在理解时应该关注通常与猪相关的特征中的一小部分,并将这其中的一小部分特征看作与汤姆的某个特定状态相对应。如果他正在如虎狼般吞吃(另一个隐喻)下(另一块)比萨饼,那么"GREEDY(贪婪)"很可能就是一个从其他特征中切分出来,被用于该语境的特征。人类语言以及它们所表达的概念提供了这种切分方式,而人们通常在隐喻中所表现出的创造性使用的愿望也有赖于此。或许其他动物也有用于构成

"PIG(猪)"这个概念的众多复杂特征。不过,它们不太可能会有"GREEDY"这个概念特征(这是一个不止用于猪的抽象特征),它们的认知系统也不太可能会通过某种操作将其"PIG"概念中的一部分特征跟其他特征分离,并将之运用至某一场景,而这在产生隐喻解读的构造中则是一个常见现象。我假定特征切分仅应用于意义理解接口,即 SEM 处。如上所示,一个词项的所有语义特征构成一个原子性的"概念包",它们在句子推导过程中可以认为是被整体运送至 SEM 处的。然而可以说,动物的概念无论要经过怎样的认知操作,从功能上看都是一直保持原子状态不变。这一点可以根据我们对动物交际系统的了解以及我们对其行为、环境与组织中存在的有限灵活性的了解来得出。

上面所说的两条研究路线表明了这样的事实——某种程度上甚至第一条本身也表明如此:人的心理词库中所包含的概念材料具有一定的属性,这些属性可能是通过人类特有的语言官能所执行的组合性操作而形成的,当然也一定是为这样的操作所用。这些人类概念材料的属性在有合并之前便已"就绪"了吗?或者它们是在语言系统形成之后出现的新生物?再或者它们是先前的概念材料在组合性系统出现后对新系统的"适应"所致?这里我不打算回答这一问题:我无法确定孰是孰非,也没有证据提出新解。然而,可以明确的是,人用其语言所表达的概念——或者至少是其中的大部分——都是人所特有的。

这里我应该提一下,有一类数量无限的概念确实是通过合并操作得到的。猿猴和其他动物都缺少递归——至少它们没有人类语言中的递归形式。如果它们不具有递归,那么按乔姆斯基的看法,对它们而言,就不存在自然数。因此,"NATURAL NUMBER(自然数字)"以及53、914等都是其他动物所不具备的概念。[①] 这方面有大量证据。虽然很多有机体都有一个近似数量系统,并且它们的近似值遵守韦伯定律(幼儿也是如此),[②]但只有在语言系统获得初步发展的人身上才会出现计数的能力。(假定他们用得上这一能力的话:相关讨论参看第30页。)只有人具有那种发展和运用(如自然数序列表现出的)数系所需要的递归能力。具体来说,不少动物能够快速,而且比较准确地将含有30个事物元素的集合和含有15个事物元素的集合区分开来;如果它们区分的是含有20个事物元素的集合和内含15个事物元素的集合,或者是内含18个元素的集合和内含15个元素的集合,则其区分准确度根据韦伯定律会依次递减。但只有人才能准确区分内含16个元素的集合和内含15个元素的集合。而为了能做到此点,人必须要计数,计数就是在运用递归。伊丽莎白·斯派尔克、马克·豪塞、苏·凯瑞、兰迪·加里斯特尔等人以及他们的一些同事和学生为此以及相关问题提供了不少创见与资源。

总结一下:合并按上述讨论为人所特有,但按当前我们对合并的理解,除了"精确的"数概念,我们很难利用合并的特有性来解释

---

① 【原注】很明显猿猴也没有"REAL NUMBER(实数)"这一概念,但这并不相关,因为多数成年的人也没有此概念。

② 【译注】韦伯定律(Weber's Law)简单来说就是:就差别阈限(即辨别两个强度不同的刺激所需要的最小差异值,也称最小可觉差)来讲,它随原刺激物强度的增加而增加,因为刺激物的增量与原刺激物量之比是一个常数。比如一份1元钱的报纸突涨至50元,远远超出差别阈限,我们因此觉得无法接受;但若是原来100万元的奔驰车也涨了50元,甚至500元,因为远远低于差别阈限,我们会觉得价钱根本没什么变化。

缘何人的概念是独特的。但是在构成人类概念的语义特征中,有很多特征在本质上都明显是因人而设;我们在这样的概念特征本质中发现了一条更有可能解释人类概念特异性的路径。比如下面这一事实:人在一个很小的年龄似乎就在其有关众多生物、当然也包括人在内的概念中加入了"PSYCHIC CONTINUITY(心理连续性)"的特征。至于这一路径最终能否成功解释人与其他动物在概念上的差异,现在还不得而知。不过,很明显,人类的概念资源的确是特有的。

附录六 语义学:如何开展语义学研究

6.1 引言

语义学(我有时候会称作意义理论)对多数人而言就是尝试建立关于语词-世界对应关系的理论,无论这样的关系是指称关系[语词"大本钟(Big Ben)"指称一座钟及其所含结构]还是真值模态(alethic)关系(基于真值和正确性);按后一种关系,语义学和语句或者命题(比如"美国侵略了越南")的真值和正确性相关。乔姆斯基认为如果这样理解语义学,则追求语义学理论的价值便值得怀疑。对于理论家们而言,构建一个意义理论(语义学理论)需要借助于某种在他们看来一定是很规整的语词-世界连接关系;他们努力按照这样的想法来构建理论,而通常正是针对此点,乔姆斯基提出了他的批评。如果认为"老鼠"(mouse)这个词或者指称这个东西,或者指称那个东西,这样的看法对理论构建而言其实于事无补——在指称什么呢,究竟? 如果回答是它指称"老鼠",这并没有

---

① 【原注】对这些问题的讨论,我不仅要感谢乔姆斯基,也要感谢马里兰大学的保罗·皮埃特洛斯基(Paul Pietroski)和特耶·隆达尔(Terje Lohndal),以及麦吉尔大学的一些学生:奥兰·马格尔(Oran Magal)、史蒂夫·麦凯(Steve McKay)、劳伦·德拉·帕拉(Lauren de la Parra)和特里斯坦·汤迪诺(Tristan Tondino)。

什么意义。这个问题下面还会出现，并且看似愈加复杂：有人似乎认为他们对此做出了回答，甚至还不无启发；而事实是，"mouse（老鼠）"这个词，以及与之相连的概念"MOUSE（老鼠）"，可以被用于人们碰巧出现的任何场景，为了任何目的，指称任何数量的事物——电脑滚动设置、一个人、好几种啮齿动物中任意一种当中的任何成员、一堆绒毛、一个玩具、一个……（我并不排除隐喻性用法，也没有理由这样做。）

再者，我们可以这样来证明上述问题的相关性：通常人所作出的指称行为需是某种形式的"建构主义（constructivist）"行为。比如因为"老鼠"这一概念的使用，出现在一定话语环境中的一个灰色小动物（可能是一只小家鼠）被赋予的特征不是有关老鼠的感官上的特征（或者不仅是这些特征；相比之下，一个动物在调节使用其感官系统时所使用的概念可能只含感官特征），也不是老鼠自身可能确有的生物物理科学意义上的属性，而是我们的常识性概念"老鼠"中所包含的那些特征（可类比"河流""房子"等概念）。在我们将相关的动物概念用于指称行为时，我们通常会将心理连续性这样的属性赋予这些动物，从而有效地使它们"变成"拥有这一属性的动物；除此之外，包含如"老鼠"这样的词语的语句在使用中也可能会赋予所指动物其他一些属性。对于语义学以及如何开展语义学研究，通常人们所持的一些观点从来不考虑上述事实——这样的事实表明人的心智具有某种形式的建构功能。那么试图建立通常意义上的那种语义学理论的人是怎么做的呢？下面我对他们的目标和策略以及这些目标和策略存在的问题做一个概述。

在继续讨论之前，先做一点说明。对于尝试构建涉及语词-世界(头脑-世界)关系的自然主义语义学理论的做法,存在反对意见,但这些反对意见不见得适合所有类型的形式语义学理论;这其中包括一些引入了心理模型的语义学理论。心理模型在这些理论中被视为"域"(可能就是"世界"),一种I-语言的语句在域中可以为"真"——实质上,是规定为"真"。还有一些尝试构建"话语域"的语义学理论情况也大致相同。对于类似这样的理论尝试,可能还会有其他的反对意见,但单从表面来看,它们都能被看作是句法上的(即内在主义的)尝试,对表达式及其构成成分的意义以及它们引进的任何的形式关系(比如某些类型的蕴涵关系)做出"表达"。事实上,尽管这些理论使用了"对……而言为真""指称(refer)""概指(denote)"等说法,但它们都没有超出头脑。正因为如此,一个内在主义者可以而且通常也的确会从"形式语义学"名下不少富有深刻见解的研究中,甚至是部分语用学研究成果中,汲取思想、据为己用。

一点提醒:虽然不出头脑,内在主义语义学可以也应当被视作某种形式的句法。不论内在主义语义研究是关注语词和语句的意义、还是像"语篇表征理论"或"动态语义学"那样关注话语篇章,其重点(不论形式语义学、语篇表征理论、动态语义学等的践行者同意与否)都在于**符号及其使用的潜在性**,而不在于特定场合人们为了指称或表述他们认为真实的事情对符号的实际使用。如前所示,我们可以**通过对指称和真值概念的改造来表达语词、语句和语篇使用的潜势**。我们可以引入复杂程度不等的心理模型。这么做的时候,我们可以一并引入乔姆斯基(1986,2000)所谓的"关系R"。这种关系似乎大致如下:句子中每个指称位置上的名词成分对应于模型中的一组"事物";每个带有若干论元的动词成分对应于一个单元素集、双元素集或三元素集……如此等等。"指称"在这样的理论构建的尝试中是规定性的,真值也是如此。那么为什么还要将其引入?我们对如何理解语词、语句和语篇的意义这个问题持有一种实际上是缺省的观点;这种观点使我们自然而然依照直觉就想到"指称"和"真值"这样的概念。而这种意义观之所以看起来非常明显,我真切地感觉到是因为有上面提到的心智(连同语言)的建构性贡献。我还认为如果单从理论的角度考虑,会有更好的方法来把握住问题的关键(也就会有更好的方法避免受误导的可能),但是使用改造过的指称概念(对心理模型中事物和情境的指称)有一个好处,就是它可以将内在主义(主要即句法的)语义学和由来已久的形式语义研究结合起来。至于"真正的"指称和真值:就前者而言,需要记住它是人所实施的行为、是人自由实施的行为,这对自然主义的理论构建而言不是一个合适的话题;就后者而言,我们最好使用"真理意示(truth-indications)"的说法,像乔姆斯基所说的那样(参见第3章"评注")。

语义内在主义者(如乔姆斯基)的理论目标现在应该非常清楚;但如果还不清楚,我们做如下说:他们想阻止意欲构建意义自然主义理论的人去尝试构建语言的使用或运用理论(这注定要失败),并引导他们去尝试构建有关语词(如"老鼠"和"跑")以及由它们所构成的复杂表达式的"内在内容"的理论——为所有的"词语"(词项)和表达式构建这样的理论。关注语言使用的理论需要引进连接"外在"事物的指称或外延关系,但自然主义的内在主义理论(如乔姆斯基的理论)注重于对头脑内部语言表达式的内在"语义"

（和意义相关的、而不是和声音或符号相关的）属性进行生物物理学意义上的描述和解释；除此之外，也对用于语义组合、构成更加复杂的语句或表达式内在内容的内部组合操作（计算）做出描述和解释。按内在主义者的看法，如果我们真的要保留"语义理论"这个说法，我们就必须把语义理论看作是为头脑内部语词和表达式的固有内容以及语言官能对它们进行组合的方式而构建的理论。这方面，它和音位学一样，音位学是另一种形式的内在主义句法。没有人（正文中注意到有些例外）认为音位学已经成功到可以对声学和发声语音学所提出的问题加以论述的地步，更谈不上去解决这些问题。然而，外在主义语义学家认为，他们既可以论述，也能以一种可靠的方式成功解决某种类似的，但却更为独特的情况，即"头脑之外"有些什么以及我们的心智如何以一种"表述"的方式与之形成关联。要把这样的看法理解为一种自然主义的语义理论，显然无法做到；而如果不是，那它最多就是对人们有时如何使用语言的描述，如维特根斯坦所注意到的那样，根本无法发展为一种理论。要是它或此或彼，那它就如卢梭所言，是一种偷盗行为，而不是诚实劳作——乔姆斯基和我在讨论这些问题时，在写给我的评论中指出此点。相比之下，内在主义者的目标则相当谦逊，因为他们只注重以下这个问题：一个内在模块因为其中"发生了什么"而可以自动产出内在内容。如果"内在内容"这个说法有些古怪，可以把它换成"一个语言生成式在 I-语言与头脑中其他系统构成的'语义'接口处所提供的'信息'"。当然，如此简化的内在主义语义描述可能还需要修正或改变才能融入语言理论的进展之中。这里我们只是在表明应该采取的策略，一个已经取得一定成功的策略。

6.2 外在主义的意义科学存在的问题：第一关

语义内在论对许多人来说似乎荒诞不经，大多数对语义学持惯常看法的人大概都这么认为。不过，虽然构建外在主义的语义理论获得了巨大成功，语义内在论却并没有遭到遗弃。恰恰相反，人们关于如何进一步去构建一个可以称得上是科学的外在主义理论的想法至多也就是个大体方案，并无获得进展的迹象，或者只是和内在主义的模型论相当，或者很明显就是错误的——外在主义者努力了几个世纪还是出现了严重的错误，表明这样的研究在策略和基本假设上存在问题。连基本议题都没有触碰，或者干脆置之不理。这并不奇怪。一个外在主义的语义学家即使有构建自然主义科学理论的意图，也很难真正解释"河流""人""老鼠""城市""书"这类成千上万、在语言的语义接口处得到表达的日常概念的意义。在以"外在"的自然物体为研究对象的自然科学的研究内容中，并没有发现什么和构成上述这些概念的特征相一致的东西。没有一个自然主义的外在主义者真的能够认为有一个"外在"的伦敦，我们既可以同时（在同一句中）考虑将其迁至上游、免受洪水侵害，又可以将其视作一块人人都难以割舍的宝贵的领土，上面高楼林立、街道纵横。而这种"抽象-具体"的概念变换对于内部概念或MOP（呈现方式）"伦敦（LONDON）"来说就不成问题：任何一个政体概念都既可以作抽象描述、也可以作具体描述。对此，保罗·

皮埃特洛斯基(2002)用"法国呈六边形,它是一个共和国"这句话做了很好的例示。尽管如此,外在主义的努力还在继续,而且,至少在现在,其影响力远远超出了几种合理的内在主义方案中的任何一种。外在主义理论甚至也是并不入行的人以及初涉者的首选。事实上,它们代表了大众默认的立场。正因为如此,有必要去对那些自然语言的外在主义语义理论的基本假设加以阐述和反驳。否则,它们会继续发挥其影响力,使严肃的研究工作偏离正道。

思考不深者以及新入道者很容易接受外在主义的观点;这个事实表明外在主义理论受人追捧的一个原因是常识现实主义(commonsense realism)的影响。这不足为怪,因为常识偏重实用性、注重问题的解决,但我们要记住我们的目标是构建语言意义的自然主义科学,而常识及其各种形式并不能帮助我们实现这一目标。相反,它一次次地干扰了我们的自然主义科学研究。常识概念是研究自然语言表达式意义的自然科学的主题,但如何使用这些概念意义来思考和谈论世界却不是。事实上,我们看到,常识概念在使用上表现出极大的灵活性以及对使用者的兴趣和语境的敏感性;自然语言概念需要如此,也能做到这点——这样的灵活性恰好可以满足人发挥语言创造性的愿望。正因为如此,概念的使用似乎就超出了客观的自然主义科学研究的范围,不管我们对概念使用的观察能为我们构建一个以公设为基础的、研究概念的内在主义自然科学提供什么样的证据,也不管这些观察可能会是多么的宝贵。自然科学家向词句使用本身,或者是向因自然语句使用而获得表述的事物和情景去寻求自然语言表达式的意义是个错误。毫无疑问，从常识理解以及常识理解下的世界的角度来看，伦敦就是一个有着街道和一定格局的地域，同时，它也能够在街道、格局和版图都不动的情况下被移走。就常识理解是为了解决实际问题这一点而言，同时以两种方式来析解一个政体并无过错。实际上，这还是一个很大的优点，因为这样就可以保证（而绝非限制）在应对日常问题和社会问题时所需要的认知灵活性。不过，对于自然语言的语义科学而言，我们不能只满足于认为伦敦可以同时拥有两个相反属性，且两者皆可用作"'伦敦'一词的意义/所指"这一说法的自然科学所指。头脑外部事物的自然科学语义的目标不能是这样的目标；当然，像把光子同时描述为波和粒子这样的难解之谜不算在内。从量子力学的角度来看，光子就是如此，这样的"难题"对于科学而言不是一个难题，对于波和粒子的常识性概念来说才是难题。相比之下，一个"外在"的、有着两种相反属性的伦敦对于科学而言却是一个严重的问题，不管有关这个伦敦的心理模型是多真或多假。但是，头脑内部自然语言的"政体（POLITY）"概念却能在一组词汇语义特征中包含这两种对立的"释解方式"。我们说这些特征系列既有"抽象"语义特征，亦有"具体"语义特征并不是说它们（即"伦敦"以及包括"城镇""城市""村庄""州郡"等在内的概念群，"伦敦"是其中之一）本身都是既抽象也具体的。这么说实际的意思是在我们运用这样的概念时，它们可以用来把某一事物理解为抽象的事物或者具体的事物，甚至可以在同一句中把某一事物同时理解为抽象的和具体的事物（不过可能是在不同的子句中："法国是一个六边形的共和国"听起来就有些怪)。这样也不会有自我表述的问题出现:①如果出现这样的问题,那是因为我们把语义特征和语义特征在一个句子的语义接口处的"所作所为"混为一谈。②

注意,从自然科学研究的角度看,对于一个特定领域中所能有的最好的科学而言,构成其研究领域的事物和事件可以而且也确实被认为是存在的。我们对事物和事件的存在最好的理解莫过于

---

① 【译注】柏拉图在《巴曼尼得斯篇》(*Parmenides*)中提出所谓的"第三人论证(The Third Man Argument)",该论证以"自我表述(Self-Predication)"和"非同一性(Non-Identity)"两个隐性假设为基础。前者即 F-ness /F-itself is F,即特征形式也具有其自身所代表的那种特征或属性。阿伦(Allen 1960)认为第三者论证有问题。归结起来就是,它始于"每个特征形式都是单一的"(根据"非同一性"假设)这个命题,但它所得出的结论却是"每一个特征形式并非单一、相反却在数量上无限"(根据"自我表述"假定)。参看 R. E. 阿伦于 1960 年发表于《哲学评论》(*Philosophical Review*)上的论文"柏拉图中期对话篇中的参与和表述(Participation and predication in Plato's middle dialogues)"。

② 【原注】皮埃特洛斯基(2002)以及别处曾以一种不同方式表达过这个意思。他把语义特征理解为概念构建指令。"概念构建指令"对有些人而言比由可替换特征组成的概念或 MOP(呈现方式)更稳妥一些。但如此构建的概念面临同样的问题:用以在一个句子的语义接口或其他"交接"之地构建政体概念的"词汇+形态"指令本身也形成一个(复杂句式的)政体型概念,表现为一个六边形的法国和一个法兰西共和国。还有让人困惑不解的是,究竟什么是"概念构建指令"?指令向谁、向什么下达?肯定不是对人下达。那么是下达给某个模块吗?如果是给模块的指令,那么这个模块的本质如何?它如何运作,它以什么为输入,又如何获得其产出?它是通过复制形态句法加工获得产出的吗?要是这样的话,为什么不能把语义接口的句式 MOP 及其构成成分看作复杂概念自身?我宁愿把这两个相对的特征放在构成一个词汇 MOP 的同一个特征组中,这个 MOP 后来形成一个句式 MOP 或者成为它的一部分。这同时也允准一种不同的、但在我看来也是更为可取的"解读"观:特征不是提供指令,而是为了"构置(configure)"理解和经验。参看附录十二。说到这,我忽然意识到皮埃特洛斯基采用他所使用的"指令供给"的说法,在他所发展的语义理论和互补性的词库理论(即出)中有其内在的充分的理由。他对自己的这一语义理论做了相当精彩的辩护(Pietrosky 2005)。我将在后续的研究中想办法把他的概念理论和我自己的理论结合起来。

此：据我们所知，相关理论所提出的关于事物和事件的主张是最好的主张；在某一阶段，我们只能提出这么好的主张。改变一个好的科学理论关于事物和事件存在的主张——这可能就是某种形式的工具主义——其实就是强调要优先考虑把常识中的事物和事件与一种屡试屡败的改造科学的计划结合起来。现象论者更是不顾一切地在科学以及常识的主题中加入一些被称作是"感官印象""感受"，或者"感觉材料"的奇怪的理论构建物。现象论可以忽略，工具主义也可以忽略；两者最多不过是在徒劳地把科学改造成自认为是更加熟悉的概念。不能忽略的是常识现实主义的那些主张；把这些主张奉为圭臬的甚至包括笛卡尔和牛顿（以及许多不太为人所知的科学家）。但如果采用一种"二元世界"观，这些主张就能得到承认，而且只要不让它们侵染自然科学的方法和所研究的事物，将其限制在合适的领域中，它们对科学就不会产生什么影响了。常识的世界可以有常识的理解，但科学家是以一种客观的、严格控制的方式去查明事物的本质及其来龙去脉。就自然语言表达式的意义研究而言，为头脑内部存在的现象设立理论所产生的便是科学。这样的理论旨在描述和解释人的心智在自然语言的认知资源方面究竟提供了什么。同时，某种程度上，它也能帮助解释常识的世界为什么会有如此的呈现和特性；这一事实特别显示了不同框架之间存在区别。而就解释在常识领域内事物为何似乎如此这一点而言，它很明显更加侧重于科学，特别是侧重于意义的内在主义科学。果真如此，为什么那些希望为语言表达的概念或意义建立科学理论的人还是会沉湎于外在主义的思考？

关于外在主义语义学的吸引力，一部分解释在于它将貌似使语言产生意义的东西(其使用)和构建语言意义理论的任务连接了起来,而这是错误的。这似乎在表明,自然语言意义理论的主题是语言使用。而实际上,这么一个理论的主题应该是关于使语言能以有意义的方式加以使用的内在的认知能力和内部系统。杜威(Dewey)这样的语用学家给人们制造了这样的假象,即语言意义理论的核心是使用本身。他们认为语言是在其为了准备和实施行动及计划的使用中才变得有意义;他们这样说的意思在于表明语言对于人类生存和繁荣的重要性不言而喻。不过,需要注意的是,如果语言是这样,如果真是这样的话,那么我们所有形式的认知能力都应该是这样。我们的心智为我们提供了多种认知资源,比如在其构置视觉物体的方式中所发现的那些,参见比爱德曼(Biederman 1987)。还有它构置味道、声音、人脸以及行动等的方式。这些认知资源中的任何一种都有上面所说的那种用途和重要性,因为为了生存和繁荣,我们所有的人都要利用它们来构置经验、理解世界以及其他的人或有机体。但是任何明智的人在试图为心智构置视觉物体构建一个自然主义理论的时候,都不会把其理论主旨设定为罗列人们使用内部认知资源的方法。而真正有效的途径是设法直接说明心智的认知资源究竟为何。

外在主义具有吸引力还有一部分解释可能在于下面这一事实,即内在主义语义学现在尚处于发展的早期阶段,并且人们所提出的构建这一科学的方式和一些关于构建自然主义心智科学的前期设想存在冲突。比如,按照帕特里西亚·丘吉兰德(Patricia Churchland 1986,2002)的看法,要建立起心智科学,就必须对头脑作直接调查。但语言意义的内在主义研究目前还难以对神经元、神经细胞轴突以及神经放电频率做出考察,原因是我们还没有一个现成的、关于神经系统的"功用"——即神经系统如何做出运算——的理论;缺少这样的理论,要直接去考察神经元无异于是盲人摸象。虽然有些人坚持这么做,或者至少建议这么做,但根本无法保证目前人们对神经系统及其运作的认识方向是正确的。正如物理学为了适应化学的发展(对键合做出解释)而不得不改变自身一样,很有可能对神经运作的研究也将不得不做出调整,这样才能把最好的、关于心智各部分的计算理论包容进去。因此,实在没有什么很好的理由去相信这样的看法:以内在主义和先天论假设为基础的语言意义的计算理论如果不合下列观点就应该抛弃——按照一些人的观点,唯一值得认真对待的心智科学应该以当下对神经运作的认识为开端,并设法解释(通常是借助于训练)如何可以将一套具体的操作施加于通常被认为是"柔顺可塑"的神经系统之上。而事实上,如果先构建一个心智计算理论、再去寻求"包孕"这一理论各种操作的方法可能会更有成效。

上面概述了两方面潜在的、阻碍人们对大脑内部做出考察的原因。为了解决这样的问题,内在主义者构建或者说假定在头脑内部存在模块性的、自然赋予的计算系统,它们接受具体的输入,并将其交付特定的算法或操作,然后生成特定领域内的产品。内在主义者构建的理论中有形式的、数学意义上的函数,它们将不同的成分连接起来、并阐明被连接的成分是什么成分。语言及其意义的计算理论就是这样的理论。最简化言之,它以连接"声音特征(音位特征)"和"意义特征(语义特征)"的词项为输入,并明确能够组合词项、在语言与其他系统(感觉/生产系统以及概念/意向系统)的接口处产出语音和语义"信息包"的组合系统;这样的信息包构成语言官能对心智或大脑的整体运作所做的贡献。受戴维·马尔(David Marr)启发而创立的视觉计算理论之间的不同也不在于理论如何推进方面的基本假设(不在于所能采用的、目前为止最好的心智科学构建的方法),而在于——这不出所料——所指定的"输入"(矩阵式的输入强度)、算法("墨西哥帽"数学公式等)和"产出"(色位、色质等矩阵);视觉系统就是通过这样的"产出"来为拥有该系统的有机体构置经验。若从一个不同的、非科学的角度将我们自身看作经验者和行为主体、而不是有机体,我们也可以理解视觉系统以及语言等是如何可以用来解释我们(作为人)对这个世界或其他人的想象、感知、体验和理解的——尤其是因为语言的贡献,我们也可以对人是如何思考的这个问题做出解释。继续沿此视角,我们无疑需要使用先天的内在系统所提供的信息来获得生存和发展;按杜威的理解,这是语言以及我们的其他系统变得有意义的部分原因。但是某一系统的自然主义理论并不是有关我们如何使用其产出的理论,也不是解释其产出对我们而言为什么有意义的理论。它是有关系统为其他内部系统所提供的"信息"的理论;要是还从我们个人自身的角度来看,就是有关我们所使用的信息的理论。这样的看法对语言和对其他认知系统来说一样正确。

总之,语言意义的自然主义理论是一个关于语言为有机体所提供的"工具""概念""视角"的理论;是一个有关它们——这些概念从个体来看内容丰富、从整体来看结构复杂——通过组合机制系统地聚集于表达式或语句之中所成何物的理论;是一个有关它们本质为何、它们在个体和人种之中如何获得发展、它们又是如何被组装合并的理论。所以,再次重申:语言的工具或意义按一定方式的使用有可能恰好让它们显得格外有意义或格外重要,但这并不能说明这些工具究竟为何。我们可以承认,在某些方面,语言对人而言似乎尤其重要或有意义。比如,在我们通过语言实现和他人合作,成功完成各种为解决实际问题而设定的任务的时候(比如从购物到决定如何和别人一起翻山越岭,再到弄清楚怎么投票选举),语言的效用就变得十分明显。但语言的意义理论正如有关视觉"工具"的理论一样,是一个有关内在心理器官的自然主义理论,而不是一个有关我们如何使用这个器官、为什么要使用这个器官的理论。的确,为了解决实际的问题,我们需要这些先天即有的、数量无限的意义,它们通过我们的语言表达式被有组织地提供给我们。但是,内在主义者指出,看待这一事实的正确方式是要把这些先天资源的存在看作是理解和执行人的行为的必要条件,把我们的"意义理论"聚焦于这些先天资源的本质、构成以及它们在个体的人和人这一物种中是如何获得进化和发展的。

关于外在主义的吸引力,可能还有一部分解释在于人们对"语言"这一概念的常识性理解。从少不更事者到久经世事者,若被问及什么是语言这个问题,他们很可能都会说(当然表述不必这么精确)语言就是人的一种发明,一种人们在数万年时间内组建起来的、受规则制约的惯例,人们以此来理解和应对世界。并且,他们还会说,他们是通过学习掌握了语言;他们开始参与这一所谓的公共惯例是缘于其父母,或者更宽泛而言是由于其所处的整个语言社团对其所实施的训练。有些情况下,他们对此笃信不疑,以至于要否认有关儿童语言获得和认知资源获得的明显事实。倘若他们从事学术研究但却青睐于语言的常识观念,他们就会花费许多时间、许多口舌和研究资源来设法向别人证实这样的语言观念一定正确无误。下一节中我们再看看这方面的一些情况。

最后,可能还有部分解释——至少对于非常了解语义学的人而言——在于弗雷格语义学数学模型显而易见的成功。这方面的代表作是他的《概念符号》(1879/1976);他的"意义和指称"一文(1952)也以一种较为随意的方式阐明了语义学研究的数学途径。很多人在为自然语言构建语义理论的时候都采用了弗雷格的方法,但这当中有一个问题;"意义和指称"一文的开头几页就显示了这个问题。在此处,弗雷格对与其语义理论相关的"语言"做了说明。他说这些"语言"(实际是符号系统)是在特定的使用群体中所见的语言;对于群体中的每个成员而言,对于每一种这样的"语言"而言,每一个"名称(name)"都有一个确定、清楚的"意义(sense)";而对每一个这样的"意义"而言,它都有一个确定、具体的"指称(denotation)"。反之则不然。一个具体的所指可以是多个意义的指称目标,也因此是多个"名称"的指称目标。关于这一点,他举例说两个不同的"名称"("晨星/启明星"和"暮星/长庚星")有不同的意义,即使这两个意义共有一个指称(即名为金星的行星)。我在"语言"这个词上加了双引号,因为弗雷格主要的兴趣在于构建一个外在主义的数学语义学;而可能除了自然数和初等数学,数学和自然语言不太可能有很多共通之处。实际上,弗雷格同意这点:自然语言混乱不堪。后来的哲学家塔斯基(Tarski)也同意这点。某种意义上,蒯因也是如此:他坚持要对自然语言"严加约束",试图将其转变为某种形式,而这种形式绝非——这里我强调一下——也不可能是自然语言。回到弗雷格：一方面，数学在其高级形式下是人的发明，而不是无偿获取的先天资源；另一方面，也是特别相关的一个方面，数学家在使用其"语言"时有意谨小慎微，且一般情况下都是如此。数学家在研究中关心的是证明和可证明性，因此，他们尽量使用自己研究领域中的专业术语来毫不含糊地指称一个物项或一组物项。这就是为什么我们有可能在数学中"发现"有确定的指称或外延关系的原因，特定的自然科学也有类似情况。这样的关系之所以确定乃设计如此：是使用者致使其如此。这样的关系是人为建立的，它们貌似固定的特性得益于数学家们的行为。我们甚至可以说整个数学工程中的"客体"——比如阿列夫零——都是数学家们的创造物。相比之下，很难发现有自然语言的使用者会刻意去严格限制自然语言词语的使用，他们也没有必要如此，除了在有些情况下，他们是在从事一项对精确性和明确性有极高要求的项目。相关讨论可参见乔姆斯基（1995a，1996）。

如上所述，弗雷格自己也承认其语义研究的局限性。虽然他在阐明有关意义和外延/指称的观点时使用了一些自然语言的例子，但是，他明确承认自然语言和数学符号的使用方式不同。对这一点的解释，可以考虑下面这一事实：确定的，从名称到意义再到所指物的映射关系是其语义学理论赖以存在的基础，但是这种确定关系只有在人们愿意始终如一使用名称的时候才可见。比如，在数学中或者在自然科学家的研究实践中便是如此；自然科学家们造出理论术语，然后尽可能以他们所确定的方式使用。所以，不管是在自然语言的语词使用中，还是在数学和自然科学所发明的符号使用中,实际并不存在什么本质上固定的符号-事物关系。

当然,有各种各样对弗雷格语义学进行改造的尝试,使之为自然语言所用。比如,有些人认为可以通过标引(index)来解决语境的问题,这样即使存在不同的使用语境,也可以维持弗雷格所要求的那种一致的、词语-意义或词语-指称关系;结果就是人们产出语境词语,而不仅是词语(注意该"词语"不带修饰成分),这样的语境词语成为弗雷格的词语-意义-外延/所指这一链条中的初始成分。弗雷格在告诫读者不要用他的语义学理论来解释自然语言的使用时提到过一些理由;按上面的改造可以回避一些问题,但仍然存在其他很严重的问题。假定按某种约定的方式标引,所能标引的或许只是话语的次数和话语者。但是对于像"现时话语主题"这样的语境因素,很难设想以什么确定的方式来加以应对。毫无疑问,依赖熟悉程度和人的自然认知资源,我们可以在讨论和会话中对话语的主题做出合理判断;我们依赖相似的I-语言,依赖和他人的熟悉程度,依赖故事的背景信息,等等。然而,我们这么做并没有依赖某种共同约定的标引方案以及情景映射;相反,我们依赖的是所有我们在特定场合所调集的认知资源和背景知识。有时候,这一切看起来都是自动发生,甚至似乎是确定无变的,但其实这却是任何形式的科学都难以解释的;若给"现时讨论的主题"添加标引,则完全是颠倒因果。当然,我们可以假设在大脑中存在某个可以完成这一特殊任务的系统,不过,在我看来,这样引入的"系统"大致也就是一个诸如"脑中侏儒"这样的东西;它在我们着手理解时以其不同寻常的能力完成我们所完成的事情——或许只是近似如此,但通常足以成功完成一切有待完成的任务——即理解另一个人所说的意思或者其意欲何为。这对数学或自然科学领域中的理论建构而言是难以充分实现的。

试图将弗雷格语义学改换为自然语言的语义学还必然面临其他问题。有一些虚构性表达诸如"珀加索斯(Pegasus)"①以及像"典型的爱尔兰人"和"正方形的圆"这样的描述语,如果它们出现在我们的言语或会话中,我们能很好地明白它们的意思,虽然这个"世界"上似乎并没有典型爱尔兰人和被叫作"珀加索斯"的长着翅膀的马。而这样的表达按弗雷格语义学来解释其意义就需要某种特殊技巧。在使用或理解"正方形的圆令几何学家感到震惊(The square circle horrifies geometricians)"这样的句子时,没有人会遇到什么困难,虽然正方形的圆是"不可能事物"。还有一个模糊性问题。比如"秃(bald)"(如在 Harry is bald 这一句中)就并没有一个确定的指称或外延。诸如此类。这里我不打算把解决这些问题的尝试一一列举出来加以讨论。总之,不管添加什么限制,做出什么修订,引入什么古怪的理论构件,反正现在还没有一个普遍的语义理论。尤为根本的是,没有什么现成的理论能够对下面这个看起来就是事实的情况做出严肃的回答(更不用说能够做出合理的解释):指称即人对词语和句子的使用,这种使用看起来是任意和自由的,它并非一种可以让我们为其构建某种理论的自然事件。弗雷格有关如何开展语义研究的观点虽然一定程度上反映了数学家们的研究实践,但是他又说自己的观点只能有限应用于自然语

---

① 【译注】希腊神话中生有双翼的神马,其足蹄踩过之处会涌出泉水,诗人饮之可获灵感。

言——更准确而言——只能有限应用于自然语言的使用,这是对的。既然他为数学所提供的语义学本质上有赖于数学家们在术语使用上的合作和配合,他的"语义学理论"就不是,也不可能是意义的自然主义科学。而这恰恰是内在主义者的需求。

那么福多的尝试又如何？福多想为自然语言构建一个外在主义(虽然也带有先天论色彩)的意义理论；在这个理论中,意义(sense)可以只按"自然主义"的方式来决定其外延或指称物。请注意,福多对他所谓的"概念"及其和世界的语义关系有一个观点；按他的看法,这个观点基于因果原则,可以成为自然语言意义的一个自然主义理论。其核心思想是意义都必须是公有的(public)(而概念相似性显然不可公有)。其主要假设是,意义要成为公有的东西就必须等同于其"宽广的内容",也即"外在"事物的属性。这样看并没有完全排除心智的作用：由自然语言所表达的概念按福多的看法也有心智成分。根据直觉,福多认为一个概念一定程度上是一个由"呈现方式(MOP)"[即弗雷格所说"意义(sense)"的心理版或心智版]和指称构成的心理实体；其中指称就是一个自然语言词项的意义。福多认为这些概念就是自然主义理论构建的主题所在。解释一下："外在"事物通过对感觉系统所形成的冲击和因果作用使人获得一个呈现方式形式的内部表征,而这就是我一直所理解的有词汇表征形式的概念。到这里为止,并没有什么争议。当然,内在MOP(或者用上面的术语来说,就是内部系统构置经验和认识的方式)的发展或生长是因为"输入",这种输入是一种非常专业意义上的信息的输入：一个儿童或生物体因为狗的特征D对其产生的冲击将会获得一个"狗-mop",而猫的"形状"C的作用就不大可能会让他获得"狗-mop";猫的特征更加可能会让他获得一个"猫-mop"。那么什么可以算作狗的特征?对此,福多并不完全清楚,不过,若合理推断,判断有狗的特征并不取决于狗,而是有赖于内部 MOP 生成系统的本质以及它对特定的"触发性"输入存在什么需求。福多也是这么认为的。他说像"狗"这样的概念乃至所有其他按通常意义使用的概念都是"表象属性"。① 这里问题又出在以下这一看法(福多似乎就这么认为):即呈现方式反过来和事物之间存在一种语义-指称关系,事物是形成相关冲击的远端原因。事实上,福多宣称,某一远端的事物或属性引发的某个 MOP"m"和该事物或属性之间构成一种指称关系;它表征"外在"的那个致使物或致使属性;并且这样的指称由 MOP 以及人的心智本质通过某种方式来决定。但究竟是以什么方式决定的,福多(1998)在其《概念》一书中几乎没有论及;他只是说我们的心智可以通过"概括"来获得某一特定的、外在于指称的属性。在其(2008)《思维语言 2》一书中,他试图对心智这种神秘的概括能力做出进一步说明,其主要思想就是心智因为其独特的装配而可以将某一特定的 MOP"归入"至正确的指称或外在内容之中。福多的描绘至多也就是猜测。认为 MOP"m"和词语"m"相连的话,这些外在属性或事物就构成和 MOP 相连的词语"m"(作为一个句法实物)的意义。照这样看,语词是"关于"其指称的。

---

① 【原注】如果这个说法是指颜色和声音这样的属性,那么它们当然并非表象属性,因为颜色和声音这些属性本身可以构成某个(非人)动物的"狗-mop"。而概念是人所特有的,包括诸如"自然物体(NATURAL OBJECT)"这样的特征及其某种假定的因我们而设的功能。这样看来,正如颜色被看作是视觉系统构建视觉经验的方式,这里所涉及的基本假设就是这些特征一定程度上实现对(这里是有关狗的)经验的构置。这正是 MOP 所要"做"的事情。参看附录十二。

福多的指称决定论不仅不合理,也完全没有必要。这个观点受驱于外在主义直觉,但这样的直觉毫无价值;福多本人认为在理解MOP功用的时候所使用的属性是他所谓的"表象"属性,这个看法本身也不支持其外在主义直觉;麦克吉尔弗雷(2002a,2010)对此有较为详细的论述。这里,长话短说,福多认为概念的习得涉及某种"信息"上的因果联系这一看法可取;婴儿在其所看到的是狗,而不是鹅的情况下,更有可能获得"狗"的概念。但并没有明显的理由可以认为这种因果联系含有某种自然主义的语义映照——一种按指称关系将某一呈现方式以及与之相连的语词和远端的"事物"连接起来的语义关系。儿童的心智生成这一呈现方式需要相应的输入,而这些远端"事物"在儿童过去的某个时间为构置这样的输入起到了重要的作用。说这些事物在获得MOP的过程中以及获得之后语义相关只是因为创立某个MOP需要某种相关形式的"触发物"。而通过使用MOP实现对事物具体的指称只有在这个MOP已经就位,并被人如此使用的时候才会发生;但是一个或多个话语个体究竟如何去应用或使用这一MOP可能(通常也的确)和远端的事物毫无关系,不管这些远端事物对儿童获得MOP有着怎样的促成作用。对事物的指称是相当自由的,尽管在使用诸如"人"或"鼠"这样的概念时,使用者若承认所使用表达有字面(而不是隐喻意义上的)真实性,便能凭借其概念资源"使得"一个人或一只老鼠成为某种具有心理连续性的事物。① 另外

---

① 【原注】在使用狗的图片的情形中,这一点表现不甚明显,因为"图片"这个概念本来就有一部分功能是保证心理连续性。狗的玩具则更加有趣。儿童通常会在他们的玩具中投入心理连续性以及生物的其他属性。我前面提到过:理解很可能是科学所不能解释的。不过,各种认知系统潜在的作用并没有超出科学的解释范围。

一个事实是，那种因果性的触发关系有可能比福多按其外在主义观点所描述的情况要松散得多：特定情况下，狗的图片和狗的玩具对触发相应的概念而言很可能是同等充分；但当然也有不太可能使用的触发物，譬如狗的故事和关于狗的诗歌。这些东西完全没有显著的狗的特征，但却可以通过话语中对具有相关特征的动物的描述，触发相关的 MOP。通常而言，是内在系统对其所需的刺激物或作用物的类型和特征设定要求，因此，充当触发物的远端事物的"真正"本质究竟怎样也就无关紧要。真正紧要的是内部系统要被提供一些信息，这些信息至少是它们在运作时所需要的那种信息（它们决定什么样的输入是正确的输入）。因此，可以肯定的是，寻求词语或概念"内容"的最佳去处是最终形成的 MOP，而不是某种外部的致使性事物或属性。MOP 才是一个相对固定的因素。之所以会如此，是因为我们的心智有着大致相同的生物本质，并因此在认知能力、兴趣或其他方面趋同，这可能会让我们这种类型的生物觉得某些特征是更加相关或更加重要的特征。

当然，对于福多而言，他也可以有某种外部内容。可是他所能有的关于自然语言及其运用的外部内容，只限于个体在使用其所使用的一切呈现方式，发出其具体的指称行为时所提供的内容，这对构建一个有关指称的自然主义理论来说显然不容乐观：我们的心智就是对常识世界中事物是怎样的以及看起来怎么样的表征。或者我们可以从另一个方面来看待福多的外在主义尝试所存在的困难。即使我们按照他的看法，认为促成 MOP 获得的远端事物以某种方式构成与该 MOP 相连的词语的外部内容，以这种方式引入的外部内容和一个人如何使用该 MOP 也并不相关；再者，这当中，MOP究竟被怎样使用才是决定性因素，虽然这一点对构建真正的有关指称的自然主义理论不起任何作用。毫无疑问，如果我们真要构建意义科学，就应该努力像自然科学家那样去研究头脑中相关系统的运作机制及其"产出"，这些系统所产出的就是自然语言表达的呈现方式。有理由认为，刺激适当的话，这些系统的运作机制及其产出对于整个人类而言几乎都是一致的（参见正文的讨论）。基于此点以及外在主义尝试的失败，对这些内部系统开展调查和研究就是唯一合理的选择。外在主义者宣称其研究方法是对自然主义理论的贡献是自欺欺人；其实，它们只不过是在社会学意义上对人们通常做出的具体的指称行为所做的观察而已。

福多的观点还有其他方面的困难，因为他还认为语言结构应该被映射至思维语言之中。正文中有乔姆斯基对这些问题的概括，也可参看乔姆斯基（2000），这里我不再讨论。

最后回到本节一个最基本的主题：外在主义者似乎连一些最基本的自然语言概念也解释不了。我们关于城市（伦敦）、国家（法国）、城镇……的概念允许我们将这些"存在物"理解为或者具体，或者抽象的东西。记住，现在的问题是，按照外在主义理论，意义科学或语义学将会呈现出什么面貌。可以想象，按外在主义的描绘，我们将不得不把一些看起来非常离奇的事物搬入科学的世界之中。但是没有理由这么去做，因为我们还可以选择内在主义的路径。关于语言所表达的意义的科学是一门关于我们先天即有的概念的科学。

6.3　语义外在论的问题:第二关

还有一些其他的外在主义版本。其中一个比较流行的意义外在论是由威尔弗里德·塞勒斯和戴维·路易斯及其追随者们提出的。这里我想表明他们有关指称和组合规则的观点并没有达到其理想的效果。他们的理论与他们及其追随者们是否要设法建立一个自然主义意义理论也毫不相关。他们为自己有关"公有"意义的论述设置了要求,可是,他们甚至并没有接近这样的要求。

威尔弗里德·塞勒斯和戴维·路易斯的语言研究方法都称不上是自然主义的方法;两人甚至都不认为语言是头脑中或"外在"的一个自然系统。这样说,塞勒斯的连接主义追随者们自然不会同意;我下面会对他们的论断进行分析。另一方面,不妨将路易斯和塞勒斯有关语言意义的观点看作是一种社会语言学观点或语言的博弈论观点,虽然这样说有点勉强——他们似乎无意去做仔细的统计抽样或者类似的事情;如果他们的确这样做了,而我下面的讨论却是正确的,那么他们会觉得很不开心。不过,既然他们的研究看起来很科学,姑且就将这样的研究看作是社会语言学或博弈论方面的尝试。能够代表这方面尝试的是塞勒斯(1951)的《对语言游戏的一些反思》一文和戴维·路易斯(1975)的《世界语言和语言》一文。他们最基本的思想(连同相关假设)极具影响力,可见于麦克杜韦尔(McDowell)、布兰德姆(Brandom)、丘吉兰德等很多人的著述之中。在我看来,我下面对塞勒斯和路易斯所做的论述无须什么变化也适用于其他相关作者。

这两位所尝试建立的语言意义理论大致都是关于语言人群中的语言使用。他们的理论都认为话语者通过学习获得某些语言行为模式，然后再根据这些模式发出语言行为。他们相信，这些语言行为模式就是语言"规则"，而这些规则基本上也就是推理模式；推理在他们看来可以生成可靠的对世界的理解。具体而言，他们的观点集中于塞勒斯所谓的"行为规则"和路易斯所谓的"语言规约"。这两个概念都预设语言使用中的规则性和齐整性。① 他们认为，话语社团表现出规则性的语言行为和语言规约，并且这些假定的模式化语言行为的形式构成基本的语义（甚至可能是句法的）组成性原则。根据他们的上述考虑，并不能看出他们为什么会认为其研究途径可以带来一套真正为某个语言群体所分享的推理模式。维特根斯坦（1953），一个对语言使用富有洞见的人（也是语言使用理论建立者的敌人），早就指出此点。人们在使用语言的时候并不是在玩单一的游戏；他们利用语言去做各种各样的事情。似乎并不存在一个所有其他游戏都寄生其上的最为基本的游戏，比如环境描述或者是"实话实说"；这是维特根斯坦的又一观点。而且，至少还有一个原因令人不安。把语言当作一个社会现象，并将语言的规则和原则理解成是施加在公开发出，且被严密察看的语言行为之上的限制条件，这其实只关注到了语言使用中的最多百分之二到百分之三的情况。语言使用多数是发生在头脑之内，并

---

① 【原注】人们会通过说"hello（你好）"来用英语打招呼，这种可能性的大小或许是可以测量的。可是，类似情况很少见。表面上看，他们的观点很不合理，不过，却获得不少人的注意。要想以某种令人信服的方式表明他们的观点很荒谬或许是不可能的，但也许值得一试。

没有什么明显的社会制约可以对语言在头脑之内如何使用施加限制。可见,要采用博弈论或社会科学的路线来洞悉什么"是"语言和语言使用这样的问题,似乎只需大幅提升信念就能办到,用不着对某个假设能否成立去做合理论证。让问题更为严重的是,这两种值得怀疑的路线在路易斯和塞勒斯那里似乎都同时被采用。他们不仅只注意那百分之二、百分之三的外化语言的使用,而且还认为人们参与了一个最为根本的"游戏",一个构建有关此世界理论的游戏。他们所观察的大概是那百分之二、百分之三的外化语言中更小的部分,①因为他们的注意力只集中于人们认真说话、认真表达的情景——这当中还不包括人们因为礼貌或担心受惩而认真说话的情形,这当中所考虑的只是人们将自己视为说真话者或某种原科学家(protoscientist)时的语言使用情况。或许只是几个为数不多的专业学者将其外化语言行为中的百分之二、百分之三中的大部分用到了这一游戏之中,但是我并不认为很多别的人也会如此。不管怎样,哪怕是忽略上述这些难以逾越的困难——善意地去为他们考虑一下他们的计划——就自然语言语义理论构建而言,我们对他们的计划在这方面的前景能作何评价?为此,我们可以看看他们对规则有何看法。

我不打算对塞勒斯和路易斯分别做出论述,这里我主要看看塞勒斯的观点。他们两人的理论在细节上有所不同(比如路易斯特别推崇可能世界和可能世界语义学),但基本假设和策略无异。

---

① 【原注】这些统计测量也表明,他们并不是基于对语言使用概率的实际评估提出其观点,而只是依照他们自己的信条提出这样的观点。

在讨论其观点的时候,我对其中的技术性问题不做考虑,而只着重于其基本主张。更早的讨论中我们介绍过塞勒斯另一个不同但相关的方面,即其所采纳的行为主义的语言获得观以及伴随这一观点对语言的描述。原先所说的这些内容和现在的讨论是相关的,因为塞勒斯和许多其他的人一样——明里也好,暗里也好——把行为主义-连接主义式的训练看成是给人群中的个体提供语言使用行为规则的途径;人们必须学会并遵守这样的语言行为规则,这样才能"掌握"一种语言。他认为语言的规则和原则用于规定人们如何发出语言行为,如何产出语言陈述或语句这一类的语言行为。具体来说,塞勒斯把语言行为看作是一个人群内受规则所限的、齐整的活动形式,这些活动需要合乎一个语言社团内的认识规范和其他惯例,而这些惯例在本质上也都是知识性的,有统一性,经训练所得,主要是关于在一定的感官输入的作用下,人们会说什么,会相信什么,又如何去做出推理,以及如何行动等。实际上,塞勒斯是把一个语言社团看成是一群共同享有认知行为规范的人,他们是经过训练而合乎这些行为规范的。在把语言行为规则理解成认知惯例的同时,他还认为含有这些语言行为规则的语言构成了关于这个世界的理论。这样,自然语言就被(错误地)看作是一个人群所共有的统一的世界理论,而话语者也就都成了原科学家,虽然很明显都是不太合格的原科学家,因为塞勒斯认为在我们被训练说话的时候,我们所具有的只不过是常识性的"大众"理论,而不是(从形式上来说)更加简单的粒子物理学和生物学。归结起来,塞勒斯的"语义理论"是说一种自然语言就是一种公共、统一的关于世界的理论,而语言规则则可以被当作是经历这个世界的合理指南。路易斯的方法也大致如此。

声明一点：如果将"大众"或"民俗"理论看作是对这个世界的常识性理解的一部分，这没有任何问题。民俗生物学是关于有机体和植物，民俗物理学则是关于运动和作用力（这显然是笛卡尔接触力学的基础，也是伽利略、惠更斯、牛顿、莱布尼兹等人的理论基础）等。无疑，这些民俗理论所反映的不仅是某些语言人群的信仰模式和行为模式，也关乎其他物种。它们有其自身的特性，这可能是因为其中所涉的概念本质上都是与生俱来的常识性概念，是我们通过自然语言的使用所表达的概念。但是，这些"理论"并非习得，而是如我们的概念那般先天即有。它们不会为我们提供自然语言的组合规则或原则，也不会构成这些规则或原则的基础。因此，无法将这些理论看作自然主义的科学。

现在让我们转入正题。综上所述，塞勒斯所说的行为规则和路易斯所说的语言规约与构成自然语言句法-语义组合性原则的那些类型的规则和原则毫无关系。正如乔姆斯基（1980/2005）在对路易斯版的塞勒斯-路易斯观点进行批评的时候指出，"语言规约"（与塞勒斯的行为规则只是略有不同）不仅解释不了为什么"候选人想要彼此都赢（The candidates wanted each other to win）"和"每个候选人都想要对方赢（Each candidate wanted the other to win）"意思大致相同，也解释不了为什么"候选人想要我为彼此投票（The candidates wanted me to vote for each other）"没有意义。皮埃特洛斯基（2002）也举过一例。他说语言规约或行为规则难以解释为什么"The senator called the millionaire from Texas"这句话既可以解读为"参议员从得克萨斯给那个百万富翁打电话"，也可以解读为"参议员给那个得克萨斯的百万富翁打电话",但却不能解读为"得克萨斯的那个参议员给那个百万富翁打电话"。任何真正的、关于语言"规则"的理论都必须能够解决这些最为基本的句法-语义问题以及许许多多的其他问题。乔姆斯基的语言原则对这些语言事实以及其他大量的关于语句意义表达的问题做出了描述和解释。对于上面这样简单的例子,塞勒斯、路易斯,还有他们的追随者都回答不了;他们对这些例句以及所有其他例句的结构也没有做出客观的理论表述。这表明,根据行为规则和语言规约,按照对我们用语言所"行"之事的不合理假设来设法弄清一种语言是什么,以及它和意义表达如何相关是一种失败的策略。这种失败不是因为努力和尝试不够;按照他们的想法去努力,或者对他们有关语言规约和行为规则的观点去尝试修正等,这样的做法无济于事。这一研究路径有着无法弥补的内在缺陷;将它当作是对自然科学的一种尝试时是如此,按照它来对人们用语言所行之事,以及人们使用的概念进行合理准确的描述时也是如此。

我并没有说绝对没有行为规则。词项的声音-意义联系可以被视为某种约定的行为规则,可是它们并不相关:这些联系绝非前述规定意义上的使用规则。有一些"使用规则"的例子。比如,在说英语的国家,招呼某人的时候,我们会说"hello(你好)",这就是一种行为规则。可是,我们也可以用"hi(嗨)""good to see/meet you(见到你很高兴)""howdy(你好)""hey there(嘿)"等来打招呼,包括现在某些人群最喜爱用的"dude(朋友)"。问题是,这样的例子十分少见,并且这么多的变异形式也使得这样的规则作为规则成了问题,甚至已经不成规则。很明显,变异形式是受欢迎的,甚至是应该得到鼓励的;灵活性也是受鼓励的,甚至因为其所展现的"精神"(康德之语)而令人称道。像上面提到的这类行为规则都无法实现它们所要实现的东西。对于建构一个有关意义和语言使用的普遍理论这一目标而言,它们似乎微不足道,确实如此。所以,表面上看,塞勒斯和路易斯并没有完全忽略事实,因为的确存在一些类似语言行为规则的东西;然而,它们似乎与意义科学的构建并不相关。不仅如此,即使认为塞勒斯和路易斯所选择的语言及其意义的研究方法有一定的现象支持,这些现象也无法通过这些行为规则得到比较合理的描述。其实,根本不存在他们所需要的那种规则性。而他们认为有此种规则性是因为他们看错了地方。他们应该看一看头脑内的情况,并且抛弃他们对语言使用的过分关注。

可假如他们多少有些挨边又会如何?一种注意语言规则性的自然语言使用观能否提供某种关于概念和意义的科学?通常而言,自然语言绝不同于关于世界的自然主义理论,后者涉及人造的概念,其所用者在使用其理论符号时也总是小心谨慎。自然语言则用于完全不同的目的,不仅不需要数学家们和自然科学家们在其研究实践中所注重的那种固定、明确的用法(弗雷格式的意义研究方法依赖这样的用法),而且还提倡使用的灵活性。自然语言概念在使用中有很大的自由度,人们通常会利用这种自由度,并从中得到满足。因此,任何一种预设固定、有序用法的自然语言意义理论在一开始就注定会无果而终。当然,在人们接受的语言供给和人们理解世界的方式之间存在一定的关系。因为自然语言所提供的概念和视角能够让我们发展出理解世界(至少是常识性的世界)、理解自我以及许多其他事物的方式。而这无疑又会让我们觉得语言是有意义的,语言对解决实际问题而言是有用的。尽管如此,并不能以这一事实为基础来建立一个关于语言意义的理论和科学。

连接主义者主张将塞勒斯-路易斯关于语言及其在头脑中的表现的观点转变成自然科学[参看莫里斯、考特雷尔和埃尔曼(Morris, Cotterell & Elman 2000)的研究]。关于这一主张,可以看看乔姆斯基对近期的一种连接主义形式所做的批判;其主体内容还是塞勒斯的行为主义-连接主义语言学习论,但它取得了饱受赞誉的成功。作为背景了解一下,连接主义者打塞勒斯那时起吸取了一些教训。和塞勒斯(以及路易斯)不同的是,他们在近些年开始致力于证明以下此点:将他们的训练程序运用于他们所谓的"可塑"神经网络[这在埃尔曼(Elman)的研究中叫作"简单递归网络(simple recurrent networks)"或SRN]的计算机模型,则可以在行为上生成乔姆斯基语言原则的对应物。并不清楚为什么能如此。他们的尝试和塞勒斯以及路易斯式的尝试一样令人迷惑不解。这里面还有一个原因。在为SRN选择它要产出的产品时,他们所挑选的总是符合某种规则描述的语言行为,并且这些规则都出自合乎乔姆斯基语言学传统的论述。他们花费了大量的时间和实验资源,经过漫长的训练过程,获取可塑神经网络的计算机模型[看起来尤为真实的是,有很多SRN要经过不同"时相(epoch)"中很多场的大量训练;有时表现最好的SRN还要经历其他时相的训练,以此尝试模拟一种可以说是幼稚的(参见附录二)进化观等],并在其产出之中复制一套从语料库中挑出的"句子"(这里是指包含二进制代码的集合,而不是内部表达),这些句子被认为可以代表与所选规则一致的语言行为。连接主义者显然无意采用乔姆斯基的自然主义语言研究方法,并且似乎忽略了那些使得乔姆斯基的语言理论在近些年获得进一步成功的背景事实、理论假设和研究方法;这里所说的乔姆斯基理论包括规则的或原则的描述。连接主义者拒绝把其每一次使用的规则、原则看成是一个自然"器官"推导或运算的规则、原则——这个器官本身并不自动产生语言行为,但任何有此系统的人可以用它来推导出任何符合他们的I-语言的表达,这样的表达数量无限。连接主义者似乎认为乔姆斯基所列举的有关语言获得和语言创造性使用方面的事实一定有误。虽然他们的研究将乔姆斯基所说的规则或原则考虑进来,但如上所述,这只是一种表面行为;他们真正要做的是要试图证明神经网络可以经过训练来产出语言行为。在他们看来,这样的语言行为表明神经网络可以通过"学习"来掌握规则或原则。他们认为其尝试已经取得很大成功。能够证明此点的是埃尔曼(2001)声称,他得到了一个可以处理自然语言中嵌套依存(nested dependencies)这一普遍现象的神经网络。嵌套的例子如句子中的内嵌从句;依存包括主语和动词的数量一致性。嵌套依存很重要,因为依存和语言结构以及语言结构限制都密切相关;它们在句法-语义当中发挥着重要作用。埃尔曼声称自己取得了成功,对此,乔姆斯基的看法是[这些在给我的私人信函中所做的评论也可见于《笛卡尔语言学》第三版(2009)]:"无论(连接主义者)对(语言获得)这一任务……投入多少计算机能力和统计,结果总是……错误的。取(杰夫·)埃尔曼……关于嵌套依存学习的……论文为例。① 存在两个问题:(1)其方法对交叉依存(crossing dependencies)同样有效,因此并不能解释为什么语言几乎普遍存在嵌套依存但却没有交叉依存。(2)其研究的嵌套深度只达到2,到了3就完全行不通。因此这样的理论差不多也就相当于一个可用来解释2+2、但要解释2+3(以此类推以至无穷)就必须全面修订的算术知识理论。"这里撇开细节,观点很明确。很多人深信语言是一种习得的行为形式,深信语言规则可以被视作通过学习获得,并且因为社会制约而必须遵守的社会行为和规约、人为的惯态等,这些人脱离了事实。之所以会如此,是因为他们在一开始对语言及其学习所作出的假设就和自然语言及其获得、使用毫不相关。他们拒绝在其调查中采用标准的自然科学的方法,因此,他们所提供的语言及其学习"理论"并不能解释语言究竟是什么、语言是如何使用的。

关于语言及其意义的外在主义或"表征主义"也明显是非自然主义研究的讨论已经不少。那么,我们如何去构建一个自然语言意义的自然主义理论?这需要稍作细说。正文中已有一些细节性的讨论,附录五对构建这样一个理论的方法作了一些预测。为了不再拉长这个已经过长的讨论,我只把一些需要采取的,看似合理的步骤概括出来。这些步骤看似合理,不仅是因为它们将有关语言及其获得的事实考虑了进来,并采用了标准的自然主义的科学方法,而且也因为在构建"关于语言所表达的意义的科学"方面已

---

① 【原注】这里我将"论文"改成复数形式,因为,很明显,乔姆斯基认为埃尔曼只在一篇论文中表达了这样的观点是不对的。相关论文包括威克利(Weckerly)和埃尔曼(1992)、埃尔曼(1990,1991,1993),以及埃尔曼和路易斯(2001)。

经取得了一些进步。

（1）在构建意义科学时，一开始要把研究方法以及需要考虑的事实确定下来。方法如上所述，是自然主义的科学研究方法：以描写和解释充分性、客观性、简单性（可能的话）以及包容另一领域科学的可能性（这里当然是生物学以及任何可能会应用至语言意义及其在个体中生长或发育的生理化学、生理学和运算等方面的限制）为目标。而且，我们必须要在其中的一个或多个方面逐步取得实实在在的进展。要想建立一个真正意义上的语言意义理论，任何其他目标都不值得去追求。有人则坚持认为要研究人的心智和语言，就必须去做一些别的事情——默认的就是某种形式的行为主义的做法；但从他们所取得的令人遗憾的结果来看，任何其他的目标都不值得去尝试。行为主义唯一的"优点"是人人都能明白。不过，它的简单和科学理论的简单并不相同；它的简单难以令人称道。正确的路线无疑是追求一种在心智科学其他方面（如视觉）以及在句法学、形态学、音位学、形式语义学（内在主义的、句法意义上的形式语义学）、语音学，还有形式语用学等方面已经带来成效的方法——尤其如此，因为这其中至少有句法学和形态学是与语言表述的意义在语言系统的语义接口得到确定这一点直接相关的。应用于心智的方法是内在主义的方法。很明显，这样的方法只有在我们关注内在系统的内部运作及其"产出"时才能使用；这些内在系统自动发育或生长（因为它们都是自然存在的"器官"），且与其他内在系统"接合"。这样的方法显然不适合用来研究人的行为或行动。至于需要考虑的相关事实，总体而言，它们包括对语言使用创造性的观察以及对语言刺激贫乏性的观察。尊重刺激贫乏的事实,就会向头脑内部去寻求"自然"系统来进行解释,句法学和音位学也正是因此取得了进步。考虑贫乏刺激这个事实还有一个原因,就是儿童获得母语词项速度极为迅捷,显然并不需要经过语言训练;并且,婴儿在能开口说话或用手语表达概念之前很明显就能理解许多用自然语言表达的概念。在一个更加具体的层面上,我们还需要考虑以下事实:常识性概念内容的丰富性及其以人的兴趣为中心的本质(这使得其迅捷的获得更加非凡),概念和词汇获得的开放性以及个体(包括小孩在内)对其驾驭的轻松自如,人类概念和非人类概念之间存在的明显差异,我们的概念系统所具有的高度灵活性(部分原因可能和形态操作有关),内涵丰富的概念明显普遍存在(从获得的角度看),以及和多价(polyadicity)及其限度有关的事实等。

(2) 接下来的两个步骤首先是如何使意义的研究成为现有的自然主义研究体系的一部分。假定所要构建的理论以语言意义的自然主义解释为目的,那么首先要搞清楚基本的意义"原子"究竟为何。任何科学研究在开始时都要寻找基本成分,并赋予它们为构建一个充分的理论所必需的属性,这可能如正文中所提到的,和我们心智的本质有关。同时,搞清楚这些成分如何可以被组合起来,产生由句子表述的复杂意义。就目前的情况来看,要解决后面这个问题,需要对语言官能的整体架构有一个充分的描述。一个最为简易的办法是假定意义"信息"都是以某种方式寄存在"语词"或词项(或其他概念上类似的事物)之中,它们通过句法操作(至少包括合并)被组合起来,从而形成复杂形式的意义"信息",包含在由乔姆斯基所谓的"概念-意向接口"所提供的句子"概念"

之中。

再者,确定理论范围的大小,应该将贫乏性观察和创造性观察都涵盖其中,还要把一个严肃的理论构建者所必须考虑的任何其他的基本事实都要考虑进来。要达到这个目的,应该选择内在主义的研究方法。这也是为什么我在上一段中给"信息"这个词加上双引号的原因。这个词在许多人的心中会产生一种与意图有关的理解,而这对他们来说又隐含指称性理解。上面提到福多就是这样。为了避免有这样的隐含意义,或许我们可以借用乔姆斯基的那个听起来比较专业的说法"语义特征(semantic feature)",虽然这个术语中所含的"语义"一词也可能会带来指称性理解。"意义特征(meaning feature)"的说法也同样如此。这样的话,我为下文做出如下规定:"语义特征"以及这里所提到的其他说法均无和意向相关的理解,并且"句子运算"这一说法也无关真值或真值条件,尽管有人坚持应该有这方面的考虑;运算所必须满足的条件就是和语言"接合"的系统所设定的那些条件,尤其是语义接口施加的条件。如此看来,这些说法应该被看成是半技术性的说法,用它们至少可以将那种在"语义接口",而不是在"语音接口"发挥作用的信息区分出来(如果运算或推导成功的话)。按直觉,语义、音位和形式"信息"都包含在词项之中,或者以某种其他方式插入一个句子的运算式中;运算或推导在相关接口为其他系统提供相关类型的信息。

(3) 前述皆为基本内容;第(2)部分中所做的决定很难改变,因为改变就可能会把已经被证明对推进心智的自然主义研究而言富有成效的假设统统放弃。在上述这些决定做出之后,还需要决定所要构建的理论类型——需要提出什么假设、需要寻找关于什么假设的语料——这样的决定往往会对人们在第(2)部分所述框架内进行争论的问题有所反映。比如,根据海吉特·鲍莱(2005),运算可分为"内骨架(endoskeletal)"型和"外骨架(exoskeletal)"型两种。若按前一种,则关于运算及其如何推进的相关"信息"包含在词项选择之中;若按后一种(我所采纳的就是这种),则一套被"打包"的语义特征会在运算过程中被赋予名词或动词的地位,动词还会被配价("价"就是占据"指称位置"——这个说法是指句子中可以用来指称或接受格位指派的位置——的"论元"或名词的数量)。如此,运算究竟应该是哪一种类型?如果选择其一,那么所有其他的选择都应该与之保持一致。比如,按照外骨架论,一套语义特征中的语义信息在一种形式的运算中会被解读成名词形式,而在另一种形式的运算中则会被解读成动词形式,以此类推。另一个需要做出的决定是,应该把一个词项中的语义信息处理为组合性信息,还是认为它在本质上就是"原子性"的。选择后一种情况,则词项的语义信息具有根形态。即使是在解释概念获得或词汇语义特征获得时,我们也不认为它是由更基本的特征组合得来的;相反,它就是人能获得的、数以千计的"根"概念中的一个。如果我们做另一种选择,则可以探讨下面的这种可能性:虽然从句法或形态的角度看,一个词的语义特征是原子性的,但从概念获得的角度看,它又是组合而成的。对此,正文中有一些讨论。那么,接下来的问题是如何看待语义组合发生的方式。它本质上是需要借助于真值这样的概念还是以一种完全内在的方式进行?这方面,"功能主义"的语义解释很盛行,如海姆和克拉泽(Heim &

Kratzer 1998),其中有不少至少看起来是把真值放在一个十分中心的位置,这对一个希望按内在主义方式来开展研究的人来说则并不可取;①更何况,这些看法也不能很好地解释为什么自然语言中动词的价位似乎存在限度这一问题。另有一些语义理论更加接近内在主义的方法,但在解释其他一些问题时往往又采用功能主义的方法。这种情况可见于皮埃特洛斯基(2005)的内在主义研究;他把戴维森式的事件语义学和布洛斯(Boolos)式的二阶量化理论结合到了一起。还有一种可能的举措是采用这种或那种形式的功能主义语义理论和模型理论,但是将其中所有(假定存在的?)表征主义的内容都根除掉。乔姆斯基(1986)早就提到过这种改换属性的举措——采用模型论方式,根据语义信息来说明"出现"于SEM 接口的内容,沿用诸如"指称"这样的说法,但将其读作"关系R";这里 R 即"指称",不过,它是按心理模型得到限定的"关系"。还不清楚要保留"真正意义上"的真值(在我看来这或许不可能)的话,我们该怎么处理真值。模型理论也能更改"真值"的属性:真值在很大程度上变成一种规定性的东西。更换"指称"和"真值"的属性有一个优势:我们可以很容易想出一个办法,将形式语义学中的很多机制,还有现在的许多形式语义学研究者的见解——真正的见解——改造成可以为我们所用的东西。当然,我们也可以按其他方式实现此点。其他有争议的问题,我这里就不再讨论了。

（4）到最后这个阶段——事实上,认为可以分成几个阶段或

---

① 【原注】很难相信他们的研究和真值之间真有任何关系,除了"模型中的真值"(而这和"真值"是十分不同的概念)这样的表达之外。乔姆斯基说他们的方法也完全适用于缸中头脑。

步骤的想法不切实际；理论构建通常是一件需要全面出击、全盘考虑的事情，虽然在某个特定的时间我们只关注某个必须要得到解决的问题——应该设法对一些还没有取得多少线索的基本问题做出至少是初步的讨论。乔姆斯基在正文中讨论人的概念时就提到此点；他是对的。人的概念如我们所见，还是个未解之谜。不过，有几点是倾向于从事自然主义研究的理论家们至少可以做到的。比如，将讨论限制于语言所表述的概念便可以集中探讨在语义接口所能出现的内容以及此处所需要的内容；语义接口是句子或表达式为其他系统（或者说是其他地方，如果我们认为"运算"是分阶段或分周期的）提供信息的地方。以此为假设，同时假定（参看第2章第28-29页及评注）语义接口和语音接口的工作原理大致相同——这样就没有必要将通过语言表达的意义信息连接至另一个独立的概念（就像福多按其设置的"思维语言"所做的那样）——我们就可以把出现于 SEM 的语义信息称作"通过语言表达的概念"，就是这样。与此相关，还有一点（前面也提到过）是承认词汇概念从形态学和句法学的角度看是"原子性"的，但从词项本身所表达的概念的获得来看，可以将它们视为可分解成分。这两种处理方式都没有说明概念获得的基本成分是什么，人类通过语言表达的概念总体上是什么，以及这两者可能经过了怎样的演变。正如乔姆斯基在正文中讨论语言演化问题的时候指出，这些很可能都是我们现在甚至还不能尝试解决的问题。之所以如此，是因为目前实际上仍然没有什么像样的有关概念的理论出现。当然，最简形式的"狭义句法"为我们解决这些问题打下了一个足够坚实的基础。

另外,即使我们能够以一种合理的方式尝试解决与语言表达的概念研究相关的问题,理查德·勒旺汀(1988)曾经强调过的那些问题仍有待解决。乔姆斯基在正文中讨论过一种合理的进化突变论;关于这一点,至少有可能会收集到一些古人类学以及考古学方面的证据。可能除此之外,我们很难想象究竟如何才能获得人类概念能力演变和发展方面的证据;从表面上看,人类的这些能力和动物所具有的那些十分不同。

附录七 层级、结构、支配、成分统制等

自然语句都表现层级结构。结构通常被刻画成树。像"Harry saw a house(哈里看见一所房屋)"这样简单的句子,要是按生成语法近期版本的结构图画法,就会有下面这样的结构树:

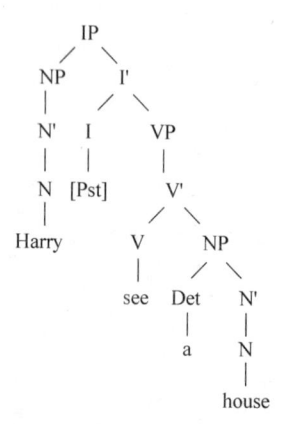

```
           IP
          /  \
         NP   I'
         |   / \
         N' I   VP
         |  |   |
         N [Pst] V'
         |      / \
       Harry   V   NP
               |  /  \
              see Det  N'
                  |    |
                  a    N
                       |
                     house
```

图中的标签在下面有解释。

我简要回答两个问题。一是语言层级结构"来自于"哪里,二是结构对理解语言"运作"的方式有何意义。

关于第一个问题,认识到层级的存在难以避免这一点很重要。生成自然数的后继函数会带来层级;事实上,任何一种有限状态语

法（finite state grammar）都会带来层级。① 在生成一个词串或其他元素串时，每新增一个成分，就得到一个更大的集合，而先行派生的、不含新增成分的集合必然是其子集。要是加入符合结合律（associativity）的运算，②倒是可以得到一个没有层级的词串，但是这毕竟需要一个额外的操作，我们需要给出引入这个操作的理由。我这里提到有限状态语法，倒不是说自然语言自身的那种层级是由它而来。乔姆斯基[1957；另参见乔姆斯基和米勒（Chomsky & Miller）1963]很早以前就证明并非如此。而我们要讨论的问题不是某种层级如何形成，而是"真正"的层级、即自然语言本身具有的层级如何形成。什么样的语法是导致自然语言层级的"真正"的语法呢？

对这个问题的回答，在过去六十年左右的时间里不断变化，体现了语言研究向自然科学方向发展的进步。比如，对于结构，现在有最简方案的解释途径，在此之前，还经历过两个阶段。最早的（20世纪50年代起）是"短语结构语法"，较晚的（约始于1970年）是标杠理论（X-bar theory）。历时来看，这两个阶段并非泾渭分

---

① 【译注】有限状态语法是形式语法的一种类型。在语法 $G=(V_N, V_T, S, P)$ 中，如果重写规则的形式为 A→aQ 或 A→a，其中 A 和 Q 是非终极符号，a 是终极符号，那么就把这种文法称为有限状态文法，又称3型文法。如果在重写规则 A→aQ 中，把 A 和 Q 看成不同的状态，那么在从状态 A 到状态 Q 时，就可生成一个终极符号 a，这样便可把有限状态语法想象为一种生成装置，这种装置每次只能生成一个终极符号，而每一个非终极符号都与一个特定的状态相联系，由此可以建立有限状态文法与有穷状态自动机的关系。参看《数学辞海·第五卷》(《数学辞海》委员会著，中国科学技术出版社，2002)。

② 【译注】一种运算规律，即对所定义的一种运算"·"及任意三个运算对象 a、b、c 满足 $(a·b)·c=a·(b·c)$。实数的加法或乘法都满足结合律 $[(a+b)+c=a+(b+c)]$或$(a·b)·c=a·(b·c)]$。但减法、除法不满足结合律，例如，$(a-b)-c≠a-(b-c)$。参看《简明数学词典》(胡国定等著，科学出版社，2002)。

明；用演化的眼光来看其实更加合适。不过，为了阐释方便，我这里删繁就简、择要谈谈。在第一个阶段，句子派生形成的语言结构主要归因于短语结构重写规则，其中包括如下这些：

S → NP ＋ VP（"句子"——慎言之，是结构和词项的抽象描述——由"名词短语"和"动词短语"组成）

VP → V ＋ NP

V → V ＋ AUX

V → {leave, choose, want, drink, fall…}

不一而足。这些规则非常详细，适用于具体的自然语言。按原先的看法，根据这些规则以及一些"必有"的转换，可生成深层结构；再将深层结构交付给一些"非强制"转换，如成分的移动或增减等，这样比方说，就可以将一个主动的陈述句变为被动句。不过，转换总是有赖于通过短语结构语法建立的基础结构，所以针对结构从何而来这个问题，回答就是它来自于语法中的短语结构构件，这一构件在转换构件需要时可做适当修改。注意这样的回答并不充分。这就好比我问你分子的结构从何而来，你的回答是，"原子就是这样组合成分子的"，但你并没有进一步说明原子为什么会以这样的方式组合。事实上，短语结构语法只是在描写，而对于解释完全无益。将语言派生机制分割为短语结构构件和转换构件的确可以让事情变得简单一些，短语结构语法也的确有一定的概括力，人们认为儿童获得语言所必须掌握的规则数因之大减。虽然如此，儿童如何在刺激贫乏的条件下成功获得语言远没有得到有效解答。短语结构语法只是刚刚触及语言获得的问题，别无所能，因为不同的语言有不同的结构（典型例证是助动词系统），重写规则也缺乏普遍性,这样就很难理解具体语法在贫乏刺激条件下究竟如何习得。同时,对语言如何形成其自身的层级结构,短语结构语法也难有深究。它们并不能将语言的结构追溯至生物学和/或其他科学,更不能说明为什么只有人类才能拥有语言结构,并且这样的结构还可以用于一般的认知行为之中,包括思维和推想。事实上,为了描述不同的语言,短语结构语法之间必然存在诸多差异,这样便很难想象它们存在一个共同的生物学基础。

标杠理论作为对结构的第二种解释有一定的进步。对标杠理论,我们有两种看法。一是把它看作自词项开始、由下而上搭建结构的理论,而不是像短语结构语法那样试图由上而下派生结构。假定词项都被分置于几个可能的类别中,每个类别中的每个词项都有一个特征集,这些特征实际告诉我们相关词项在结构派生或计算中的作用。这样,当一个词项通过结构向上"投射"时,它携带特征,这些特征决定了词项如何组合、在哪里组合、词项如何被释读。这里所说的词项类别包括 N(名词)、V(动词)、A(形容词或副词)以及 P(后置或前置介词);对 P 的基本属性,尚存争议。由上述词项类别投射所得的结构几乎可见于所有的语言。这些结构由三个"杠级(bar level)"组成。如此称呼是因为原先表述结构层级的方法是,先取一个词项类别,比如 N,然后将结构的第一层级或"零"层级表述为词项本身(N)、将下一个层级表述为字母"N"之上外加一个横杠、将第三个层级表述为字母"N"之上外加两个横杠。更方便的标记法是:N^0、N^1、N^2 或者 N、N′、N″。上标符数对应于层级结构中的层级数。名词的层级结构如下:

```
        NP
       /  \
      Det  N'
       |   |
      the  N
           |
         house
```

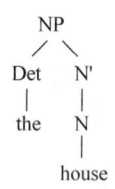

其他类型的短语可以从 N′ 位置接入；接入此位置的成分就是"附加语(adjuncts)"。拿 the green house 来说，其中的形容词(A)即 green 是附加语；相应地，在其层级结构图中，自 N′ 处向左(对英语而言)旁逸出一个枝杈、连接 AP，AP 连接至 A′、A′ 连接至 A、由 A 最后连接到 green。"Det"是"限定词(determiner)"的缩略；名词短语的限定词包括 the 和 a (对英语而言)。树形图中"Det"占据的位置是"标示语(specifier)"位置。X′ 都有标示语；句子 [等于一个"屈折短语(inflectional phrase)"，因为动词需要添加如时态这样的屈折成分方可得到我们通常意义上的句子] 的标示语通常是 NP。

对标杠理论的另一种看法是，可以认为它提供三个构建标杠结构必须遵循的模板：

1. 标示语模板：XP → (YP) - X′
2. 附加语模板：X′ → (YP) - X′
3. 补足语模板：X′ → X - (YP)

X = N、V、A、P 中的任一

P = 短语

(……) = 非必有

- = 任意排序

关于标杠理论和结构的细节，其他很多地方都有论述；我这里的目的只是说明引入标杠理论所带来的贡献。不管对其持何种看法，标杠理论对结构的描述和原来的短语结构语法相比都做到了大大简化。上述模板或投射原则覆盖了所有语言中所有可能的短语结构，因此为语言普遍性提供了结构上的佐证；20 世纪 80 年代后初步有了原则与参数理论框架，标杠理论作为其中的一部分内容至少已经包含了"中心语参数(headedness parameter)"的思想。而且，由于标杠理论将繁复的规则系统归结为一套相对简单的结构模板或投射原则，因此它至少在一定程度上推动了对语言获得问题的解释，也有助于将语言理论和生物学（基因遗传）结合起来。当然，还有不少没有回答的问题：为什么它是这种形式？为什么有三个"杠级"？这种结构来自何处？虽然如此，标杠理论的确关照到了简单性问题，也关照到了另外很重要的一点，这一点乔姆斯基在评论本附录的草稿时做了强调。短语结构语法留下了更多的问题未做解释。它只是对 NP、VP、S 等抽象结构做出规定，对涉及这些结构的规则做出规定。正因为如此，它无法合理解释为什么存在 V → V NP 这样的规则而没有 V → CP N 这样的规则。① 比起短语结构语法，标杠理论以一种更加合理的方式消除了错误的结构选项以及以规定为基础的形式理论技术。这同样也代表着进步。

最简主义是语言学高端研究的一个方案。它不是理论。早期研究语言结构的尝试留下了诸多问题，最简主义是旨在解决这些

---

① 【译注】按前述相关内容，这里所说的规则 V → V NP 和规则 V → CP N 中箭头左边的 V 应该为 VP 或 V′。

236 遗留问题的一个方案。大约到了 20 世纪 90 年代左右，原则与参数框架获得了大量证据的支持，语言学家依据这一框架，特别是参数，才有可能提出最简方案。直到那个时候，他们才能做到将解释问题、也即对"柏拉图问题"的解释放置一边；这个问题当时已经被重点关注多年。正如正文中的讨论以不同方式所强调的那样，他们终于可以"超越解释性"（乔姆斯基的一篇论文正以此为题）。这绝不是说他们解释的任务已经完成，而是说他们现在可以考虑其他更深层次的解释问题，如由演化以及语言为人类所特有这个事实而引发的问题，还有和诸如"结构从何而来""结构缘何如此"，以及"结构有何所为"等相关的问题。结果，由于很明显的原因，合并——包括其本质，其在人种中的发生，其作用等——以及对第三因素的考虑开始成为研究的前沿问题。① 因为正文和其他附录都谈到了和这个新的关注点相关的研究内容（因合并而形成的结构、因单纯考虑第三因素而可能导致的结构变体），我这里就不再重复。我只是强调，单是承认最简主义可以被当作一个真正的科学研究方案这一点就算得上是一种进步，而且还是把语言学变成自然主义科学的巨大（但肯定不是最后的）进步。只有在最简方案被真正引入后，人们才可能会逐渐看到语言理论以及语言结构理论如何和其他科学合为一处。

关于结构的第二个问题是，结构是为了什么——语言结构的

---

① 【译注】按乔姆斯基（2005a）的生物语言学观点，个体语言的发展必然涉及三个因素：遗传所赋，经验和非特属人类语言器官的原则。其中的第三个因素由"有机系统的普遍属性"（参看乔姆斯基 2004a）组成，包括有效计算原则以及语义、语音系统对语言器官所施加的接口条件等。

附录七 层级、结构、支配、成分统制等

功能如何。在接下来的讨论中,仍须记住这一点:任何语法都会带来结构和层级。关键是什么样的结构和语法才是正确的——对于这个问题,我们最终需要诉诸生物学获得合乎原则的解答。还需要记住的一点是,和强生成(生成有结构的序列——对于语言,我们可以对其做出结构描述或结构细化)相比,通常所谓的"弱生成能力"(语法生成一套无结构序列的能力)并非一种基础的或无加工操作。它其实涉及附加操作,比如前面提到的结合律。

至于(相关的)结构功用问题,存在好几种不同的回答,但其实也不无一致的地方。结构构成短语;短语在其自身范围内,对于确定什么成分能够移动、能移到哪里以及其中各个成分的"所作所为"起着至关重要的作用。比如,一个名词短语可能有何种论旨角色就必须在特定短语中才能确定。我下面通过"c-统制(c-command)"这个概念再稍微做一点说明,看看它是如何参照层级结构来得到定义的,以及跟它相关的语言原则。字母"c"读作"成分(constituent)",因此"c-统制"就是"成分统制"。

要理解 c-统制及其部分功用,先看看下面的语言层级结构:

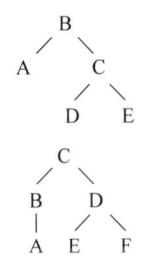

```
      B
     / \
    A   C
       / \
      D   E

      C
     / \
    B   D
    |  / \
    A E   F
```

再介绍一下"支配(domination)"。这个概念可参照上图所示的那种层级结构得到一种直觉式的定义。在上面的第一个图表中,B 直接支配 A 和 C,而第二个中,B 只支配 A。按这个直觉式

定义,我们可以把"c-统制"定义如下:如果 X 并不直接支配 Y,Y 也不直接支配 X,并且支配 X 的第一个分支点也支配 Y,则 X"c-统制"Y。这样,对于上面的第一个结构,A"c-统制"C、D 和 E,B 并不 c-统制任何成分,C"c-统制"A,D"c-统制"E,E"c-统制"D;而在第二个结构中,A"c-统制"D、E 和 F。[①]

c-统制这个概念用在不少重要的语言原则中,这些原则概括了对句子和句中表达式进行释义或理解所使用的方式。其中一个例子是"约束理论(binding theory)",由三个原则组成,描述所有自然语言中的指称语、代词和照应语由句法决定的约束或共标性质。英语中有一种反身代词照应语,如"Harriet washed herself(哈列特把自己洗了一番)"中的"herself(她自己)"。很明显,这句中,herself 和 Harriet 同指;而在"Harriet washed her(哈列特把她洗了一番)"这句中,代词 her 和 Harriet 一定不同指。对此,一个不正式的说法就是,照应语在包含主语的最小域内必须受到约束。例如,"Harriet watched Mary wash herself(哈列特看着玛丽把自己洗了一番)"这句没有问题,herself 在此句中必然和 Mary 同指,而不和 Harriet 同指。一个更为正式、理论上更有价值的说法则是,照应语的先行语必须 c-统制照应语。这就是约束理论的"A 原则"。这个说法更有用,是因为 c-统制在别处也有用武之地;一方面它涵盖了一种语言共通性,另一方面使用这个说法可以让语言学家做到理论上的统一。

---

① 【译注】此处有误。上面结构图二中,实际 c-统制 D、E 和 F 的应该是 B,而不是 A。

c-统制的重要性和功用在最简方案中也有表现。最简主义的句子派生观或计算观,至少按相关假设(因为技术性强,此处不再讨论),对 c-统制的本质、对其如何获得现有特性提供了一个极为精当的描述。最简主义把派生看成是一种合并的事情,内部合并或外部合并。拿内部合并来说,它将一个已经成为生成式一部分的成分置于"边界(edge)","边界"实际上就是一个含有所合并成分复制品的集合当中开头的位置(也可以说是 A 的复制品被置于边界),比如,{A {B... {A...}}}。如此,c-统制可以被概括描述为:假定 A 的(所有)复制品没有语音(这个假设证据充足),则被"前置"的成分 c-统制所有其他成分。c-统制作为一种"后续"合并,改变了次序。塞瑞克·鲍克斯(Boeckx 2006)对此有浅显易懂的讨论。

最简主义力求去除语法理论中的"非自然"成分,这提醒我们不应该把 c-统制当作语言理论的初始概念。它是一个有用的描述工具,但如前段所述,它有可能会被内部和外部合并的特征所替代。比如,乔姆斯基(2008)认为,对约束理论的 C 原则和 A 原则就可以做如此处理。当然,最简方案的一个思想是把得不到"合乎原则的解释"的东西统统根除,最终证明语言系统的完美性。以上的讨论表明,在这方面已经取得了些许进步。

附录八　差异、参数，以及渠限化

语言的自然主义理论不仅需要说明不同语言的相同之处（原则、普遍语法），而且还要说明其不同之处。一个兼具描写和解释充分性的自然主义语言理论应该拥有描述一切I-语言的理论供给；要做到这点，它必须首先拥有可用来描述任意一种从生物物理学来看都可能存在的I-语言的理论资源。

不过，有些I-语言之间的差异是自然主义研究解释不了的。人们在将词库中的"声音"信息和"意义"进行组配的时候可以，而且也确实表现出不同（乔姆斯基 2000）。对一个人而言，"arthritis"这个声音和意义"关节疼痛"相连；而对另一个人来说，却和"四肢疾病"相连（或者和一个人对"arthritis"这个声音所理解的任意一种意义相连）。这些组配上的差异从自然科学家的角度来看毫不相干；它们只是乔姆斯基所说的"索绪尔任意性"的表现。自然科学必须忽略这样的差异，因为这样的组配是规约的、社会的、或者说是因人而异的。它们并非自然因素所致；或者，按柏拉图的说法，并非因大自然需要"在接合处切分事物"而致。这倒不是说这些差别在语言的实际使用中一点儿也不重要：你要想和别人交流得更成功，你的音义的组配最好尽量和对方重合。但是，毕竟音和义的组配是人为选择的事情，而不是自然所为，因此和语言的自然科学没有关联。

换一种说法,语言的自然科学聚焦与生俱来的东西。因此,它关注词库,但不关注某个特定的人在其头脑中的组配;它(应当)关注现成的、用于表达的声音和意义——也就是用于在词库中组配、在相关接口出现的声音和意义。这些声音和意义是固有的东西,因为不管存在什么样的语言获得机制,它们都是作为这些获得机制的内置内容而为人所用的;语言获得机制同时也对这些可用的声音和意义施加限制,因为一个机制只能产出它所能产出的东西。机制可能产生的变异作为内置物也受机制所限。

对使用于任一自然语言内的声音,似乎都存在限制。乔姆斯基(1988)提到这一点,就是英语中可以有"strid"这个声音,但阿拉伯语中不会有;另一方面,阿拉伯语中可以有"bnid"这个声音,但英语中不会有。为了解释哪些声音会出现于我们有时称之为"自然语言"的I-语言中、哪些又是不会出现的,我们需要引入参数。一般认为,参数也是内置于获得机制的。它们可能有生物本质(内置于基因组),或者是因其他因素而起,这些因素在乔姆斯基看来是语言获得或生长机制的促成因素,即所谓的"第三因素"。

不过,和不同自然语言中的声音差异相比,人们更加关注的是"狭义句法(narrow syntax)"中的参数性差异——不同的自然语言(这里指结构相似的不同的I-语言)执行运算的不同方式。自原则与参数方案在20世纪70年代末和80年代初引入之后,人们对参数以及参数设定的看法已发生变化。按原来的观点——这一观点很容易讲清楚,因此在本附录这样的论述中它对问题的阐释很有用——一个参数就是存在于一个语言原则("普遍规则")中的可选项。人们经常提到的一个参数是"中心语(head)"参数。语言中在词汇特征和词素之上的最基本的单位是短语。短语被看作是由一个"中心语"(即属于一个特定类别如名词 N 或动词 V 的词项)和一个"补足语(complement)"组成;补足语可以是另一个短语,如形容词或副词短语。这样,我们最终会得到一个如 wash slowly("慢慢地洗")这样的动词短语(VP),其中含中心语 V、后接一个形容词或副词补足语,即一个只含 A 的 AP。这样的短语十之八九存在于英语以及许多其他的语言中,原因是这些语言都是"中心语居前"的语言。而在其他语言如日语或密斯基多语(Miskito)语中,顺序恰好颠倒过来。这些语言中的短语结构也是由中心语和补足语构成,但在这些语言中,中心语出现于补足语之后。将这个内含不同选项的参数表述出来就是:

XP = X –YP

P 是"短语",变项 X 和 Y 可以取 N、V、A 或 P 为值(早期观点认为 P 即前置或后置介词也包括在变项的取值范围之内)。破折号(–)表示无序排列,表明有可能 X 位居 YP 之前,也有可能 YP 位居 X 之前。这就是说,破折号允准中心语居前(X-YP)或者中心语居后(YP-X)。从这一意义上说,参数性选择包含于相关"短语原则"的形式表述之中。

更近期的讨论表明,人们对参数持两种明显不同的看法。一种看法和以下这个想法有关,即语言间所有的参数差异都在于所谓的"功能语类"。功能语类是任一类别(这样说有些过于简化)的词项,其作用不在于表明语义内容的差异,而在于表明语法"形状"

上的差异,①例如动词短语结构方面的差异,补足语方面的差异(如 that⋯/which⋯),②以及决定"主语-动词"一致性的"助动词"操作形式方面的差异等。不同的语言中,功能语类可能有不同的表达方式。在英语中,有些介词(如 of)表达语法或功能差异,而其他介词(如 under)表达词汇内容方面的差异。假定有些词项只表达功能语类或语法信息(不表达词汇"内容"信息);再进一步假定语言官能和相关系统形成接口,且存在"交流",这样语言官能需要满足一定的"产出条件(output conditions)",而语言之间的参数性差异就是语言官能满足这些接口条件的不同方式。如此就可以认为,参数性差异寄存于"功能词"之中,而不是像早期论述所认为的那样,存在于语言原则之中。

参数的另一发展线路主要源于理查德·凯恩(Richard Kayne 2000,2005)的工作。他指出存在更多按原有观点并不需要的参数;他把这些参数称为"微观参数",这样,原来所说的参数就成了"宏观参数"。微观参数细述不同语言间某些方面存在的细微差别,这些语言通常被看作是密切相关的语言(何为"密切相关"有时定义并不十分清晰)。微观参数论现在也和参数差异在于词汇的看法联系起来(虽然有些参数性差异可能并没有声音特征)。而这个看法在很多最简方案的研究中已经成为一个很重要的假设,这

---

① 【补注】语法形状是指某种自然语言(I-语言)的语法在经过发展或生长(或许也经过了学习),确定了所有的(微观及宏观)参数差异之后所呈现的具体形式。乔姆斯基认为所有语言中通往语义接口 SEM 的计算路径是一致的;语言间的差异只在于形态、音位等,这些只和外化或者话语、手势语中的线性化需求有关。(麦克吉尔弗雷,p.c.)

② 【译注】英语中的 that 一般用于限制性定语从句中,不可用于非限制性定语从句中,而 which 可用于非限制性定语从句。

就有效削弱了原来参数包含在原则之中的看法。讨论还在继续，主要集中在一些可以预见的问题上——宏观参数是否可以根据微观参数来做分析？微观参数论是否可以涵盖像中心语参数所表达的那种语言间两分的宏观参数性差异（这样的差异按微观参数论够不上参数差异）？如果可以涵盖，如何在微观参数理论框架下对这样的差异做出解释？等等。顺便提一下，目前对这里列举的第二个问题的回答是"否"，不过，对参数原有看法的一些主要特征倒是可以保留下来。关于这一点，可参看贝克（Baker 2008）。讨论一直在进行，但我这里不再追述。不过，乔姆斯基在2009年的某个补充材料（参看第54-55页）中补充了一点内容——别的不说，他提到有无限多参数的可能性。

参数在语言获得或生长的讨论中一如既往地扮演着重要的角色。还是以中心语参数为例。试想有一个生长在英语环境中的孩子。他或她，或者干脆，他或她的心智（因为这不是一个有意识的决定）便会将"中心语"这一参数"开关"调至"中心语居前"这个位置。如果这个孩子生长在密斯基多语的环境中，其心智就会自动地为中心语参数设定"中心语居后"这个值。参数值究竟如何设定，细节有待发现；在查尔斯·杨（2004）和正文当中有一些相关的有趣的讨论。

渠限化这个说法用于描述一种表面看来有些不同寻常的现象。人也好，其他生物也好，成长之后似乎统一都是一个"类型"，尽管其生长环境、"输入"和遗传密码都有不同。对此，虽然有一些初步看法，但怎样才能真正解释这种现象并不清楚。一种看法认为，"控制"或"主宰"基因起着作用。沃丁顿是首先使用渠限化说法的人;他曾经提到影响生物发展进化的表观遗传(epigenetic)因素。[①] 再一种可能是,存在一些其他非基因的、生理化学的、"加工性的(processing)"限制;由于这些限制条件,可供有机体发生变异和变化的选择范围就会有限。既然这些限制条件对变异的发生也存在限制,那么认为它们对有机结构和有机运行的发生存在限制就没有什么好奇怪的了。渠限化在正文中有进一步讨论。

---

① 【译注】遗传学中的表观遗传学(epigenetics)研究表明,基因组含有两类遗传信息,一类是传统意义上的遗传信息,即 DNA 序列所提供的遗传信息;另一类是表观遗传学信息,它提供了何时、何地、以何种方式去应用遗传信息的指令。在基因的 DNA 序列没有发生改变的情况下,基因功能可以发生可遗传的变化,并最终导致表型的变化。按这一观点,可以解释同卵双生的两人虽然具有完全相同的基因组,但在同样的环境中长大后,为什么在性格、健康等方面却会有较大的差异。

附录九　简单性

经常有人指出，为某个用于解释有关系统或现象的理论寻求简单性（体现为雅致、简朴、优美、优选等）是科学研究中一个至关重要的方面，并且这在自然科学研究方法论中也占据着主导地位。简单性的部分内容已在本书其他部分有所论述——比如对"原子"或者牛顿称之为"微粒"的执着探求，伽利略对斜面而不是植物生长的热切关注，古德曼的唯名论与建构系统以及他关于简单性的绝对普遍观念等。乔姆斯基有关语言官能最简方案的设想涉及好几种类型的简单性，如对一般理论都适用的简单性、计算简单性、最优化、效率性等；这一点联系其早期研究以及在原则与参数框架提出之前的语法"范式（format）"中的各种问题，实在不同寻常。如前文所示，最简方案设想提出语言结构及其变体源于合并以及内置于参数的发展性限制，而后者又可能是源于人类基因组或者第三因素。最简方案同时提出，人类语言系统是解决声音和意义无限连接问题的完美（或者非常接近完美的）方案——或者至少它可以将我们称之为思想的概念复合体组合起来，这或者说就是语言对思想的产生所做的贡献。如果最简方案研究能继续取得进步，我们便能不无自信地说，语言官能在通常我们所理解的生物系统中是一个另类。按我们通常的理解，生物系统都是一些凑合之作——是弗朗索瓦·雅各布所说的"修修补补弄出来的东西

(bricolage)"——参看马科斯(Marcus 2008)。它们被视作是历史事件、环境和各种偶然事件带来的结果——是经过数千年逐渐演化形成的功能系统,进化论中有关自然选择的论点一直这么认为。然而,语言官能则更像是一个物理系统,一个简洁完美的物理系统——比如它具备并可以提供一切所需的原子性结构以及成分结构图。

获得这样的结论可能是乔姆斯基早期构建语言理论时就产生的愿望,但这在当时至多也就是一个梦想。乔姆斯基早期研究(比如其《若干问题》)的重点在于找出一个具有描写充分性的语言理论——即提供一个(用语言理论或语法)描写一切可能存在的自然语言的方法——同时解释儿童如何在只接受最少输入(输入内容常常有错)且无任何训练或"否定性证据"的情况下快速获得某种特定的自然语言。语言获得问题——在其近期研究中被称为"柏拉图问题";柏拉图在其《美诺篇》(Meno)遇到了这一问题——需要我们提供一个具有解释充分性的理论。将获得问题的解决作为解释充分性的标准看似有些奇怪,但其实不无道理——如果一个理论可以说明在刺激贫乏条件下,任意一个儿童可以获得任意一种语言,那么我们便有理由相信这一理论追踪到了相关系统的本质以及该系统在有机体内的生长路径。然而,遗憾的是,早期为实现描写充分性(即利用一定语料构建一个语言理论,使其能够用来描写数千种自然语言中的任意一种,更不必说那些数量无限的 I-语言)而做出的努力并不能兼顾解释充分性。假定我们所有的人都只有一种语言,并且这唯一的语言结构简单,以至于我们可以理解它在人类身上是如何快速发展出来的;假定我们关于这一语言的理论以及它在相关时间限制内于个体身上实现发展的理论完全充分，那么我们的理论就可以达到描述充分性与解释充分性的双重要求。不过，这种假设于事无补。

在当时人们认为，对于理论研究者而言唯一可行的道路就是设想儿童被赋予了某种可能语言的范式（某些结构条件、表征层次、可能计算等）以及一种实现相对最优化的例行程序（routine）。儿童具备了某种可能语言的范式，这样在接触其所在语言社区提供的一定语言输入的情况下，他或她便会自动应用最优化例行程序，使其语言官能中的那些有助于他或她在该语言社区中实施语言行为的规则汇集一处。范式会具体规定语言材料（词、短语）如何"组块（chunking）"、如何组合，它包括规则，以及一些和语言相关的普遍的计算原则如"循环原则"等；例行程序会出具一种测量简单性的标准，比如可以按覆盖一定语料的规则数来确定某种语法是否简单。这样的例行程序按当时的理论是系统内在的东西，根据它就可以说明为什么此语法胜过彼语法——"胜过"就是基于某种相对简单性标准来判定的。乔姆斯基将这种例行程序称作"评价"程序。儿童的心智被认为具有某项专职的（即只用于语言的）相对最优化原则，根据这一原则，他或她可以在一定时间段内为其所接触的稀薄语料构建出（相对而言）最好的语言理论（语法）。在当时这样来理解语言获得问题是一种符合直觉的显而易见的方式，因为——别的不说——它的确带来了问题的答案，并且它所提供的答案至少比结构主义语言学所提供的在计算上更容易操作；结构主义语言学提供的那些解释甚至无法说明儿童何以能够从语言数据中获取词素。不过，例行程序所面临的选择面依旧太广；因此，这样的方法还只能是理论上可行，实际上却完全行不通。与新理论相比，早期的语言获得理论就显得问题重重。不仅如此，这样的获得理论很难说明天赋的语言范式在人类身上是如何变得具体或细化的，也很难说明 UG（普遍语法）在人类身上是如何得到发展的，这样就阻碍了研究的进一步深化。按早期的理论，普遍语法——通常认为它由一种专属于语言的基因信息所提供——必须是丰富且复杂的，但我们很难理解一个既有所专项、又丰富复杂的东西是如何在人类身上同时发展的。

为了在解决获得问题的同时达到解释充分性的要求（这样就解决了柏拉图问题），更好的办法则是建立这样的一个理论，它所提供的是数量很少的普遍恒定的原则，外加一些普遍的语言获得的算法，这样的算法根据一定的语言数据便能自动导出"正确的"语言或语法。显然这会是一个选择程序，而不是评价程序；它只产生一种结果而无须在多种可能的结果间权衡取舍。在 20 世纪 70 年代末与 80 年代初，随着语言官能的原则与参数框架被提出，上述选择程序——或者比较接近它的理论——终于成为可能。按照一种直觉的说法，儿童在出生时就通过 UG 被赋予了一组原则——语法共项或者所有语言的共有规则。其中有些原则含有可选项。这些可选项就是参数。参数——最初被认为是内在于原则的选项——可以通过最少的经验（或者至少是儿童在处于某个发展窗口期时实际获得的经验）被"设定"（参见附录八中有关参数及其作用的论述）。对某个参数这样设定而不是那样设定就会导致可能生成的自然语言是这一组而不是那一组。这对于实现解释充分性而言是一种实实在在的进步。不仅如此，最简方案现在愈来愈接受这一看法,即合并作为一个没有例外的原则是我们所需的一切;另外,最简方案还进一步提出参数甚至可能就是由非生物因素构成、也由非生物因素设定的一般的发展性限制,乔姆斯基将这些非生物因素称之为对语言生长和语言最终所取形式产生作用的"第三因素"。按照这些看法,需要通过包含在人类基因组中的语言指令集来解释的东西就会越来越少。也许唯一由基因确定的、语言所特有的东西就是合并。如果这一点得到证实,那么理解语言如何突然在人类身上出现就会变得简单很多;这同样也让语言获得过程为什么一方面能够显得如此快速和自动,另一方面又允许有不同的发展路径存在这个问题变得很容易回答。根据这样的看法,像乔姆斯基这样的语言学家甚至可以提出语言关键的生物学因素是什么之类的问题,并对此提供初步的回答;我们也会开始对"事物为什么会如此"这样的问题做出解答。

基于此,对于乔姆斯基所提的生物语言学[这一术语率先由马斯沫·皮亚特里-帕尔玛里尼在 1974 年提出,作为麻省理工学院与洛约蒙基金会(Royaumont Foundation)在巴黎召开的研讨会标题],也许我们更应该称之为"生物物理语言学"或者"生物-计算-物理语言学",这么一来,明显可以看出,一切可能存在的自然语言和 I-语言集不仅取决于基因编码,而且还取决于其他一些因素——当然,所有这些其他因素都可以被看作是自然及其规定的发展或生长方式内在所有的东西。而如果 UG 就是一种生物所供(即基因组信息),那么也许 UG 就变成了一种只对合并做出的具体说明。

有趣的是，原则与参数框架似乎能够让我们放弃在早期研究中扮演重要角色的理论内的简单性设想。如果儿童的心智对参数"开关"或可选择项完全清楚，那么相对最优化作为一种简单性原则就不会起作用。我们完全可以认为语言获得问题已得到解决（至少对于狭义句法而言），从而转向其他解释问题。这无疑就是乔姆斯基在最近的一篇论文中声称最简主义应该"超越解释"的一部分原因——只是部分原因而不是全部，因为一旦考虑第三因素，我们似乎就可以回答为什么有 X 原则而没有 Y、Z……原则之类的问题。将解释理解成对柏拉图问题的回答，则解释依然十分重要，但在涉及参数之后，对柏拉图问题的解决就不再是语言解释唯一的核心目标了。

简单性作为一种普遍的理论构建观在继续发挥作用，数个世纪以来科学家们（但不是儿童的心智）在不同领域构建不同理论时一直都在受其引导，这当然也包括语言学家对语言现象的理论构建。就一般的理论构建而言，很难说是自然赋予了科学家们一种自动选择装置，凭着这种装置，科学家们就可以为其所描述或解释的任何现象构建出好的理论。我们的确拥有某种不同寻常的东西；我们拥有笛卡尔所说的"自然之光"或者乔姆斯基所说的"科学构建能力"。据我们所知，这是一项唯人类才有的能力，虽然这种能力并不能像笛卡尔所说的那样要归功于上帝。这一能力其实已经被写入我们的生物-物理-计算本质中。因为这一能力，我们才能实施皮尔士称为"溯因推理（abduction）"，当代哲学家们则更愿意称作"直至最佳解释推理（inference to the best explanation）"的操作。这与其他推理差异明显；它更像是一种聪明的猜测。这种推测很可能就包含某种对简单性孜孜以求的内在操作。无论如何,在它和其他心智功能的帮助下,我们可以获得对于某些现象更好的或改进式的描述以及解释,这很神奇,但一般总能成功。

附录十　休谟论缺失的蓝色色调及相关问题[①]

为更好地理解休谟的蓝色色调缺失问题,我们需要先抛弃他强烈的经验主义原则。休谟的色彩问题以及更广泛意义上的新经验与新判断问题,只有根据(如乔姆斯基所建议的)形成我们各种认知世界方式的内在系统的理论以及由这些内在系统所设置的界限才会得到令人满意的解答。很明显,休谟清楚整个问题;他认识到心智能够(也的确如此)理解全新的道德情境并做出判断。同样明显的是,他认识到我们的理解及体验能力的限度必须要由内在的(也是天生的——然而他却不愿承认这一事实)"本能"来设定。他进一步认为人类根本无法理解这些本能究竟是如何运作的。但在这一点上,他明显错了。根据心智计算科学,这些本能现在已经被逐步理解。正如乔姆斯基在我们讨论中的其他地方所强调的,认知科学研究的目标之一正是理解这些认知本能的本质。

现代有关色彩与其他视觉所见物的理论(如边界、明暗、浓淡

---

① 【译注】休谟认为观念起源于印象,但他自己却又提出一个反例:假定某人从未感知过蓝色,或者说从未有过对蓝色色调的印象,但是他对蓝色之外的其他颜色均有印象,这样,在他面对一个由浅入深排列着各种色调的色板时,对他而言,这块色板上蓝色所处的位置会是一个空白吗?实际的情况很可能是他可以不需要蓝色的印象而凭想象得到蓝色的观念。

等)认为这些均是内在机制的产物;内在机制产生人的视觉系统所能感知的东西,并通过确定范围和区域对其设置界限。(蜜蜂能够而且也的确对紫外能量范围内的光子输入做出反应,这在我们看来一定是通过某些类型的内在视觉表征实现的,蜜蜂的这些内在视觉表征大概就和色彩相似。但人类对通过这类刺激生成的色彩却无法做出反应,遑论生成(或曰"表征")此类色彩。)① 这些系统并不像语言系统一样具有递归性,也不产生离散的无限输出,但说人类大脑的色彩系统依据算法"产生"色彩,以及人的其他视觉现象是可信的,并且这些算法并没有休谟提到的那种取值"空隙",在其输出中也无"空隙"。因此,它们完全可以接受新的输入,新的输出如何产生也不会构成疑惑。休谟的疑问具体而言就是在没有新输入的情况下为何存在新输出,不过我们一点也不清楚在实际情况中,他所提出的问题究竟还能不能成立。这当中我们所知道的一个原因是,人类视觉系统能够产生 750 万到 1000 万种不同的颜色,也就是说,可以产生这么多可以分辨的不同色调、明暗度和饱

---

① 【原注】我们不应该假定在色彩经验与光谱输入之间存在一一对应的关系。事实上,构建视觉系统内在运作机制理论最具说服力的理由之一是,这些内在机制能够在很大程度上修饰并增加输入,就此来说,我们应该放弃视觉系统正确"表征"输入及其远端诱因或来源的想法。举例来说,任一波长范围内的三个"单色"(单波长)光源,只要它们产生的光在人类三个视锥系统中任一系统的正常输入范围内,那么它们在强度上均可不同,并且在组合后就能生成"任一"光谱内色彩经验。只要是三个确定的波长,就可以形成任何色彩。如果这是事实,我们就可以说色彩存在于头脑中,虽然这样说可能不太清楚。色彩在头脑中正是因为它们"产生"于此。承认这一点使我们在某种意义上接受了"投射论",即我们看到什么、如何看到,这些在很大程度上取决于我们的心智为视觉提供了什么。乔姆斯基对于人类概念及语言官能的态度正是一种"投射论"。我们获取经验的方式在很大程度上取决于我们能够形成经验的方式,而这又最终取决于我们的各项内在系统可以提供的"内容",后者多数是天生即有的。

和度等的组合。那么，什么颜色可以算作休谟式的独特颜色呢？在没有对人类视觉系统生成能力做出充分理论解释的情况下，这种颜色是如何得到确定并被加以区分的呢？在一个人被提供与某一颜色完全相符的一组外在刺激时，我们如何判定此人的系统是不是正在生成这一特定的颜色呢？如何结合疲劳、色盲与视觉调节等来解释颜色的生成呢？休谟现在本应该能够回答这些问题了，但遗憾的是，由于其经验主义立场以及他对探索心智本能可能性的质疑，他能够回答这些问题——并能以合理的方式提出这些问题——仅是因为他提出了一个有关色彩生成内在本能的合理理论。当前鉴于这样的理论已经提出并且获得了成功，我们甚至可以进一步追问应该如何认真看待诸如休谟所做的哲学思想试验。可以确定的是，在现阶段，现有的理论为我们如何继续提出有关视觉与经验形成的合理问题提供了更好的指引。

休谟的灼见，即我们的认知努力在很大程度上是个本能问题，现在有了很多的有利证据。现有关于视觉与语言的理论显示出休谟的研究路径是正确的，即他指出本能是人类心智运作的基础——而不同模态的区分、判断的做出，均是基于人类自行发展的生物物理机制。从这一认识可以进一步得出：科学对于人类之所以可能，是因为我们可以依赖某种"本能"，它使得我们能够做出皮尔士所谓的"溯因推理"。乔姆斯基在本书正文部分对此做了相关说明。

讨论颜色虽有些离题，但也不无其他启发。一个明显的收获就是，内在主义研究路径——通过探索大脑内部并构建系统运作与发展理论来研究人类认知能力在某些情形下能做什么或不能做

249 什么——就是在这样的研究中获得了支持。另一个收获是,理论以及作为理论构建所必需的抽象化与简单化在重要性上要胜过对"原始材料"的列举与编纂。只有在相关理论研究获得进展之后,材料才能被理解,甚至才能算得上是被真正地收集起来,恰如上述有关色彩的例子所示。不仅如此,语言与色彩的例子均显示出,对这二者的常识看法不仅可能而且在事实上也的确会产生误导。要想知道语言或色彩到底是什么——或者进一步说,要想获得一个客观上与理论上可行的语言或色彩观念——那么去留意一下现有的最好的理论是如何区别它们的就可以了。对语言来说,就是要看某种I-语言是如何确定的;对色彩来说,就是要看色调、明暗度和饱和度三者是如何组合的,或者了解一下将这几个方面确定为颜色发生变化的不同维度的内在主义理论。

附录十一 句法、语义、语用，非乔姆斯基的和乔姆斯基的

本附录中的提议可能会让很多人感到迷惑。乔姆斯基提议将语义处理为一种句法，或者换个说法，语言意义理论就是头脑中有什么，以及头脑如何构置（configure）经验的理论。事实上，乔姆斯基的观点更过于此，我们在其他附录如附录六中曾指出此点。他认为，所谓的"语言语义学"或"形式语义学"其实就是句法，而句法在乔姆斯基看来就是研究内在于头脑的（语言）符号，对这些符号作内涵式（理论上）的描述或解释。传统指称论意义上的语义学可能根本就不存在。指称——人类行为的一种形式——看似无法在科学范围内加以研究。

作为背景说明，同时也是为了确定理解"句法""语义"和"语用"这几个术语的相关方式，我们先回顾一下查尔斯·莫里斯（Charles Morris 1938）对句法、语义和语用所做的区分，这一区分现在多少算得上是一种标准的区分。然后，我们讨论乔姆斯基对这一区分的改进。先看看标准观点，尤其是在当代人们对这一观点的各种理解，可以让我们明白为什么乔姆斯基的提议会令人惊讶，并且也可以让我们对乔姆斯基所提的改进做出重点说明。

莫里斯的区分——很大程度上得益于其前辈查尔斯·桑德斯·皮尔士所提出的，以及卡尔纳普（Carnap）等人在20世纪20

年代和 30 年代所推进的那些区分——对他而言是作为对记号或符号加以科学研究的一项贡献而提出来的。他提议说句法应该被理解为是对可称得上是符号固有属性——即内在于符号的属性——的研究。这至少可以包括一些关系属性，如"之后（after）"属性所说明的就是一个符号跟随另一符号，这样可以对某种次序加以明确（如时间次序或左右次序等）。有时我们对符号集及其相关属性既做出说明（列表说明等）也做出新的规定——如形式逻辑系统中的句法项即如此。语义学研究的是这些符号是如何与"事物"以及事物的集合相关联的。因此，语义学要关照句法、某一组事物及其所处状态。看起来，这是一种双项关系（two-term relationship），不过，弗雷格等人使其变成一种符号、意义和物体之间的三项关系。语用学又包含另一个实体，即言语者（speaker）。语用学研究言语者如何使用符号来应对"事物"。莫里斯简单地认为他所想到的符号就是写在纸上的记号（拼字法）或者可能就是我们认为以某种方式"存在于我们身外的"声音。这对于逻辑学家和其他一些发明并使用符号系统的人来说是一个常见的想法。但自然语言符号当然是存在于大脑之中的。

形式逻辑和逻辑学家对形式逻辑及其目标的想法在过去对很多研究者形成其符号与符号操作的看法起了重要作用。我们来看一组获得形式定义的符号，比如在一阶谓词逻辑中出现的那些。一阶逻辑文本规定，课本中所出现的各种不同类型的记号构成运算句法——比如以某种字体出现的大、小写字母（a、b、c 或 P、Q、R 等）以及括号，也许还有一些创造出来的特殊记号如⊦、≡等，或者为我们所熟悉的波浪号（～）用作否定算子等。通常的目标是要让所规定符号的相关语义作用变得清晰、明确：比如说某个逻辑文本可能规定"(x)Fx"这个复杂符号应该被读作一个全称量词"(x)"出现在谓词符号"F"和一个变量符号"x"之前，Fx构成一个携带变量的"开放句"，而携带全称量词的符号整体就是一个命题或陈述，大意为F是所有个体x都有的属性。一般说来，这些符号都是任意选出的，这样的选择并无特别之处：逻辑学家最关心的并非句法的精细，对他们而言，只要把这些规定成分的功用"说清楚"即可——其功用在于按逻辑学家的意图来辅助说明语义。当然，逻辑学家也会加入句法，从而将他们认为在语义上重要的属性和关系标记出来。但他们实际主要是对真值、指称以及各种推理和论元结构的真值存续性感兴趣。他们设计出这些符号，并根据符号来进行运算，这样就能确保计算明晰并且可以避免歧义。符号的使用者则通常会被忽略。

基于这种关注，人们对语义学惯常的看法就是它是对获得句法表述的符号的研究，这些符号在他们看来是头脑之外的东西，可以根据它们与符号"外部"事物或情形（通常是世界或某个模型中的事物与情形）之间（假定）的关系来加以对待。于是，语义讨论一般关注传统所谓的真值（对句子而言）和指称（对词项而言）问题，并因此关注哲学家们称为"意向性"的诸方面。

我们在讲另一个相关内容时曾提到，19世纪末20世纪初，戈特洛布·弗雷格为建立数学语义学尝试提出了他的语义理论构建方法；时至今日，很多研究自然语言语义的人仍在这一图景内开展研究。弗雷格在符号、情境与事物（也即他所说的数学抽象实体世界中的"实体"）之外又引入第三因素，此即"意义(senses)"。弗雷

252 格认为这些意义是词语与事物之间的中介物。他引入意义的理由在于以下这一观察,即他所谓的"专名(proper names)"可能会有相同的指称,但意义却并不相同——在其《意义与指称》一文中,专名包括任何指称单个实体的单数名称,因此也包括确定性描述。比如单数名称"晨星(the morning star)"和"暮星(the evening star)"都指金星,但意义不同。① 数学中的"$\sqrt{9}$"和"3"所指相同而意义也不同。弗雷格将意义视为一种抽象物,其他人则视之为一种心理实体(福多1998),或者将其改造为一种由符号达所指的函数;不过,关于它是什么函数、涉及什么内容,所见略有不同。引入"意义"虽然使问题变得复杂了些,但基本关注没有改变:语义学所研究的是词语与"事物"之间的一种关系(或许要经由第三项,或许不需要)——也许抽象,也许具体。

前面我们也曾提到过,对于能否将自己的数学语义学的理论图景运用到自然语言之上,弗雷格本人似乎也非常怀疑。其中的原因显而易见。他设想在一个语言社区中,一个符号表达一个特定的意义(不允许有任何歧义),而每一个意义"决定"一个特定的指称对象(句子的指称对象为某一真值)。不考虑意义的话,通常所说的语义学设定一种确定的符号-事物关系。不过,这种从符号到指称对象的一一映射关系在自然语言使用中完全无法实现;它们唯有在数学家们的理论研究实践中才有可能得到较为合理的实现。

---

① 【译注】本段此句及前句中"意义"在原文中的对应词同时为"meaning"和"sense"。

附录十一 句法、语义、语用,非乔姆斯基的和乔姆斯基的

在乔姆斯基关于自然语言句法和语义的看法中,情况大为不同。虽然上面所概括的关于语义学的基本设想可以大致维持,但这需要严格的限定条件。一般认为,自然语言句法所处理的是"符号"的内在属性。不过,这些符号都内在于大脑,并且它们的句法也不是我们所构建的形式系统所用的那种句法;符号和意义的确存在某种关联,但这种关联却是非映射性、非关系性的(non-relational),并且意义与符号本身都是大脑内的东西,意义甚至以语义特征的形式存在于符号之"内"。很明显,符号研究并不是对书面的记号加以研究,也不是对那些假定的符号集或公共的语音加以研究,而是对心智中的符号项加以研究;符号研究不是从拼字法或书写的角度对特定的书面记号加以研究——这样的研究意义不大——也不是对它们人为规定的组合机制加以研究,更不是对某种机器"语言"中特定的二进制编码加以研究。相反,符号的句法研究是对和语言运算相关的各种心智内状态或事件的自然主义研究形式——也就是说,是对一切和"音-义对"生成相关内容的研究。此类研究显示相关类型的符号存在于人脑之中。或许在其他有机体的头脑中也存在部分这样的东西,我们前面对此有过讨论,不过,人脑中的符号一定包括某些唯独人类才有的"词语"的音位特征和语义特征,或许还有其他成分。无论是音系或语音特征还是语义特征,它们都没有指称性。对符号的语义研究的惯常看法会使人联想到意向性,这样,符号是某物的符号,讨论一个符号的"语义值"或者"内容"就是讨论该符号的"指称物"是什么,指称物与符号因此有别。与此相反,乔姆斯基坚持认为,在不采用标准语义学的情况下来具体说明他所谓的符号意义完全可能,并且因为

所有的证据均否定了人类语言中指称语义的存在（参见本书正文和附录六），所以他的研究路径才是唯一可行的道路。

要合理理解乔姆斯基的立场，我们可以认为他大致采用了弗雷格的意义（sense）观念，但他同时否认符号或表达式的意义是一个独立实体——或弗雷格所认为的抽象实体。在他看来，意义是符号或表达式本身所固有的，而符号位于大脑之内，符号及其意义能够基于自然主义的科学方法加以研究。一个符号实际上就是一个心智实体——一个存在于大脑内部、在语言运算过程中呈现出来的状态或事件，它基于其所包含的特征为其他系统提供"信息"。意义或"语义"特征再加上音位特征（也许还包括形式特征）不仅是内在语符的特征，它们同时也构成了这些内在符号本身：语义特征也是词项的一部分构成要素；它们是在语言推导或运算完成后出现于"语义接口"[SEM，或者有时称为"LF"即"逻辑式（Logic Form）"]的特征，它们在语义接口构成语义"信息"或者可称为句子或表达式的"内在"或"固有"内容。或者按弗雷格的说法，它们是呈现方式（MOP）。

至于词语-世界这样的指称关系，乔姆斯基认为这是一个涉及人的使用的问题，因此也就成为语用学的问题，而不是他所说的那种语义学中的问题。语用学的研究可以成为或者可以转变为一门科学吗？首先，虽然我们同意，广义而言，语用学或语言使用研究是总体的"语言理论"（参看乔姆斯基1999）的一部分，但这与我们正在讨论的问题无关；我们所讨论的是人的语言使用可否成为一门用自然科学的研究工具加以调查的自然主义科学。就语言而言，使用这样的工具要假定语言有一定程度的生物学意义上的规则性。然而,除某些情况外,在人的语言行为中实际看不到有这种规则性存在;语言使用的创造性特点为我们提供了大量证据,这些证据表明并不存在连接环境或大脑刺激与语言行为具体形式的因果原则。这是一个经验问题,现在或者永远都可能无法明确回答。就当前的证据而言,说存在这样的因果原则是很难成立的。更充分的讨论请参见本书正文以及附录五和附录六。当然,如果我们将某些形式的推理也归入"语言使用",那么,我们就会发现,在有些情况下,推理至少能够被 SEM 中的结构与语义信息以及促成它们生成的运算操作所允准。假定"Jane's brown cow isn't producing(简的棕色母牛不会生育)"为真,我们推理可知简拥有一头棕色母牛;从她有一头棕色母牛,我们又可以推理出她拥有一头母牛。关于这样的推理为什么可以成立,有一种很重要的"合取主义(conjunctivist)"观点,可参看皮埃特洛斯基(2005)。"You may have cake or ice-cream(你可以拿蛋糕或者冰激凌)"这一句至少有这样的一个含义,即你被允许拿其中一个或另一个,但不是两个都拿;参见皮埃特洛斯基和克莱恩(Pietroski and Crain 2005)。这些推理是由狭义句法——语言官能的核心系统及其在 SEM 的输出——决定的吗?这样说有点勉强,因为这将会把这些推理都包括在由合并操作所提供的计算资源当中。不过,话说回来,这些推理的确是通过语言官能的运算以及由这些运算为 SEM 带来的语义信息得到确定的,这些推理的形成方式和人们做出的许多其他推理的确有所不同。

附录十二　概念"运行"的内在主义图景

在对正文中相关讨论加以评论时,我说到概念"构置(configure)"了经验与想象;这一说法在前面的附录中也出现过。它是以一种不同的方式表达了乔姆斯基(1966/2002/2009:102)以下的观点:"理性主义心理学与心智哲学关于先天心智结构持有一些强式看法,这些看法消除了对感知理论与学习理论加以鲜明区分的必要;这两种情况本质上过程相同,都是调动一些储备的潜在原则来理解所感知的数据。当然,潜在结构的初始'激活'不同于它的使用,后者是指潜在结构被激活后可随时用来解释经验——或更准确地说,来决定经验。"不过,为什么要把这一陈述中所包含的两个句子放在一起,这明显是个问题。依赖于感知或感觉性输入生成概念的触发系统可能会产生一个具体的概念,但如此产生的概念不再是感知或感觉性概念。无论是不是感知性概念,其使用或运用都不是固定的。不过,这些都还没有触及关键问题。就当前讨论的目的来看,关键问题在于我们与生俱来的概念的、语言的、感觉的或其他形式的内在"认知"机制部分地决定经验,因为是这些机制——而不是"外在世界"——对我们如何能够看见或理解事物具有确定性作用。也正是基于此点,我认为,如果将 SEM 看作以词汇形式得以明确的内在概念复合体,那么 SEM 所起的作用就是"状语"的作用。这些概念复合体确定——或是与其他系统共同确定了——经验的诸多"如何"问题：它们是我们用以猜想、理解、想象和经历的各种方式或方法。对经验的解释并不是寻找正确的概念或正确的描述来切合已经形成的经验，解释经验就是"创造"经验，即多个心智系统同时参与一种合作操作，每个系统都做出自己特定形式的贡献。这一点是前面讨论中的一个预设，但在此需要做点细致的说明，否则，一不小心，我们在一开始就已经误入歧途。

这里的基本想法源自几十年前哲学家对所谓视觉状语理论的讨论。① （这方面的记录与其说是被抛弃，不如说是被忽略，个中缘由——在我看来——一部分是因为它与受常识驱动的外在主义和反先天论直觉相冲突，而后者一直在有关感觉和知觉的哲学讨论中占据主流。）引入这一对感觉的解释是为了破除两种对视觉理解的错误观点——在状语论者看来是错误的——所提供的相关解释。一个错误观点是"感觉材料"观，这一观点认为视觉系统（"心智"或"大脑"）产生所谓的"感知体"（sensations/sensa），这些感知

---

① 【译注】视觉经验的状语论观点是针对下文提及的"感觉材料（sense datum）"观点提出的，后者涉及对某种非物质实体——即感觉材料（后像、幻象、表象或感觉印象等）——的视觉意识。感觉材料理论面临不少问题。比如，感觉材料在不被感知的情况下存在吗？两个不同的人对同一份感觉材料会产生相同的感觉经验吗？感觉材料是否存在未被感知的侧面？感觉材料是由什么组成的？它们有方位吗？经验的状语论回避了这些问题，因为按这一理论，视觉感知不是感知某一特定非物质实体存在的问题，而是以某种特定方式进行感知的问题；人们针对后像、表象等所做的陈述实际为其关于某种感知方式的陈述。说"某人 P 有一个感觉印象 F（A person P has a sensation F）"可以在结构上改写为"某人 P'F 地'感知（P senses F-ly）"或"某人 P 以 F 方式感知（P senses in an F manner）"。参看迈克尔·他伊 1984 年发表于《哲学评论》上的论文"视觉经验的状语研究"（"The adverbial approach to visual experience"）。

体（如色彩感知体）是某种心智事物，其作用是充作感觉和知觉的"直接对象"——"外在事物"并非感知对象。按有些人的看法，这些感知体反过来作为中介物帮助形成对"外在"事物的感知；或者按另一些人的看法，它们甚至构成了视觉经验的全部内容。另一个错误观点认为，感觉只能根据其所属物或所关涉的事物来加以分类和区分；如此，谈论对红色的感觉也就是谈论红色有关什么——一般认为它是"外在"事物某个表面所具有的一种属性。这两个错误观点中，前一个观点即感觉材料观点的危险在于，它似乎有赖于一个必然错误的、有关心智感觉内容的论点——按该论点，情况必然是，如果我现在感知到绿色，那么我（或者某物）就会感知到心智或大脑中存在某种绿色的东西。后一个观点的危险在于，它似乎支持一种有关感觉状态或事件的外在主义立场——即它意味着要说明感觉状态或事件是什么，我们必须要提到"外在"事物及其属性，而内在的感觉状态/事件仅仅是对外在事物的"再现"，可是又并没有证据表明任何"外在"事物与感觉对它们的描绘相一致。洛克和其他人在讨论"第二性质"时曾经表明过此点——我并不赞同他们的第二性质说法，也不赞同他们对物质第二性质和"第一性质"的区分。

感觉的状语化理论为感觉做出了新的解释——也即为心智或大脑在感知过程中的作用做出了新的解释。按照这一解释，心智不再是一个展示之地，充斥着被某个脑中侏儒（抑或就是感知者本人）所注视的绿色感知体；相反，我们应该认为心智之中"包含着"各种各样的感觉事件（sensings），并且这些事件彼此各不相同，它们之间的差别是由心智或大脑的感知机制本质所决定的。这些感觉事件可能需要在某种刺激之下才能发生——无论是（正常情况下）通过眼睛接收的外在刺激还是内在刺激——在这种刺激作用之下，它们便参与构建视觉或想象的景象，这样的景象就包含心智所识解的有色表面。通常人们会说自己可以"感知绿色"或者"看见绿色"，但依直觉，根据状语论，他们要是更加谨慎的话，就不应该那样说，而应该说他们的感觉系统（或者是心智/大脑）是在"绿色地"感觉——也就是说，他们相关的心智系统在某一场合通过某种相关的心理机制，以一种有机体特有的方式在发挥作用，这样的心理机制就构成了视觉景象。一个最小的视觉景象可以被认为是对一个视网膜中心六维体坐标值所做的具体指派。① 这一六维体中的每一点均有一套具体的"空间"和"色彩"坐标值，空间坐标值为（视觉）深度、高度和方位，色彩坐标值为色调、明亮度和饱和度。现在将一系列具体的、由刺激促成的坐标值的指派理解成是内在主义意义上的视觉表征。这样的表征不是重现；有机体是作为一个整体"使用"这样的表征来"重现"的，在视觉经验中这实际上是自动所为。这样的表征与语言的 SEM 和 PHON 作为表征情形相同——若使用理论术语来描述，它们都是一种复杂的心理事件；这样的心理事件在心智理论中被视作是对心智系统之间某一接口的具体构置。内在主义用这种方法释解问题的优势在于它不是依靠感知体（无论它们是什么）来理解色彩，而是将色彩理解成是对色

---

① 【原注】这个六维体中的色彩-空间体并非"某一时间的世界地图"。按内在主义的理解，它是一种表征形式。它可以被"使用"以应对有机体所处的环境，但对它的"使用"并不是察看某种内在景象并利用它来导引这类事情。这样来理解它的使用是一种变相的感觉材料论调。

彩值的具体指派，即某个心智子系统具体的输出值。现在将这些三维输出值看作是对特定的复杂心智事件的描述，这些复杂事件临时构成一个最小视觉空间，后者因此被理解为是心智的产物。最小视觉空间只是理论上存在的"事物"，其类型取决于特定的理论自身，这样的理论对心智或大脑中某一系统的运行及其在有机体心智运作中的作用做出描写和解释。至于 SEM，对它做出一次具体指派所带来的结果就是一组结构化的具体的语义特征，这些特征帮助我们"构成"某种理解事物——或者在与视觉以及其他相关系统（比如物体构形）合作的情况下——感知世上万物的方式。

从有机体整体及其经验与行动来看，视觉科学为我们提供了一个思考视觉系统如何部分地构成经验并"形成"有色彩、有方位的视觉"对象"的途径。依靠和其他系统（如物体及面部构形系统）的合作，视觉经验对有机体而言通常证明都是可靠的；它为有机体提供的部分"输出"虽非必需，但在其他系统共同作用的基础上，足以让有机体识别营养物和敌人并确定其方向，有机体因此得以生存于"世上"。正因为如此，有机体通过将某个内部感觉系统以及许多其他系统各自的"输出"组装起来（或许这样的组装还只是部分性的）所得到的"事物"才会被当作是"真实在外"的，而其实诸如人类与朋友，或者苹果和食物等事物所具有的属性以及其外表和分类都是心智的创造物。它们可以被视为心智的"投射"。回到对色彩的讨论，状语化解释宣称从色彩科学的角度来看（相对于关于色彩和常识世界实体的常识观念），色彩是心智事件的不同形式，是由视觉系统本质决定的、不同的感觉和识解方式。色彩并非"外在"的事物属性，无论视觉经验的创造物在实际使用中被证明是多么可靠,也无论关于世界及其所含的有色彩事物的常识观是多么诱人。当然,将色彩视作"外在"的事物属性倒是符合有机体的实际所需。

视觉系统主要对"经验"形成产生作用——这通常被理解为是有机体对远端诱因提供的输入做出的反应。有时视觉系统也对想象景象的形成产生作用。相比之下,语言官能只是在有些时候"在线"生成经验——比如说将某个被看见或听见的事物构想为具有如此这般功能的某某事物,这样对于该事物,我们便形成了关于"它"的这些功能或属性的经验。而通常情况下,语言官能则是"离线"生成经验,比如在想象、推测、提议、思索等情况下就是如此——这些都是理解和构想的不同方式。语言官能是一个能力系统,而不是输入系统。不过,我们仍可以认为 SEM 以及其他形式的心智实体都是以状语化方式发挥功用的。如此理解的话,它们就并非"存在于心智"之中,就不会成为被某种脑中侏儒所检视,或者可能被某种内在的"理解者"或内在主体当作工具来操控和使用的概念物了,如此也就和感觉材料理论对视觉系统实体的看法区别开来。按状语化理论,SEM 可以被视作人们——可能是在其他系统的帮助下——对事物和事件等进行理解、想象、分类和"思考"的各种不同类型的方式。它们是心智事件,基于语言官能及其为 SEM 所提供的输入而彼此不同。所以,在具体的 I-语言(即参数设定和词库)已知的情况下,基于有关语言官能及其可能产出的 SEM 的理论,我们便可以对这些不同方式做出描述和解释。设想它们与其他系统以某种方式相互协作,语言官能和其他官能在接口生成的可谓"接口值"的特征便构成了人类的认识能力。

顺便言之，我们可以接受以下此点：心智构置经验、思想等的方式中至少有一部分是由有机体的心智系统提供的——有机体在数百万年前从某一共同祖先或是从多个祖先那里继承并获得这样的系统；而如果沃尔特·格林是对的，这样的系统也许甚至是从在视觉上都采用视紫质的某个有机体大类中继承而来的。不说语言系统，至少就感觉系统而言，人类与其他灵长类动物实际完全一致。同样可以承认的是，提供这些经验构置方式的系统被证明很有实际用途，但是在我们（根据对相关实体的科学理论）否认心智构置经验的方式和"外在"事物真实存在或如何存在的方式之间有着某种映射关系时，如果它们没有这样的起源，它们就不会显得如此有用。色彩视觉的科学研究有效提醒我们得出以下结论会造成多大的误导：因为常识性物体看似具备我们的心智指派给它们的属性（具体而言就是有一些物体呈现出色彩），因为这一理解框架被证明在实际使用中非常有用，常识理解的物体及其属性——而不是那些存储和指派属性的心智——因此都是"真实的"，并且必须成为色彩科学研究的对象，至少部分如此。这种看法对于人类用自然语言语句表达的概念或概念复合体而言错误应该更加明显。乔姆斯基在本书正文部分指出，要想查明常识性物体"是"什么，会是什么，忘掉朝外看的念头。相反，我们应该为那些我们可及的、为我们（在思想、推测和应对世界的过程中）所用的概念（这里是指构置或构成思想、想象和经验的方式）去构建一个科学的理论。要做到此点，我们就要转向大脑之内。如果我们想知道人是什么，去看看由心智系统所提供的"人"的内在概念，这一概念具有丰富且实用的特征，这些特征使得人们在说话或使用这一概念时可以将其灵活应用至很多情况。但不要只关注一个概念的具体运用,即它具体的构置方式。这一概念,或者至少是与之相似的对应物,很可能是整个人类所共有的,因为所涉系统在将其引入心智时使之得以固定。不过,不同的认知系统或者(从另一个角度来看)不同的人对它的使用绝非一成不变。转向大脑内部,我们同样可以避免认为人的概念就是一个人或一些人的某种重现,这样的想法至少对很多哲学家来说——不过并不包括洛克和休谟——似乎仍然不无诱惑。

心智再现世界的想法如此富有诱惑力,以至于福多等人不假思索便接受了它,并将它视作一条不可挑战的公理,这是为什么呢?答案暗含在上述讨论中:常识性物体(及其所有由心智指派的视觉-空间和色彩属性)被证明是有用的。但它们被证明只有实际的用途。在科学家那里,它们一无是处。

在继续讨论前,对乔姆斯基在说到语义接口即 SEM 另一端的系统时所采用的术语稍加评论。他将它们称为"概念-意向"系统,由具体的 SEM 为其"提供指令"。我认为这种表述方式可能存在误导,具体可参看附录六中的第二个脚注。在对具体的 SEM 进行讨论和评论时,我将它们理解成(词汇)概念复合体本身,即由词项提供的语义信息的有序集合。用这种方法可以回避乔姆斯基"概念-意向"这一说法中的歧义。乔姆斯基的说法含有这样的意思:每一个 SEM,无论它们是什么,都和"包含"在其他系统中的概念相关联,或者如保罗·皮埃特洛斯基所说,它们可用于指示其他系统构建概念。不过,这种说法会让人感觉需要接受福多式的思维语言以及概念的栖所等概念。我建议避开这样的暗示。我相信，乔姆斯基出于很充分的理由在正文的讨论中明确拒绝了福多的观点，而在他(1996，2000)的论述中以及其他地方也隐含地驳斥了这一观点。状语化解释为我们提供了避开这种暗示的路径，让我们可以如我所建议的那样将每一个 SEM 视为词汇概念复合体——概念在此被理解为通过语义特征(此处用作专门术语)获得表述的经验等的构置方式。要是再谨慎点，可以如前所述，将每一个 SEM 都视为语言官能对个人概念(构置)能力的贡献。前面提到，这种贡献是部分的：语言官能的语义信息提供一定的"视角"，由此来看待"基于其他认知系统而获得理解的世界的方方面面"(乔姆斯基 2000)。如此表述承认每一个 SEM 为认知提供的语义信息都只应该被看作是为心智塑造思想、想象和直接经验的方式所做出的部分贡献。一个官能独立运行的场合可能非常之少，至少在实际当中、而不是在实验当中是如此。然而，如同讨论中所强调的，语言的贡献很有理由是独特的，因此在原则上是可分离的——视觉与其他官能的贡献也是这样。如果真是如此，那么就有可能将语言对认知和理解的独特贡献与视觉、听觉等的贡献区分开来。

理性主义内在论者总是将心智而不是"外在"事物及其属性视为概念[一种笛卡尔曾称为"观念(ideas)"的东西]的恰当栖所。可是，他们一直因为英语以及其他一些语言中存在"(某某)概念(concept of…)"[或者"(某某)观念(idea of…)""关于(什么)的想法(thought about…)"等]这一说法而大伤脑筋，因为这样的说法会引起并激发外在主义直觉，使人觉得要说明某个概念是什么，就必须说明它是"关于"或"属于"什么的。概念——或者更宽泛地说，对各个心智系统贡献的状语化解释（比如对某一色彩的状语化解释）可以消除这一直觉，因为这一解释将概念视为理解与经历的一种方式，将心智理论中概念的地位视为某一系统界面的构置（用作理论术语）。破除外在主义直觉，我认为这一事实就是采用状语化解释的理由，同时也是将每一个 SEM 视为基于语言表达的概念以及不同的理解方式的理由。尤其需要注意的是，语言计算带给 SEM 的语义信息被其他系统"付诸使用"的方式不同于人们使用某种语言解决实际问题或完成类似事情的方式。这样的信息构成了我们的一部分——但对人而言（也仅对人而言）却是非常关键的一部分认知资源；如果再切换成被心智科学研究排除在外的施事说话模式，我们就可以说我们是利用这些资源来表达我们想要或需要表达的内容、做我们想做或需要做的事情。

我相信这个观点具有吸引力还另有原因。它将对语言意义的研究——即语言对人的各种理解方式所做的贡献的研究——恰当地直接置于句法研究之中，并且具体到语言官能的句法研究之中。实际上，关于其所说的语言"意义"，古德曼在几十年前就曾建议，不要说"什么什么的概念"（concept of X），应该说"什么什么概念"（X-concept），这样可以避免误导。具体到语言来说，对于 SEM 所呈现的，不要说"什么什么的 SEM"，而要说"什么什么 SEM"。这对正文中接下来的讨论会产生影响。

评　　注[①]

第 1 章

11 页，关于"功能"一词的用法

"功能"这个说法有好几个用法，包括其日常使用中的常识性用法以及它在数学和自然科学中的用法。它似乎还有一些专用于生物学某些研究类型中的用法。附录二对该词的一些不同用法做了概括说明。

14 页，关于创造性选择及其作用

语言的出现带给我们（仅仅是我们）"创造性选择"；这一章最后有关于此的这些议论反映了乔姆斯基思想的一个重要特点。这里我简要评论一下人类的语言使用是"自由的"并带给我们其他生物所没有的认知优势这一看法。

和动物的交际系统使用情况不同的是，人类语言的产出（或是

[①] 【译注】以下"评注"提到的页码均为原书页码（即本书边码）；绝大多数"评注"的原书页码在原书中标注有误，译文已改正。

在大脑中,或是被外化)并不明显需要有先行原因,可以表现为无穷多的形式,但对话语情景而言总体上能恰如其分。我们能够产出(通常是只在我们的大脑之中)任意数量的句子或句子片段,这并不需要有来自于外部情景或大脑内部的使因性解释,但我们照样可以使产出的话语合乎情理。正如笛卡尔的追随者科迪莫(Cordemoy)以及其他人所说,内部和外部情景可以诱使(incite)或促使(prompt)我们去说话或思想,但是它们并不致使(cause)我们如此。毫无疑问,在受到折磨或生命遭到威胁的时候,人们通常会被迫承认或说出一切。不过,他们也可以、有时也的确选择沉默,虽然他们可能会为此付出巨大代价。

无须先行原因("自发性")、产出无限灵活("无限性""创新性")以及连贯性和合理性("合适性")是乔姆斯基所说的"语言使用创造性"的三个方面。乔姆斯基在其早期研究中(这至少可以追溯至其1966年出版的《笛卡尔语言学》;甚至比这更早,在其1959年发表的、对斯金纳《言语行为》的评论中,这些思想根基就已成形),对日常语言使用不受内部和外部现时情景制约的非致使性,可能产出的实际无界性,以及虽然是非致使和无界的,但对任何可能的会话及思维情景而言都是合适的这一事实的蕴涵做了探讨。言语生产或言语行为似乎是一种自由但却合理、而非随意的行为方式。人们在法庭之上通常会对自己的话语施加约束,尽量对某一事件做出客观描述;虽然如此,一百个证人会使用远远不止一百句话来描述"同一件事情",最终会提供一百种供述。不管被要求描述什么,毫无疑问,他们都会如此。他们所有的句子都是在表达他们察看境况的方式;对同一事件表述的合适性似乎并未设置什么上限，即使所有的人在描述的客观性方面都是趋同的。

语言使用创造性对语言研究以及广义而言，对认知科学的影响——更好的说法是，应该有什么影响——在我为第三版的《笛卡尔语言学》所写的引言中有详细讨论。这里，单指出以下此点便已足够：人类非常可能是因为出现了语言才实现了贾雷德·戴蒙德所谓的人的认知范域上的"大跃进"，因为有了语言才有了"解决问题"的独特方式。

15 页，关于人类本质的独特之处（参见附录三）

附录三讨论人有何独特之处以及用以说明该问题的两大主要途径。一个是乔姆斯基所采用的理性主义-生物学路径，其将语言视作自然物的语言学理论为该路径提供支撑；另一个是为众多当代心理学家、哲学家以及社会科学家所采用的经验主义路径。

15 页，如何根据合并操作建立数学基础

这里有一个方法可以说明如何通过只对一个成分进行合并来获得自然数系统。从 0 开始。如果合并 0，则得 $\{0\}$（即 1）；再把 0 和 $\{0\}$ 合并，则得 $\{0, \{0\}\}$（即 2）；再把 0 和 $\{0, \{0\}\}$ 合并，则得 $\{0, \{0, \{0\}\}\}$（即 3）。以此类推。

17 页，关于外部合并和内部合并

语言中的外部合并就是由两个词项如"eat（吃）"和"apples（苹果）"构成的集合，即 $\{eat, apples\}$，通常记作：

$$\diagup \quad \diagdown$$
$$x \quad\quad y$$

内部合并发生于语言推导或运算中,也是语言推导或运算的一部分内容。比如"what（John）eat what"这个问句的生成。在这个例子中,按过去的说法,"what"本来位于一个既得结构之中,后经"移动"或者"异位"到达该结构的"边界(edge)"位置。这种情况现在叫"内部合并",即出现在右侧的、"较早"合并的"what"实际并未发生移动;在其后来再次发生外部合并之后,也没有被从其原有位置"擦拭"掉。它还在"原地",但在已构建的集合的"边界"处有了它的一个"复制"成分。按照最简方案,它因为某些原因(此处不再赘述)失去语音,而其复制成分需要发音。所以,我们听不见(在手势语中则看不见),虽然我们的"心智"可以。所以,内部合并,也就是早期最简方案中所说的移动,是乔姆斯基原来所说的"转换"的代名词。在其过去五十年早期和中期的研究中,转换所做的现在都由内部合并来完成,而且很多额外的、现在看来完全缺乏根据的机制都已被舍弃。乔姆斯基使用"最简主义"这一说法来标记继续推行其(2005)纲要(我们的多数讨论都与此有关)的新方法,一部分原因就在于使用该方法可以取得运算机制方面的经济性。如上所述,内部合并不仅可以让我们理解为什么前例中的派生结构是以"What did John eat"这一形式读出的,它同时还能解释为什么左侧的"what"可以被处理为量化词语,用来约束变量 x、使得变量 x(即残留的、不发声的"what")被解读为动词"eat"的直接宾语。所以,在听到"What did John eat?"时,我们在心智中可以"看见"或理解约翰在吃什么东西(x),即第一次合并的"what"。相关结构以及成分"移动"在语言学中通常记作:

```
      /\
   x /  \
   y/   \
    /\
    /  \
      x
```

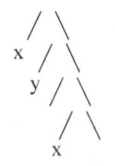

如上图所示,并无真正的移动发生。

语言学文献中对内部合并有大量的讨论。有人认为它是一种错误的合并、应当摒弃;有人认为它有碍于别的理论假设;还有人认为需要增添其他的合并形式,这其中包括乔姆斯基(2001)——他提出"对偶合并",以此来解释语言学家所谓的"附加"现象。对此,我不准备细述;但如果读者对技术细节有一定了解,那么有一些背景性的技术问题、通常也是深层次的问题值得探究。可以按"内部合并:语言学(internal merge:linguistics)"查询一下网络,就会大致了解对于不同的人而言,亟须解决的关键问题都有些什么。就目前讨论的目的而言,重点是要明白,内部合并以及转换对于乔姆斯基而言已经被看作语言计算"在概念上必有"机制的一部分。内部合并使得移动和转换看起来不再像以前那么神秘。如果各种形式的合并就是语言所需要的一切,那么假定我们被赋予一定的词项(即前文讨论中所说的"成分")——它们可能没有语音特征,但至少包含语义特征——我们便能很容易理解语言以及复杂思想如何可以通过一次基因突变而产生。假定一个生物工程师面临着这样的"设计问题",即他需要将由声音和意义特征构成的词项组合起来(如果我们认为初始的基因突变并不涉及与任何声音或符号系统,也即外化系统的关联,则这样的词项只包含意义特征),从而能潜在地生成无穷多的离散语句(或者至少是结构化的语义特征集),且每个句子都可以理解;那么,解决这一问题"最完美"的方案就是语言。这一想法产生的原因就和合并有关。

说生物工程师解决设计问题存在风险,因为它会让人想到神创论。但乔姆斯基的理论并不支持这些论调。本质上,他认为语言的核心计算系统呈现为不同形式的合并,而这是在大约五万年前、不超过十万年前的某个时候,在某一个体身上发生了一次可以遗传的基因变异造成的;这一变异对突变体及其后代有益,结果突变体后代很快(从演化时间来看)便取得支配地位。首先,合并为从事重要、复杂的思想活动提供了手段;其次,在与声音或符号相连之后,合并也为交流、计划、组织完成和语言无关的项目提供了手段。

19 页,伽利略科学和简单性

关于乔姆斯基在其语言学研究中是如何运用理想化策略的,诺伯特·霍恩斯坦在其为乔姆斯基(1980/2005)《规则和表征》第二版所写的新的引言中有很好的讨论。

20 页,关于简单化、理想化和解释

自然主义的科学研究通过对"隐含"成分做出假设来解释所观察到的现象。乔姆斯基有关简单化和理想化需求的观点对于这样的研究而言十分重要。这个议题讨论了好几次;我们在讨论乔姆斯基与其导师尼尔森·古德曼之间的关系时,也有这方面的内容。古德曼强调科学和简单性之间的密切关系,而乔姆斯基对理想化和简单化的大力推崇也是其研究方法的标志性特点。附录四讨论了乔姆斯基的自然科学观。

第 2 章

21 页，超出选择性进化的生物学

考夫曼、达西·汤普森和图灵（在其有关形态发生的研究中）都强调进化和发展有很多东西是达尔文（或新达尔文）学说中的自然选择所解释不了的。（事实上，达尔文自己也同样承认此点，尽管这通常不被记起。）他们每个人都以不同的方式、利用数学来研究生物系统。考夫曼对自组织系统、对在设法解释基因蛋白的表达时间如何影响生长过程中的细胞分化时所使用的统计模型等还有一些更加出奇的看法。

23 页，关于柏拉图问题及其解释

"I-语言"和"I-信仰""I-概念"等几个术语在附录一中都有解释。详细可参看乔姆斯基（1986）和乔姆斯基（2000）。

"柏拉图问题"是任何语言科学构建者都必须予以说明的问题，即一个儿童在最少输入的情况下如何能够获得一门或数门自然语言；其中，他和其他获得语言的孩子一样，都经历大致相同的发展阶段，并且无须借助于明显的训练或"负面证据"。语言学家需要提供一个有关语言生长的理论，并能解释相关的刺激贫乏现象。这个问题之所以叫"柏拉图问题"，是因为它有点像柏拉图/苏格拉底在柏拉图的对话《美诺篇》中所面临的那个问题：一个从未接受过训练的童奴只是受到了一点提示（并没有被告知确切答案)就设法想出了勾股定理的基本原则。当然,他并没有说出公式,因为他并不具备相应的数学工具。然而,凭其所有,他就能够在有限的提示下正确计算出不同直角三角形的斜边长度。儿童学习语言也是如此:他并未接受任何训练,而只是接触了一些有限的语料;但是在大约四岁之前,他毫不费力就能表现出成人般的语言能力。当然,儿童也无法道出其言说所依循的原则,因为这需要他掌握一定的语言科学知识。不过,说不出来自己对语言的所知绝不意味着我们就有理由相信语言是一种需要通过密集训练和不断熟悉才能掌握的技术。

柏拉图把童奴所具有的那种能力"解释"为一种有关回忆的神话。"心灵(soul)"在出生之前已经受教,而后因为某种相关的经验输入,受教的知识得以被回想。乔姆斯基的解释当然不同于此;他所持的是一种自然主义观点,根据人们对自动的渠限化发展如何进行这个问题的研究来做出解释。

25页,关于递归及其形式

马科斯·托马林(Marcus Tomalin 2007)正确指出有各种各样定义递归的形式手段,如 λ 演算、可计算性、一般递归、皮亚诺-戴德金(Peano-Dedekind)数学归纳法等;而准确说出究竟用哪一种来定义很重要,因为这些方式并不能用来定义所有的函数。按他的看法,定义递归更为可取的方式是归纳,因为它正好可以满足乔姆斯基研究主张的需要;它也最不受某一特定形式理论的限制,并且强调语言递归和数学之间的关联。所以,他推荐使用(数学)归纳的说法,而不是递归。虽然就递归定义这一问题而言,这个看法似乎不无道理，但情况并不只是对递归下定义。在讨论合并及其在人类基因中的显现的时候，主要涉及的是递归函数中一个极其简单的子集，这个子集在归纳以及所有其他对递归函数做出一般定义的方法中都会出现。这样，如果认为那些用来定义递归的更为复杂的方法（像托马林所提到的那些）是相关的，就需要有经验证据来表明的确如此。①

需要记住的是，如何定义语言研究（或许还有数学中的"固有"部分）中的递归这一问题是一个实证研究问题；不是怎么方便就怎么定义，也不是通过规定就能解决得了的。

26页，关于人的概念

有几个要点需要说明。一是我们的概念（如"河流""房子""人"等），正如洛克所说，和世界事物的本质似乎并无"相似"之处。它们似乎并非由人所构建，而是由人之心智所构建。作为一个经验主义者，洛克对这样的构建如何发生没有什么令人称道之处。和他同时代的一个理性主义者拉尔夫·卡德沃思为我们提供了一个更好的回答。他认为我们所具有的概念来自于一种"内在知察力"；这种知察力在一定输入的诱发之下将正好符合我们认知兴趣的概念组合起来。虽然他并没有对此提出什么具体的机制，但是他至少承认概念获得实际上是即时发生之事，无法按经验主义方式得到解释；所以概念获得需要一种内在的专门的"能力"。实际上，我们的心智生成概念，而概念反过来又可以形成我们体验和理

---

① 【原注】感谢乔姆斯基在对初稿所作的批注中为我澄清此点。

解的方式;概念并非因为体验和理解的方式而形成。

另一点是我们的概念和外部世界中的事态或者和内部状态之间似乎并不存在一一对应的关系。加里斯特尔将这些对应关系称为"运行同态(functioning homomorphisms)",也即以抽象的数学形式表达的部分"同一性";用于昆虫导航的环境地图就是例证。参看加里斯特尔(1990,2008)。

第三,概念(连同产出声音或符号的能力)在语言出现之前或许——很可能——就已形成;至少在语言被理解为下面所说的这种能力时,情况很可能就是这样:即选取声音和概念的连接物("词语"或词项),然后将它们进行组合或串联(concatenate),从而生成原则上可以是数量无限的形式;这些形式我们称之为"句子",乔姆斯基则称之为由声音和意义配对构成的指令集——"表达式"。

看过豪塞、乔姆斯基和费切2002年在《科学》杂志上合作发表的《语言官能》一文的读者可能会产生这样的印象,即乔姆斯基完全认同人的概念资源和其他有机体、特别是灵长目动物十分接近这一观点。需要提醒的是,其实这两者之间存在差异。这在这篇论文早先的版本中有所讨论;可惜有很多内容被编辑删除了,其中包括对概念的讨论,还有差不多所有和语言学相关的内容。乔姆斯基在为本书初稿所写的评论中有这样的说明:"论文中关于概念仅剩下面此句:即使是最简单的词,一般而言,也不存在直接的词-物对应关系,如果把'物'看作独立于心智的话。"

人和其他灵长目动物的概念资源之间既可能存在某些重合(如他们的论文所呈现的那样),又存在巨大差别。对此,一种可能的解释是,根据现有的了解,两者在大约一周岁之前几无分别,但在此之后差别开始显现。伊丽莎白·斯派尔克（2003，2004，2007）和她的同事们提出的一些主张就有这个意思。如果这一看法正确，我们就必须要问人类的概念资源究竟如何表现出差异——这其中存在什么机制，又是什么触发或激活了这些机制。我想，没有人对此有什么好的看法，不过，有一种可能就是，在大约一周岁或更早一些的时候，某种为人所特有的概念获得机制开始变得可用。或许这个系统将某种形式的合并操作并入其中，而我们有独立的理由相信，这种合并正是人的独特之处。或许是合并将我们和其他动物所共有的，更加初始的概念成分组装了起来。再或者，有可能在语言出现之前，某种用于"制造"人类特有概念的机制已经形成；这正合卡德沃思等人的看法。不过，这都是推测。

但撇开某个具体的假设不说，我们采用机制的说法，而不是如文化适应之类的说法来解释人和动物的概念差异，是因为我们有充分的理由相信，人相对于动物而言所特有的概念资源在全人类范围内是共有的，完全无关文化及环境，而且词的习得（即词项中所含的音和义的配对；这样的配对能够满足计算系统运行之需）是自动所得、毫不费力。这就要求概念资源和"声音"资源在相互连接之前、甚至是在言语产出之前就可以付诸使用；除非如此，否则不能解释人在学话之前为何能解他人之意。事实上，与语言（其声音产出以及意义理解）相关的声音和意义（概念）资源必须是内在的；词汇获得所需的一切就是把随时可以激活的概念和声音对应起来。附录五中对这些问题有详细讨论。

28页,关于指称;将研究(含语义)限制在句法之内

乔姆斯基把对语言形式所表达的意义和声音的研究看作一种句法,其基本思想在于句法是对"符号""固有"属性及其组合原则的研究。如果和他一样,我们也将词和句理解为心理状态或心理事件,而不是出自人们之口的东西(绝不是声音,而是频率和振幅都经过调制的"讯号")或者是留在纸上或其他介质上的标记(如书写标记就显然无关),那么对语言句法的研究就变为对语言心理主义理论研究对象内在属性的研究了。于是,句法就变成一种对心智中的语言心理状态或事件的研究——其属性如何,如何通过"计算"得出,在接口处有何作用等。乔姆斯基对语言的研究不仅是句法的,也是内在的。承认这一点,还需要记住(这很有用),到目前为止,语言学对语言的研究主要还是更狭义的句法,乔姆斯基自己的多数研究也主要集中在这方面;这种形式的句法是对基本的(或核心的)计算(词汇+组合)机制的研究。为了和其他形式的句法研究区分开来,这种句法通常被称作"狭义句法",包括形态、音位和语言意义的研究;这些被认为是核心语言计算系统所包含的内容,也是该系统在与其他心理系统的"接口处"产出的内容。核心句法对应于豪塞、乔姆斯基和费切(2002)所说的 FLN(狭义的语言官能)。FLB(广义的语言官能)包括 FLN 以及各种"行为"系统,后者由处于核心系统接口另一端的感觉系统、发声系统以及"概念-意向"系统组成。

语言的句法究竟涵盖多广?要回答这个问题,有一个办法就是指出——考虑到语言的自然主义研究或科学研究在相关领域内

取得的成功,指出此点不无根据——在研究某一问题时,我们会到达一个界点;这时,虽然心智仍是关注的对象,但语言官能这个心理系统(不论狭义还是广义)内部究竟在发生什么却无法再加以关注。福多的意义研究就超出了这个界点;他对语言意义的研究有相当一部分被放置在他所谓的"思维语(LOT)"框架之内。他所说的概念更加偏离正题,也脱离了心智,因此,也就不在句法所涵盖的范围之内,无论我们把句法限定得多么宽广,这一点可参看附录六。福多迈出的步子,乔姆斯基甚至一步也没有尝试去走,这有很充分的理由:把对语言所表达意义的研究或语义学抛给头脑中的其他系统去做(内在主义理论将意义和"外部"事物之间的关系排除在外还有其他原因)既是把事情复杂化,也完全没有必要。因为这样的话,需要在理论中对另一个系统以及它和语言系统之间的确切关系(也许是两个系统中成分间的对应关系)做出详细说明。这是乔姆斯基在接下来的讨论中所要表达的一个意思。乔姆斯基对语言意义更为严格简约的描述是他对核心语言官能的状态、构成、操作以及生长所做的说明的一部分。恰好,这样的一种研究是可以进行的,参看附录五和附录六。至于对心智其余部分以及心智各部分间关系的研究,只要我们将"外部"事物(不管是抽象如弗雷格所说的意义及数字那样的事物还是"具体"的事物)以及心智与之所形成的关系——要是有的话——排除在外,便可以将其归结至更广义的句法中去。

29页,关于乔姆斯基的意义观和理解观

音位学/语音学和(内在主义)语义学之间的类同性在乔姆斯

基(2000：175—183)中有详细说明。在此处以及别处，乔姆斯基提到语言官能通过其输送至语义接口(SEM)的"意义"或语义信息以及其他一些综合资源为我们提供解读或构拟人类心智理解模式的方式；同时，如果有对世界做出感知和思考的需要，语言官能也会通过上述方式让我们理解和构置关于世界的经验和思想。具体而言，他(2000：125)说："关于逻辑式(LF)接口(即 SEM)，我们可以做出的最弱的合理假设是，输送至该接口的语义属性都是对世界特定侧面的关注；这些特定的侧面是按世界在其他认知系统中的呈现选择所得的结果。换言之，语义属性为我们提供各式各样细致复杂的专门视角，我们由此看到世界的不同侧面；这里的关键是，即使是在最简单的情况下，视角的选择也和人的兴趣及关注点相关。"乔姆斯基所说的"其他认知系统"大概是指视觉、面部识别、味觉、听觉等感觉系统以及更一般意义上的想象力和其他辅助系统。关于语义接口所提供的语义"信息"，我们还不清楚其确切的地位和作用。他举了个例子，可以说明一点问题。在这个例子中，"HOUSE(房子)"这个语言表述的概念(可以将此概念看作一个句子在语义接口所提供的复杂语义信息的一个成分)起着一定作用。他接着说："在'I painted my house brown(我把房子漆成棕色)'这个例子中，语义特征是按照房子设计和用途方面预计的具体属性，一种特定的外观以及实际更多的复杂情况来施加分析的。"他此话的意思是，我们可以根据人可能做出的假设、根据人可能会接受的语篇及故事的连贯性、根据这个例句本身所负载的概念资源来理解此句。比如，我们会假定棕色的油漆是涂在房子的外部；如果这个句子是出现在一个稍长一点的、和我们如何到达房子有关的故事中,那么,棕色的油漆要是涂在里墙之上,我们理所当然就会觉得理解上有些混乱,因为我们预期房子的外观是棕色的。而且,除了房产经纪人所说的"Do you want to see this house?(你想看这个房子吗?)"(其中"see"取"察看、检查"义),我们身处房子里面的时候其实是看不见房子的;"房子"——有时被称作"容器词"——在这样的句子复合体中主要是聚焦于房子的外观,而不是内里。还有个例子可见于洛克对"人"这一概念的讨论。洛克对概念"人"的讨论在(正文)接下来的讨论中也被提到:实际上,"人"这一概念把一种复合的、与法律以及道义相关的人的身份观念指派给它所指称的人;概念"人"具有心理连续性,并保证将行为实施和兑现诺言的责任指派给人,如此等等。在这个意义上,洛克说,"人"的概念就是一个"法律人"的概念,它用于将人理解为义务(承诺和合约)以及义务履行的责任主体。

自然语言在 SEM 处所表达的概念为我们所要指称的事物提供了用于确认其"身份"的条件。语言和其他认知系统之间也通过复杂的相互作用形成对事物的认定条件。所有这些条件不可能在独立于语境的情况下获得定义和描述,这跟我们,或者不如说科学家们在数学和自然科学中对事物和事件形成概念的情况不同。科学家们极力主张的是科学的概念。乔姆斯基稍后(正文 125—126 页)对传统中所说的忒修斯之船思维实验所做的简要讨论表明了此点。忒修斯在一段时间内将其船上的木板和横梁一一换掉,重建了自己的木船;他将废弃的木板和横梁扔进了垃圾堆。他的邻居见此情景,将这些废弃的木板和横梁收集起来,并利用它们按照原船的模样另建了一只船。这时,我们并不会把这只用废弃材料建造的船看作是忒修斯的船，即使其构造和他开始使用的那只完全相同。这是因为这一描述中，船或其他人造物都有特定的个人、要不然就是像公司这样相当于个人的物主身份包含在其中。如果换一种描述，所说的故事不同，情况是否一样，我们并不确定；或者我们又会产生不同的直觉。

哲学家在近些年做过不同的思维实验。实验中，人——或者其身体，或者其精神——在分裂或合并之后被置于不同的情景中，以此探讨如何通过直觉来判定时间点 t 上的人 P 和另一时间点上的人 P' 是相同或相异。对此，没有定论。直觉可此可彼；在一个故事中，某人在某一个时间可能会被说服，给出一个十分肯定的回答，但在另一个不同的故事中，他又会相信分明是另一种情况。这并不奇怪；常识性概念十分丰富且能灵活运用，不过，它们也有其自身的局限性。自然语言所表达的常识性概念内容丰富而复杂，这使得它们既可以满足人不同的兴趣需求，同时也能为各种不同情境下的实际问题提供合理的解决方案。不过，它们并不能解决一切问题：没有理由相信常识性概念可以回答每一个提出的问题。这方面最明显的证据莫过于将常识性概念运用于科学之中所导致的失败。当然，常识性概念通过其他方式也显示了自身的适用范围，比如前面提到的那些思维实验。在这当中，它们谈不上有什么缺陷。在人们使用语言的时候，常识性概念因为其内容的复杂多样，于其应用之中表现出极大程度的灵活性；这种灵活性虽然在科学和数学领域绝非优势，但在实际生活中优势则十分明显。常识性概念只解答某些类型的问题，但不是所有问题，这大概是因为它们是一些"专门性"习得机制所生成的内在产品；这些习得机制只能生产这样的产品。但这其实也是一个优势,因为如果常识性概念是内在的概念,它们对于儿童来说甚至也是随时可用的;这样,儿童就能迅速地理解人及其行为,理解人的东西以及人被期待所能完成的事情。

常识性概念的复杂多样性虽然可以得到阐释——乔姆斯基在其著述中也举了不少例子——但这并未谈及输送至SEM的概念或意义资源究竟如何"运作"这一问题。对此,要做出令人信服的自然主义的回答需要一个科学的理论,但这样的科学并不存在,而且,因为各种我们在别处探讨过的原因,可能永远也不会存在。不过,考虑到外在论者所说的直觉可能会歪曲、误导我们对世界的感知和思考,关于常识性概念如何"发挥作用"这个问题,不妨建立一个可以取而代之的内在主义图景。乔姆斯基在讨论(内部)语句生成"视角"(这样的视角是一种概念"工具",据此可以理解在其他心智系统中所呈现的世界)的时候,提出过一些想法。我在附录七中也有一些补充。

30页,关于"语义接口"所提供的内容

也就是说,语言系统在其"设计"(这个说法如下文第8章中所讨论的那样需小心对待)所允许的范围内为语言在思想或理解中的使用提供所需。这里消除一个可能会产生的误解:语言(语言系统)可以做出断言和宣告吗?不能。按我们在常识领域的说法,语言只是为此提供机会;它为个体提供表达断言的手段。在我看来,我们就应该按照这样的方式来理解辛曾(Hinzen 2007)对句法的、内在主义的真理研究方法所持有的观点。

第3章

32页,乔姆斯基关于表征、计算理论和真理意示

乔姆斯基把其语言句法的推导(derivational)理论称作"计算理论",并通过它对语言意义做出一种组成性说明;这一说明不仅是内在主义的,也对语言官能内部的操作做了重点讨论。但是很明显,与雷和福多(Rey & Fodor)不同,他所采用的计算理论并非再现主义(re-presentationalist)的那种。这一点和他在构建语言表述的意义理论时尽力避开指称(以及真理)的做法是相关的。

明确此点后,关于语义接口,也即语言在"概念-意向"接口的贡献,他又说它们可以被看作是为"真理"提供的"意示"。与此相关的下面这段引文出自乔姆斯基(1996);他在指出被他称作是"指称论观点"的语义理论(比如像"水"这样的词语通过某种"自然"关系指称"外界"的某种物质)必须摒弃之后,紧接着就说了这段话。语言意义的指称论必须摒弃,是因为"语言实际并非如此运作"。语言并不如此运作,我们现在明白,是因为对事物进行指称的是人;语言并不"直接指称"。事实上,即使有人确实使用某个词语去指称,并且这对一部分听者来说也真能行得通,如此建立的指称关系对经验的和自然主义的语言科学而言也无甚意义。乔姆斯基对真理以及真值条件的说法似乎印证了此点:

"我们不能认为陈述(更不用说语句)具有真值条件。某种意义上,它们至多可以具有某种更为复杂的东西,此即'真理意示'。

这不同于维特根斯坦哲学意义上的'开放性语质（open texture）'或'家族相似性（family resemblance）'。这个结论也并不支持语义'整体论（holistic）'，即蒯因认为语义属性归于整个语词组，而不是单个语词的看法。这些我们所熟悉的，有关意义本质的描述每一个似乎都是部分正确，但只是部分地正确。有充分的证据表明，语词具有声音、形式和意义方面的固有特征；语词也具有开放语质，使得其意义能够按一定的方式获得拓展或精确化；语词同样也具有整体属性，使得彼此之间可以互相顺应调整。但语词的固有属性足可建立起语言表达式之间某些形式上的关系，这些形式关系在和语言官能相连的行为系统那里被解读为韵律关系、蕴涵关系以及其他一些关系等。从经验上讲，表达式之间有些内在的语义关系似乎已完全得到确认，这其中包括表达式间的分析性语义关联；对自然语言的语义研究而言，这个子类的语义关系并没有什么特殊的重要性；不过，对于现代哲学所关注的问题而言，在现代哲学这一不同语境中，可能会有一些特定原因让人感觉它们有趣。只是可能而已，因为并不清楚人类语言和这些真的十分相关，或者它们所代表的只是过去传统的研究兴趣。"(1996:52)

概言之，乔姆斯基对当代语言哲学提出了批评，认为其主流特征和语言科学，尤其是自然语言意义的科学鲜有或毫无关联。他同时强调语言意义（即可以通过语言的科学来加以研究的意义）是表达式本身的固有意义，足以凭此构建某些"形式关系"（就是前面以及下面有关"关系性"表达的讨论中提及的那些关系）；而对这些形式关系的研究便是句法的"影子"。至于开放性语质，下面是他的解释（2009年1月，个人交流）："在说表达式如'河流'有开放性语质的时候,我的意思只是它们固有的语言属性本身并不能决定所有的,适用于指称的情景。指称这样如此复杂的人类行为能够,而且也的确是将人类生活各种各样的其他的特征都考虑在其中。比如,某种东西我会将它称作河流还是溪流就需要考虑复杂的历史及文化的因素。如果约旦河的位置碰巧真的被移至得克萨斯州的中部,人们就会把它叫作溪流(而且通常是一条干涸的溪流,因为里面的水多数经改道都流入了以色列的水渠)。"这并不是否定在语义模型论中为"指称"做出专门性定义的可能性。这方面参看乔姆斯基(1986,2000);尤其是对"关系 R"的讨论,可参看乔姆斯基(2000)。但这种意义上的指称是规定性的。类似的看法也适用于模型论所说的真理。

第 4 章

35 页,关于人的概念(先天的和后造的)以及与之相关的理论

两点说明。首先,我在上一个评论中指出,对真值条件和真理意示所做的区分是一个很重要的区分,它实际反映了这样的思想,即语言官能在 SEM 接口提供给"概念-意向"系统的概念本质或语义信息本质对这些语言表述的概念能够——而不是应该——如何为人(乃至为"其他系统")所用并没有决定性作用,因为语言和这些概念本质之间的关系可能并不确定。不过,语言表述的概念的确会以其特有的方式向接口另一边的其他系统发出"指令",如此,再进一步,它们也为自身如何为人所用做出"指示"。这方面我们注意到对英语使用者而言,"房子(HOUSE)"和"家(HOME)"这两个概念不同。我们在使用这些概念时所表现出的差异一定程度上反映了这些概念自身特定的本质,因此也反映了它们所提供的特定的"指令"类型。尽管如此,仍不能说概念的本质决定了概念的使用。当然,我们也不应该对这样的想法感兴趣,即概念的本质是由其正在使用的方式来确定的,这和一种普遍的、认为(语言表述)概念都具有一定"概念功能"的观点正好相左;塞勒斯以及其他人在其研究中都明确提出这个观点,更多的人则是暗含了这个观点。其实不然。如果假定能够得到发展的概念构成一个大致固定的集合,并且它们可能得到发展的方式在一定程度上也是固定的,那么,可以认为这些概念是通过在个体中的发展或生长形成了其自身的本质。能够发展的概念范围大致确定,概念的数量可能就是有限的;但是究竟会有多少概念能够发展出来,这很难说得准,因为回答这个问题,我们需要知道概念究竟是如何发展的。

自然语言表达的概念并不是科学中的概念。对于科学概念,至少在一定程度上可以说它们是人的发明,是人的创造物,是人工制品。毫无疑问,就构建理论假设而言,存在一些内在的限制,这些限制可以归因于我们科学塑造能力的本质(对此,我们其实一无所知)。另外,还存在一些由"世界"所设定的限制;科学毕竟就是一种旨在对世界事物做出客观描述的经验性的研究形式。但这并不能改变科学概念是"制造"所得的事实。

其次,从对概念原子性的讨论并不能推导出福多(参看1998)

所说的概念"门把（DOORKNOB）"是一个原子概念；甚至"门（DOOR）"和"把手（KNOB）"（还有"房子"和"家"等）也都并非原子概念。所有福多认为是原子概念的那些概念（或者更为小心的说法就是福多式概念中所含的"呈现方式"侧面）都可以是由更加初始的"意义"元素组成的；这种情况下，意义成分的组合是通过某种或某些内部系统的自动操作完成的。照这样看，成分（相对而言是原子的）和产品两者都仍然可以视作先天的东西；而且如果系统是人所特有的，我们或许就可以解释人的概念的独特性。所以，实际情况可能就是，在我们建构科学的时候，我们的心智已为我们"设置"妥当，力求获得最为初始的成分，而正是这些成分被视为原子成分——至少在找到更为初始的成分集之前，它们是原子的。这种倾向性或许可以归因于科学塑造能力，这种能力是动物王国所特有的；但我们除了通过其效用以及它在方法论方面的需求对它产生了一定的认识，其余则是所知甚少。

第 5 章

37 页，施动性，语言官能及其所提供的内容

乔姆斯基在这个讨论中并没有声称大脑中存在一个"脑中侏儒"，他也从未有过类似声称。不过，毫无疑问，这就是我们人思考和谈论心智如何运作的方式。很明显，我们需要某种方式去理解一个似乎就是事实的情况，即当人们做出行为的时候，他们会试图从不同的系统调集大量信息，再以协同的方式推出在我们看来是由一个统一的人所完成的行为。

乔姆斯基对确定语调类型这一行为的"整体性"本质的议论不释自明。关于约束理论和其中的 C 原则,《语言及知识问题》(1988)中有非正式的讨论,《语言知识》(1986)中也有一些更为正式但仍然很好理解的讨论;不太熟悉这方面的人可以看看这两本书。网络上也可以查到相关非正式或专业的定义和讨论。读者不要将约束理论的 C 原则和所谓的"成分统制(c-command)"弄混淆。关于后者(一个关于运算系统结构的重要概念),参看附录七。

提醒一下:通常对约束和变量发表看法的是语言学家、哲学家以及其他一些人,他们在其著述中或者在语义学、语言哲学以及逻辑课上津津乐道的是代词和名词的指称,以及变量受事物约束等。但需要记住的是,乔姆斯基认为约束在本质上是句法的,虽然(如前面在讨论和理解有关的整体性事实时所示)这里所说的可能是广义的句法;语言理论家应当以此为研究假设。约束可通过头脑内部机制来做解释,其中包括 C 原则。严格来讲,正如乔姆斯基所示,这是不是单纯的语言问题还不清楚。不过,本质上,它仍然是句法的(是"符号"或一般意义上的心智表征内在的本质属性),无须借助于头脑外的任何东西来实现。重视此点,我们就不应该说代词和名词指称事物,而应该说它们占据句中的"指称位置"。放到一个更大的语境中,我们应该认为是人在指称事物,是人在使用语言为其提供的方式——包括处于指称位置的名词和代词——来指称事物。

第 6 章

39 页, 关于参数和渠限化

我在附录八中讨论了语言中的变异以及参数在语言变异中的作用;参数在正文中也出现了好几次。原则是语言官能的"自然规律",是全人类的普遍原则。渠限化——即虽然基因、环境和"输入"方面存在差异,但发展进化产生了一个强健、独特的表现型(phenotype)这一事实——在附录八中也有简短的讨论,正文后来又重新提到。

参数和渠限化如果相关,可能会如何相关？出于简要,我们仍以中心语宏观参数为例。假定儿童语言官能的初始状态,即普遍语法 UG(如基因组所指定的那样)不管什么原因同时允准这两种选择;这样假定不无道理。再假定选择是自动行为、是因某种"触发"(当然,这其中也可能会涉及类似实验的情况)而致的结果,如前所述。最后假定通过参数获得表述的不同选择或者是"写进"了 UG(即写进基因组中),或者是写进了由自然所决定的其他类型的发展性限制之中,包括物理的、化学的、计算的以及信息的限制条件。若此,由基因所决定的初始状态就仍然会允准几种不同的发展路线和最终状态。从这个意义上说,发展只限于几种有限的路径。因此,只要参数选择是被写进了基因组中,或者是写进了其他由自然施加的限制中,它们就能在渠限化中产生作用。这就是我所提问题背后的推理。

安德雷·阿琉（André Ariew 1999）曾经提出应该将先天论主张解读为对渠限化的主张。也参见柯林斯（Collins 2005），他对卡维（Cowie 1999）、普林兹（Prinz 2002）以及萨缪尔斯（Samuels 2002）等人的反先天论企图做出了十分有益的反驳。这些认同渠限化的基本主张是我们试图说明语言如何发展这一问题很有用的工具；不过，我们要知道，渠限化实际不仅仅是一种生物现象；这里的"生物"，我们取"受基因控制"之义。几乎可以肯定的是，发展或生长也存在非生物限制，这一点，乔姆斯基用他所谓的生长和发展的第三因素限制表述得非常清楚。

40 页，参数性差异和理解

不同的参数设定会导致不同人群所说的语言不同，而且如果我们在语言发展过程中以一种方式对参数做了设定，那么，以其他完全不同的方式设定参数的语言对成年人而言可能就变得望尘莫及。这个事实在一部叫作《风语者》（*Windtalkers*）的电影中被加以利用。该电影讲到了说纳瓦霍语（Navajo）的人在"二战"中跟日本军战斗时所起的作用。虽然日本人能毫不费力地对美国部队在战场上使用的无线电通信加以监控，但日军战场的无线电接线员和译员无法听懂，也无法翻译纳瓦霍本族语使用者使用纳瓦霍语发出的讯息；而美军是雇用纳瓦霍人来将这些讯息翻译成英语的。纳瓦霍语的参数设定和日语（或者对英语而言也是如此）中用到的参数设定相差太远，不过，对于一个从小就生活在既说英语，也说纳瓦霍语的环境中的纳瓦霍儿童来说，这并不成问题。

41页,关于普遍语法

普遍语法,简称UG。如果纯粹从生物的角度来看,将其等同于基因组所指定的内容,那么它可能只是很小的一部分,且异常简单(这不同于UG早期的"范式"模型)——或许就只有合并。那么参数呢?或许有些、甚至全部的参数都源于非基因的、物理的和信息的限制因素,这些限制因素对心智生长过程中的发展方式加以控制和引导。因为并不清楚什么由基因所定、什么和其他的"第三"因素有关,因此并不完全清楚UG的内容。不过,这些其他的非基因因素也可以认为是包含在语言先天论的假设之中。正如克里斯托弗·舍尼尔克(2005)指出,我们必须考虑存在非基因先天性概念的可能。

对语言所有能够合理归至先天性范畴的侧面,不管是通过基因确定、还是通过其他手段确定的,即除了乔姆斯基所说的"第二因素"(成长中经验或"输入"的作用)以外的所有那些因素,我们需要有一个总体的名称,这个名称可以定为"UG+"什么的;这只是一个用来概括一系列现象和机制的标签。虽然这些现象和机制当中,有一些我们所知很少,不过,这个标签的确能为我们提供一个总称,用以概括内在的语言声音及概念,另外还有一些合并以外的观念。

44页,关于"意义"计算和"声音"间的差异

关于乔姆斯基自然主义研究项目中的语法,最近有好几种观点。其典型特点是,它们都将从词项的选择到语义接口复杂"概

念"的产出这一计算过程的本质理解成是一致的;用现在的术语来说,就是自始至终都是合并。但促成语音或符号接口产出的计算却并非如此。对这样的差异,在我们所设计的语法形状或运算系统中,有不同的解读或表述。根据其中的一种解读——这也可能是最为简单的理解,是我在其他地方的说明中所隐含的理解——某种意义上,词项"包含"一些相关特征,即向产出(或感知)声音或符号的其他系统发出指令的语音(或符号)特征。词项同时也"包含"构成语义接口的语义特征。但是和声音(或符号)产出相关的词汇特征(即音位特征)在一定时候会被剥离,汇入另一个计算渠道,最终产出声音(或符号)。它们的分离点被乔姆斯基称作"拼读(Spell out)"。拼读(或者是多次拼读,如果真有这种情况的话)之后,在"语义"计算中实施的那些算法(合并)不再用于音位特征。在乔姆斯基近期(2001,2008)的最简方案语法版本中,每个语句或表达式的构建过程可能包含好几个阶段("语段");每个语段一结束,语义和音位信息就分别被转移至相关接口。

在拼读后,声音或符号的计算不同于通往语义接口的计算。一般认为,拼读后语义流中的计算仍保持原样,继续使用那两种(或许三种、或许……)合并形式。正因为如此,我们似乎可以合理地认为——也如乔姆斯基在前面的讨论中所指出的那样——声音或符号的产出并非语言计算系统的基本特征。合并以及基于合并而产生的思想组合性才是。

乔姆斯基认为在形成 SEM 的计算和形成 PHON 的计算之间存在重要差别。关于他这方面的理由,贝尔维克和乔姆斯基(Berwick & Chomsky 2011)近期做了总结。另外,这个文献中还有对交际和发音在语言进化中只起次要作用的反思。

45页，关于渠限化：可能是第三因素

乔姆斯基似乎将渠限化归结为第三因素。但沃丁顿在解释渠限化的时候真意究竟是什么，我们还不是十分清楚，虽然他的一个很重要的思想是要考虑表观遗传"网络"所形成的"缓冲或保护作用"——从直觉上来说，就是等位基因和环境之间的相互作用。这方面一个最明显的例子就是可以将干细胞转变为一种特定类型的细胞；按大众媒体的说法，干细胞可以被"转变为任何东西"。干细胞的DNA保持未变，但环境可以让它们变得"专业化"。表观遗传因素体现了"第三因素"的作用么？按道理，答案是肯定的：它们所涉及的不只是DNA编码。

这些现象本身在总体上是显而易见的。"渠限化"概括了一个很突出的事实，就是尽管基因组内会发生基因变异、基因突变，也存在大量的环境变化以及许多具体的"输入"上的差异，但发展的结果是一个稳定却又明显不同的表型或显型。人们一致认为，渠限化依靠固定的发展路径；沃丁顿发明了"克里奥德（chreodes）"这个词来指代这样的发展路径。发展生物学家目前还没有采用他的这个术语以及他的另一个相关术语"稳定流动（homeorhesis）"来指代这些获得生物遗传表述、构成生物发展路径的过程。沃丁顿早期（1940，1942）对果蝇翅膀和一种"热应激"基因的渠限化做过研究，从那以后，又有了不少相关的研究。这个领域现在获得了广泛关注，研究还在继续。关于这方面最近期的发展和讨论，可参见萨拉热-休达（Salazar-Ciudad 2007）的综述。

当代被称为"进化发展生物学"的研究项目清楚表明发展和生长除了和包含在所谓的"主宰"基因里的基因指令有关,还有其他原因。主宰基因规定一个生物体会有视力什么的,或者蝴蝶的翅膀上会出现某种花纹等。基因组中的非主宰部分,加上各种各样的环境因素、物理限制等对发育时机,还有布局、对称性、构成成分的模块性以及其他一些"形式"(及表型)因素都起着至关重要的作用。关于进化发展生物学,西恩·B.卡罗(Sean B. Carroll 2005)有非常有趣和富有启发性的非正式说明。穆勒(Müller 2007)对进化发展生物学的现状及其对理解进化的作用有非常有用的综述。关于进化发展生物学和沃丁顿自早期20世纪40年代至60年代这段时间有关发展和渠限化思想之间的关系,吉尔伯特(Gilbert 2000)做了有用的概括和讨论。福多和皮尔特利-帕尔玛里尼(2010)对进化发展生物学给有机体和心智研究带来什么影响做了非常有趣的概览。乔姆斯基在其2010年发表的论文(标题是"几个简单的进化发展生物学论点:它们对语言而言有多大的真实性?")中,讨论了完美性的概念以及它和一些进化发展生物学论点之间的关系。也参看乔姆斯基(2007c)。

第 7 章

46 页,关于"主宰"或"控制"基因

眼睛(或某种依赖视紫红质的视觉探测系统)要独立通过进化形成如此多的分化枝,该是多么的不可能!格林是最早强调此点的人之一。他声称,眼睛不是在与其他因素毫无关联的情况下单独演化的;它有过演化,但它在不同的物种中呈现为不同的"型式(shapes)"是因为在其演化过程中还涉及有机体的其他特征。另外,视觉和这些其他因素自身的发展方式也产生作用。格灵还对"主宰"或"控制"基因PAX-6的作用做了研究。不少物种都有大致相同的这个或那个器官(或性状),这些器官(或性状)的发展都和出现在这些物种中的某种(被"保存"下来的)基因编码有关。格灵的研究使人们意识到寻找这样的基因编码的重要性。

第8章

52页,关于隐性的或无意识的思想以及自由意志

乔姆斯基认为我们有自由意志,但这里的评论可能会让有些读者对人是否有自由意志心生疑窦。因为如果决定是无意识的,那么人是怎么能够做出决定的?即使对决定做出者而言,无意识决定似乎都是其做出的自由——有时也是不无困难——的选择,但它们似乎并不在人的掌控之中。而且请注意,即使有机体的决定是无意识的,也没有理由认为它们都是既定的和确定的。要找到它们是既定或确定的理由,我们就必须有一套不错的、关于有机体决策的自然主义理论,但获得这样的理论简直没有可能。正如我们在别处所指出的那样,心智的各个系统在运作时相对独立,且各有多重输入及输出。这样,构建一个有机体行动或行为的确定性理论模型就需要解决一个多系统(n-system)问题,而这是一个非常艰巨复杂的任务。相对而言,在解决多体(n-body)问题时我们所讨论的系统只是一些极其简单的情况;处理这些情况要容易得多。而解决多系统问题需要我们将所有相关的心理系统找出来,同时要清楚各自特定的作用。即使可以做到此点,也还是存在许许多多的可变因素。

  关于行动、计划、思考和决策,我们有常识性看法;这些一般的看法不同于自然主义的心智科学所提供的描写和解释。两者相脱节会继续让读者在接下来的讨论中感到不安。如果我们是生物体——我们似乎就是这样,那么我们所具有的认知资源种类有限。我们知道我们有常识,也有科学。是否还有其他认知资源,我并不知晓;至少我并没有意识到还有其他资源出现过。而如果只限于这两种资源,我们很可能就解决不了两者间的脱节问题。我们用以描述整个有机体行动的概念是由常识所提供的;常识是一个"设计"所得的概念体系,实际用以描述主体(行动者)及其施动性。而用在科学中的那些概念是科学家在建立系统理论时所创造的;它们通常被认为具有确定性。有些哲学家似乎认为常识和科学之间的分歧可以克服,如持有"心智计算理论"的福多。常识和科学看起来是理解世界的两种极为不同的方式,由此所带来的问题是否真的在福多那里得到了解决,也未可知。常识以人的施动性为核心,用以解决无数以人类为中心的问题;而可以为我们所用的那种自然科学似乎根本无法解决这些问题。福多(1998;第7章 2008)开启了对这个问题的讨论,但是,他继续追随普特南和其他一些人,声称概念"水"的属性完全等同于它在科学中的定义,即属性H_2O。

57 页，再说说外在主义主张中存在的问题

没有人会认为乔姆斯基所期待的,能够回答这个问题的理论是一个基于某种普遍化学习程序的学习理论。相反,这个理论将会是一个有关某种"专门性"机制的理论。按照这一机制的操作,可以解释儿童的心智如何从其他儿童(多数情况下都是如此)所产出的话语中识别出相关结构模式,并且成功将这些结构模式应用于其自身的话语产出之中。愿意的话,也可以将这种情况说成是模仿,但需要记住,这只是在为我们所要做的事情贴标签;这个事情叫什么不重要,重要的是我们要发展出一个相关系统的理论,把限制语言发展的各种因素,诸如生物的、物理的、计算的,等等,都考虑进去。进行生物语言学研究以先天论为基础;当下有人试图证明这一基础有问题,相关的近期讨论可参见贝尔维克和乔姆斯基(2011)。

第 9 章

61 页，关于现有性这一计算原则

现有性原则是指对一组作为语言计算"输入"的词项(连同其特征)进行选择[这在技术上叫"读数(numeration)"]后,在计算产出一个复杂的音-义对之前,不能向计算中引入新特征或新词项,否则会导致计算崩溃。某种意义上,可以将该原则看作是模块性的一个方面,即不能利用外部信息、外部系统或外部原则来使得一

次语言计算获得"正确"结果,否则计算将被终止。或者如乔姆斯基接下来所指出的那样,现有性原则是简单性的一个侧面,因为它融入了一种计算经济性观念。"现有性(inclusiveness)"这个说法是乔姆斯基(1995b)率先使用的,但它以不同的形式(如"词汇投射"等)很早就在乔姆斯基主张的语言派生(即一个语句或复杂表达的计算)观中发挥作用。附录九对语言学中的复杂性和简单性问题做了介绍。

63页,关于创造新词

"创造新词"实际上可能有几种情况。一种情况是改变音和义之间的关联,比如将"arthritis"①这个声音和概念"胃病"连接起来,这种情况无关紧要,在理论上也无甚意义[参看乔姆斯基(2000)《内在主义的探索》一文中的讨论]。还有一种情况是创造新声音或新概念,这样的"新"或者是对一个个体而言,或者是对一个群体而言,或者是历史上原来所没有的。新的声音要受到任何可能在起作用的参数的制约:"strid"对说英语的人来说没有问题(这是一个在英语中可以出现,但实际并没有出现的声音),但对说阿拉伯语的人来说就有问题。创造新概念所受的限制可能会少一些,也可能会多一些,这没人知道,因为如前所述,我们对什么是概念还知之不多。但有一点很清楚,就是我们一直在引入新的概念。比如"计算机"(是大人或孩子现在都理解的那种意义,大致是"用于……的人造物")是过去某个时间引入的概念,现在人人都可以

---

① 【译注】和这个声音连接的概念原本是"关节炎"。

理解和习得。我们当然也能引入其他现在虽然用不上，但日后可能会用上的概念。我们觉得应该有一些内在的以及(/或者)由第三因素确定的限制，因为不然的话，我们不会发展出似乎人人都拥有的、实际普遍存在的认知资源(迅速调集概念的能力)。不管怎样，至少在现有的研究阶段，我们对语言计算的讨论不考虑新词在某个场合引入的可能性。这就是说，我们假定计算是从已有的词项或已有的音位、语义和形式的"信息包"(包括参数信息)开始的。分布形态学(看其内容如何)在这一方面有不同的假设，但并不解决新词引入的问题。

第 10 章

66 页，乔姆斯基试图说服哲学家们的努力

乔姆斯基试图说服哲学家们的努力，可参看乔姆斯基(1975,1980/2005, 2000)。同时参看附录三、五、六中的讨论。

67 页，论连接主义和行为主义

连接主义一定意义上就是一种关于大脑线路体系构建的观点：大脑是相互连接的神经元；通过与其他神经元的连接，单个神经元的放电速率对提升或降低其他神经元的放电速率产生作用。但这可能并不是那些自称为连接主义者的人所关注的核心议题。他们所关注的核心议题似乎就是一种学习论——即关于"连接"是如何基于(假定的)体系得以确立的理论。这一学习理论是行为主义与旧式连想主义(associationism)的一个变体。具体而言,涉及重复以及(有些理论中所说的)"反向传播(back-propagation)"(或其变体)的训练过程会导致神经元通道上"连接权重"的差异,这将改变一定输入条件下特定输出发生的可能性。如果神经元网络在某一输入条件下可以生成(在实验者看来)"正确"的输出,并且在各种干扰下可靠地生成这一输出,那么这个神经元网络便学会了如何回应该输入的方法。在本书的讨论中,乔姆斯基似乎专注于连接主义的体系构建论。他对于该学习理论的立场,在我看来,和他对行为主义的否定立场相当。

关于行为主义或连接主义的学习理论:对于那些全力投身于推动该项研究的人来说,他们可以基于如此简单的"神经"模型(即模拟上述设想的结构体系并且采用某种可能的统计采样算法的计算机模式)取得如此巨大的成就,这一点着实不易。埃尔曼和他的学生以及同事们所做的研究让我们对他所谓的"简单递归网络(simple recurrent networks, SRNs)"所取得的成就能够有所了解。尽管如此,对于语言或其他似乎先天即有的内部系统的研究,这些成就并不能——至少在目前还不能——成为我们放弃理性主义先天论研究策略、采用连接主义或其他经验主义研究策略的理由。具体来说,并没有什么经验上的理由让我们如此,因为没有理由认为连接主义学习理论对儿童语言发展路径提供了任何恰当的解释。这么说并不是要否定儿童心智在设定参数时所实施的"选择"过程需依赖某种形式的统计样本这一点——这种样本前文提过,乔姆斯基在评论查尔斯·杨的研究时也评论过。但这在此处并不相关,因为不管怎样,儿童可能要做出的参数选择在范围上是确定的——要么由生物因素（基因组）确定、要么由第三因素确定——我们还不知道是其中的哪一个因素（虽然有独立的理由可以将这些选择置于第三因素中加以考量）。因为这一事实,那种从一开始就认为——这一点和修斯以及其他经验主义者的观点大致相似——语言变化无限制的研究策略得以被排除。参看附录八,并注意乔姆斯基（2009）对存在无限参数这一可能性所做的评论。果真有参数的话,便会有选项固定的"选择"点位。

第 11 章

74 页,乔姆斯基的语言规则和（众多）哲学家的语言规则

许多哲学家都持有"心智"确实"遵循规则"的想法,虽然他们所说的"心智"和"规则"和乔姆斯基所理解的"心智"和"规则"完全不同。比如,塞勒斯和他的追随者们认为心智是一个因为受到训练而遵循"语言规则"的神经网络;这里所说的"语言规则"是认识论意义上的语言规则。就是说,神经网络因为经过训练而遵循一定的推理规则,这些规则是被一个特定语言社团所接受的"语言游戏规则"。对该语言社团内的语言使用者而言,它们反映了正确的认知,包括语言进入（感知）规则、语言退出（与行动相关的）规则以及语言内部规则等。对乔姆斯基来说,规则是语言官能运作所体现的原则,而语言官能是一个自然发生的生物物理机构,所以要是问它所遵循的规则或原则是不是用于应对外在世界,且在认识上是不是正确便毫无意义。进一步的讨论可参看附录六。这里,重要的一点是,塞勒斯本质上是把他对人们遵循规则这件事情的常识理解(这对他而言很好理解)应用在训练人们遵循规则这一想法当中(按行为主义那一套,也很好理解),(他相信可以)以此建立神经网络中的推理性"连接"。他犯的错误和那些认为必须根据接触力学才能理解行动的人所犯的错误如出一辙:他相信(他自己当然不会承认有这样的想法)常识观念足以用来理解"心智"。乔姆斯基的观点则是语言及其规则必须根据一个生物物理系统的本质及其运作来解释;语言规则只有借助于自然科学的方法才能理解。这个观点他有时候称之为"一元方法论",跟二元方法论(采用一种不同的方法,即从常识得来的方法,来研究心智)相对。行为主义者及其后继者犯了相同的错误。

塞勒斯在其《哲学和人的科学形象》一文中还认为,出现在我们"普通"语言中的概念都是人造之物,是数千年来社会存在物——人——的发明。这些概念之所以有其现在的这些特征应归因于与之关联的词语的作用,而词语的作用又是通过使用规则得到固定的。概念"人"成为概念就是因为"人"这一词语在相关语言中的用法所致。概念——作为理解世界的方式——典型的如"人"和"施动者(AGENT)"这样的概念,皆为人所发明的"初始""直观"的生物意象——不可避免地要和在科学发展中显现出来的世界"科学意象"存在冲突。因此,在一定程度上,塞勒斯得同意乔姆斯基的看法,后者在其接下来的讨论中,对常识性概念"人"不适用于科学调查的看法表示赞同;同样,"语言"的常识性概念也不能用在科学研究之中,如此等等。当然,塞勒斯和乔姆斯基之间只是在表面上一致。后者所说的常识性概念是内在的,是自身也具有生物物理基础的某种器官或某些器官(可能包含语言官能)的产物。而且,在乔姆斯基看来,尽管概念"人"和"语言"(如民俗心理学所理解的那样)并不包含在心智科学之中,它们在心智科学中也并没有什么作用可言,但它们照样可以用于常识性思维中,用于应对外部世界,这样的看法并没有什么问题。相比之下,形而上学(特别是塞勒斯取消主义形式的科学实在论)并没有抓住这一要义。

第 12 章

79 页,"意义"计算和"声音":乔姆斯基的知识贡献

强调在向语义接口提供"信息"(主要是语义特征)时所涉及的操作并没有线性化需求是乔姆斯基这里所要表达的一个意思。线性化只有在处理语音接口时才是需要的,因为语言信号在这个接口必须以一种时间性的线性方式来生成和接收。在意义这一边,多个过程可以"平行"进行。

关于乔姆斯基更一般意义上的知识贡献,请注意他在一开始就重新谈起他 1959 年发表的,对 B. F. 斯金纳《言辞行为》一书的毁灭性评论;同时,他还把这一评论和如何才能将语言理解为一个生物器官这一更加宽广的话题联系起来。他在早些时候认为自己的贡献不仅是在理性主义传统之下构建了一个看似合理的语言理论,而且还对经验主义的心智理论构建原则提出了批评。如今,生物语言学(如别处所述,即生物-物理-计算语言学)得到发展,我们对语言及其在人种中的进化、对语言在个体中的发展或生长都能

做出生物语言学解释;在这一背景下,乔姆斯基对行为主义的批评经过概括也可以看成是对一种天真的进化观所做的批评——我们发现,人们有时在讨论选择和适应对进化起何作用的时候,会采用一种过于简单的进化观。也参看附录二。

第 13 章

80 页,乔姆斯基、简单性和古德曼

把这一章和下一章(关于乔姆斯基和古德曼之间的关系)放在一起读比较好,因为乔姆斯基的一些形式技术都取自古德曼的"建构主义(constructionist)"工程(可追溯至卡尔纳普和其《世界的逻辑构造》一书),还有他对简单性概念的认同及追求也和古德曼不无关系。当然,两者之间有重要分别,主要是和古德曼的行为主义观点及其对先天论的排斥有关;但古德曼为投射(归纳的一个方面)问题所提供的"答案"以及他对简单性的说明都明显需要一个先天论的根基。这些对我们接下来的讨论来说是需要事先了解的内容。

托马林(2003)对乔姆斯基的"内在"简单性方案和最简方案之间的关联(还有乔姆斯基从古德曼那里的汲取和借鉴)提出了看法;乔姆斯基在下面对这些以及其他相关问题作了评论。托马林引用了《语言理论的逻辑结构》在 20 世纪 70 年代正式出版时乔姆斯基为这本书所写的前言中的内容——如果想了解古德曼和其他人对乔姆斯基的早期研究产生了什么影响,读者最好从这个地方开始阅读。关于形式科学对转换语法的出现产生的影响,托马林

(2003)也提供了一个历时的研究。

第15章

97页,关于创造性及其在固定本质中的基础;经验主义的困惑

进化-发展、渠限化等看法从发展层面强调了这一点,这可能让笛卡尔及其理性主义追随者们感到奇怪——但同时也让他们感到高兴;所有这些人,连同一些浪漫派人士(如威廉·冯·洪堡特、A. W. 施莱格尔、柯勒律治),似乎都认识到个体和文化的多样性及创造性都需要基于一个固定的本质。在《笛卡尔语言学》一书中,乔姆斯基侧重于从历史的角度为此点及其蕴涵提出了富有启发性的解释。在给这部重要著作的第二版和第三版所写的前言中,我也谈及了相关问题。既然此点十分清楚,经验主义的心智易塑观为何如此盛行便十分令人不解。对于这一困惑,乔姆斯基在一些地方(比如其1996所著)指出,我们不用通过论证去解决,而只需使用维特根斯坦为哲学家(以及持有类似看法的心理学家和语言学家)提出的"治疗方案"便能消除。维特根斯坦认为,哲学问题都是混乱无章的无解之题,因我们在言及自身、时间、世界或其他时所采用的古怪的表达方式而起;"日常用法"只适合用来解决实际问题,却无法满足理论需求——乔姆斯基也赞同这一结论。因此,解决这些哲学"问题"的唯一路径就是不再坚持去尝试解决它们。其实根本没有解决的办法,因为这些要解决的问题都是"伪问题(Scheinstreiten)"。

100 页，一个可能的道德官能

马克·豪塞和其他人对这一论题开展了研究，其中一部分成果已经发表(参看豪塞 2006)。米克海尔在其康奈尔大学哲学博士论文中做了不少开创性研究，这一点理应肯定；他的研究部分是在乔姆斯基的指导下完成的(参见 www.law.georgetown.edu/faculty/mikhail)。

第 17 章

110 页，关于休谟、缺失的蓝色色调和人类本质研究

休谟认为心智中的每一个"简单"思想一定是从某一个简单的"感官印象"得来。基于这一假设，他似乎认为能够由我们按一定顺序排列的颜色一定只包括那些我们实际体验过的颜色。如果有人未曾体验过某种特定的蓝色色调，那么严格说来，在我们向其出示一个不包含那种蓝色的光谱时，他或她对那种蓝色就不应该有任何观念。但实际情况正好相反。对于这一与其基本设想相反的例证，休谟的办法实际上是将其排除在外，说这只是个别现象，不值得为此改变他关于"简单"思想，关于"简单"思想从何而来，关于"简单"思想如何为后续经验提供基础等方面的基本观点。休谟将这一反例排除在外可能是由于他的经验主义立场。而如果放弃这些经验主义观点，我们就可以求助于"本能"，因此也可以承认存在先天的内在系统的运作（休谟不相信能够对这些内在系统做出调查，不像乔姆斯基和其他人那样基于天赋设想来构建心智理论）。进一步讨论可以参看附录十。

112页，一些交叉的参考文献

真值意示（与真值条件相对）已在第273页加以讨论。乔姆斯基对句法、语义、语用的自然主义观点和标准研究方法所持的观点之间存在哪些区别，可参看附录十一的概括；进一步说明参看附录六。

第 18 章

113页，关于道德原则的普遍化

这里我和乔姆斯基似乎是在表达不同的意思。我在想，一个人如果否定道德原则有普遍性，他是否会拒绝将他人视作同类。而乔姆斯基以为我在问是否有人会否定道德原则的普遍应用。当然有这样的人——像基辛格，他就公然否定；还有各式种族主义者，他们的否定可能并没有那么公开。然而，乔姆斯基指出，哪怕是在否定相同的道德标准必须要像应用在别人身上那样应用在自己行动之上这一点的时候，基辛格也可能是遵守了另一个普遍原则：美国总是要以绝大多数人的最高利益为出发点来行事，这当中甚至包括那些需要诉诸侵略去反对的人的利益。这样的一个普遍性断言是否可以从道德方面——甚至于根据事实——来加以证明,却是一个完全不同的问题。

还有一个相关问题,参看乔姆斯基在下文对约翰·司徒亚特·密尔以及"人道主义干涉"的评论;同时可关注他的论文(2005b),以及最近他(2009)在联合国大会主题对话上关于"保护的责任"的演讲。关于个人道德评价普遍化及其与知识分子责任之间的关系,参看乔姆斯基(1996)中的第3章,以及他(1987)早期关于知识分子责任的论文的重印版等。对于乔姆斯基而言,知识分子包括所有收集、评价、散布信息之人;这样也就包括从事学术和传媒事业的人员。

第 19 章

118 页,乔姆斯基论"理性信仰"

关于以下内容,请注意乔姆斯基(1987)在接受詹姆斯·派克(James Peck)采访时对他所提的"你对理性持有深刻信仰吗"这一问题的回答。乔姆斯基说:"我对理性或任何其他东西都不持什么信仰。"派克又问:"甚至对理性也不持信仰吗?"乔姆斯基继续回答:"不要说什么'信仰'。我认为……理性就是我们的实际所有。我对真理一旦被揭示就会被广为接受这一点便不持信仰;但不管这一设想的可靠性如何,我们除了在这个设想的基础上继续前行,又能作何选择!"乔姆斯基明显将信仰看作是对理性的摒弃。信仰在保持"国家宗教"中的作用是乔姆斯基延续至其政治研究中的一个主题。

123页，关于方法论二元论

方法论二元论所说的是这样的观点——很少有对它的明确表述，但它却明显存在于许多人的研究实践之中——即对心智，尤其是对语言的科学或自然主义研究需要采用一种与对其他事物的科学研究（如对氦原子本质的研究）不同的方法。在举例时，乔姆斯基有时会提到蒯因的研究。蒯因认为在语言研究中，"行为主义的方法很有必要"。语言作为心智的一个重要方面，不能用研究心脏的方法去加以研究：我们不能"观察其内部"或者设定一个只允准人、但却不容其他生物说话的内在系统。其他表现方法论二元论的例子包括威尔弗里德·塞勒斯及其许多追随者的研究以及当代对语言和其他心智能力的连接主义研究。这些研究中有很多方法论二元论态度的表现。比如，语言被认为是一种"公有"现象，是某一社团内的一套规范，某种由人所制造、并且在持续制造的东西——一种人工产物；它不能被理解为是人的大脑中自行生长的器官，不能被视作先天即有。它必须被看作一种社会产物，它需要被当作一种受制于社会体制训练和教育程序的行为形式加以研究。上述情况也适用于道德领域：各种价值也就是不同的"应该怎么做"，由社会群体及其各种体制（学校、父母、宗教机构、政府……）向出生在这一群体中的人进行灌输。

第 20 章

127 页，关于自然语言与自然科学之间的差别

请注意，有关忒修斯之船、概念"人"、概念"水"等的讨论，广义来说，都在乔姆斯基所说的句法范围之内。这些讨论所关注的是心智及其先天所赋（心智内容和心智能力），而不是（通常这不可能）从某一科学角度去考察世界本原。它们同时还很明显地让我们想起有关人类心智限度的讨论以及可以追溯至笛卡尔甚至更早时期的怀疑论。在乔姆斯基提出认知科学至少应当为探索这些限度分担部分任务时，讨论出现了特别有趣的转折。的确，这是对认知科学的一个非同寻常的看法。

乔姆斯基关于自然语言与形式科学及数学符号系统间区别的看法（以及与此相关的，关于对世界的常识理解及认识和科学理解与认识间区别的看法），在我看来，不应该沿用科学哲学中有关牛顿机械力学和量子力学之间的可通约性争议来加以理解。这一争议主要涉及一个理解量子力学的科学家可以在多大程度上理解牛顿力学（当然并非反之）；在我看来，要说一个理解量子力学的科学家一点不懂牛顿力学，那会令人称奇。和许许多多的哲学争议一样，这一争议在表述时一般也会要求表述者去做深刻反思，结果会使这一争议延续下去，而不是就此做出定论。自然语言和科学的符号系统之间的差异则是另一类型的问题；它涉及一个可以在经验上做出回答的问题,这个问题可以采用不同方式加以表达。比如,儿童——或者一个并不具备粒子物理学方面的学习背景的成年人,或者是一个古希腊人,或者是一个生活在古石器时代的克鲁马努人(Cro-Magnon)——能够理解"河"的概念吗?他或她能够理解(而不是信口说说)"强子(Hadron)"的概念吗?如果对这两个问题的回答分别为"是"和"否",则证明自然语言和科学的符号系统之间存在差异。这种差异在句法中,在先天即有的系统和人造符号系统之间也同样存在。

第 21 章

130 页,再论外在主义研究与语义学

这里,乔姆斯基的看法似乎是,我们当然可以采用外在主义的研究方案来研究语言。对语言使用、交际、合作等的研究都是外在主义研究,但最终这些研究都属于语用学研究。这样的研究是不是科学,或者是否会形成科学则是另一个问题;或许是,或许不是。就外在主义语义学研究方案而言,如前所示,乔姆斯基有很明确的看法——据我们所知,目前没有此类可行的方案。外在主义语义研究者希望其研究可以为科学发展做出贡献,但其研究主旨是语言使用,而关于语言运用,我们不太可能会创立一门科学。外在主义语义学作为一个研究方案并不成功,其中一个解释是,这样的研究忽视了语言使用的创造性特点。

第 22 章

132 页,又论外在主义研究与语义学

此处的玩笑反映了乔姆斯基经常提到的一个重要观点,即因为我们是生物有机体,所以我们的认知能力是有限的。哲学家们也经常提到此点,他们的说法是"人类限度(human finitude)"。并且,一般而言,他们会提供一些教我们如何安于现状或接受这一事实的招数,甚至更糟糕的东西——比如告诉我们,生命即悲剧,但……或许我们永远无法知道,但可以确定的是,我们可以有信仰(也可以有权威);我们是有限的,所以我们承受无知之苦,但如果我们真的不错(或者至少不懈努力),我们就会得到各种回报——涅槃、天堂、目睹上帝之尊、逃避转世、永恒的冥思……很明显,乔姆斯基的观点不同寻常,让人耳目一新:坦然接受我们自身的局限;这会让我们的生活充满趣味、充满挑战。

须记住,乔姆斯基将自己的语言研究视为一门自然科学——一门揭示人类特有系统所具有的非凡能力的(无疑也是有用的)科学。很可能该系统并非绝无仅有。另一个备选是道德系统,再一个是审美系统。

第 24 章

141 页,关于心智运行

我们无法证明心智并非基于确定性原则运行;但是也没有证

据表明心智是基于确定性原则运行的。

好在我们有笛卡尔的观察：我们认为我们可以自由做出选择。这一观察应该认真对待，即使它无法充作真正的证据。乔姆斯基在下文还会提到一些历史及人类学证据。除此之外，如果认为心智由多个系统组成、而行动是系统间多重互动效应所致的结果，如果这样的看法合理（当然对此还不确定，但基于我们目前所知，这样看是合理的），那么要表明人类行动总是确定唯一的便没有什么可能。这样，基于对我们自己做出决定的观察以及对别人行动的观察，我们有常识性的理由相信我们是自由的。另外，并没有科学的证据表明我们不自由；我们也有充分的理由认为——因为我们的心智有一定的限度——我们可能永远也无法证明我们是不自由的。

术　语　表

Aitiational semantics【成因语义学】

得名于希腊语中的 *aitia*，意即"构成原因的因素、用于解释的因素"。由尤利叶·莫拉夫斯克(1975，1990，1998)和詹姆斯·帕斯特约夫斯基(1995)发展而成。成因语义学的基本看法可追溯至亚里士多德，他对我们如何看待"我们的世界"——即我们所经历的世界——中的事物持有一定看法。自然物体——水、树木、动物——在亚里士多德看来有四个"存在缘由(causes)"或四种解释其存在或本质的方式：物质(material)、成效(efficient)、形式(formal)和目标(final)。物质解释是说某物如何构成，成效解释是说某物如何形成(最接近通常意义上的原因概念)，形式解释是对某物的结构描述，目标解释是关于事物的用途或目的。对亚里士多德而言，这些存在缘由是事物的内在属性，我们通过心智从经验中将其"抽象"出来。而对于乔姆斯基这样的内在主义者而言，它们是因为我们的心智按一定方式理解带来的结果，因此这些存在缘由是由心智的本质决定的。心智如何理解又取决于人类心智发展或生长的方式。实际上，我们关于自然事物的常识性概念是与生俱来的，它们构成我们理解"我们的"世界(与科学世界相对)

的方式。如果某物被视为具有某种目的，那是因为我们认为它有着这样的目的或功能。

Anomalism【异常】

在关于心智的讨论中，"异常"一词通常是在"心理事件异常"这一表达中获得理解的。唐纳德·戴维森（1970）在其《心理事件》一文中声称，我们可以、也的确认为"物理事件"受制于因果定律，而因果定律都有能够深得人们领悟的"界限条件"（即限制其应用的条件）；另一方面，我们把"心理事件"看成是可以引发物理事件、也可以由物理事件所引发的事件。虽然如此，我们却并不认为心理事件受制于有一定界限条件的因果定律。乔姆斯基对心理事件、物理事件以及心理使因观念有完全不同的看法。

Biolinguistics【生物语言学】

乔姆斯基等所从事的内在主义及自然主义语言研究的现有名称。早期对这种方法论的描述包括"笛卡尔语言学""自然主义方法""方法论一元论"。顾名思义，这一方法的采用者都认为语言是头脑中的一个系统，某种意义上先天即有（和其他心智系统一样生长或发育）；应该按自然科学研究通常的需求，把语言看作像其他的自然现象一样来加以研究。这样的假设似乎有其合理之处：根据这样的假设，采用这样的方法，人们构建了良好的语言官能理论。

Brain in a vat【缸中头脑】

作为思想实验的结果而发展出来的术语:想象你不是你自己,不是一个身体生存于、活动于世界中的人。相反,你是一个头脑,盛装在一个充满供养液体的缸中。此缸按一定方式用导线连接;这样,实验者可以向你的头脑中输入一定的内容,使你相信你是生活在这个世界上,并在这个世界中做出行动。这个思维实验是笛卡尔一个思维实验的现代改进版。笛卡尔的思维实验如下:想象心智被一个恶魔控制;这个恶魔对人施以骗术,竟然能够让人怀疑 2+2 是不是等于 4。

Canalization【渠限化】

C. H. 沃丁顿的术语,用来描述下列事实:尽管各种因素的变异对生长或发育产生作用,但表型似乎都会得到强健发展。参看第 279 页。

C-command【c-统制】

即"成分统制(constituent command)":为句子结构所能呈现的"形状"而设的限制。参见附录七。

Compositionality【组合性】

通常出现于"语义组合性"这一表达中。其基本意思是,有限集合中词语成分的意义按照明确表述的组合原则(规则、"定律")组合起来,生成一个无限集合的句子意义。对乔姆斯基而言,语言意义组合性是句法性质,并不涉及任何与外在世界中事物之间的关系。

Conceptually necessary【概念必需】

按直觉,就是"无此则难以构想",指在语言研究中必须认定或预设的东西。通常语言必须被看作一个可以以无限方式将声音和意义连接起来的系统。用理论术语来说,其基本思想就是,语言理论必须引入某些"表征层面",至少包括一个 SEM 或者和"概念-意向"系统接合的语义接口,以及一个 PHON 或者和"感知-发声"系统接合的音位或语音接口。

Condition C【约束 C 原则】

"约束理论"三个原则之一。约束理论是一种原则性的陈述,对代词、照应语[如"她自己(herself)"]或"指称语(R-expression)"在句中能否(或是否必须)被一个名词或名词短语"约束"做出管制。如果被约束,则照应语、代词或指称语只能用于指称名词或名词短语所指称的事物;如果不被约束,则它是"自由的",可以(或必须)用于指称别的事物或人。A 原则是说一个照应语在主语的(最小)辖域内必须受到约束,B 原则是说代词(包括"她""他""它"……)是自由的(虽然可能会被约束),C 原则是说指称语必须自由。脱离理论,我们便说不清楚指称语究竟是什么。不过,举例说明违反 C 原则倒并不难。下面这个不好的句子中,"简(Jane)"就是一个指称语,意义上受"她(She)"约束:"* 她$_i$认为简$_i$不难取悦(* She$_i$ thinks that Jane$_i$ is easy to please)。"①参看乔姆斯基(1981,1986)和附录七。

Copy theory【复制理论】

出现于"移动的复制理论"这一说法中。乔姆斯基最早尝试建立语言理论(语法)时,引入了所谓的"转换规则"(必有的和可有的),可以在句子运算或推导过程中将派生的语言结构中的成分从一个位置移至另一位置。移动的说法("异位")一直存在,直至最简方案整个早期发展阶段;进入这一阶段后,引入了一个被称作"移动"的原则,以区别于合并。如正文所述,乔姆斯基在很长时间内都认为移动虽然是语言理论一个必不可少的部分,但总归都是异常现象,并非"真正的概念上必需之物"。不过,在后来的最简方案探索中,移动为合并所吸收,不再被认为是异常现象。有了内部

---

① 【译注】原著(p.293)认为"她(she)"是指称语,在所举例句中受"简(Jane)"约束有误。译文此处做了改正。

合并,移动的复制理论[乔姆斯基(1993)提出]也就有了合理归位:并没有发生真正的成分移动;相反,有一个"拷贝"成分(即在内部合并中被再合并"之前"已经被合并过的成分)留在原位。这个成分在语义接口是可"见"的,只是它没有"发声"——它并不出现于PHON。

Corpuscularism【微粒理论】

在本书中,指任何通过设定一套初始性成分来讨论组合原则的理论。这样的理论说明初始成分如何组合以构成更为复杂的成分。化学中的基本成分是原子,更复杂的成分是分子。对计算语言学而言,基本成分是(可组合)词项,更复杂的成分是句子或表达式。

Distributed morphology【分布式形态学】

关于推导过程中如何将理论上界定的初始性成分组合成词,并生成我们听到或看到(用手势语的话)的复杂表达式,有好几种不同观点。一般而言,为任一版本的分布形态学作辩护的人都认为并不存在什么词库,这和很多语言理论相左,其中包括乔姆斯基的语言理论,至少到其《最简方案》(1995b)一书为止。按这些理论,词库包括词汇特征形式的语义、音位、可能还有形式方面的信息;这些词汇特征在推导中可能是直接出现在某一接口处(对语义特征而言,这似乎很合理),或者它们要受更多的规则或原则限制,或者它们对推导过程起着导引作用。分布形态学家则认为,虽然计算可能自某个语义信息包开始,但词库中所包含的其余材料却是在推导过程中获得添加的。

Edge effect【边界效应】

一般而言,是指两个边界在形成对比时出现的效应。用在生物学和生态学中,是关注在边界或物项接合处——如在森林和环绕的平原之间——产生的效应。就当今语言学研究而言,边界效应在音位学中被赋予了专门化的用法。在句法中,它可以用来指合并产生的效应。一个词项(LI)和一个句法体(SO)合并之后,这个 SO 就成为该词项的补足语。合并在接口处所产生的效应也是边界效应。在语音接口,内部合并造成"移动"或"异位"。(内部合并就是从一个 SO "内"取出一个 LI、然后将其"复制"到该 SO 的边界。参看【边界特征】和【复制理论】)在语义接口 SEM,内部合并产生辖域以及像话题、新/旧信息这样的话语效应。而外部合并形成论元结构和层级结构。参看正文(见第 15 页及其后几页)、乔姆斯基(2008)。

Edge feature【边界特征】

词项(LI)所具有的属性叫"特征"。特征表述某个 LI 在运算中或在某一接口处所具有的效应。某种意义上,它们具体说明某个 LI 的组合特点及其"内在"("固有")内容——即 LI 自带的那种信息或者其特征。大多数的 LI 都可以组合：它们和其他的 LI 组合，也和派生的或句法已经生成的、经过检验的 LI 组合体——也可以称为"句法体（SO）"——再组合。这些可以组合的词项之所以能如此，是因为它们具有某种"规定"其可以如此的属性，此即"边界特征"。为什么有"边界"一说？假定有一个派生的或已生成的 SO。如果一个 LI 与之合并，则得{LI, SO}；该 LI 即位于 SO 的边界，结果构成一个短语结构。其中，SO 成为 LI 所谓的"补足语"，而 LI 则是"中心语"。这样，语言中短语的中心语-补足语结构可以归结为合并的一种属性。

有些词项缺乏边界特征。它们不与其他词项组合，通常被看成是叹词，如"哎哟（ouch）"。

词项的边界特征有何功能？对此，有一种理解是认为凡具有该特征的 LI 都是将自身"原子化（atomizing）"的 LI。就合并机制而言，凡具有此特征的 LI 都相当于原子。如果 LI 自身（可能只是作为某个特征集中的成员）也是通过某种组合或聚合程序按一定方式构成的，那么，LI 特征本身就要被视为另一个层级的初始成分（原子、粒子），即按 LI 构成原则进行组合的"成分"，不管这究竟是什么样的成分。

Eliminativism【取消主义】

持有以下看法者的立场：取消一种理论或框架中的原则和"客体"、代之以另一理论或框架中的原则和客体。比如，不少哲学家都曾认为，化学（包括生物化学）可以被取消，因为它可以被归结至物理学。乔姆斯基通常认为"交融(accommodation)"可能是个更好的说法。他指出,从事实来讲,20世纪20年代和30年代的物理学不得不做出调整,从而可以与化学相容——并不存在取消化学。交融有方法论上的考虑:它是一个自然主义科学研究的目标。乔姆斯基的语言理论旨在实现与生物学的交融。取消主义则通常受驱于一种超自然的目标,认为世界上只存在一种"物质(stuff)"。

FOXP2【FOXP2基因】

有一段时间,人们比较热衷于以下的想法:FOXP2基因——特别是人的这一基因——可以被看作是"语言基因",至少是其中之一。这个基因显然和中央运算系统——解释人类语言独特性的重要系统——的生长无关,但和发声机能的生长有关。人类FOXP2在其他物种中的同系物与良好运动控制系统的生产有关。FOXP2异常的人类家族不仅缺乏完整的发声机能,其他方面的运动控制也有缺陷。

I-language【I-语言】

人的语言官能状态。参看下面的【语言】词条和附录一。

Inclusiveness【现有性】

乔姆斯基认为语言运算应该遵循现有性原则,这其中的原因是，如此可以使语法（语言理论）更为紧致——就是说，要将外部影响排除在外。这个概念和模块性思想相关：一个语言模块是只在输出以及（也可能包括）输入层面与其他系统相关的语言。从方法论上看，现有性是非常理想的情况：它对语言理论（语法）必须解释的领域做出限制。在语法中维护现有性的一个方法是，确保运算从一个词项集（"读数集"）"开始"，用且仅用这些"信息"生成唯一的表达式（音-义对），否则，运算失败。

Internalism【内在主义】

数十年来，乔姆斯基对心智以及其他心智系统采用了可称作是"内在主义"的研究方法。实际上，如果我们要构建一门关于心智的科学，就应该找出那些似乎是自动运作的（先天的）心智系统，忽略任何假定存在于心智系统状态和"外在"事物之间的关系，并且，可行的话，关注心智系统和其他系统之间的关系。内在主义和一种关于心智及心智系统的模块观有关。这一基本思想源于笛卡尔，但它和其可以直视自我心灵的观点（如果他的确持此观点）无关；与之相关的是他对先天论、怀疑论以及乔姆斯基所谓"语言使用创造性"等方面所持的观点。细节此处不做表述。

Label【语标】

语法术语。先看 LI"衣服（clothes）"和 LI"洗（wash）"的外部合并。结果是{洗，衣服}。接下来的问题是：关于这对词项，后续的狭义句法运算需要有什么"信息"来继续执行合并操作——比如,把{洗,衣服}这一句法体和另一 LI 连接起来? 在标杠理论(X-bar theory)时期,我们得到的答案是,后续运算需要"知道"这是一个"洗"做中心语的动词短语。最简方案中,语法的一个目标就是去除无关紧要的或者是其他方面没有根据的结构;比如,按标杠理论,就要自动引入所谓的"标杠层次",而这样的内容事实上就应该舍弃。为实现此点,最简方案理论——根据短语结构应该"光杆"的思想——将合并所得的词项对中的一个成员确定为该词项对的语标。比如,就{洗,衣服}而言,语标是"洗"。原来按标杠理论,我们自然而然可以为所有词类引入语标"XP"(在上例中为 VP);但是,不用标杠理论,我们也能取得相同之效,且这样确定的语标是"无偿"所得。原来在标杠理论中为附加成分引入的、位于 V 和 VP 之间的标杠层次 V′ 也被取消;取而代之的是合并序列。

Language【语言】

自然主义研究中,语言即"I-语言"——本质上,一个成熟的语言官能所呈现的任何状态;这些状态受制于生物、运算和物理等方面的条件。语言科学的目标就是按自然科学提供描写和解释的工具,来定义"可能的人类语言"。参看附录一和附录三。

Language faculty【语言官能】

几十年来,乔姆斯基一直使用"语言官能"一词来指称语言系统,(通常)既包括核心运算系统(语言能力),也包括和理解有关的语言行为系统——发声-感知系统或概念-意向系统。在豪塞、乔姆斯基和费切(2002)一文中,语言官能被区分为狭义运算系统(FLN 或"狭义的语言官能")和包括 FLN 以及行为系统在内的广义系统(FLB 或"广义的语言官能")。也可参看【狭义句法】和【第三因素】。

Machian【马赫的】

按正文中的用法,"马赫的"用于描述恩斯特·马赫的观点,即只有"现象"(人的直接经验)才是真实的,还有原子是不存在的。马赫也是一个物理学家、生理学家和心理学家。

Merge【合并】

按照现有的最简主义形式的语法,合并是语言官能的基本组合机制、也可能是普遍语法唯一的构件。合并至少有两种形式,外部合并和内部合并。对合并的解释和讨论,参看正文第 13—18 页。

Modularism【模块论】

从方法论上讲,模块论是关于心智系统的一个观点。按此观点,心智及其操作可以和其他系统分开考虑,这对科学调查非常有利。当然,可能会有一些例外,因为在某些地方,系统之间存在"互通"或互动的情形。也可参看【内在主义】。

Narrow syntax【狭义句法】

狭义句法是对语言官能核心运算系统的研究——用现在的术语来说,是对从词项读数集到语义(SEM)和语音(PHON)接口所需运作方式的研究。它与广义句法相对,后者在语言研究中通常还包括对语言与头脑中其他系统间的关系以及这些系统内部运作的研究。最广义而言,句法就是对心智或大脑认知运作的研究,但对认知(或心理)状态(或事件)和"世界事物"之间的关系不做任何考虑。无论广义还是狭义,句法都是对心理状态(或心理事件)的本质及内在属性的研究。

Nominalism【唯名论】

唯名论有好几种形式,但不管是哪种形式,大致都会认为一切存在物都一定是具体的、也是"个体的"。和正文讨论最为相关的唯名论是古德曼和蒯因(Goodman & Quine 1947)提出的。别的不说,他们尝试取消对集合的依赖,并将集合等同于其成员,因此{a, b}和{b, a},还有{b, {a, b}}等都没有什么不同。尊重这一原则就是尊重"外延性原则"。

"唯名论"得名于意义为"名称"的拉丁语词。从直觉上讲,唯名论者会很开心地说谓词和抽象表述(似乎为指称抽象事物的表述)存在,但会拒绝说抽象事物和普遍物也是存在的(虽然有些唯名论者会坚持认为有抽象事物和普遍物这么一个区分)。从这个意义上说,如果我们至少认为心理事物事实上就是一个个的心理事件,那么像附录十二所概括的那种"投射主义"观点也能算是唯名论吗?或许某些方面可以,虽然它并不具有唯名论假设,也不具有实在论假设。没有理由认为在心理事物(如一个特定的 SEM)和任何东西(不管是普遍的还是具体的)之间存在真正的指称关系。指称是人之所为。意识到这一点,我们就需要重新思考那些介于唯名论和实在论之间的形而上问题以及许多对各式各样的"实在论"的讨论。这一点和乔姆斯基在正文中提出的建议——去除现有合并理论所忠实依赖的集合是一个"未来计划"——并没有关系。

Parameter【参数】

在 20 世纪 80 年代"原则与参数"研究方案出现之时,参数原本被看作是为某一普遍原则(参看【原则】)而设定的选择项,可用于解释语言之间(句法、音位,也可能是语义方面)的结构差异。参数在语言生长或发育过程中被赋值,并导致儿童发展出——举例而言——说米斯基托语(Miskito),而不是法语的语言能力。在更近期的研究中,原来的参数概念受到质疑,并出现了大量的"微观参数"。并且,这些参数现在并非是为原则而规定的选择项,而是被看成是考虑"第三因素"带来的结果。参见附录八以及正文,特别是第 45—46 页、第 82—83 页。

PAX-6【PAX-6 基因】

PAX-6 是一种"控制"基因。对于不同进化支的很多有机体而言,这种基因在其视觉系统的发育或生长中起着至关重要的作用。它也有别的作用,而且有很清楚的证据表明,其他类型的基因如 NOTCH 基因也参与视觉的生长。同时参看【FOXP2 基因】。

PHON【PHON 接口】

和 SEM 一样,PHON 是在语言系统(语言官能)的核心运算系统和头脑中其他系统之间构成的两种接口之一。PHON 是语音接口:它(以语音特征的形式)为发声和感觉系统提供信息。乔姆斯基有时把 PHON(和 SEM)描述成向相关的互通或互动系统"发布或提供指令"。

Principle【原则】

一直到 20 世纪 80 年代,人们通常都是用"规则(rule)"这个流行术语来指谓语言系统原则(规律)。然而,"规则"是一个问题说法,因为——别的不说——不少哲学家[如约翰·塞尔(John Searle)]坚持认为(尽管他们被提醒并非如此),一旦将乔姆斯基所说的那种意义上的规则看成是行为规则或行动规则,规则就有了一种规范的性质。顺着这样的思路，哲学家们和其他人就会觉得语言规则是通过某种习惯程序学习获得的，这一看法非常有吸引力。参看附录六中对塞勒斯和路易斯的讨论。采用"原则"而不是"规则"的说法就能消除这个错误。乔姆斯基的原则（也就是20世纪80年代前通常所谓的"规则"）不关行动或行为，也绝没有规范的属性。相反，它们是语言运算的（自然）规律。

Principled explanation【合乎原则的解释】

乔姆斯基（2008：134）有下列说法："我们可以把对语言某一属性的解释视为合乎原则的解释，如果按照现有的理解水平，该属性可以被归结至第三因素以及语言若可用就必须满足的条件——具体而言，这样的条件编码于 UG 之中，是由和 FL（语言官能）接合互动的有机体内部系统所施加的。只有在 I-语言的属性能够获得合乎原则的解释的情况下，我们的解释才更进一步、从而超越解释充分性。"

Projectibility【投射能力】

尼尔森·古德曼在《事实、虚构和预测》（这部著作初稿的一部分内容是乔姆斯基当年的听课内容）中不仅对"绿"和"绿蓝（grue）"（意即"时间 t 之前为绿，之后为蓝"）这类谓词的投射能力（成功应用或使用）提出了有名的"绿蓝"论断，而且还提供了他所谓的解决方案:可投射的谓词就是(在一个语言使用社团中)被投射的谓词。乔姆斯基曾当堂表示反对,后来也一直如此,认为这算不上回答。他还认为,要对怀疑论者"为什么有'绿'但却没有'绿蓝'"这一问题做出合理回答,我们只能假设谓词"绿"(或者不如说概念"绿")某种意义上是天赋的,并且影响(而不是决定)语言的使用。古德曼当即回绝先天论思想,取而代之的是行为主义的强式版本。

Projection problem【投射问题】

即我们为什么采用我们实际所采用的词语(或者不如说概念),按我们希望是非常可靠的方式来描述事物,并对事物进行分类。投射问题是传统"归纳问题"的一个版本。解决这个问题的尝试往往和各种各样消除怀疑论或"回答怀疑论者"的尝试是相关的。参看【投射能力】。

SEM【SEM 接口】

核心语言运算系统和人头脑中其他系统接合所形成的两个"接口"之一。和语言在 SEM 接口接合的系统通常叫作"概念和意向"系统。SEM 是"语义接口(semantic interface)"的缩写,不过,我们不应该认为这里的"语义"一词取其通常用法,即它并非用于表述"词语-世界"关系。

Third factor【第三因素】

在近期的研究中,乔姆斯基对儿童语言官能发展方式中的相关因素做了区分,共有三种。一种是生物因素,通常称作"普遍语法(UG)",这是由基因组决定的。第二种是"经验",或者可以更恰当地称作儿童所接受的、和语言相关的"数据"。第三种即"第三因素",乔姆斯基(2005a:6)对此有以下描述:

> 3. 并非语言官能所特有的原则。
> 第三因素分为好几个子类:(a)可适用于语言获得及其他领域的数据分析原则;(b)关于整体结构设计以及广泛体现在渠限化、有机形式和行动中的发展限制的原则,其中包括有效运算原则,该原则对于语言这样的运算系统而言自然尤为重要。在决定可获得语言的本质方面,特别重要的应该是上述第二子类的原则。

相对而言,第二因素并不重要。比如,我们知道,第一因素必须在语言生长过程中为人的心智提供一种数据选择手段,按这一手段选择的数据只和语言相关;同时,第一因素还必须使这一数据选择方式和语言得以发展(或生长)的方式相关联,而不必去考虑实际上数量无限的其他外在因素。

Triggering【触发】

杰里·福多用这一术语来指谓激活(或者可能是塑造)概念或

其他心理实体的自动（用他的说法则是"致使"）方式。一般认为，触发是由某种心理机制受到某种输入的激发而引起的。福多认为这种输入必然来自于头脑外部，因此，他（1998等）在研究中把致使性输入视为一种"信息"，并以此为基础，设法建立一种对头脑外部事物的指称理论。如果对触发采用一种更加宽泛的看法，就能认为输入源不必在头脑之外，激活也不必是一次刺激作用导致的结果。更进一步的话，对所得结果的"控制"也不必主要是因为刺激的作用——无论是近端刺激还是远端刺激；相反，它可以是因为心理机制的本质使然。而内在"控制"似乎就是乔姆斯基内在主义的一部分：他注意到如果我们要理解人"是"什么，我们就应该去考虑"人"这一似乎是天赋的概念。参看正文第30—33页以及对生长和发育的讨论。福多认为，如果将刺激作用和概念分离开来，就会产生一个问题（他所谓的"词语'门把（doorknob）'/概念'门把（DOORKNOB）'"问题），但在我看来，这样的问题只有在我们坚持其信息语义学和实在论时才真的会是问题。

UG【普遍语法】

是"普遍语法（Universal Grammar）"的缩写，通常被认为是生物遗传（人类基因组）为人类所特有的心智系统（又叫语言官能）带来的结果。如正文所述，UG过去被认为是丰富且复杂的，但按最简主义，它可能仅含合并。参看【合并】和【语言官能】。

参 考 文 献

Ariew, André (1999) "Innateness is Canalization: A Defense of a Developmental Account of Innateness." In Valerie Hardcastle, ed. *Biology Meets Psychology: Conjectures. Connections, Constraints.* Cambridge, MA: MIT Press.

Austin. J. L. (1975) *How to Do Things With Words.* Cambridge, MA: Harvard University Press.

Baker, Mark (2001) *The Atoms of Language.* New York: Basic Books.

—— (2005) "The Innate Endowment for Language: Overspecified or Underspecified?"In P. Carruthers, S. Laurence, and S. Stich. eds. *The Innate Mind: Structure and Contents.* Oxford: Oxford University Press. pp. 156-174.

—— (2007) "The Creative Aspect of Language Use and Nonbiological Nativism." In P. Carruthers, S. Laurence, and S. Stich, eds. *The Innate Mind*, Vol. III: *Foundations. for the Future.* Oxford University Press. pp. 233-253.

—— (2008) "The Macroparameter in a Microparameter World." In T. Biberauer. ed. *The Limits of Syntactic Variation.* Amsterdam: John Benjamins. pp. 351-374.

Berwick, Robert C. and Noam Chomsky (2011) "The Biolinguistic Program: The Current State of Its Evolution and Development." In Anna Maria Di Sciullo and Cedric Boeckx (eds.) *The Biolinguistic Enterprise: New Perspectives on the Evolution and Nature of the Human Language Faculty.* Oxford: Oxford University Press.

—— (forthcoming) "Poverty of the Stimulus Revisited: Recent Challenges

Reconsidered." MS.

Biederman, Irving (1987) "Recognition-by-Components: A Theory of Human Image Understanding." *Psychological Review* 94: 115-147.

Boeckx, Cedric (2006) *Linguistic Minimalism: Origins, Concepts. Methods, and Aims.* New York: Oxford University Press.

Borer, Hagit (2005) *In Name Only: Structuring Sense*, Vol. 1. Oxford: Oxford University Press.

Burge. Tyler (1979) "Individualism and the Mental." In P. French. T. Uehling, and H. Wettstein, eds. *Midwest Studies in Philosophy*. Vol. IV: *Studies in Metaphysics*. Minneapolis: University of Minnesota Press. pp. 73-121.

(2003) Reply to Chomsky. "Internalist Explorations." In Hahn and Ramberg (2003),pp. 451-470.

Butterworth. Brian (2000) *The Mathematical Brain*. London: Macmillan.

Carey, Susan (1987) *Conceptual Change in Childhood*. Cambridge, MA: Bradford Books, MIT Press.

(2009) *The Origins of Concepts*. New York: Oxford University Press.

Carroll, Sean B. (2005) *Endless Forms Most Beautiful: The New Science of Evo-Devo*. New York: Norton.

Carruthers, Peter (2006) *The Architecture of the Mind*. New York: Oxford University Press.

Cherniak, Christopher (2005) "Innateness and Brain-Wiring Optimization: Non-Genomic Innateness." In A. Zilhao, ed. *Evolution, Rationality, and Cognition*. New York: Routledge, pp. 103-112.

Cherniak, Christopher, Z. Mikhtarzada, R. Rodriguez-Esteban, and K. Changizi (2004) "Global Optimization of Cerebral Cortex Layout." *Proceedings of the National Academy of the Sciences* 101 (4): 1081-1086.

Chomsky, Noam (1951/1979) *The Morphophonemics of Modern Hebrew*. MS University of Pennsylvania MA thesis; printed New York: Garland

Press, 1979.

(1955/1975) *The Logical Structure of Linguistic Theory*. Complete MS is currently available as a PDF document on the internet, 919 pages. Published in part in 1975. New York: Plenum Press.

(1957) *Syntactic Structures*. The Hague: Mouton.

(1959) "A Review of B. F. Skinner, *Verbal Behavior*." *Language* 35: 26-58. Reprinted with added preface in L. Jakobovitz and M. Miron, eds. *Readings in the Psychology of Language*. Englewood Cliffs, NJ: Prentice-Hall, pp. 142-172.

(1964) *Current Issues in Linguistic Theory*. The Hague: Mouton.

(1965) *Aspects of the Theory of Syntax*. Cambridge, MA: MIT Press.

(1966/2002/2009) *Cartesian Linguistics*. New York: Harper and Row. 2002: 2nd edition with new introduction by J. McGilvray, Christchurch NZ: Cybereditions. 2009: 3rd edition with new introduction by J. McGilvray, Cambridge University Press.

(1972a) *Studies on Semantics in Generative Grammar*. The Hague: Mouton.

(1972b/2006) *Language and Mind*. Expanded 2nd edition of 1968 version, New York: Harcourt, Brace, Jovanovich. 2006: 3rd edition with new preface and an additional 2004 chapter "Biolinguistics and the human capacity," Cambridge University Press.

(1975) *Reflections on Language*. New York: Harcourt, Brace, Jovanovich.

(1977) *Essays on Form and Interpretation*. New York: North-Holland.

(1980/2005) *Rules and Representations*. Oxford: Blackwell. The 2005 edition has a new introduction by Norbert Hornstein. New York: Columbia University Press.

(1986) *Knowledge of Language*. New York: Praeger.

(1981) *Lectures on Government and Binding*. Dordrecht: Foris.

(1984) *Modular Approaches to the Study of Mind*. San Diego State

University Press.

(1987) *The Chomsky Reader*. Ed. James Peck. New York: Pantheon.

(1988) *Language and Problems of Knowledge*. Cambridge, MA: MIT Press.

(1993) "A Minimalist Program for Linguistic Theory." In K. Hale and S. J. Keyser, eds. *The View from Building 20: Essays in Linguistics in Honor of Sylvain Bromberger*. Cambridge, MA: MIT Press, pp. 1-52.

(1995a) "Language and Nature." *Mind* 104: 1-61.

(1995b) *The Minimalist Program*. Cambridge MA: MIT Press.

(1996) *Powers and Prospects*. Boston: South End Press.

(1998) "Human Nature, Freedom, and Political Community: An Interview with Noam Chomsky." Interview with Scott Burchill. *Citizenship Studies* 2(1): 5-21.

(1999) "An Online Interview with Noam Chomsky: On the Nature of Pragmatics and Related Issues." (Questions posed by Brigitte Stemmer) *Brain and Language* 68:393-401.

(2000) *New Horizons in the Study of Language and Mind*. Foreword by Neil Smith. Cambridge University Press.

(2001) "Derivation by Phase." In Michael Kenstowicz, ed. *Ken Hale: A Life in Language*. Cambridge, MA: MIT Press, pp. 1-52.

(2002) *On Language and Nature*. Cambridge University Press.

(2004a) "Beyond Explanatory Adequacy." In Adriana Belletti, ed. *The Cartography of Syntactic Structures*. Vol. III: *Structures and Beyond*. Oxford University Press, pp. 104-131.

(2004b) *The Generative Enterprise Reconsidered*. Berlin: Mouton de Gruyter.

(2004c) "Language and Mind: Current Thoughts on Ancient Problems." In Lyle Jenkins, ed. *Variations and Universals in Biolinguistics*. London: Elsevier, pp. 379-405.

(2005a) "Three Factors in Language Design." *Linguistic Inquiry* 36 (1): 1-22.

(2005b) "Simple Truths, Hard Problems: Some Thoughts on Terror, Justice, and Self-Defense." *Philosophy* 80: 5-28.

(2006) *Language and Mind* (3rd edition). Cambridge University Press.

(2007a) "Of Minds and Language." *Biolinguistics* 1: 9-27.

(2007b) "The Mysteries of Nature: How Deeply Hidden." (Revised) MS for talk given at Columbia University, pp. 1-22.

(2007c) "Biolinguistic Explorations: Design, Development, Evolution." *International Journal of Philosophical Studies* 15 (1): 1-21.

(2008) "On Phases." In Robert Freidin, Carlos P. Otero, and Maria Luisa Zubizaretta, eds. *Foundational Issues in Linguistic Theory: Essays in Honor of Jean-Roger Vergnaud*. Cambridge, MA/London: MIT Press, pp. 133-166.

(2009) "Dialogue on the Responsibility to Protect." On Chomsky's ZSpace Page,Znet (www. zmag. org/znet).

(2010) "Some Simple Evo Devo Theses: How True Might They Be for Language."In Richard K. Larson, Viviane Déprez and Hiroko Yamakido, eds. *The Evolution of Language : Biolinguistic Perspectives*. Cambridge University Press, pp. 45-62.

Chomsky, Noam, M. Hauser, and W. T. Fitch (2004) "Appendix: The Minimalist Program." Supplement (online) to Fitch, Hauser, and Chomsky's (2005) reply to Jackendoff and Pinker.

Chomsky, Noam and Jerrold J. Katz (1975) "On Innateness: A Reply to Cooper."*Philosophical Review* 84(1): 70-87.

Chomsky, Noam and Howard Lasnik (1993) "The Theory of Principles and Parameters." In J. Jacobs, A. von Stechow, W. Stemefeld, and T. V ennemann, eds. *Syntax: An International Handbook of Contemporary Research* (de Gruyter), pp. 13-127. Reprinted in Chomsky (1995b).

Chomsky, Noam and G. A. Miller (1963) "Introduction to the Formal Analysis of Natural Languages." In R. D. Luce, R. R. Bush, and E. Galanter, eds. *Handbook of Mathematical Psychology*, Vol. II. New York: John Wiley, pp. 269-321.

Chomsky, Noam and J. Rajchman (2006) *The Chomsky-Foucault Debate: On Human Nature*. New York: New Press. (The debate/discussion took place in 1971 on Dutch television. A printed version originally appeared in Fons Elders, interviewer and editor, *Reflexive Waters*. Toronto: J. M. Dent, 1974.)

Churchland, Patricia (1986) *Neurophilosophy: Toward a Unified Science of the Mind-Brain*. Cambridge, MA: MIT Press.

(2002) *Brain-Wise: Studies in Neurophilosophy*. Cambridge, MA: MIT Press.

Collins, John (2004) "Faculty Disputes: Chomsky *Contra* Fodor." *Mind and Language* 19 (5): 503-533.

(2005) "Nativism: In Defense of a Biological Understanding." *Philosophical Psychology* 18 (2): 157-177.

Cordemoy, Géraud de (1666) *Discours Physique de la Parole*. 2nd edition 1977; English translation 1668.

Cowie, Fiona (1999) *What's Within? Nativism Reconsidered*. Oxford University Press.

Cudworth, Ralph (1688/1737/1995) *A Treatise on Eternal and Immutable Morality*. Ed. Sarah Hutton. Cambridge University Press.

Curry, H. B. (1930) "Grundlagen der Kombinatorischen Logik." *American Journal of Mathematics* 52: 509-636; 789-834.

Curry, H. B. and R. Feys (1958) *Combinatory Logic*. Amsterdam: North Holland.

Davidson, Donald (1970) "Mental Events." In L. Foster and J. Swansom, eds. *Experience and Theory*. London: Duckworth, pp. 79-101.

(1980) "Psychology as Philosophy." In Davidson, *Essays of Actions and*

Events. Oxford: Oxford University Press, pp. 229-239.

Descartes, René (1637) "Discourse on the Method." In Descartes (1984-5).

——(1984-5) *The Philosophical Writings of Descartes* (2 vols.). Trans. J. Cottingham, R. Stoothoff, and D. Murdoch. Cambridge University Press.

——(1991) *The Philosophical Writings of Descartes*, Vol. III: *The Correspondence*. Trans. J. Cottingham, R. Stoothoff, D. Murdoch, and A. Kenny. Cambridge University Press.

Elman, Jeffrey L. (1990) "Representation and Structure in Connectionist Models." In Gerald Altmann, ed. *Cognitive Models of Speech Processing*. Cambridge, MA: MIT Press, pp. 345-382.

——(1991) "Incremental Learning: Or the Importance of Starting Small." In *Proceedings of the Thirteenth Annual Conference of the Cognitive Science Society*. Hillsdale, NJ: Erlbaum.

——(1993) "Learning and Development in Neural Networks: The Importance of Starting Small." *Cognition* 48: 71-99.

Elman, Jeffrey L., E. A. Bates, M. H. Johnson, and A. Karmiloff-Smith (1996) *Rethinking Innateness: A Connectionist Perspective on Development*. Cambridge, MA: MIT Press.

Elman, Jeffrey L. (with W. C. Morris and G. C. Cottrell) (2000) "A Connectionist Simulation of the Empirical Acquisition of Grammatical Relations." In S. Wermter and R. Sun, eds. *Hybrid Neural Systems Integration*. Heidelberg: Springer-Verlag.

Elman, Jeffrey L. (with J. D. Lewis) (2001) "Learnability and the Statistical Structure of Language: Poverty of Stimulus Arguments Revisited." In *Proceedings of the Twenty-Sixth Annual Boston University Conference on Language Development*. Mahwah, NJ: Lawrence Erlbaum Associates, pp. 359-370.

Epstein, Samuel D. (2007) "Physiological Linguistics, and Some Implications Regarding Disciplinary Autonomy and Unification." *Mind* and Language 22: 44-67.

Ferguson, Thomas (1995) *Golden Rule: The Investment Theory of Parties and the Logic of Money Driven Politics*. University of Chicago Press.

Fitch, W. Tecumseh and David Reby (2001) "The Descended Larynx Is Not Uniquely Human." *Proceedings of the Royal Society of London B* 268: 1669-1675.

Fitch, W. Tecumseh, Marc Hauser, and Noam Chomsky (2005) "The Evolution of the Language Faculty: Clarifications and Implications." *Cognition* 97: 179-210.

Fodor, Jerry (1981) "The Present Status of the Innateness Controversy." In Fodor, *Representations*. Cambridge, MA: MIT Press, pp. 257-316.

(1983) *The Modularity of Mind*. Cambridge, MA: MIT Press.

(1998) *Concepts*. Cambridge, MA: MIT Press.

(2008) *LOT 2: The Language of Thought Revisited*. Oxford University Press.

(2009) "It Ain't in the Head." Review of Tye, *Consciousness Revisited*. *Times Literary Supplement*, 16 October.

Fodor, Jerry and E. Lepore (2002) *The Compositionality Papers*. Oxford: Clarendon.

Fodor, Jerry and Massimo Piattelli-Palmarini (2010) *What Darwin Got Wrong*. London: Profile Books.

Frege, Gottlob (1952) "On Sense and Reference." In P. T. Geach and Max Black, eds. *Translations from the Philosophical Writings of Gottlob Frege*. Oxford University Press, pp. 56-78.

(1879/1976) *Begriffsschrift: eine der arithmetischen nachgebildete Formelsprache des reinen Denkens*. Halle: Louis Nebert. English translation by S. Bauer-Mengelberg: "Concept Script, a Formal Language of Pure Thought Modelled upon That of Arithmetic." In Jean Van Heijenoort, ed. *From Frege to Gödel: A Source Book in Mathematical Logic, 1879-1931*. Cambridge, MA: Harvard University

Press.

Gallistel, C. R. (1990) "Representations in Animal Cognition: An Introduction." In Gallistel, ed. *Animal Cognition*. *Cognition* 37 (special issue): 1-22.

(2006) "The Nature of Learning and the Functional Architecture of the Brain." In Q. Jing et al., eds. *Psychological Science around the World*, Vol. I: *Proceedings of the Twenty-Eighth International Congress of Psychology*. Sussex: Psychology Press.

(2007) "Learning Organs." English original of "L'apprentissage des matières distinctes exige des organs distincts." In J. Bricmont and J. Franck, eds. *Cahier n° 88: Noam Chomsky*. Paris: L'Heme, pp. 181-187.

(2008) "Learning and Representation." In J. Byrne, ed. *Learning and Memory: A Comprehensive* Reference, Vol. I: *Learning Theory and Behaviour*, ed. R. Menzel. Oxford: Elsevier, pp. 227-242.

Gallistel, C. R. and John Gibbon (2001) "Computational Versus Associative Models of Simple Conditioning." *Current Directions in Psychological Science* 10: 146-150.

Gehring, Walter (2005) "New Perspectives on Eye Development and the Evolution of Eyes and Photoreceptors." *Journal of Heredity* 96 (3): 171-184.

Gelman, Rochel and C. R. Gallistel (2004) "Language and the Origin of Numerical Concepts." *Science* 306: 44-443.

Gilbert, Scott F. (2000) "Diachronic Biology Meets Evo-Devo: C. H. Waddington's Approach to Evolutionary Developmental Biology." *American Zoology* 40: 729-737.

Gleitman, Lila, K. . Cassidy, R. Nappa, A. Papafragou, and J. C. Trueswell (2005) "Hard Words." *Language Learning and Development* 1 (1): 23-64.

Gleitman, Lila and Cynthia Fisher (2005) "Universal Aspects of Word

Learning." In McGilvray (2005a), pp. 123-142.

Gleitman, Lila R. and Elissa L. Newport (1995) "The Invention of Language by Children: Environmental and Biological Influences on the Acquisition of Language." In L. Gleitman and M. Liberman, eds. *Language: An Invitation to Cognitive Science* (2nd edition). Cambridge, MA: MIT Press.

Goodman, Nelson (1949) "On Likeness of Meaning." *Analysis*, pp. 1-7.

(1951) *The Structure of Appearance*. Cambridge, MA: Harvard University Press.

(1955) *Fact, Fiction, and Forecast*. Cambridge, MA: Harvard University Press.

(1958) "The Test of Simplicity." *Science* 128: 1064-1069.

(1968) *Languages of Art: An Approach to a Theory of Symbols*. Indianapolis, IN: Bobbs-Merrill.

(1972) *Problems and Projects*. Indianapolis, IN: Bobbs-Merrill. (Contains essays on simplicity.)

Goodman, Nelson and W. V. O. Quine (1947) "Steps toward a Constructive Nominalism." *The Journal of Symbolic Logic* 12: 105-22.

Gould, Stephen J. (2002) *The Structure of Evolutionary Theory*. Cambridge, MA: Harvard University Press.

Hahn, Martin and Bjorn Ramberg (eds.) (2003) *Reflections and Replies: Essays on the Philosophy of Tyler Burge*. Cambridge, MA: Bradford Books, MIT Press.

Hauser, Marc (1997) *The Evolution of Communication*. Cambridge, MA: MIT Press.

(2006) *Moral Minds: How Nature Designed Our Universal Sense of Right and Wrong*. Ecco.

Hauser, Marc, N. Chomsky, and W. T. Fitch (2002) "The Faculty of Language: What Is It, Who Has It, and How Did It Evolve?" *Science* 298: 1569-1579.

Heim, Irene and Angelika Kratzer (1998) *Semantics in Generative Grammar*. Oxford:Blackwell.

Hinzen, Wolfram (2006) *Mind Design and Minimal Syntax*. Oxford University Press.

—— (2007) *An Essay on Names and Truth*. Oxford: Oxford University Press.

Hirsh-Pasek, Kathy and Roberta Golinkoff (1996) *The Origins of Grammar: Evidence From Early Language Comprehension*. Cambridge, MA: MIT Press.

Hornstein, Norbert (2005) "Empiricism and Rationalism as Research Strategies." In McGilvray (2005a), pp. 145-163.

Hornstein, Norbert and Louise Antony (2003) *Chomsky and His Critics*. Oxford:Blackwell.

Jackendoff, Ray and Steven Pinker (2005) "The Nature of the Language Faculty and Its Implications for the Evolution of Language." *Cognition* 97: 211-25.

Jacob, François (1977) "Darwinism Reconsidered." *Le Monde*, Sept. 1977, pp. 6-8.

—— (1980) *The Statue Within*. New York: Basic Books.

—— (1982) *The Possible and the Actual*. New York: Pantheon.

Jenkins, Lyle (2000) *Biolinguistics: Exploring the Biology of Language*. Cambridge University Press.

Kahneman, D., P. Slovic, and A. Tversky (1982) *Judgment under Uncertainty: Heuristics and Biases*. New York: Cambridge University Press.

Kauffman, Stuart (1993) *Origins of Order: Self-Organization and Selection in Evolution*. Oxford University Press.

Kayne, Richard (2000) *Parameters and Universals*. Oxford University Press.

—— (2005) "Some Notes on Comparative Syntax, with Special Reference to English and French." In Guglielmo Cinque and Richard Kayne, eds. *The*

Oxford Handbook of Comparative Syntax. New York: Oxford University Press, pp. 3-69.

Kripke, Saul (1979) "Speaker's Reference and Semantic Reference." In T. Uehling, H. Wettstein, and P. French, eds. *Contemporary Perspectives on the Philosophy of Language*. Minneapolis: University of Minnesota Press, pp. 255-276.

(1980) *Naming and Necessity*. Oxford: Basil Blackwell.

Lasnik, Howard (2004) *Minimalist Investigations in Linguistic Theory*. London: Routledge.

Lenneberg, Eric (1967) *Biological Foundations of Language*. New York: John Wiley and Sons.

(1975) *Foundations of Language Development* (2 vols.). New York: Academic Press.

Lewis, David (1975) "Languages and Language." In Keith Gunderson, ed. *Language, Mind, and Knowledge*. Minneapolis: University of Minnesota Press, pp. 163-188.

Lewontin, Richard (1998) "The Evolution of Cognition: Questions We Will Never Answer." In D. Scarborough and S. Sternberg, eds. *An Invitation to Cognitive Science*, Vol. IV. Cambridge, MA: MIT Press, pp. 107-132.

(2001) *The Triple Helix*. New York: New York Review of Books Press.

Lohndal, Terje and Narita Hiroki (2009) "Intemalism as Methodology." *Biolinguistics* 3 (4): 321-331.

Marantz, Alec (1997) "No Escape from Syntax: Don't Try Morphological Analysis in the Privacy of Your Own Lexicon." In A. Dimitriadis, L. Siegel, C. Surek-Clark, and A. Williams, eds. *Proceedings of the Twenty-First Annual Penn Linguistics Colloquium: Penn Working Papers in Linguistics* 4 (2): 201-225.

Marcus, Gary (2008) *Kluge: The Haphazard Construction of the Human Mind*. New York: Houghton Mifflin.

Mayr, Ernst (2004) *What Makes Biology Unique? Considerations on the Autonomy of a Scientific Discipline*. Cambridge University Press.

McGilvray, James (1998) "Linguistic Meanings Are Syntactically Individuated and in the Head." *Mind and Language* 13 (2): 225-280.

(1999) *Chomsky: Language, Mind, and Politics*. Cambridge: Polity Press.

(2001) "The Creative Aspect of Language Use and Its Implications for Lexical Semantic Studies." In Pierrette Bouillon and Federica Busa, eds. *The Language of Word Meaning*. Cambridge University Press, pp. 5-27.

(2002a) "MOPs: The Science of Concepts." In W. Hinzen and H. Rott, eds. *Belief and Meaning: Essays at the Interface*. Frankfurt: Hansel-Hohenhausen, pp. 73-103.

(2002b) "Introduction for Cybereditions." In Chomsky (1966/2002/2009), pp. 7-44.

(2005a) (ed.) *The Cambridge Companion to Chomsky*. Cambridge University Press.

(2005b) "Meaning and Creativity." In McGilvray (2005a), pp. 204-222.

(2006) "On the Innateness of Language." In Robert Stainton, ed. *Current Debates in Cognitive Science*. Oxford: Blackwell, pp. 97-112.

(2009) "Introduction to Third Edition." In Chomsky (1966/2002/2009), pp. 1-52.

(2010) "A Naturalistic Theory of Lexical Content?" In *Proceedings of the Sophia Linguistics Society*. Tokyo: Sophia Linguistics Society.

(Forthcoming) "Philosophical Foundations for Biolinguistics." To appear in a volume on biolinguistics, Boeckx and Grohmann, eds. Cambridge University Press.

Mikhail, John (2000) "Rawls' Linguistic Analogy: A Study of the 'Generative Grammar' Model of Moral Theory Described by John Rawls in *A Theory of Justice*." Ph. D. thesis, Cornell University.

(2011) *Elements of Moral Cognition: Rawls' Linguistic Analogy and the Cognitive Science of Moral and Legal Judgment.* Cambridge University Press.

(Forthcoming) "Moral Grammar and Intuitive Jurisprudence: A Formal Model of Unconscious Moral and Legal Knowledge." In B. H. Ross (Series ed.) and D. M. Bartels, C. W. Bauman, L. J. Skitka, and D. L. Medin, eds. *Psychology of Learning and Motivation*, Vol. 50: *Moral Judgment and Decision Making.* San Diego, CA: Academic Press.

Monod, J. (1972) *Chance and Necessity: An Essay on the Natural Philosophy of Modern Biology.* New York: Vintage Books.

Morris, Charles (1938) "Foundations of the Theory of Signs." *International Encyclopedia of Unified Science.* Otto Neurath (ed.), Vol. I (2). University of Chicago Press.

Moravcsik, Julius (1975) "Aitia as Generative Factor in Aristotle's Philosophy." *Dialogue* 14: 622-636.

(1990) *Thought and Language.* London: Routledge.

(1998) *Meaning, Creativity, and the Partial Inscrutability of the Human Mind.* Stanford, CA: CSLI Publications.

Müller, Gerd (2007) "Evo-devo: Extending the Evolutionary Synthesis." *Nature Reviews Genetics* 8 (10): 943-949.

Nagel, Thomas (1974) "What Is It Like to Be a Bat?" *Philosophical Review* 83 (4):435-450.

Nevins, Andrew Ira, David Pesetsky, and Cilene Rodrigues (2007) "Pirahã Exceptionality: a Reassessment." *Current Anthropology* 46: 621-646.

Onuma, Y., S. Takahashi, M. Asashima, S. Kurata, and W. J. Gehring (2002) "Conservation of Pax 6 Function and Upstream Activation by Notch Signaling in Eye Development of Frogs and Flies." *Proceedings of the National Academy of Sciences* 99 (4): 2020-2025.

Petitto, Laura A. (1987) "On the Autonomy of Language and Gesture:

Evidence from the Acquisition of Personal Pronouns in American Sign Language." *Cognition* 27 (1): 1-52.

(2005) "How the Brain Begets Language." In McGilvray (2005a), pp. 84-101.

Piattelli-Palmarini, Massimo (1980) (ed.) *Language and Learning: The Debate between Jean Piaget and Noam Chomsky.* Cambridge, MA: Harvard University Press.

(1994) *Inevitable Illusions.* New York: J. Wiley and Sons.

Pietroski, Paul (2002) "Meaning before Truth." In G. Preyer and G. Peter, eds. *Contextualism in Philosophy.* Oxford University Press, pp. 253-300.

(2005) *Events and Semantic Architecture.* Oxford University Press.

(2008) "Minimalist Meaning, Internalist Interpretation." *Biolinguistics* 2 (4): 317-341.

Pietroski, P. and Crain, S. (2002) "Why Language Acquisition Is a Snap." *Linguistic Review* 19: 63-83.

(2005) "Innate Ideas." In McGilvray (2005b), pp. 164-180.

Pinker, Steven and P. Bloom (1990) "Natural Language and Natural Selection."*Behavioral and Brain Sciences* 13 (4): 707-784.

Pinker, Steven and R. Jackendoff (2005) "The Faculty of Language: What's Special about It?" *Cognition* 95: 201-236.

Prinz, Jesse (2002) *Furnishing the Mind.* Cambridge, MA: MIT Press.

Pustejovsky, James (1995) *The Generative Lexicon.* Cambridge, MA: MIT Press.

Putnam. Hilary (1975) "The Meaning of 'Meaning'." In Putnam, *Mind, Language and Reality*, Philosophical Papers, Vol. 2. Cambridge University Press, pp. 215-271.

Quine, Willard Van Orman (1960) *Word and Object.* Cambridge, MA: MIT Press.

Rey, Georges (2003) "Chomsky, Representationality, and a CRTT." In L.

Antony and N. Hornstein, eds. *Chomsky and His Critics*. Oxford: Blackwell, pp. 105-139.

Ruan, C.-Y., V. A. Lobastov, F. Vigliotti, S. Chen, and A. H. Zewail (2004) "Ultrafast Electron Crystallography of Interfacial Water." *Science* 2 304 (5667): 80-84.

Russell, Bertrand (1948) *Human Knowledge: Its Scope and Limits*. London: George Allen and Unwin.

Salazar-Ciudad, I. (2007) "On the Origins of Morphological Variation, Canalization, Robustness, and Evolvability." *Integrative and Comparative Biology* 47 (3):390-400.

Samuels, R. (2002) "Nativism in Cognitive Science." *Mind and Language* 17:233-265.

Sellars, Wilfrid (1951) "Some Reflections on Language Games." *Philosophy of Science* 21: 204-228. Reprinted in Sellars (1963b).

(1956) "Empiricism and the Philosophy of Mind." In H. Feigl and M. Scriven, eds. *Minnesota Studies in the Philosophy of Science*, Vol. I: *The Foundations of Science and the Concepts of Psychology and Psychoanalysis*. Minneapolis: University of Minnesota Press, 253-329. Reprinted in Sellars (1963b).

(1963a) "Philosophy and the Scientific Image of Man." In R. Colodny, ed. *Frontiers of Science and Philosophy*. Pittsburgh: University of Pittsburgh Press, pp. 35-78. Reprinted in Sellars (1963b).

(1963b) *Science, Perception, and Reality*. London: Routledge and Kegan Paul.

Skinner, B. F. (1957) *Verbal Behavior*. Century Psychology Series. East Norwalk, CT: Appleton-Century-Crofts.

(1971) *Beyond Freedom and Dignity*. New York: Alfred A. Knopf.

Spelke, Elizabeth (2003) "What Makes Us Smart? Core Knowledge and Natural Language." In Dedre Gentner and Susan Goldin-Meadow, eds. *Language in Mind: Advances in the Study of Language and Thought*.

Cambridge, MA: Bradford Books, MIT Press, pp. 277-311.
(2004) "Conceptual Precursors to Language." *Nature* 430: 453-456.
(2007) "Core Knowledge." *Developmental Science* 10 (1): 89-96.
Sperber, Dan and Deirdre Wilson (1986/1995) *Relevance: Communication and Cognition* (1st and 2nd editions). Oxford: Blackwell.
Tattersall, Ian (1998) *The Origin of the Human Capacity* (68th James Arthur Lecture on the Evolution of the Human Brain), American Museum of Natural History.
Thompson, D'Arcy (1917/1942/1992) *On Growth and Form*. Ed. John Tyler Bonner; foreword by Stephen Jay Gould. Cambridge University Press.
Tomalin, Marcus (2003) "Goodman, Quine, and Chomsky: From a Grammatical Point of View." *Lingua* 113: 1223-1253.
(2006) *Linguistics and the Formal Sciences: The Origins of Generative Grammar*. Cambridge University Press.
(2007) "Reconsidering Recursion in Linguistic Theory." *Lingua* 117: 312 1784-1800.
Turing, Alan (1937) "On Computable Numbers, with an Application to the Entscheidungsproblem." *London Mathematical Society*, Series 2, 42: 230-265.
(1950) "Computing Machinery and Intelligence." *Mind* 59: 433-460.
(1992) *Collected Works of Alan Turing: Morphogenesis*. Ed. P. T. Saunders. Amsterdam: North Holland.
Tversky, Amos and Daniel Kahneman (1974) "Judgment under Uncertainty." *Science, New Series* 185 (4157): 1124-1131.
Waddington, Conrad H. (1940) *Organisers and Genes*. Cambridge University Press.
(1942) "Canalization of Development and the Inheritance of Acquired Characters." *Nature* 150: 563-565.
Warrington, Elizabeth K. and S. J. Crutch (2005) "Abstract and Concrete

Concepts Have Structurally Different Representational Frameworks."
Brain 128: 615-627.

Weckerly, J. and J. L. Elman (1992) "A PDP Approach to Processing Center-Embedded Sentences." In *Proceedings of the Fourteenth Annual Conference of the Cognitive Science Society*. Hillsdale, NJ: Erlbaum.

Wernet, Ph. , D. Nordlund, U. Bergmann, M. Cavalleri, M. Odelius, H. Ogasawara,L. Å. Naslund, T. K. Hirsch, L. Ojamäe, P. Glatzel, L. G. M. Pettersson, and A. Nilsson (2004) "The Structure of the First Coordination Shell in Liquid Water." *Science* online,1 April 2004.

Wittgenstein, Ludwig (1922) *Tractatus Logico-Philosophicus*. Trans. C. K. Ogden (prepared with assistance from G. E. Moore, F. P. Ramsey, and L. Wittgenstein). London: Routledge &. Kegan Paul. (Parallel edition including the German text on the facing page to the English text: 1981.)

—— (1953) *Philosophical Investigations*. Trans. Elizabeth Anscombe. Oxford:Blackwell.

Yang, Charles (2002) *Knowledge and Learning in Natural Language*. New York:Oxford University Press.

—— (2004) "Universal Grammar, Statistics, or Both?" *Trends in Cognitive Science* 8 (10): 451-456.

Zubavicus, Yan and Michael Grunze (2004) "New Insights into the Structure of Water with Ultrafast Probes." *Science* 304 (5673), 14 May.

索引[1]

abduction 溯因推理, 168、183、246、248

acqisition of language 语言获得, 225、244

  adequate explanation of 语言获得的充分解释, 22、60、149、235、244、245、246

  behaviorist view of 语言获得的行为主义观, 222、224

  and canalization 语言获得和渠限化, 39

  early timing of 语言获得的初期时段, 55、56

  and the format of language 语言获得和语言范式, 82

  and grammar 语言获得和语法, 24

  and linguistic theory 语言获得和语言学理论, 24

  and parameters 语言获得和参数, 97

  and poverty of the stimulus 语言获得与刺激贫乏, 23

  and semantics 语言获得和语义学, 193

  study of 语言获得研究, 84

  universal principles of 语言获得的普遍原则, 245

activism 行动主义, 119

adaptation 适应, 157、169

  evidence for 适应的证据, 170、172

adaptationism 适应论, 68、171、172

adjunction 附加, 201、234、264

agency 施动性, 124-128

algorithms 算法, 64、166

altruism 利他主义, 104、106

animal communication systems 动物交际系统, 12、20、33、197、262

animal, and concepts 动物、动物和概念, 26、30、33、203

Ariew, André 安德雷·阿琉, 277

Aristotle 亚里士多德, 26、162、163

articulatory system 发声系统, 69

Austin, John 约翰·奥斯汀, 129、160

---

[1] 【编注】索引中所注明的页码为原书页码, 即本书边码。

baboons 狒狒, 143、202
Baker, Mark 马克·贝克, 39、55、83、241
bees 蜜蜂, 20、106
behavior, study of 行为、行为研究, 138-151、286
behaviorism 行为主义, 66、89、186、286
　criticism of 对行为主义的批评, 285
　andevolution 行为主义和进化, 173
　and language acquisition 行为主义和语言获得, 222、225、282、284
　and learning 行为主义和学习, 180
belief 信念, 138、140
　I-beliefs I-信念, 153-156
　irrational 非理性信念, 140
　religious 宗教信念, 141
　study of 信念研究, 139
Berkeley 贝克莱, 127
Bilgrami, Akeel 阿奇尔·比尔格兰米, 113
binding theory 约束理论, 37、237、238、276、290
biolinguistics 生物语言学, 5、91、246
biological limits 生物局限, 133-137
biological system, properties of 生物系统、生物系统属性, 22
biology 生物学, 157
　autonomy of 生物学自主, 175

explanation in 生物学解释, 158
folk biology 民俗生物学, 223
function-for-an-organism 有机体生物学功能, 169-174
function in 生物学功能 174-175
Bloom, Paul 波尔·布鲁姆, 166、170、172、176
Boltzmann, Ludwig 路德维格·鲍尔茨曼, 18
Borer, Hagit 海吉特·鲍莱, 166、194、229
Boyle, Robert 罗伯特·波义耳, 67
Bracken, Harry 哈利·布莱肯, 114
Braille 布莱叶文字系统, 44
brain 大脑; see also cognitive faculties 同时参看"认知官能"
　evolution of 大脑进化, 49
　size of 脑尺寸, 54
　structure of 脑结构, 48
bricolage 修补, 24、243
British Empire 大英帝国, 121、122
Brody, Michael 迈克尔·布洛迪, 83
Burge, Tyler 泰勒·伯格, 130、289
Butterworth, Brian 布里恩·巴特沃斯, 16
Byrd, Robert 罗伯特·伯德, 123
c-command 成分统制, 79、232-238、276
canalization 渠限化, 39-45、96、239-242、278、279、286
　and parameters 渠限化和参数,

索 引

45、276-277
Carey, Sue 苏·凯瑞, 72、97、128
Carnap, Rudolf 鲁道夫·卡尔纳普, 250
Carroll, Sean B. 西恩·B. 卡罗, 279
Carruthers, Peter 皮特·卡鲁舍斯, 162
causation 致使, 141、193、198
chemistry 化学, 19、65、73、88、156
Cherniak, Christopher 克里斯托弗·舍尼尔克, 60、277
children 儿童
    acquisition of language 儿童语言获得, 56、244-246
    dysarthria 儿童构音障碍, 43
    language capacities of 儿童语言能力, 70
    speech production 儿童话语产出, 281
    Williams Syndrome 威廉姆斯综合症, 46
Chomsky, Carol 卡罗尔·乔姆斯基, 44-45
Chomsky, Noam 诺姆·乔姆斯基
    Influence of 乔姆斯基的影响, 2
    Intellectual contributon of 乔姆斯基学术贡献, 76-79、285
    on natural science 乔姆斯基论自然科学, 183-185
    personal relationship with Goodman 乔姆斯基和古德曼的私人关系, 91-92
    role of simplicity in his work 乔姆斯基著作中简单性的作用, 80-85
Church, Alonzo 阿隆佐·邱奇, 64
Churchland, Patricia 帕特里西亚·丘吉兰德, 212
cognitive development 认知发展, 70
cognitve faculties 认知官能, 1、154、179、202、212、259、260、267、271、280
    biological basis of 认知官能生物基础, 103、172
    distinctiveness of human 人类认知官能的独特之处, 178
    evolution of 认知官能的演化, 78
    limits of 认知官能的限度, 97、133、134、146、184、189、247、289、290
    predetermination of 认知官能的先决性, 98
    and truth 认知官能和真理 136
cognitive science 认知科学, 127、247
Collins, John 约翰·柯林斯, 277
color 颜色, 247-248
    advervial account of 颜色的状语化解释, 258、260
    science of 颜色科学, 192、247、257、259

common sense 常识,73、124-128、180、189、209、211、259、280
　concepts 常识概念,161、271、272、284
　understanding of functions 功能的常识性理解,158-166
communication 交际 11-20、44、50、51、164、166、176
animal communication system 动物交际系统,12、20、33、197、262
evolutioin of 交际的进化,20、58
computation 运算,31-32、65、161、174、195、213、281-282
　efficiency of 运算效率,39、60、61、148
　linguistic 语言运算,265
　optimal 最佳运算,62
　phases of 运算阶段,278
concepts 概念,26、202、267
　acquisition of 概念获得,200、230、268
　adverbial account of 概念的状语性解释,260
　of animals 动物概念,203
　artifact concepts 人造概念,162、284
　atomic 原子概念,34、275
　Chomsky's views on 乔姆斯基的概念观,188
　commonsense concepts 常识性概念,126、161、267、271、284
　complexity of 概念复杂性,201
　compositional character of 概念的组合性特征,190、194、268

　errors in thinking about 概念思考中的错误,186-196
　and externalism 概念和外在主义,220
　I-concept I-概念,153-156
　innateness 概念先天性,284
　and internalism 概念和内在主义,198、255-257
　intrinsic content of 概念的固有内容,199
　lexical concepts 词汇概念,190
　linguistic expression of 概念的语言表达,197、203、230
　location of 概念的居所,260
　nature of human 人类概念的本质,77、177、230、268、274、284
　origin of 概念的起源,26
　properties of 概念属性,40、204
　and reasoning, 概念和推理,180
　relational 关系性概念,35
　scientific 科学概念,184、279
　theories of 概念理论 186-194、196
　under- or overspecification of 概念说明不足或者过度说明,193、195
　uniqueness of human concepts 人类概念的独特性,21-30、33-35、196-205、263
conceptual intentional systems 概念-意向系统,14
conceptualism 概念论,130
Condition C 约束 C 原则,37、238、275

conjunctivism 合取主义,254
connectionism 连接主义,67、179、
　　180、200、220、225、282
consciousness 意识,98
constructivism 建构主义,97、206、
　　208、285
conventions 规约,221、223
cooperative societies 合作型社会,
　　103、105
corporations, CEOs of 公司、公司首
　　席执行官,147
Crain, Stephen 史蒂芬·克莱
　　恩,254
creative aspect of language use 语言
　　使用的创造性,5、6、204、210、
　　253、262
　　impact on the study of language
　　语言使用的创造性对语言研究的
　　影响,227、263
　　origin of 语言使用的创造性来源,
　　97
Cudworth, Ralph 拉尔夫·卡德沃
　　思,40、163、267
culture 文化,121、178
Dalton, John 约翰·道尔顿,88
Darwin, Charles 查尔斯·达尔
　　文,171
Davidson, Donald 唐纳德·戴维森,
　　35、112、139、140、141、166、198
Dawkins, Richard 理查德·道金

斯,105
debating 辩论,116
decision 决定,52
democracy 民主,118
denotation 外延,188、215、218; see
　　also meaning, reference 同时参看
　　"意义""指称"
derivation of sentences 句子推导,
　　193、238、281
Descartes, René 勒奈·笛卡尔,74、
　　246、286、289
　　animals 动物,124、177
　　linguistics 笛卡尔语言学,63、178
　　reason 理性,124、139、178
description 描述,90、134
design 设计,50-58、139、172、
　　175、265
　　connotation of the word 词语内
　　涵,50
desire 愿望,138
determinism 决定论,141、280-
　　291、290
development 发展,46-49、59、73、
　　158、279
　　constraints on 发展限制,245
　　epigenetic factors 发展表观遗传
　　因素,242
　　phenotypical 显形发展,171
Dewey, John 约翰·杜威
discourse domains 话语域,207

displacement 异位, 25、108
dispositional terms 倾向性描述语, 192
dissection 切分, 203
dissociation 分离, 16
dominance hierarchies 统治阶层, 143、237
dualism, methodological 二元论、方法论二元论, 288
Dummett, Michael 迈克尔·达米特, 57
dysarthria 构音障碍 43
economics 经济学, 144
Elman, J. L. J. L. 埃尔曼, 225/283
empiricism 经验主义, 6、187、247、267、283
    attractions of 经验主义吸引力, 286
    cognitive capacities 认知能力, 178、180
    criticism of 对经验主义的批评, 285
    functionalism 功能主义, 186
epistemology 认知论, 133-137、157
Epstein, Samual 萨缪尔·爱普斯坦, 83
ethology 个体生态学, 21
Everett, Dan 丹·艾伍瑞特, 30
evidence for theories of 理论证据, 143
evolution 进化, 12-15、23、41、53、60、173、266、279、285; see also human evolution 同时参看"人类进化"
    and behavisorism 进化和行为主义, 67、76
    and human nature 进化和人类本质, 103-107
    minimalist reading of 进化的最简主义解读, 78、200
    natural selection 自然选择, 58、76、104、143、157、172
evolution of language 语言进化, 20、53、170、172、176
    speed of 语言进化速度, 24、44-45、103
    study of 语言进化研究, 51、77、105
evolution-development（evo-devo）studies 进化-发展研究, 158、171、279、286
experience 经验, 148
explanation 解释, 96、132、136、174
    adequacy of 解释充分性, 244、245
    best theory 最佳理论, 96、135、148、184、246
    in biology 生物学解释, 158
    and description 解释和描述, 90
    scientific 科学解释, 128
externalism 外在主义, 130、153、189、260、273、289
    attraction of 外在主义吸引力, 214
    criticism of 对外在主义的批评, 209-231
eye, evolution of, 眼、眼的进化, 46、105、279

facial recognition 面部识别, 69
faculty of language 语言官能, 36、74、172、177、243、260、270
　adicity 价, 198、199
　broad 广义语言官能, 36、172、269
　narrow 狭义语言官能, 36、172、269
　perfection of 语言官能的完美性, 50
Ferguson, Thomas 托马斯·弗古逊, 145
first factor considerations 对第一因素的考虑, 45、96、148
Fitch, W. T. W. T. 费切, 60、170、172、268、269
Fodor, Janet 简妮特·福多, 55
Fodor, Jerry 杰里·福多, 189、195、228、259
　computational theory of mind 心智的计算理论, 280
　concepts 概念, 34、201
　denotation 外延/指称集, 191、218、219
　evolution 进化, 58、279
　language of thought 思维语言, 27、71、189、190、220、230、269
　meaning 意义, 194、217、269
　modes of presentation (MOPs) 呈现方式, 187、190、217、218、219、275
　nativism 天赋论, 187、188
formal languages 形式语言, 16、17、289

Foucault, Michel 米歇尔·福柯, 120
freedom 自由, 143、153、177、280-281、290
Frege, Gottlob 戈特洛布·弗雷格, 155、215、251
　semantics 语义学, 214、215、251、252
　senses 意义, 251/253
functions 功能/函数, 11-20、157-170、262
　in biology 生物学功能, 169-174
　concept of 功能的概念, 11
　definition of 功能的定义, 167
　formal function 形式功能/函数, 166-169
　function-of-an-organ 器官的功能, 174-175
　intensional specification of 功能的内涵式说明, 167
　interest-dependent 依附于利益的功能, 158-166
　in mathematics and natural science 数学和自然科学中的功能/函数
Galileo 伽利略, 18、88
Gallistel, C. R. C. R. 加里斯特尔, 26、33、197、203、268
Gandhi, Mahatma 马哈特马·甘地, 114、144
garden path sentences 花园路径句, 50
Gauss, Carl F. 卡尔·F. 高斯, 127

Gehring, Walter 沃尔特·格林, 46、171、258、279
genes 基因, 46-49、148、173
    master genes 主宰基因, 279、280
    and Merge 基因和合并, 49
    PAX-6 PAX-6 基因, 46、280
    universial genome 普遍基因组, 53
Gleitman, Lila 里拉·格莱特曼, 196
Godwin, Richard 理查德·戈德温, 123
Golinkoff, Toberta 涂博塔·格林考夫, 196
Goodman, Nelson 尼尔森·古德曼, 81、83、88、261、285
    behaviorism 行为主义 89、285
    and Chomsky 尼尔森·古德曼和乔姆斯基, 86-92
    constuctimism 建构主义, 285
    nominalism 唯名论, 87、91
    personal relation with Chomsky 尼尔森·古德曼与乔姆斯基的私人关系, 91-92
Gould, Stephen J. 史蒂芬·J. 古尔德, 158、170、172、173
grammar 语法 277-278
    and acquisition of language 语法和语言获得, 24、60
    artifacts in theories of 语法理论中的非自然物, 238
    extensional equivalence of 语法外延对等, 153
    finite state 有限状态, 232
    generative 生成语法, 63、85、91、96、99
    generative capacity 生成能力, 236
    phrase structure 短语结构, 233、235
    structure and hierarchy 结构与级层, 236
    transformational 转换语法, 25
"great leap forward" 大跃进, 13、70、179
growth 生长, 40、73、77
    cognitive growth 认知生长, 121
    developmental constraints on 生长的发展性限制, 41、45、158
Haldane, J. B. S. J. B. S. 汉尔顿, 51、53
Hale, Kenneth 肯尼斯·霍尔, 17、62
Halle, Morris 莫里斯·海尔, 21
Hamilton, William D. 威廉·D. 汉密尔顿, 104
Harman, Gilbert 吉尔伯特·哈曼, 100
Harris, Zellig 泽里格·哈里斯, 38、80、81、86
Hauser, Marc 马克·豪斯, 100、109、286
    evolution of communication 交际的演化, 12、58
    faculty of language 语言官能, 60、170、172、268、269

hearing 听觉, 48
Helmholtz, Hermann von 荷尔曼·冯·亥姆霍兹, 73、97
Herbert of Cherbury 舍伯里的赫伯特, 181
Higginbotham, Jim 吉姆·希金波萨姆, 129、130
Hirsh-Pasek, Kathy 凯西·赫胥-帕赛克, 196
homunculus 脑中侏儒, 37、290
Hornstein, Norbert 诺伯特·霍恩斯坦, 29、183、265
human behavior 人类行为, 138-151、286
human evolution 人类进化, 2、13、71
    developmental constraints on 人类进化的发展性限制, 41
    "great leap forward" 大跃进, 13、70、77
human nature 人类本质, 95-102、108-112
    and biological capacities 人类本质和生物能力, 95
    Chomsky on 乔姆斯基论人类本质, 95-102
    determined and uniform 确定和统一的人类本质, 95、99
    distinctiveness of 人类本质的独特性, 176-179
    enlightenment conception of 人类本质的启蒙观念, 142
    and evolution 人类本质和进化, 103-107
    "great leap forward" 大跃进, 179
    moral agency 道德施动性, 101
    plasticity of 人类本质的可塑性, 121
humanitarian intervention 人道主义干涉, 121、122、287
humans, genetic variation 人类、基因变异, 13
Hume, David 大卫·休谟, 26、90、99、106、179
    color problem 颜色问题, 247-248、286
    theory of moral nature 道德本质理论, 63、99、109
Huxley, Thomas 托马斯·赫胥黎, 23
I-beliefs I-信念, 153-156
    definition of I-信念的定义, 156
I-concepts I-概念, 153-156
    definition of I-概念的定义, 155
I-language I-语言, 81、153-156、164、239、258、266
    intensional specification of I-语言内涵式说明
imagination 想象, 70、161
inclusiveness 现有性, 62、181
induction 归纳, 88、90、95
inference 推理, 73、165、221
information 信息, 208、213、218、228、229、254
    pragmatic 语用信息, 30

semantic 语义信息, 29、260

innateness 先天性 39-45、60、89、91、255、267、284

innatism 先天论, 123

innovation 创新, 71、74、95、177、178、185、282

    technological 技术创新, 145

insects, study of, 昆虫、昆虫研究, 147

instinct 本能, 96、143、178、181、247、248、287

instrumentalism 工具主义, 211

intention (see also nativism) 意向（同时参看"天赋论"）, 163

internalism 内在主义, 6、228、248、262-263、269、278

    and concepts 内在主义和概念, 188、190、209、255-257、260、272

intuitions 直觉, 125、126

island sentences 孤岛句, 50

Jackendoff, Ray 雷·杰肯多夫, 170、172

Jacob, François 弗朗索瓦·雅各布, 24、53、60、243

Joos, Martin 马丁·修斯, 145

justice 正义, 120

Kahneman, Daniel 丹尼尔·卡纳曼, 140

Kant, Immanuel 伊曼努尔·康德, 90

Kauffman, Stuart 斯图亚特·考夫曼, 21、22、266

Kayne, Richard 理查德·凯恩, 55、84、241

Keller, Helen 海伦·凯勒, 45

Kissinger, Henry 亨利·基辛格, 101、107、113、287

Klein, Ralph 拉尔夫·克莱恩, 111

knowledge 知识, 70、193; see also information 同时参看"信息"

Kripke, Saul 索尔·克里普克, 126

Kropotkin, Peter 彼特·克劳波特金, 103、111

language 语言

  and agency 语言和施动性, 124-128

  as an animal instinct 作为动物本能的语言, 178

  and arithmetical capacities 语言和算术能力, 16

  and biology 语言和生物学, 21-30、80、235、284

  biophysical explanations of 语言的生物物理学解释, 208

  and brain morphology 语言和大脑形态学, 46

  capacity for 语言能力, 70、164

  characteristic uses of 语言典型使用, 11-12

  cognitive benefits of 语言的认知

效益, 2

competence and use 语言能力和语言使用, 63

and complex thought 语言和复杂思想, 1

complexity of 语言复杂性, 52、146

compositional character of 语言的组合性特征, 37

computational theory of 语言计算理论, 174、272

and concepts 语言和概念 71、198

conceptual resources of 语言的概念资源, 212

displacement property 异位属性, 16

distinctive features 区别性特征, 22

domination 支配, 232-238

expectatons for 对语言解释的期冀, 54

externalization of 语言外化, 52、78、79、153、222、278

flexibility 灵活性, 95、162、197、210、224、227

formal languages 形式语言, 16、17、289

formal theory of 语言的形式理论, 21-30

functions of 语言功能, 11-20、164、165

generative capacity 生成能力, 49

head-first 中心语居前, 240

hierarchical structure 级层结构, 232-238

I-language I-语言, 153-156、164、239、258、266

interface conditions 接口条件, 25

internal 内在语言, 37

internal, individual and intensional 内在的、个体的、内涵的, 37、154、167

internal use of 语言的内在使用, 52、69、124、153、160、197、262-263、272-274

a "knowledge" system "知识"系统, 187、193

localization of 语言的脑局部化, 46、59、69-74

and methematics 语言和数学, 181

modularity of 语言模块化, 59

movement property 移位属性, 16、85、108、264-265

as a natural object 语言作为自然物体, 2、7

nominalizing languages 名物化语言, 155

open texture of 语言的开放性语质, 273

and other cognitive systems 语言和其他认知系统, 271

phonetic features 语音特征, 42、57

precursors of 语言的先质, 43、77

properties of 语言的属性, 22、37、60、62
public language 公共语言, 153、288
purposes of 语言意向, 244
and reason 语言和理性, 181
result of historical events 历史事件所致, 84
rules of 语言规则, 165、221、223、224、225、283、284
and science 语言和科学, 124-128
sounds available in 语言可用的声音, 282
structural features of 语言的结构特征, 42
structure of 语言结构, 236、277-278
study of 语言研究, 36、76、79、154; see also linguistics 同时参看"语言学"
theories of 语言理论, 164、193、239、243、285
unboundedness 无限性, 177、262
uniqueness to humans 人类特有性, 150
variation in the use of 语言使用中的差异, 164、239-242
language faculty 语言官能, 74、172、177、243、260、261、270
  adicity requirements of 语言官能的配价要求, 198、199
  perfection of 语言官能的完美性, 50

language of thought 思维语, 27、71、189、190、220、230、269
Lasnik, Howard 霍华德·拉斯尼克, 85
learning 学习, 95、180、200、226、281、282
  empiricism and 经验主义和学习, 173、179
  learning a language 学习一门语言, 187、225、226
Lenneberg, Eric 艾瑞克·林伯格, 21、43、47、59
Lepore, E. E. 乐颇, 195
Lewis, David 戴维·路易斯, 153、165、220、222、223、224
Lewontin, Richard 理查德·勒旺汀, 58、157、170、172、173、175、231
lexical items 词项, 62
  categories of 词类, 234
  origin of 词类的来源, 46
liberalism 自由主义, 98
linguistic communities 语言社团, 222
linguistic development 语言发展, 39; see also development 同时参看"发展"
linguistic practices 语言行为规则, 221、223
linguistic principles 语言原则, 237、276
linguistics 语言学, 19、36、82、145
  and biology 语言学和生物学, 150
  first factor considerations 对第一因素的考虑, 45、96、148

and natural science 语言学和自然科学, 38
and politics 语言学和政治, 152
procedural theories in 语言学中的程序理论, 149
second factor considerations 对第二因素的考虑, 148、277
structural 结构语言学, 80
theories of 语言学理论, 87、265
third factor considerations: see separate entry 对第三因素的考虑; 参看"第三因素"
Locke, John 约翰·洛克, 26、125、267
personal identity 个体身份, 31、271
secondary qualities 第二性质, 256
logic, formal 逻辑、形式逻辑, 251
Logical Structure of Linguistic Theory 《语言理论的逻辑结构》, 84-85
Lohndal, Terje 特耶·隆达尔, 57
Lorenz, Konrad 康拉德·洛伦兹, 21
Marx, Karl 卡尔·马克思, 122
mathematics 数学, 127、165、214、215、266
capacity for 数学能力, 15、136
formal functions in 数学形式函数, 166-169
and language 数学和语言, 181
semantics for 数学语义学, 251、252
Mayr, Ernst 恩斯特·玛尔, 174
meaning 意义, 29、98、199、206、250、252、270、273
computational theory of 意义的计算理论, 213
construction of a science of 意义科学的构建, 226-230
externalist science of 意义的外在主义科学, 209-220
methodology for a theory of 意义理论方法论, 226、227
study of 意义研究, 261
theories of 意义的各种理论, 221
theory of 意义理论 212、214、217、226
Mehler, Jacques 杰克斯·梅勒, 55
Merge 合并, 16、77、91、181、236、243、263、279-280
centrality of 合并的中心地位, 41、60、62、176、245
consequences of 合并结果, 17
and edge properties 合并及边界属性, 17、41
Merge, external 合并、外部合并, 17、166、201、238、263
Merge, internal 合并、内部合并, 16、25、29、85、201、238、264
mutation giving rise to 突变导致合并, 43、52
origin of 合并的来源
Pair Merge 对偶合并, 201、264
and psychic identity 合并和心理

身份,28
uniqueness to humans 人类特有性,25、200、205
metaphor 隐喻,195
metaphysics 形而上学,125、157
Mikhail, John 约翰·米克海尔,63、99、100、109、129、286
Mill, John Stuart 约翰·斯图亚特·密尔,121、122、287
Miller, George 乔治·米勒,81
mind 心智
  as a causal mechanism 作为因果机制的心智,138
  computational sciences of 心智的计算科学,247
  computational theory of 心智的计算理论,280
  philosophy of 心智哲学,186、255
  place of language in 语言在心智中的地位,69-74
  representational theory of 心智表征理论,162、188
  science of 心智科学,138-151、212、288
  theory of 心智理论,14
Mininalist Program 最简方案,24、83、84、233、235-236、237、245、246、264
  and adaptationalsim 最简方案和适应论,172
  aim of 最简方案的目标,42、199

simplicity and 简单性和最简方案,80、243、285
modes of presentation (MOPs) 呈现方式,187、190、217、219、275
  roles of 呈现方式所起的作用,218
morality 道德,99、100、109、287
  character of 道德特征,110
  conflicting systems 互相冲突的系统,114
  generation of acton or judgment 行动或判断的生成,110
  moral truisms 道德的常识真理,101、102
  theories of 道德理论,110、135
  trolley problems 电车问题,109
  and universalization 道德和普遍化,113-117
Moravcsic Julius 尤利叶·莫拉夫斯克,164
morphemes 词素,81、149
morphology 形态学,52、54、195
  distributed 分布形态学,27
  and syntax 形态学和句法学,200
Morris, Charles 查尔斯·莫里斯,250
Move 移位,108
mutations 基因突变,14、43、170、171
  survival of 基因变异的存留,51、53
mysterianism 神秘主义,97
Nagel, Thomas 托马斯·纳格尔,98
Narita, Hiroki 成田广树,57

nativism 天赋论, 187、217、283
natural numbers 自然数, 204
natural science 自然科学, 18、38
natural selection 自然选择, 58、76、104、143、157
Navajo language 纳瓦霍语, 277
neural networks 神经网络, 225
neurophysiology 神经生理学, 74
Newton, Isaac 艾萨克·牛顿, 66、67、72、88、127、134
    alchemy 炼金术, 67
nominalism 唯名论, 87、91
non-violence 非暴力, 114
Norman Conquest 诺曼征服, 84
objective existence 客观存在, 169
optimism 乐观主义, 118-123、288
parameters 参数, 29-45、54、239-242、277、282、283
    and acquisition of language 参数和语言获得, 241
    choice of 参数选择, 45、83
    developmental constraints in 参数中的发展限制, 243
        functional categories 功能语类, 240
    head-final 中心语后置, 55、240
    headedness macroparameter 中心语宏观参数, 241、276
    linearization parameter 线性化参数, 55

macroparameters 宏观参数, 55
microparameters 微观参数, 55、84、241
polysynthesis 多成分综合, 55
and simplicity 参数和简单性, 80
Peck, James 詹姆斯·派克 288
Peirce, Charles Sanders 查尔斯·桑德斯·皮尔士, 96、132、184、250
    abduction 溯因推理, 168、183、246、248
    truth 真理, 133、136
perfection 完美性, 50-58、172、175、263-264、279
person, concept of 人, "人"的概念, 125、126、271、284
    "forensic" notion of 法律意义上的概念"人", 125
persuasion 说服, 114、116
Pesetsky, David 戴维·皮斯特斯基, 30
Petitto, Laura-Ann 劳拉-安·佩蒂特, 48、78
phenomenalism 现象论, 211
philosophers 哲学家, 129-131、282、283
    contribution of 哲学家的贡献, 129
    contribution to science 对科学的贡献, 129
philosophy 哲学, 181
    accounts of visual sensations 对视觉感知的解释, 255-257
    of language 语言哲学, 35、273

of mind 心智哲学, 186、255
  problems in 哲学研究中的问题, 286
  and psychology 哲学和心理学, 140
  phonemes 音位, 81
phonetic/phonological interfaces 语音或音系接口, 161、194、253、278
phonology 音系学, 28、40、52、54、57、109、208
physicalism 物理主义, 187
physics 物理学, 19、65、106、114
  and chemistry 物理学和化学, 65
  folk physics 民俗物理学, 72
  theoretical 理论物理学, 18、65、73、100
Piattelli-Palmarini, Massimo 马斯沫·皮亚特里-帕尔玛里尼, 140、246、279
Pietroski, Paul 保罗·皮埃特洛斯基
  concepts 概念, 47、199、200、209
  semantics 语义学, 198、211、223、229、254
Pinker, Steven 史蒂文·平克, 166、170、172、176
Pirahã language 皮拉罕语, 30
politics 政治, 116、119、145、146、152
poverty of the stimulus observations 刺激贫乏观察, 5、23、40、177、200、227、233、262
power 权力, 120

pragmatic information 语用信息, 30
pragmatics 语用学, 36、130、250-254、289
  definition of 语用学定义, 250
  and reference 语用学和指称, 253
principles and parameters approach to linguistic theory 语言学理论的原则与参数路径, 24、53、235、236、240、245、276
  language acquisition 语言获得 60、82、83、149
  and simplicity 语言学理论的原则与参数路径和简单性, 246
progress 进展, 118、145、183
projection problem 投射问题, 83、89
prosody 韵律, 37
psychic continuity 心理连续性, 26、205、207、271
psychology 心理学, 219
  of belief and desire 信仰与愿望心理学, 138、141
  comparative 对比心理学, 21
  evolutionary 进化心理学, 103-107、111
  folk psychology 民俗心理学, 72、141
  and philosophy 心理学和哲学, 140
  rationalistic 理性主义心理学, 255
  scientific 科学心理学, 140
psychology, comparative 心理学、对比心理学, 21

319

public intellectuals 公共知识分子, 122

Pustejovsky, James 詹姆斯·帕斯特约夫斯基, 164、195

Putnam, Hilary 希拉里·普特南, 95、126、138

Quine, W. V. O. W. V. O. 蒯因, 32、68、89、153、215、273、288

rationalism 理性主义, 5、178、181、260、283

rationality 理性, 114、140、142、178、180、181、265

  scientific 科学理性, 105、123

Rawls, John 约翰·劳尔斯, 129

realism 实在论, 209、211

reality, psychological 真实性、心理真实性, 73

recursion 递归, 51、62、64、77、167、176、179、204、267; see also Merge, 同时参看"合并"

reference 指称, 28、29、34、160、215、220、250

  Chomsky's views 乔姆斯基的观点, 188、253、268、269-270、273

  and concepts 指称和概念, 206、219

  and truth 指称和真理, 191、207、230、251

Reinhart, Tanya 塔尼亚·莱因哈特, 79

relation R 关系 R, 207

relativism 相对主义, 121

religious fanaticism 宗教狂热主义, 123

representation 表征, 31-31、160、162、187、257、259

  discourse representation theory 语篇表征理论, 207

  internal 内在表征, 32

  phonetic 语音表征, 32

Republican Party 共和党, 119、140

responsibility to protect 保护责任, 287

Rey, Georges 乔治·雷, 32、273

Rousseau, Jean-Jacques 让·雅克·卢梭 142

Russell, Bertrand 伯特兰·罗素, 65、134

Salazar-Ciudad, J. J. 萨拉热-休达, 279

Schlegel A. W. A. W. 施莱格尔, 63

science 科学, 18、38、75、124-128、165、183、211、290

  achievements of 科学成就, 74、183、184

  best explanation in 科学中的最佳解释, 96

  capacity to do 科学研究能力, 19、72、90、128、133、134、146

  Chomsky's views on 乔姆斯基的科学观, 183-185

  cognitive faculties 认知官能, 127

  concepts in 科学中的概念, 184

  concepts of 有关科学的概念, 279

data-orientated charater of 科学的数据导向特征, 65-68
evidence for theories of 科学理论证据, 66
   experimental method 实验方法, 147
formal functions in 科学的形式功能/函数, 166-169
formal theories in 科学的形式理论, 18-19、289
goal of 科学目标, 88、183
"great leap forward" 大跃进, 72
history of 科学史, 108
innovation in 科学创新, 74
limits of 科学的限度, 105、106
Machian tradition in 科学中的马赫传统, 65
methodology of 科学方法论, 243
of the mind 心智科学, 280
problems in 科学中出现的问题, 65-68
rationality in 科学理性, 116、123
regulative ideal of 科学的调控性理想, 90
and simplicity 科学和简单性, 88、246、285
social implications of 科学的社会蕴涵, 98
syntax of 科学的句法, 72
theories in 科学理论, 73、167

and truth 科学和真理, 184
second factor considerations 对第二因素的考虑, 148、277
Sellars, Wilfrid 威尔弗里德·塞勒斯, 153、179、220、284
behaviorism 行为主义, 180、222、284
  concepts 概念, 279、284
   linguistic practices 语言行为规则, 223、224、239
  meaning 意义, 220
  mind 心智, 186、283
semantic features 语义特征, 164、211、228、253
  lexical 词汇语义特征, 193
  science of 关于语义特征的科学理论, 190
semantic information 语义信息, 29、189
semantic interface (SEM) 语义接口, 54、189、191、194、255、258、259、270、272、278
  features at 出现于语义接口处的特征, 161、275
  information provided at 语义接口提供的信息, 29、161、260、270、285
  production of concepts at 在语义接口处的概念生成, 278
  status and role of the information provided at 语义接口信息的地

位和作用, 270
and syntax 语义接口和句法, 40、79
semantics 语义学, 35、36、160、193、206-229、250-254、287
　Chomsky's views on 乔姆斯基的语义学观点, 206
　definition of 语义学的定义, 250
　dynamic 动态语义学, 207
　externalist 外在主义语义学, 208、212、215、220-231
　Fregean 弗雷格语义学, 216
　functionist theory 功能理论, 229
　intenalist 内在主义语义学, 208、212、227、270
　　mathematical 数学语义学, 251、252
　mental models 心理模型, 207
　science of 语义学科学, 210
　as the study of signs 作为符号研究的语义学, 251
　and syntax 语义学和句法学
　theoretical aim of 语义学的理论目标, 208
senses 意义, 187、215、251
sensory experience 感觉经验, 255-257
　adverbial account of 对感觉经验的状语化解释, 256、260
　configuration by the mind 心智对感觉经验的构置, 258
sensory-motor systems 感觉-运动系统, 14、42、48、51、78、203
　adaptations of 感觉-运动系统的适应性变化, 77
　and parameters 感觉-运动系统和参数, 54
ship of Theseus 忒修斯之船, 125、271、288
simple recurrent networks, Elman 简单递归网络, 艾尔曼, 283
simplicity 简单性, 59-64、86、89、243-246、265、281
　in Chomsky's work 乔姆斯基的研究中的简单性, 80-85
　different notions of 关于简单性的不同思想, 87
　internal 内在的简单性, 80、82、285
　internal notion of 简单性的内在观念, 87
　in the language faculty 语言官能中的简单性, 61
　theoretical 理论上的简单性, 80
Skinner, B. F. B. F. 斯金纳, 67、76、158、173、285
slavery 奴隶制, 118、119、143、144
slime molds 黏菌, 175
Smith, Adam 亚当·斯密, 106
social sciences 社会科学, 100、138、

144、145、146
sociobiology 社会生物学, 103-107
Spelke, Elizabeth 伊丽莎白·斯派尔克, 70、100、109、177、268
Spell out 拼读, 278
stereotypes 固定式理解, 194
storytelling 讲故事, 27、128
superior temporal gyrus（STG）颞上回, 48、78
Suppes, Patrick 帕垂克·苏蒲斯, 88
syntax 句法, 36、54、112、195、250-254、261、288
    definition of 句法定义, 250
    generative 生成句法, 232
    mapping to the semantic interface 至语义接口的映射, 40
    and morphology 句法和形态学, 200
    narrow 狭义句法, 79、240、269
    and reference 句法和指称, 269
    and semantics 句法和语义学, 207
    study of 句法研究, 269
Tarski, Alfred 阿尔弗雷德·塔斯基, 215
teaching 教学, 115
theory of mind, 心智理论, 14、31
third factor 第三因素, 45、46、80、82、132、167、245、277、278、283
    and language acquisition 第三因素和语言获得, 59、96
    study of 第三因素研究, 147、149、236
Thompson, D'Arcy 达西·汤普森, 21、137、171、266
Thompson, Judith 尤笛斯·汤普森, 100
thought 思想, 15、44; see also cognitive faculties, mind 同时参看"认知官能""心智"
Tinbergen, N. N. 汀伯根, 21
Tomalin, Marcus 马科斯·托马林, 267、285
Trivers, Robert 罗伯特·特里沃斯, 105、106
trolley problems 电车问题, 109
truth 真理, 114、206、221、229
    conditions for 真值条件, 273、274
    objective 客观真理, 135、136
    and reference 真理和指称, 191、207、230、251
    and science 真理和科学, 133、184
    truth indications 真理意示, 273、274、287
Turing, Alan 阿兰·图灵
    computation 计算, 32、266
    morphogenesis 形态发生, 23、76、137、172
Tversky, Amos 阿莫斯·特沃斯基, 140
understanding 理解, 132、192; see also

cognitive faculties, mind, thought 同时参看"认知官能""心智""思想"

Universal Grammar 普遍语法, 30、39-45、54、99、149、154、167、245

 biological character of 普遍语法的生物学特征, 23、24、154、277

 and Merge 普遍语法和合并, 246

 nature of 普遍语法的本质, 41

 principles of 普遍语法的原则, 80

 simplicity and 简单性和普遍语法, 59-64

 unboundedness 无限性, 82

universality, principle of 普遍性、普遍性原则, 101、111、113-117

vision 视觉, 48、171、192、247、255-257

 computational theories of 各种视觉计算理论, 213

 computational theory of 视觉计算理论, 74

 science of 视觉科学, 257

 theories of 视觉理论, 248

 visual systems 视觉系统, 69、247、258

von Humboldt, Wilhelm 威廉·冯·洪堡特, 62、63

Vrba, Elisabeth S. 伊丽莎白·S.乌巴, 170

Waddington, Conrad H. 康拉德·H.沃丁顿, 39、45、171、242、278、279

wage labor 雇佣劳动, 118、120

Wallace, Alfred Russell 阿尔弗雷德·罗素·华莱士, 15、97、136

Warlpiri people 沃皮瑞族人, 17

Warrington, Elizabeth K. 伊丽莎白·K.沃林顿, 164

water, concept of 水、水的概念, 159

Weber's Law 韦伯定理, 204

Weyl, Hermann 赫曼·维尔, 88

Williams Syndrome 威廉姆斯综合征, 46

Windtalkers 风语者, 277

Wittgenstein, Ludwig 路德维希·维特根斯坦, 89、134、135、163、165、187、273

 philosophical problems 哲学问题, 286

 uses of language 语言使用, 221

X-bar theory 标杠理论, 234-235

 schemata 模板, 235

Yang, Charles 查尔斯·杨, 56、95、283

译 后 记

语言研究究竟在什么意义上才能真正算得上是科学的研究？科学的语言研究所采用的研究路径究竟应该是一条什么样的路径？语言的科学需要解决的基本问题是什么？还有哪些相关的问题是语言的科学需要回答或者无法回答的问题？语言的科学探索对于揭示人类本质或者解释"什么是人"这一问题具有什么样的启示？

以上这些宏大的论题在本书所包含的访谈系列中都有深入探讨。被访者和采访者之间的讨论具体触及人类语言的设计和功能、语言演化、表征论、人的概念本质、普遍语法的最优性和完美性、人类本质、进化心理学、道德、认识论、人类理解的生物限度等。所有这些议题都是开放性的议题，因此，如果读者对这样的讨论存有异议，当属正常。以访谈的形式开展讨论的优势是轻松、易懂，但也可能会造成一些问题。比如，有些时候，相关理论的技术细节无法面面俱到，少数观点的引用和出处可能不够精确，相关内容在有些地方存在重复等。

本书的第1章至第9章、第11章至第13章、附录六至八，以及上述各章评注和术语表由曹道根翻译；前言、第10章、第14章至第25章、附录一至五、附录九至十二，以及相应各章评注由胡朋志初译，曹道根校订或重译。全书的统译和校订由曹道根完成。

译后记

  本书涉及不少哲学方面的专业知识,译者在翻译过程中就相关问题请教了乔姆斯基的采访者本人——麦吉尔大学的詹姆斯·麦克吉尔弗雷教授,得到了麦克吉尔弗雷教授热情、及时的帮助与支持。在此,谨向麦克吉尔弗雷教授致以衷心的感谢。译者跟麦克吉尔弗雷教授的部分交流在本书中以补注的形式翻译出来,以帮助读者更好地理解本书的内容。另外,译者还在有些地方以译注的形式补充了一些背景知识,以期方便有需要的读者阅读。

  译者在翻译本书的过程中,深深感觉到翻译不只是单纯的语言转换。虽然现如今外文普及,但翻译却并非可有可无。因为一方面翻译可以提高我们对母语和外语的敏感性,另一方面没有比通过翻译来洞悉原著作者学术思想更佳的途径。本书译者在翻译和校译的过程中经常碰到这样的情形——把一段貌似已经看懂的原文文字转换过来,过些日子再重读译文,竟然发现这样的译文意义不明。这显然是因为翻译的时候并没有吃透原文,糊涂的理解必然造成糊涂的翻译。每遇此情形,便要重新咀嚼原文,细致揣摩译文。虽常有顿悟之欣慰,却也会惊出一身冷汗。的确,对待翻译需要心存敬畏,否则,稍有不慎就可能背离原著文字背后的深邃思想,失信于原文。但是,从某种意义上说,翻译中有时也不能不有所"自我"。比如,将原文中随处可见的指代成分的确切所指,按译者对原文的理解在适当的地方给予明示;或者按译者对原著者思想脉络的把握,把原文文字中的隐含逻辑以合理的表述方式传递出来。有人说,翻译是一种创造性的阐释过程,诚哉斯言。也正因为如此,译事永无止境。鉴于本书原著者思想渊博高深,译者学识和功力有限,译文中难免错误与不足,敬请读者批评指正。

"问征夫以前路,恨晨光之熹微。"(陶渊明《归去来辞》)作为译者,我们可能就是这样一个为读者适时指引前路的"征夫"。但愿我们文字中流露出的"晨光"尽管微弱却足够明晰。

本书的翻译与出版得到了多方面的支持与帮助。中国社会科学院语言研究所徐赳赳老师给予了译者极大的信任和鼓励。商务印书馆冯爱珍老师一直非常关注本书的翻译进展,但她却从不催逼,对译者在翻译中所遇到的时间上的困难给予了充分的理解。冯爱珍老师还仔细阅读了译稿,并纠正了很多错误。译者在此向两位先生致以深深的谢意。本书也是国家社会科学基金"语义参照下的汉语生成句法"(项目编号:09BYY002)的阶段性成果,并得到了浙江财经大学杰出中青年教师人才工程的资助。

曹道根

2014 年 8 月于杭州

2019 年,商务印书馆决定将本书收入"汉译世界学术名著丛书"第十八辑。译者借机再次通读全书,并订正、润饰了部分译文字词。

曹道根

2019 年 11 月于杭州

图书在版编目(CIP)数据

语言的科学:詹姆斯·麦克吉尔弗雷访谈录/(美)诺姆·乔姆斯基著;曹道根,胡朋志译.—北京:商务印书馆,2022(2022.9重印)
(汉译世界学术名著丛书)
ISBN 978-7-100-20529-0

Ⅰ.①语⋯ Ⅱ.①诺⋯ ②曹⋯ ③胡⋯ Ⅲ.①语言学－研究 Ⅳ.①H0

中国版本图书馆CIP数据核字(2021)第260017号

权利保留,侵权必究。

汉译世界学术名著丛书
语言的科学
詹姆斯·麦克吉尔弗雷访谈录
〔美〕诺姆·乔姆斯基 著
曹道根 胡朋志 译

商 务 印 书 馆 出 版
(北京王府井大街36号 邮政编码100710)
商 务 印 书 馆 发 行
北 京 冠 中 印 刷 厂 印 刷
ISBN 978-7-100-20529-0

2022年1月第1版 开本 850×1168 1/32
2022年9月北京第2次印刷 印张 16 3/8
定价:75.00元